도덕과 종교의 두 원천

대우고전총서
Daewoo Classical Library

040

도덕과 종교의 두 원천

Les deux source de la morale et de la religion

···

앙리 베르그손 | 박종원 옮김

아카넷

【차례】

제1장

도덕적 의무

사회적 질서와 자연적 질서

금단의 열매에 관한 기억은 인류의 기억 속에서 가장 오랜 것이 듯이 우리들 각자의 기억 속에서도 가장 오래된 것이다. 만일 이 기억이 우리가 즐겨 떠올리는 다른 것들에 의해서 은폐되지만 않았더라면 우리는 이 기억을 알아차릴 것이다. 제멋대로 행동하도록 놓아두었다면 우리의 어린 시절은 어떠했을까! 우리는 쾌락에서 쾌락으로 나는 듯이 달려갔을지 모른다. 그런데 여기서 갑자기 보이지도 않고 만질 수도 없는 장애물이 나타났다. 즉 금지의 명령이다. 우리는 이 금지의 명령에 왜 복종했는가? 이런 물음은 거의 제기되지도 않았다. 우리는 우리의 부모와 스승들의 말씀에 따르는 습관을 들였기 때문이다. 그럼에도 불구하고 우리가 그들에게 복종하는 것은, 그들이 우리의 부모이고 우리의 스승이기 때문이라는 것을 우리는 잘 알고 있다. 따라서 우리가 보기에 그들의 권위는 그들 자신으로부터 나왔다기보다는 그들이 우리와의 관계에서 취하는 지위로부터 나온 것이다. 그들은 어떤 [사회적] 위치를 차지하고 있다. 바로 거기서 강한 침투력을 가진 명령이 나온 것이다. 만약 그것이 다른 곳에서 내려졌었다면 그와 같은 힘을 갖지 못했을지도 모른다. 달리 말하면 부모와 스승은 위임을 받아 행동하는 듯이 보였다. 우리는 이 사실을 분명히 깨닫지는 못하고 있었으나 우리 부모와 스승의 뒤에서 그들을 매개로 해서 자체의 모든 중량으로 우리를 압박하는 어떤 거대한 무언가를, 아니 차라리 무한한 어떤 것을 감지하고 있었던 것이다. 나중에야 우리는 그것이 사회라고 말할 것이다. 그때에 사회를 철학적으로 성찰하면서 우리는 그것을 하나의 유기체에 비유할지도 모른다. 이 유기체의 세포들은 보이지 않는 끈으로 연결되어 복잡한 위계질서 안에서 서로 종속되어 있으며 전체의 최대 이익을 위해서는 부분의 희생을 요구할 수도 있는 규율에 자연스럽게 따른다. 게다가 이것은 하나의 비유에 불과할 것이다. 왜냐하면 필연적인 법칙들에 따르는 유기체와 자유 의지들에 의해 구성된 사회는 서로 다르기 때문이다. 그러나 이러한 자유 의지들은 조직화되는 순간부터 유기체를 모방한다. 그리고 이러한 다소 인위적인 유기체에서는 습관이 자연의 작품 속에서 필연성이 하는 것과 같은 역할을 수행한다. 이 첫 번째 관점에서 보면, 사회적 삶이란 공동체의 필요들에 부응하는 다소 강하게 뿌리박힌 습관들의 체계처럼 보인다. 이들 가운데 어떤 것들은 명령하는 습관들이지만, 대부분의 것들은 복종하는 습관들이다. 이는 우리가 사회적 권리를 위임받아 명령하는 사람에게 복종하든, 아니면 모호하게 지각되거나 느껴진 사회 자체로부터 어떤 비인격적인 명령이 유래하든 간에 마찬가지이다. 이러한 복종하는 습관들 각각은 우리의 의지에 압력을 행사한다. 우리는 이 습관으로부터 벗어날 수 있다. 그러나 그때 우리는 수직 상태에서 벗어난 시계추처럼 그 습관들에 이끌려 다시 되돌아오게 된다. 어떤 한 질서가 교란되었다면, 그것은 복구되어야만 할 것이다. 간단히 말해서 마치 습관에 의해 그러한 것처럼 우리는 의무감을 느낀다.

그런데 이렇게 설명된 의무는 비교할 수 없을 정도로 매우 강한 의무이다. 어떤 양(量)이 다른 양보다 너무 커서 후자가 전자와의 관계에서 무시될 수 있다면, 수학자들은 그 큰 양을 다른 차원의 것이라고 말한다. 사회적인 의무도 이와 같다. 이 의무의 압력을 다른 습관들의 압력과 비교한다면, 그 정도의 차이가 본성의 차이에 상당하는 그러한 것이다.

이러한 종류의 습관들 모두가 서로 버팀목이 되고 있다는 사실에 주목해보자. 우리가 이 습관들의 본질과 기원에 관해 생각하지 않는다고 해도, 이 습관들은 우리에게 가장 가까운 주위 환경, 혹은 이 환경을 둘러싸고 있는 환경, 그리고 이렇게 계속해서 이 환경들의 끝에 있을 사회에 의해 우리에게 요구되는 것들로서 우리는 이 습관들이 서로 관계하고 있다고 느낀다. 각각의 습관은 직접적으로든 간접적으로든 사회의 요구에 부응한다. 그리고 이때부터 이 습관들 모두는 서로 연관되며, 하나의 덩어리를 형성한다. 만일 이것들이 제각기 분리되어 나타난다면, 그 대부분의 것들은 사소한 의무들에 불과할지 모른다. 그러나 이러한 의무들은 의무 일반의 필요 불가결한 부분들을 이룬다. 그리고 부분들의 기여로 존재함에 틀림없는 이 의무 전체는 이번에는 각 의무들에 의무 전체가 지니는 총괄적 권위를 부여한다. 이렇게 해서 그 의무 전체는 개개의 의무들을 강화하며, "그것이 의무이다"라는 형식은 우리가 단 하나로 분리된 의무 앞에서 가질 수 있을지 모르는 망설임들을 극복하게 한다. 사실 우리는 전체적인 의무를 구성하는 하나씩 덧붙여진 부분적인 의무들의 집합을 명시적으로 생각하지는 않는다. 아마도 여기에는 부분들의 합이라는 것은 정말 있지도 않을 것이다. 하나의 의무가 다른 모든 의무들로부터 이끌어내는 힘이란 오히려, 각각의 세포가 요소로서 참여하고 있는 유기체의 심층으로부터 빨아올리는 나누어질 수 없고 완전한 생명의 숨결에 비유될 수 있다. 사회는 그 구성원 각자에게 내재하는 것으로서 여러 가지 요구들을 가지고 있고 이 요구들은 크든 작든 간에 각각이 그 사회의 활력 전체를 어김없이 나타내고 있다. 거듭 말하지만 이것 역시 하나의 비유에 불과하다. 인간 사회란 자유로운 존재들의 집합이다. 사회가 부과하는 의무들, 사회를 존속시키는 의무들은 어떤 규칙성을 보여주고 있으나 생명 현상의 확고부동한 질서와 비교해보면 단지 유비에 지나지 않는다.

그러나 모든 것은 이 규칙성이 자연의 규칙성에 동일시될 수 있다고 믿도록 우리를 이끈다. 나는 단지 어떤 행위들을 칭찬하고 다른 행위들을 비난하는 인류의 보편적 합의를 말하려는 것이 아니다. 내가 말하려는 것은 가치 판단들 속에 함의된 도덕적 규범들이 관찰되지 않는 곳에서도 사람들은 이 도덕적 규범들을 자연의 법칙과 유사한 것처럼 보려는 태세를 갖춘다는 것이다. 우리가 길을 걸을 때 질병을 보지 못하듯이 인성이 우리에게 보여주는 모습 뒤에 비도덕성이 있을 수 있다는 것을 우리는 짐작하지 못한다. 만일 사람들이 타인을 관찰하는 것으로 만족한다면 염세가가 되는 데에는 많은 시간이 걸릴지 모른다. 사람들이 인간을 불쌍히 여기거나 경멸하게 되는 것은 자신의 고유한 허약성을 주목하면서부터이다. 따라서 사람들이 외면하는 인간성이란 그들이 자신의 마음 심층에서 발견했던 인간성이다. 여기서 악(惡)은 너무도 잘 숨겨져 있고 비밀은 너무도 보편적으로 지켜지므로 [인간들] 각자는 모두에게 속는 것이다. 우리가 다른 사람들을 아무리 가혹하게 판단하는 척할지라도 우리는 마음속으로는 그들이 우리보다 더 훌륭하다고 생각한다. 사회적 삶의 상당한 부분은 이러한 다행스러운 환상 위에 근거하고 있다.

사회가 이러한 환상을 고무하기 위해 전력을 다한다는 것은 자연스러운 일이다. 게다가 사회가 공표하는 법칙들, 사회적 질서를 유지하는 법칙들은 어떤 측면에선 자연법칙을 닮고 있다. 나는 이 두 법칙들의 차이가 철학자의 눈에는 분명한 것이길 바란다. 철학자는 실증하는 법칙과 명령하는 법칙은 다르다고 말한다.[1] 사람은 명령하는 법칙에서 빠져나올 수 있다. 즉 명령하는 법은 강요하지만 필연적이게 만들지는 않는다. 반대로 실증하는 법칙은 피할 수 없는 것이다. 왜냐하면 어떤 사례가 이 법칙으로부터 벗어났다고 하면, 이 법칙이 법칙으로 간주되었다는 것은 잘못일 것이기 때문이다. 사람들이 관찰하는 것 전부를 설명하도록 진술하면서 다른 사례들뿐만 아니라 반대 사례에도 합당할지 모르는 진실한 다른 법칙이 있을 것이다. 아마 그럴지도 모르겠다. 그러나 대부분의 사람들에게 이 구분이 그렇게 선명한 것은 결코 아니다. 그들은 물리 법칙이나 사회 법칙 혹은 도덕 법칙, 즉 모든 법칙을 명령하는 것으로 본다. 자연에는 법칙들로 나타나는 어떤 한 종류의 질서가 있다. 사실들은 이 질서에 따르기 위해 이 법칙들에 '복종하는 것인지도' 모른다. 과학자 자신도 법칙이 사실들을 '주재하며', 따라서 그것은 사물들이 따라야 했던 플라톤의 이데아(형상)와 비슷하게

---

1) (역주) 실증하는 법칙은 자연 과학의 법칙을, 명령하는 법칙은 관습적(혹은 도덕) 법칙을 말한다.

사실들에 선재(先在)한다고 믿지 않을 수 없다. 과학자가 일반화의 단계를 높이 올라가면 갈수록, 그는 좋든 싫든 법칙들에다 명령법적인 성격을 부여하려는 마음이 생긴다. 사실 역학의 원리들을, 근대 과학이 또 다른 시나이 반도로 찾으러 갔을지도 모를 초월적인 석판(石版)들 위에 새겨진 영원불멸의 기록들과는 다르게 표상하기 위해서 과학자는 자신과 싸우지 않으면 안 된다. 그런데 물리 법칙이 얼마큼의 일반성에 도달했을 때 우리의 상상 속에서 명령의 형식을 띠려 한다면, 역으로 모든 사람들에게 내려지는 명령도 우리에게는 어느 정도 자연법칙처럼 나타난다. 이 두 관념들은 우리 정신 속에서 서로 만나면서 상호 교환을 한다. 법칙은 명령으로부터 전제적(專制的)인 성격을 취하고, 명령은 법칙으로부터 불가피성을 받아들인다. 그래서 사회적 질서를 위반하는 것은 반자연적(反自然的)인 성격을 띠게 된다. 비록 이 위반이 자주 반복되는 경우에도, 그것은 자연에서 괴물의 출현처럼 사회에 예외적인 것이라는 효과만을 우리에게 준다.

만일 우리가 사회적인 명령의 배후에서 종교적인 계명을 통찰한다면, 어떻게 될까? 이 두 용어 사이의 관계는 중요하지 않다. 사람들이 종교를 어떤 방식으로 해석하든 간에, 종교가 본질상 사회적이든 우연적으로 사회적이든 간에, 확실한 점은 그것은 항상 사회적인 역할을 해왔다는 것이다. 게다가 이 역할은 복잡하다. 그것은 시대에 따라, 그리고 장소에 따라 변화한다. 그러나 우리 사회와 같은 사회들에서는 종교는 사회의 요구들을 유지하고 강화하는 것을 첫 번째 역할로 한다. 종교는 그보다 훨씬 더 할 수 있으며 최소한 거기까지는 할 수 있다. 사회는 죄 없는 사람들을 해칠 수도 있고 범죄자들을 너그럽게 봐줄 수 있는 형벌들을 세우기도 한다. 그러면서도 사회는 별로 보상을 하지 않는다. 사회는 대략적으로 보면서 작은 것으로 만족한다. 그러나 마땅히 해야 할 만큼의 보상들과 형벌들을 측정하는 인간의 저울은 어디에 있는가? 우리가 단지 그것의 조야한 모방들만을 지각하는 실재를 플라톤의 이데아들이 완벽하고 완결되게 우리에게 드러내듯이, 종교는 어떤 [완전한] 도시에로 우리를 인도하는데, 우리의 제도들, 우리의 법칙들, 그리고 우리의 관습들은 기껏해야 그 도시의 가장 눈에 띄는 지점들을 드문드문 표시해놓은 것이다. 이 세상에서의 질서는 단지 대략적인 것이고, 인간들에 의해서 다소 인위적으로 획득된 것이라면, 저 높은 곳에서 질서는 완전하며 그 자체로 실현된다. 따라서 종교는 우리가 보기에는 상식의 습관들에 의해 이미 줄어들었기는 하지만 아직도 남아 있는 사회적 명령과 자연법칙 사이의 간격을 메우는 일을 완성하고 있다.

이렇게 해서 우리들은 여러 측면에서 결함이 있기는 해도 우리를 흥미롭게 한다는 점에서 받아들일 수 있는 동일한 비유에로 언제나 되돌아온다. 도시의 구성원들은 한 유기체의 세포들처럼 서로 관련이 있다. 습관은 지성과 상상의 도움으로 구성원들 사이에 규율을 도입하는데, 이 규율은 멀리서 보면 서로 다른 개인들 사이에 세워진 연대성으로 인해, 관상(管狀) 기관의 접합된 세포들로 이루어진 유기체의 통일성과 흡사하다.

사회 안의 개인

다시 한 번 말하지만 모든 사태는 사회적 질서가 사물들 속에서 관찰되는 질서를 모방하도록 협력하고 있다. 우리들 각자는 자신의 내면을 바라보면 분명히 자신의 기호와 욕구 혹은 변덕을 따르면서 다른 사람들을 생각하지 않는 데 자유롭다고 느낀다. 그러나 이러한 것의 희미한 윤곽이 그려지자마자, 모든 축적된 사회적 힘들로 이루어진 반대의 힘이 나타난다. 각 개인을 자신에게로 이끌지 모르는 개인적인 동기들과는 달리 이 힘은 자연 현상들의 질서와 유사성이 없지 않을 하나의 질서에 이르게 할 것이다. 한 유기체를 구성하는 세포가 한순간 의식을 갖게 되어 자신을 해방시킬 의도를 어렴풋이 나타내자마자, 그 세포는 필연성에 의해서 다시 구속되고 말 것이다. 사회를 구성하는 개인은 유기체의 필연성을 모방하고 있는 필연성, 즉 그가 그것을 창조하는 데 조금은 기여하지만 무엇보다도 어쩔 수 없이 받아들이는 필연성을 굴절시키거나 파괴해버릴 수도 있다. 그래도 거기에서 벗어날 수 있다는 의식을 동반한 이 필연성에 대한 감정이 우리가 의무라고 부르는 것이다.

이처럼 가장 일상적인 의미에서 고려되고 취해졌을 때, 의무와 필연성에 대한 관계는 습관과 본성의 관계와 유사하다.

따라서 의무는 바로 외부로부터 오는 것이 아니다. 우리들 각자는 자기 자신에 속하는 만큼 사회에도 속한다. 각자의 의식이 마음의 심층에서 작용할 때는 그 심층으로 더욱 내려감에 따라 점점 더 고유하여 다른 인격들과 약분할 수 없고, 더욱이 말로 표현할 수 없는 한 인격을 각자에게 드러내준다면, 우리 자신들의 표층에서는 우리는 다른 사람들과 서로 연결되어 그들과 우리들 사이에 상호 의존 관계를 창조하는 어떤 규율에 의해서 그들을 닮고, 그들과 하나가 되어 있다. 자기 자신의 사회화된 이 부분에 자리 잡는 것이 우리 자아로서는 어떤 확고한 것에 결부되는 유일한 수단인가? 우리가 충동적 삶이나 변덕스러운 삶, 후회하는 삶에서 달리 빠져나올 수 없다면, 그러할 것이다. 그러나 우리 자신의 가장 심층에서는, 만일 우리가 그것을 찾을 수 있다면, 우리는 표면적인 평형보다는 훨씬 더 바람직한 다른 종류의 평형을 발견할 것이다. 물위에 떠 있는 수생 식물들은 끊임없이 물결들에 동요된다. 그런데도 그 잎들은 수면 위에서 서로 결합하고, 위로 수생 식물들이 얽힘으로써 수생 식물들에게 안정을 준다. 그러나 땅속에 견고하게 식목되어 밑으로부터 그들을 지탱하고 있는 뿌리들은 훨씬 더 안정되어 있다. 그렇지만 우리 자신의 심층에까지 파고들어 가는 노력에 대해서는 잠시 동안 말하지 않기로 하자. 그런 노력이 가능하다면 그것이 예외적인 것이다. 우리 자아가 집착할 곳을 찾는 것은 보통 그의 표면, 즉 다른 외재화된 인격들과 꽉 짜인 조직 안에 그의 삽입점이다. 그 점의 견고성은 이 연대성에 있다. 우리가 사람들 사이에 연결하는 끈처럼 표상하는 의무는 우리들 각자를 사회화된 그 자신에 연결하고 있다.

따라서 순수하게 사회적인 도덕이 개인적인 의무들을 무시한다고 비난한다면 잘못이다. 비록 우리가 이론적으로는 다른 사람들에 대해서만 의무감을 갖는다 할지라도, 사실적으로는 우리들 자신에 대해서도 의무감을 갖는다. 왜냐하면 사회적 연대성이란 사회적 자아가 우리들 각자 안에서 개인적 자아에 덧붙여지는 순간부터 존재하기 때문이다. 이러한 '사회적 자아'를 개발하는 것이 사회에 대한 우리 의무의 본질적인 것이다. 우리 안에 사회적인 어떤 것도 없다면, 사회는 우리들에 대해 어떤 지배력도 가지지 못할지 모른다. 그래서 우리 안에서 사회가 있다는 것을 발견한다면, 우리는 사회에까지 나아갈 필요조차 없고 우리 자신으로 충분할 것이다. 사회적 자아의 현존은 사람들에 따라 표시가 나는 정도가 다르다. 그러나 우리 누구도 사회로부터 완전히 분리될 수 없을 것이다. 그렇게 되는 것을 바라지도 않을 것이다. 왜냐하면 그는 자신의 힘의 대부분이 사회로부터 오며, 그의 활동에 가장 큰 수확을 보장해주는 노력에 있어 방향의 항상성과 그의 에너지의 중단 없는 긴장감이 사회적 삶의 끊임없이 새로워지는 요구들에서 비롯된다는 것을 잘 알고 있기 때문이다. 그러나 비록 그가 사회에서 벗어나려 해도 그렇게 할 수가 없다. 왜냐하면 그의 기억과 상상력은 사회가 그것들 안에 놓았던 것으로 살고 있으며, 그가 말하는 언어에는 사회의 혼이 내재하기 때문이며, 그리고 비록 어느 누구도 없고, 그가 사색만 한다 할지라도, 그는 또한 자신에게 말을 걸고 있는 것이기 때문이다. 한 개인을 모든 사회생활에서 단절된 것으로 생각해보아야 소용없는 일이다. 로빈슨 크루소는 그의 섬에서 다른 사람들과 물질적으로도 접촉하고 있는 것이다. 왜냐하면 그가 난파선으로부터 구해낸, 그것이 없었다면 곤경으로부터 빠져나오지 못했을 제조품들이 그를 문명 속에 유지시키고 있으며, 그리하여 그를 사회 속에 유지시키고 있기 때문이다. 그러나 그에게는 정신적인 접촉 또한 더욱더 필요하다. 왜냐하면 만일 그가 한계를 느끼고 있는 개인적인 힘만으로 끊임없이 발생하는 난관들에 대적한다면, 그는 곧 절망하게 될 것이기 때문이다. 그는 정신적으로 결부되어 있는 사회에서 힘을 길어낸다. 그가 사회를 보지 못한다 해도 상관없다. 사회가 그를 바라보며 거기에 있기 때문이다. 만일 개인적 자아가 사회적 자아를 생생하고 현존하는 것으로서 보존하고 있다면, 그는 고립되어 있음에도 불구하고 용기를 가지고 사회 전체의 후원조차 받으며 그가 할 수 있는 것을 할 것이다. 환경에 의해 일정 기간 동안 고립에 처해진, 그리고 자기 자신 안에서 심층적인 내적 삶의 자원들을 발견하지 못한 사람들은 '자포자기'의 고통, 즉 개인적 자아를 사회적 자아가 규정하는 수준에 고정시키지 못하는 고통을 받는다는 것을 잘 알고 있다. 따라서 그들은 사회적 자아가 개인적 자아에 대해 그 엄격함을 조금도 늦추지 않게 하기 위해 사회적 자아를 유지하는 데 온갖 배려를 할 것이다. 필요하다면 그들은 사회적 자아에서 물질적이고 인위적인 받침점을 찾을 것이다. 우리는 키플링(Kipling)이 말한 인도의 깊은 숲 속 자신의 오두막에서 홀로 사는 산지기를 상기하자. 그는 "고독 속에서도 자신의 존엄성을 잃지 않기 위하여" 저녁마다 정장을 입고 식사를 한다.[2]

우리는 이 사회적 자아를 그가 좋은 인상을 받거나 나쁜 인상을 받음에 따라 자신을 만족하게 느끼거나 불만족스럽게 느끼는 '공평한 방관자'[3]라고 말하는 데까지 가지는 않을 것이다. 사실 애덤 스미스는 그가 사용한 이 공평한 방관자를 도덕적 양심과 자칫 동일시할 뻔했다. 우리는 도덕적 정서들에서 훨씬 깊은 근원들을 발견할 것이다. 여기서는 언어는 동일한 말 아래 아주 상이한 것들을 결합하고 있다. 한 살인자의 후회와, 자존심을 상하게 했기에 혹은 한 어린아이에게 부당하게 했기에 느낄 수 있는 끈질기게 달라

---

2) 키플링(Kipling), 『많은 발명들(*Many Inventions*)』이라는 명칭이 붙은 모음집 안에 '루크 지방에서(in the Rukh)'.
3) 애덤 스미스(Adam Smith), 『도덕적 감정들에 관한 개론』, 2-3장.

붙는 고통스러운 후회 사이에 어떠한 공통점이 있는가? 삶을 시작하는 한 순진한 영혼의 신뢰를 저버리는 것은, 균형 감각을 지니고 있지 않은 것처럼 보이는 어떤 양심에 견주어볼 때, 가장 큰 나쁜 짓 중 하나이다. 왜냐하면 바로 이 양심은 사회로부터 그것을 측정하는 기준, 수단들, 방법들을 빌려오지 않기 때문이다. 그리고 이 양심이 대부분의 경우마다 행사되는 것은 아니며, 게다가 이 양심은 사람들에 따라 섬세함의 정도가 다르다. 일반적으로 양심에 대한 판결은 사회적 자아가 내리는 것이다.

개인 속의 사회

일반적으로도 도덕적 고뇌는 이 사회적 자아와 개인적 자아 사이의 관계들의 교란 상태이다. 중범죄자의 영혼에서 후회의 감정을 분석해보아라. 당신은 우선 이 감정을 형벌에 대한 두려움과 혼동할 수 있을지 모른다. 왜냐하면 그것은 죄악을 숨겨서 사람들이 그의 범죄를 발견하지 못하게 하기 위해 세심하고도 끊임없이 보완하여 새로워지는 조심성이기 때문이다. 그것은 어떤 사소한 부분이라도 소홀히 된다면 법정이 그의 범죄를 밝히는 증거를 곧 포착할 것이라는, 매 순간마다 일어나는 괴로운 생각이다. 그러나 좀더 자세히 살펴보자. 우리 인간에게 문제가 되는 것은 형벌을 피하는 것보다도 자신의 과거를 지워버리고 마치 범죄가 행해지지 않앗던 것처럼 만드는 일이다. 어떤 것이 있다는 것을 누구도 모를 때, 그것은 마치 어떤 것도 없었다는 것과 거의 같다. 따라서 범죄자가 인간의 양심이 가질 수 있는 인식 모두를 제거하면서 무효화하려고 하는 것은 바로 범죄 그 자체이다. 그러나 범죄에 대한 그의 인식은 그에게 존속하며, 바로 그렇기에 그 인식은 범죄의 흔적들을 지우면서 자신을 유지시키려 했던 사회 밖으로 그를 점점 더 밀어낸다. 왜냐하면 사람들은 과거의 그 인간에게나 현재는 더 이상 아닌 그 인간에게나 아직도 똑같은 존중을 표시하기 때문이다. 따라서 사회가 말을 걸고 있는 것은 더 이상 현재의 그가 아니다. 사회는 한 다른 사람에게 말을 걸고 있는 것이다. 현재의 자신을 알고 있는 그는 무인도에서 느꼈을 것보다 더한 고립감을 사람들 사이에서 느낀다. 왜냐하면 무인도의 고독 속에서는 그를 보호하고 그를 지탱하는 사회의 이미지를 가져왔지만, 이제 그는 그가 사물로부터 단절되듯이 이미지로부터 단절되기 때문이다. 그는 자신의 죄를 자백함으로써 사회 속으로 다시 돌아올 수 있다. 그때에 사람들은 그를 그가 받을 가치대로 다룰 것이지만, 이제 사람들이 말을 걸어오는 것은 물론 바로 그이다. 그는 다른 사람들과 협동 관계를 다시 취하게 될 것이다. 그는 그들에 의해서 벌을 받을 것이지만, 그들 편에 속해 있기에 그는 조금은 그 자신의 처벌의 주체가 될 수 있을 것이다. 따라서 그의 인격의 한 부분, 즉 가장 좋은 부분은 이렇게 해서 고통에서 벗어나게 될 것이다. 이와 같은 것이 범죄자에게 자수하도록 떠미는 힘이다. 가끔 이렇게까지 가지는 않는다 하더라도 그는 어떤 친구 혹은 정직한 인간 아무에게라도 죄를 고백할 것이다. 그렇게 함으로써 모든 사람에 관해서는 아니라 하더라도 적어도 누군가에 대해서는 그는 진실에로 되돌아온 것이기에, 그는 한 지점에서 한 가닥의 선에 의해서나마 사회에 다시 연결되는 것이다. 즉 그는 사회에 재결합되지 않았지만, 적어도 사회 옆에, 사회 가까이에 있다. 그는 더 이상 사회에 이방인이 아니다. 어쨌든 그는 더는 사회와 완전히 관계를 끊지 않았으며 그가 자신 안에 사회에 대해 지니고 있는 것과도 단절되지 않았다.

개인의 사회에 대한 밀착을 명백하게 드러내기 위해서는 이런 격렬한 단절이 필요하다. 보통 때 우리는 우리의 의무들을 생각하기보다는 오히려 그냥 따른다. 만약 매번 의무의 관념을 일깨우고, 의무의 형식을 진술해야 한다면 의무를 수행하는 것은 훨씬 더 피곤할 것이다. 그러나 그것은 습관으로 충분하며, 우리는 대체로 사회가 우리에게 기대하는 것을 사회에 제공하기 위해서는 스스로를 내버려 두기만 하면 된다. 게다가 사회는 우리와 의무 사이에 매개물들을 끼워 넣음으로써 일들을 유달리 쉽게 만들었다. 즉 우리는 한 가정을 가지고 있고, 직업이나 직종에 종사하고 있다. 우리는 우리의 마을, 우리의 군(郡), 우리의 도(道)에 속해 있다. 그리고 집단의 사회 속의 삽입이 완벽한 경우에, 부득이한 경우에는 사회의 책무로부터 벗어나기 위해선 집단에 대한 우리의 의무들을 채우는 것으로 충분하다. 사회가 둘레를 점유하고, 개인은 중심에 위치해 있다. 중심에서 둘레까지 점점 더 넓어지는 동심원들이 있듯이, 개인이 속하는 다양한 집단들이 배열되어 있다. 둘레에서 중심으로 그 원이 점차 줄어듦에 따라 의무들에 의무들이 덧붙여지고, 개인은 결국엔 그 의무들 전체에 직면하게 된다. 의무는 이처럼 앞으로 나가면서 증가한다. 그러나 복잡하게 되면 될수록 덜 추상적이 되고, 그만큼 더 잘 받아들여진다. 의무는 충분히 구체적이 되면 사회 속에서 우리의 위치가 우리에게 부여하는 역할을 수행하려는, 자연적이라고 생각될 정도로 그렇게 습관적인 경향과 하나가 된다. 우리가 이런 경향에 몸을 맡기는 한 우리는 그것을 거의 느끼지 못한다. 우리가 이 습관적 경향에서 벗어날 때에만 그러한 경향은 마치 모든 뿌리 깊은 습관이 그러하듯이 거역할 수 없는 것으로 드러난다.

저항들에 대한 저항

개인에게 그의 일상적인 생활의 일정을 그려주는 것은 바로 사회이다. 사회적 규정들에 복종하고 의무들에 순응하지 않고는 가족생활을 영위하거나, 그의 직업 활동을 하고, 일상생활의 수많은 마음 쓸 일들에 종사하고, 쇼핑을 하고, 거리를 산책하고, 혹은 집 안에서 휴식하는 것조차 할 수가 없다. 매 순간 우리는 선택을 해야 한다. 우리는 규칙에 맞는 것을 자연스럽게 선택한다. 우리는 그것을 거의 의식하지 않으며, 어떤 노력도 하지 않는다. 사회에 의해 하나의 길이 그려졌으면, 우리는 그것이 우리 앞에 열려져 있는 것을 발견하고 그 길을 따른다. 길이 없는 들판을 건너기 위해서는 더 많은 주도적인 노력이 필요할 것이다. 의무는 이렇게 이해되면 거의 언제나 자동적으로 수행된다. 가장 빈번한 경우에 국한한다 하더라도, 의무에의 복종은 자유방임이나 포기로 정의될 것이다. 그런데 이런 복종이 반대로 어떤 긴장 상태처럼 나타나고, 의무 자체가 완고하고도 엄격한 것처럼 나타나는 것은 도대체 어디에 기인하는 것인가? 그것은 분명히 의무에의 복종이 자기 자신에 대한 노력을 포함하는 경우들이 나타나기 때문이다. 이 경우들은 예외적인 것이다. 그러나 사람들은 그 경우들을 주목한다. 왜냐하면 우리가 무엇인가를 망설일 때 그러하듯이 이 경우들에는 강한 의식이 동반되기 때문이다. 사실 의식이란 이런 망설임 자체이며, 저절로 일어나는 행위는 거의 의식되지 않은 채 지나가버린다. 그런데 우리의 의무들은 그들 사이의 연대성의 이유로, 의무의 전체는 그것의 부분들 각각에 내재하기에, 모든 의무들은 그들 중의 이러저러한 것이 예외적으로 취하는 색조로 물들여진다. 실천적 관점에서 보면 사태를 이렇게 보는 데에는 어떤 불편함도 없으며, 얼마큼의 이점들조차 있다. 사실 아무리 자연스럽게 사람들이 자신의 의무를 수행한다 하더라도 사람들은 자신 안에서 저항을 만날 수 있다. 그것을 예상하고 좋은 남편으로, 훌륭한 시민으로, 또한 양심적인 노동자로, 결국에는 정직한 사람으로 사는 것이 쉬울 것이라고 쉽게 승낙하지 않는 것이 유용할 것이다. 게다가 이 견해에는 상당한 진리가 담겨 있다. 왜냐하면 사회적 환경 속에서 자신을 유지시키는 일이 비교적 쉬운 경우일지라도, 거기에 적응하는 것이 필요했고, 적응은 노력을 요구하기 때문이다. 어린아이가 자연적으로는 규율이 없고, 교육이 필요하다는 것이 그것의 증거이다. 비록 개인이 각각의 의무들을 곰곰이 생각해볼 필요가 없다 하더라도, 의무들 전체에 잠재적으로 부여된 승인을 고려해보는 것은 올바른 일이다. 기수(騎手)는 단지 말에 실려 가도록 가만히 있기만 하면 된다. 물론 그는 안장에 올라앉아 있어야 한다. 사회에 대한 개인의 관계도 이와 같다. 의무가 자동적으로 이루어질 수 있다고 말하는 것은 어떤 의미에서는 잘못된 것일지 모르고, 전체적인 의미에서는 위험스러운 것일지 모른다. 따라서 의무에 대한 복종은 자기 자신에 대한 일종의 저항이라는 것을 행위준칙으로 삼도록 하자.

그러나 권고와 설명은 다르다. 의무, 의무의 본질, 의무의 기원을 설명하기 위해 사람들이 의무에의 복종은 무엇보다도 자기 자신에 대한 노력, 긴장이나 수축의 상태라고 설정할 때, 사람들은 많은 도덕 이론들을 손상시킨 심리학적 오류를 범하게 된다. 이렇게 해서 인위적인 난점들, 문제들이 생겨났는데, 이 문제들은 철학자들을 분열시켰지만 우리가 그들의 용어들을 분석하게 될 때 사라지게 되는 것을 보게 될 것이다. 의무는 다른 것들과 결코 약분될 수 없는, 마치 신비한 환영처럼 다른 것들 위에 우뚝 서 있는 유일한 사실이 아니다. 만일 상당수의 철학자들, 특히 칸트를 따르는 철학자들이 의무를 이처럼 생각했다면, 그것은 그들이 경향과 유사한 고요한 상태인 의무의 정서를 우리가 의무에 대립되는 것을 파괴하기 위해 가끔 행하는 동요와 혼동했기 때문이다.

류머티즘 발작이 끝날 무렵 우리는 근육들과 관절들을 움직이는 데 불편을 느끼며 게다가 고통을 느낄 수도 있다. 이것은 운동 기관에 의해 이루어진 대립된 저항에 대한 총체적인 감각이다. 그 감각은 차츰 감소하여, 마침내 우리들이 정상적으로 움직일 때 우리 동작들에 대해서 가지는 의식 속으로 사라진다. 그런데 사람들은 그 감각이 아직도 거기에 태어나는 상태로 혹은 사라져가는 상태에 있으며, 단지 강화될 기회만을 엿보고 있다고 가정할 수 있다. 사실 류머티즘 환자라면 이런 발작들을 각오해야 한다. 그렇지만 우리들이 팔과 다리를 움직이는 습관적인 느낌에서 단지 고통의 완화만을 보려는, 따라서 우리의 운동 능력을 류머티즘적 장애에 저항하기 위한 노력으로 정의하려는 사람에 대해 우리는 무엇을 말할 것인가? 우선 그는 이렇게 함으로써 운동 습관들을 설명하기를 포기할 것이다. 왜냐하면 이 운동 습관들의 각각은 사실 운동들의 특수한 결합을 함축하며, 이 결합에 의해서만 이해될 수 있기 때문이다. 걷거나 달리거나 몸을 움직이는 일반적 기능은 단지 이 요소적인 습관들의 집합에 지나지 않는데, 이 요소적인 습관들의 각각은 그것이 싸고 있는 특수한 운동들 속에서 고유하게 설명된다. 그러나 이 운동 능력을 단지 총괄적으로만 보고, 게다가 그것을 저항에 대립된 힘으로 삼는다면, 사람들은 필연적으로 이 운동 능력 옆에 류머티즘을 한 독립적 실체로서 솟아오르게 할 것이다. 이와 같은 종류의 오류가 의무에 관해 사유했던 많은 사람들에 의해서 범해져 왔던 것 같다. 우리는 수많은 특수한 의무들을 가지고 있는데, 그것의 각각은 자신에 고유한 설명을 요구한다. 그것들 모두에 따르는 것은 자연스러운 일이고, 더 정확히 말하면 습관적인 일이다. 예외적으로 사람들은 그 의무들 중 어느 하나에서 벗어날 것이고, 사람들은 저항할 것이다. 사람들이 이 저항에 저항한다면, 긴장 혹은 수축 상태가 생겨날 것이다. 우리가 의무에다 이처럼 엄격한 면을 부여할 때 우리가 객관화하는 것이 이런 완고함이다.

철학자들이 의무를 합리적 요소들로 해체할 수 있다고 믿었을 때 생각하는 것이 바로 역시 이런 완고함이다. 욕망과 열정과 욕심이 우리를 바른길에서 벗어나게 할 때, 우리를 바른길에 유지하기 위해, 즉 저항에 저항하기 위해 우리는 반드시 우리 자신들에게 이유들을 주어야 한다. 비록 우리가 이 불법적인 욕구에다 다른 욕구를 대립시켰다 하더라도, 이 다른 욕구는 의지에 의하여 일깨워지기에 어떤 관념에 호소해서만 생길 수 있었다. 간단히 말해서 지성적 존재는 지성을 매개해서 자신에게 영향을 발휘한다. 그러나 우리가 의무에로 되돌아가는 것이 이성적인 길들을 통해 이루어진다고 해서, 이런 사실로부터 의무는 이성적인 질서에 속한다는 것이 도출되지는 않는다. 이 점에 관해 우리는 뒤에 가서 상론할 것이다. 우리는 아직은 도덕 이론들을 논하려 하지 않는다. 단지 자연적이든 획득된 것이든 하나의 경향과, 이 경향에 힘을 갖게 하기 위해, 그리고 이 경향에 대립된 것과 싸우기 위해 이성적 존재가 사용할 필연적으로 합리적인 방법은 다르다고 말하자. 후자의 경우에는 이지러지던 경향이 다시 나타날 수 있고, 따라서 모든 것은 분명 마치 사람들이 이 방법에 의해서 이 경향을 재건하는 데 성공했던 것처럼 일어난다. 실제로는 사람들은 이 경향을 방해했거나 멈추게 했던 것을 단지 물리치게 했던 것이다. 실천적으로도 같은 것이 되기를 나는 물론 바란다. 사람들이 사실을 어떤 방식으로 혹은 어떤 다른 방식으로 설명하든 간에, 사실은 거기에 그대로 있으며, 사람들은 성공한 것이다. 성공하기 위해서는 사실들이 첫 번째 방식으로 일어났다고 생각하는 것이 아마도 더 좋을 것이다. 그러나 실제적으로 그렇다고 가정하는 것은 의무에 관한 이론을 그르치게 하는 것일지 모른다. 대부분의 철학자들에게 일어났던 것이 그런 것이 아닌가?

우리의 생각에 대해 오해가 없길 바란다. 우리가 지금까지 했던 것처럼, 사람들이 도덕의 어떤 측면에만 만족한다 하더라도, 사람들은 의무에 대한 많은 상이한 태도들을 확인할 수 있을 것이다. 이 태도들은 두 태도들 사이에 혹은 오히려 두 극단적 습관들 사이에 간격을 구획 짓는다. 하나는 사람들은 거의 주목하지 못하지만 사회에 의해 그려진 길들 위에 매우 자연적인 순환이고, 다른 하나는 반대로 어느 길을 취하며, 어디까지 갈 것인지, 여러 길들을 연속적으로 취해보고 어느 도정에서 전진과 되돌아가기를 해야 하는지에 관한 주저이고 숙고이다. 두 번째 경우에는 새로운 문제들이 다소간 빈번히 제기되며, 의무의 모든 윤곽이 그려진 때조차 의무를 수행하면서 거기에 다소간의 미묘한 차이를 놓는다. 그러나 우선 첫 번째 태도는 대다수 사람들의 태도이고, 아마도 열등한 사회에서 일반적인 것이다. 그러고 나서 각각의 특수한 경우에서 추론하고, 준칙을 형식화하고, 원리를 진술하고, 귀결들을 연역해봐야 소용없는 일이다. 만일 욕구나 열정이 자기주장을 한다면, 유혹이 강하다면, 우리가 바로 넘어진다면, 우리가 갑자기 다시 일어선다면, 도대체 원동력은 어디에 있었는가? 우리가 '의무의 전체'라고 불렀던 하나의 힘이 확인된다. 그것은 우리가 사회생활의 수많은 특수한 요구들에 복종하면서 체득한 수많은 특수한 습관들의 본질, 응축된 추출물이다. 이 힘은 특수한 어떤 것이 아니다. 작용하고자 할 때 이 힘이 말을 할 수 있다면 이 힘은 이렇게 말할 것이다. "해야 하기 때문에 해야 한다." 그때부터 이유들을 생각해내고 준칙들을 비교하고 원리들에로 거슬러 올라가면서 지성이 종사했던 일은, 정의(定義)하자면, 사회적 요구들에 따르는 행위에다 더 많은 논리적 일관성을 부여하는 것이었다. 그리고 의무는 이런 사회적 요구에 기인한다. 사람들이 유혹을 받고 있을 때에는 논리적 일관성의 필요 때문에 그의 욕심과 그의 열정과 그의 허영심을 희생시키지 않을 것이다. 이성적 존재에 있어서 의무의 규칙들 혹은 준칙들 사이에 이런 일관성을 확보하기 위해 이성이 사실상 규제자로서 개입하기에 철학자들은 이성에서 의무의 원리를 볼 수 있었던 것이다. 자동차를 굴러가게 하는 것이 운전대라고 믿는 것과 마찬가지이다.

　게다가 사회적 요구들은 서로를 보완한다. 그의 공정성이 그다지 설명되지 않는 사람조차, 말하자면 가장 틀에 박힌 사람조차 논리적으로 일관된 요구들에 맞추어 자신의 행위에다 합리적 질서를 부여한다. 나는 이 논리가 사회들이 뒤늦게 획득하는 것이라는 것에 동의한다. 논리적 통합은 본질적으로 경제적이다. 논리적 통합은 우선 하나의 전체에서 몇몇 원리들을 거칠게 끄집어내고, 그러고 나서 이 전체로부터 이 원리들과 일치하지 않는 것 모두를 배제해버린다. 반대로 자연은 충분하고도 남는다. 한 사회가 자연에 가까우면 가까울수록 우연과 부정합의 몫은 더욱 커진다. 우리는 원시인들에게서 관념들의 모호한 연합 작용에 의해, 미신에 의해, 자동 현상에 의해 설명되는 많은 금기들과 규제들을 만나게 된다. 이러한 금기들과 규제들은 무용한 것이 아니다. 왜냐하면 부조리하기조차 한 규칙들에 모든 사람들이 복종하는 것은 사회에다 더 커다란 응집력을 보장해주기 때문이다. 그러나 그때에 사회에서 이 규칙의 유용성은 독특하게도 간접적으로 사람들이 이 규칙에 복종한다는 사실에서 비롯된다. 스스로에 의해서 가치를 가지는 규제들과 금기들이 실제로 사회의 보존 혹은 안녕을 목표로 한다. 이것들이 다른 것들로부터 살아남기 위해 다른 것들로부터 분리되기에는 시간이 경과해야 한다. 그때에 사회적 요구들은 그들 사이에 조정되고 원리들에 종속되게 된다. 그러나 이 점은 별로 중요하지 않다. 논리는 현실 사회들에 잘 침투하고, 이성적으로 행동하지 않는 사람조차 그가 이 원리들에 따른다면 합리적으로 살아가게 될 것이다.

그러나 의무의 본질은 이성의 요구와는 다른 것이다. 이것이 지금까지 우리가 암시하려 했던 것 전부이다. 우리의 설명은 우리가 덜 진화된 사회들에, 그리고 더 원시적인 의식들에 관계함에 따라 실제에 더욱더 잘 상응할 것이라고 믿는다. 이 설명은 우리가 오늘날 정직한 사람에게서 발견하는 정상적 의식에 만족한다면 도식적인 것으로 남게 될 것이다. 그러나 바로 이때에 우리는 서로 상호침투하고 있는 감정들, 관념들, 경향들의 단순한 혼합물에 관계하기에, 우리는 단지 본질적인 것이 그려지는 도식을 다룰 때에만 인위적인 분석들과 임의적인 종합들을 피할 것이다. 우리가 그리려고 시도했던 것이 이러한 것이다. 의무를 습관과 마찬가지로 의지를 억압하는 것으로 생각해보고, 모든 의무들 각각이 자신 뒤에 한 무리의 축적된 다른 의무들을 이끌면서, 이렇게 해서 그것이 행사할 압력을 위해 전체의 무게를 이용하는 것으로 생각해보아라. 당신은 단순하고 요소적인 도덕적 의식에 있어서도 의무 전체를 가지게 된다. 이것이 본질적인 것이다. 즉 이것이 의무가 아주 복잡하게 얽혀 있는 거기에서조차 엄밀하게 환원될 수 있을지 모르는 본질적인 것이다.

정언 명법에 관하여

사람들은 어떤 순간에, 그리고 그다지 칸트적이지 않은 어떤 의미에서 요소적인 의무가 "정언 명법"의 형식을 취하는지를 안다. 사람들은 일상적 삶에서 이러한 명령법의 예들을 발견하고 당황할지 모른다. 반박할 수 없고 이유 없는 명령인 군사적 명령은 "해야 하기 때문에 해야 한다"고 흔히 말한다. 그러나 병사에게 그 이유를 말하지 않아도 그는 어떤 이유를 상상할 것이다. 만일 우리가 순수한 정언적 명령의 경우를 바란다면, 우리는 그것을 선험적으로(a priori) 구성하거나 적어도 경험을 양식화해야 할 것이다. 따라서 반성적 사유를 일시적으로 하게 된 한 개미를 생각해보자. 이 개미는 그때에 그가 다른 개미들을 위해 쉬지 않고 일하는 것은 아주 잘못이라고 판단할 것이다. 하지만 게으름을 피우고 싶은 개미의 부질없는 생각은 겨우 잠시 동안, 즉 지성이 빛을 발하는 순간 동안 지속할 것이다. 이 순간들 끝에 본능은 다시 우세를 취하면서 개미가 그의 일을 활력 있게 하도록 이끌 것이고, 반면에 본능에 곧 흡수되는 지성은 작별 인사로 "해야 하기 때문에 해야 한다"고 말할 것이다. 이 "해야만 하기 때문에 해야 한다"는 단지 순간적으로 이완된 줄을 다시 팽팽하게 하는 견인력에 순간적으로 사로잡힌 의식일지 모른다. 그와 같은 명령은 꿈에서 깨어날 준비를 하거나, 막 깨어나기 시작하는 몽유병 환자의 귀에 울릴지 모른다. 만일 그가 곧바로 몽유병에로 다시 떨어진다면, 정언적 명령은 솟아오르려 하다 곧 사라져버린 반성 능력에 있어서 귀환의 불가피성을 말로 표현한 것일 것이다. 간단히 말해 절대적으로 정언적인 명령은 본능적이거나 몽유병적인 본성에 속한다. 정상적인 상태에서 의무는 그렇게 작용하고, 만일 반성이 이유를 찾을 수 있을 만큼 충분히 오랫동안은 아니라 하더라도 형식화될 수 있을 만큼 충분히 오랫동안 깨어 있다면 그렇게 표상될 것이다. 그러나 이때에 이성적인 존재에 있어서 행해진 활동이 아직 지성적이라 하더라도 본능적 형태를 더욱 취하려 할수록 명령은 그만큼 더 정언적 형식을 취하려 할 것이라는 것은 명백하지 않은가? 그러나 처음엔 지성적이었다 본능을 닮아가는 길로 들어서는 행위가, 사람들이 인간에 있어서 습관이라 부르는 바로 그것이다. 가장 강력한 습관은, 그것의 힘이 모든 축적된 힘으로 이루어지고 모든 요소적인 사회적 습관들로 이루어진 것으로, 필연적으로 본능을 가장 많이 닮고 있는 습관이다. 그렇다면 순수하게 체험된 의무와 모든 종류의 이유들에 의해서 정당화되고 충분히 표상된 의무를 분리하는 짧은 순간에 의무가 실상 "해야 하기 때문에 해야 한다"는 정언적 명령의 형식을 취한다는 것이 놀라운 일인가?

의무와 생명

진화의 분지(分枝)된 두 노선과 그 극단에 있는 사회를 고찰해보자. 가장 자연스럽게 나타났던 사회 형태는 분명 본능적인 유형일 것이다. 벌통의 벌들을 결합하는 유대는 한 유기체의 서로 결합되고 종속되어 있는 세포들 전체를 사로잡고 있는 유대와 더욱더 닮아 있다. 잠시 자연이 다른 노선의 끝에서 상당한 행동의 자유가 개인적 선택에 놓여 있는 사회들을 얻고자 했었다고 가정하자. 규율에 관해서 볼 때 이 사회에서 자연이 한 일은, 다른 사회에서 본능이 얻은 결과들에 비교할 수 있는 결과들을 지성으로 하여금 얻게 하도록 만드는 것이었을 것이다. 지성은 습관에 호소했을 것이다. 사람들이 '도덕적'이라 부를 수 있을 이 습관들 각각은 우연적일 것이다. 그러나 이 습관들 전체는 —나는 습관들을 들이는 습관이라 말하고 싶은데— 사회들의 바탕 자체에 있으면서 사회들의 존재 조건이 되어 강도와 규칙성으로서 본능의 힘에 비유할 만한 힘을 갖게 될 것이다. 이것이 바로 우리가 '의무 전체'라고 불렀던 그것이다. 물론 단지 자연의 손에서 막 벗어난 그런 인간 사회들이 문제시될 것이다. 즉 원시적이고 요소적인 사회들이 문제시될 것이다. 그러나 인간 사회가 진보하고, 복잡해지고, 정신적으로 되어도 소용이 없을 것이다. 이 사회의 기초가 되는 규약, 혹은 오히려 자연의 의도는 그대로 남아 있을 것이다.

그런데 사태는 바로 이렇게 일어난 것이다. 우리가 다른 곳[4]에서 다루었던 점을 깊이 고찰하지 않고 단순히 지성과 본능은 원초적 상태에서는 상호 침투하지만 성장하면서 서로 분리되었음에 틀림없는 의식의 두 형태들이라고 말하자. 이 발전은 동물적 삶의 진화의 두 커다란 노선 위에서 절지동물과 척추동물과 함께 이루어졌다. 첫 번째 진화 선상의 끝에는 곤충들의 본능, 더욱 특별하게 막시류(膜翅類)의 본능이 있고, 두 번째 진화 선상의 끝에는 인간 지성이 있다. 본능과 지성은 도구들을 사용하는 것을 본질적 목적으로 한다. 지성은 발명된, 따라서 변화 가능하고 예견될 수 없는 도구들을 사용하고, 본능은 자연에 의해 제공된, 따라서 변동될 수 없는 기관들을 사용한다. 게다가 도구는 작업을 하도록 예정되어 있는 것이고, 이 작업은 그것이 특수화되면 될수록, 따라서 상호 보완하는 다양한 능력의 노동자들 사이에 분업이 이루어질수록 그

---

4) 『창조적 진화』, 2장.

만큼 효율적이다. 이처럼 사회생활은 한 모호한 이상(理想)처럼 본능에도 지성에도 내재한다. 그리고 이 이상은 한편으로는 벌 또는 개미의 집단에서, 다른 한편으로는 인간 사회들에서 가장 완전하게 실현되었다. 한 사회란, 그것이 인간 사회이든 동물 사회이든, 하나의 조직이다. 사회는 요소들의 상호 간 협동과 일반적으로 상호 종속도 함의한다. 따라서 사회는 단순히 영위되는 것이든 혹은 더욱이 표상되는 것이든 규칙들 또는 법칙들 전체를 제공한다. 그러나 벌이나 개미의 집단에서는 개체는 그것의 구조에 의해 그것의 사용이 고정되어 있고, 조직은 상대적으로 변화될 수 없다. 반면에 인간 사회는 변화 가능하고, 모든 진보에 열려 있는 형태를 취한다. 따라서 다음과 같은 사실이 귀결된다. 첫 번째 것들에 있어서 각 규칙은 자연에 의해서 부과되기에 규칙은 필연적인 데 반해, 인간 사회에서는 한 가지 것만이 자연적인데 그것은 규칙의 필요성이다. 따라서 인간 사회에서 사람들이 의무 일반에 도달하기 위해 다양한 의무들의 뿌리에까지 파고들어 갈수록, 의무는 더욱 필연성이 되려 하고 그것이 명령적이라는 점에서 본능에 더욱 접근해갈 것이다. 그럼에도 불구하고 사람들이 만일 한 특수한 의무를 그것이 어떠한 것이든 본능에 관련시키려고 한다면 크게 잘못을 범하는 것일지 모른다. 항상 언급되어야 할 것은 어떠한 의무도 본능적인 본성에 속하지 않는다 하더라도, 의무의 전체는 만일 인간 사회들이 가변성과 지성에 의해서 이른바 중심이 잡히지 않았다면 본능에 속하게 **되었었다는 것이다**. 그것은 말하는 습관 배후에 있는 본능처럼 잠재적 본능이다. 인간 사회의 도덕은 실제로 그의 언어와 비교될 수 있다. 만일 개미들이 신호들을 교환한다면 그것은 그럼직한데, 신호는 이들 전체를 의사소통하게 만드는 본능에 의해서 그들에게 제공된 것이라는 점을 주목할 필요가 있다. 반대로 언어는 관습의 산물이다. 어휘나 구문 속에는 자연에서 온 어떤 것도 없다. 그러나 말하는 것은 자연적이다. 그리고 자연에 기원을 둔 불변적 기호들은 아마도 곤충들 사회에서 사용되지만, 만일 자연이 우리에게 말하는 능력을 부여하면서 거기에다 도구를 사용하고 제작하는, 따라서 발명하는 기능, 즉 지성을 덧붙이지 않았다면 우리의 언어가 되었을 바를 나타낸다. 인간 사회가 지성적인 대신에 본능적이었다면 의무는 어떤 것이 되었을까를 끊임없이 참조하자. 우리는 이렇게 해서 특별히 어떤 의무도 설명하지 못할 것이지만, 의무 일반에 대해 만일 사람들이 그것에 만족했을 때 잘못될 수 있을지 모르는 이념을 제시할 수 있을 것이다. 그렇지만 만일 사람들이 도덕의 기초들을 탐구하는 데 있어 길잡이를 원한다면, 사람들은 이 본능적 사회를 지성적 사회의 짝을 이루는 것으로 생각해야만 할 것이다.

　이 관점에서 보면 의무는 그것의 특수한 성격을 상실한다. 의무는 생명의 가장 일반적인 현상들에 관련되어 있다. 하나의 유기체를 구성하는 요소들이 엄격한 규율에 따른다면, 그 요소들이 의무를 진다고 느끼고, 사회적 본능에 복종한다고 사람들은 말할 수 있는가? 분명 아니다. 그러나 이 유기체가 겨우 막 사회가 되었다면, 벌 집단과 개미 집단은 요소들이 그들 사이에 보이지 않는 끈에 의해서 통일되어 있는 진정한 사회이다. 개미의 사회적 본능은 —예를 들어 일벌로 하여금 그것의 구조에 의해서 숙명 지운 일을 수행하게 하는 힘을 말한다— 한 유기체의 각 조직과 각 세포를 전체의 가장 큰 행복을 위해 기능하게 하는 원인과, 이 원인이 어떤 것이건 간에, 극단적으로 다를 수는 없다. 그러나 전자에서도 후자에서도 고유하게 말하는 의무는 없다. 오히려 필연성만 있을지 모른다. 우리가 도덕적 의무의 기초에서 아주 분명하게 지각하는 이 필연성은 현실적인 것이 아니라 의심할 여지없이 잠재적인 것이다. 한 존재는 그가 자유로울 때에만 의무를 지었다고 느낀다. 각 의무는 별도로 취해지면 자유를 내포한다. 그러나 의무들이 있다는 것은 필연적이다. 우리가 정점에 있는 이 특수한 의무들로부터 기저에 있는 의무 일반, 즉 의무들의 전체에로 내려가면 갈수록, 의무는 우리에게 삶이 어떤 목적들을 실현하기 위해 지성과 선택과, 따라서 자유를 요구할 때 삶의 영역에서 필연성이 취하는 형식 자체처럼 드러난다.

그때에 문제시되고 있는 것은 매우 단순하고 원초적인 혹은 적어도 요소적인 인간 사회일 것이라고 사람들은 또다시 주장할 것이다. 의심할 여지없이 그렇다. 우리가 앞으로 말할 기회가 있겠지만, 문명인은 특히 그의 의식이 처음으로 깨어난 이래 사회적 환경 속에서 그가 얻어낸 엄청난 양의 지식들과 습관들에 의해 원시인과 다르다. 자연적인 것은 습득된 것에 의해 대부분 덮인다. 그러나 자연적인 것은 수 세기를 통해 거의 변화되지 않은 채 존속한다. 습관과 인식은 사람들이 상상했듯이 유기체에 배어들어 유전적으로 전달되는 것과는 거리가 멀다. 사실 만일 자연적인 것이 수 세기의 문명 동안 그것 위에 축적된 획득된 습관들에 의해서 파괴되었다면, 의무에 대한 우리의 분석에서 우리는 이 자연적인 것을 무시할 수 있는 것으로 간주할 수 있을 것이다. 그러나 자연적인 것은 가장 문명화된 사회에서도 아주 좋은 상태로 매우 생생하게 유지되고 있다. 이러저러한 사회적 의무를 설명하기 위해서가 아니라 우리가 의무 전체라고 불렀던 것을 설명하기 위해서 참조해야 하는 것이 바로 이 자연적인 것이다. 게다가 우리의 문명화된 사회는 자연에 의해 우리에게 직접적으로 예정된 사회와 아무리 다를지라도 그 사회와 근본적인 유사성을 나타내고 있다.

닫힌사회

실상 이 두 사회는 닫힌사회들이다. 이 사회들이 본능에 이끌리는 작은 집단들과 비교해볼 때 매우 커다란 사회들이라 해도 소용이 없다. 문명의 모든 물질적이고 정신적인 획득물들이 우리가 그것들을 놓았다고 생각하는 사회적 환경으로부터 사라져버린다 하더라도, 오늘날에도 동일한 본능은 아마도 이러한 사회들을 재구성하려 할지 모른다. 이 사회들은 그래도 역시 매 순간 일정한 수의 개체들을 포함하고 다른 개체들을 배제하는 것을 본질로 한다. 우리는 이미 앞에서 도덕적 의무의 기저에는 사회적 요구가 있다고 말했다. 어떤 사회가 문제시되는가? 인류 전체가 될지 모르는 열린사회인가? 사람들이 인간의 그의 동포들에 대한 의무에 대해 말할 때 보통 그러하듯이, 우리는 이 문제를 단번에 해결할 수 없을 것이다. 사람들은 신중하게도 모호함 속에 머물러 있다. 사람들은 단정하기를 삼가지만, '인간 사회'가 이제는 실현되었다고 믿게 내버려두고자 한다. 그렇게 믿게 놓아두는 것이 좋을 것이다. 왜냐하면 이의를 제기할 필요도 없이 우리는 인간으로서 인간에 대한 의무들을 가지기 때문이다(우리가 앞으로 보게 되겠지만 이 의무들이 아주 다른 기원을 갖는다 하더라도). 그리고 우리는 이 의무들을 우리 시민들에 대한 의무들로부터 극단적으로 구별함으로써 이 의무들을 약화시키는 위험을 감수할 것이다. 그렇게 하는 것이 행동에 이로울 것이다. 그러나 이 구별을 강조하지 않는 도덕 철학은 진리에서 벗어나 있는 것이다. 이런 철학의 분석들은 필연적으로 왜곡된 것일 것이다. 사실상 우리가 타인의 생명과 재산을 존중해야 하는 의무가 사회생활의 기본적인 요구라고 설정할 때, 우리는 어떠한 사회에 대해 말하는 것인가? 대답을 하기 위해서는 전쟁 시에 일어나는 것을 생각해보는 것으로 충분하다. 살인과 약탈, 또한 배신과 사기, 거짓말은 합법적인 것이 될 뿐만 아니라 오히려 권장된다. 교전자들은 『맥베스(*Macbeth*)』의 마녀처럼 말할 것이다. "정당한 것은 사악하고 사악한 것은 정당하다."[5] 이것이 가능할 것인가? 만일 이것이 진실로 사회가 우리에게 지금까지 권장해왔던 인간에 대한 인간의 태도였다면, 변형이 일반적이든 순간적이든 그만큼 쉽게 이루어질 수 있다는 것인가? 오! 나는 사회가 말하는 바를 알고 있다(반복해서 말하지만 사회는 그렇게 말할 이유들이 있다). 그러나 사회가 생각하는 것, 사회가 바라는 것을 알기 위해서는 지나치게 사회가 말하는 것에 귀 기울이지 말고 사회가 하는 것을 주시해야 한다. 사회가 말하기를, 사회에 의해 정의된 의무들은 원리상 물론 인류에 대한 의무들이지만, 불행하게도 불가피한 예외적인 상황들 속에서는 그것의 수행이 유보되어 있다고 한다. 만일 사회가 스스로 이렇게 표현하지 않았다면, 직접적으로 사회로부터 오지 않은, 그리고 사회가 오로지 관리해보려는 관심을 가진 또다른 도덕[인류에 대한 도덕]의 진보를 방해했을지 모른다. 다른 한편 비교적 드물고 예외적인 것, 예를 들어 질병을 비정상적인 것으로 간주하는 것이 우리 정신의 습성에 합당하다. 그러나 질병은 건강만큼 정상적인 것이다. 왜냐하면 건강은 어떤 관점에서 보면 질

---

5) 셰익스피어, 『맥베스』 1막 1, 11행. "아름다운 것은 추하고, 추한 것은 아름답다."

병을 예방하거나 떨쳐버리려는 항상적인 노력처럼 나타나기 때문이다. 마찬가지로 평화는 지금까지는 항상 방어를 위한 준비 혹은 공격을 위한 준비조차, 어쨌든 전쟁을 위한 준비였다. 우리의 사회적 의무들은 사회적 결속을 목적으로 한다. 좋든 싫든 의무들은 적을 대비한 훈련의 태도와 같은 태도를 우리에게 조성한다. 그것은 사회가 훈련시키려는 인간이 수 세기의 문명 동안 사회가 획득한 모든 것에 의해 풍요롭게 되어도 소용이 없다는 것을 뜻하는데, 그럼에도 불구하고 사회는 사회에 의해 아주 두껍게 외피를 덮은 이 원시적 본능을 필요로 한다는 것이다. 간단히 말해 우리가 사회적 의무의 기저에서 통각한 사회적 본능은 항상 —본능은 상대적으로 변할 수 없기에— 그 사회가 아무리 크다 하더라도 항상 닫힌 사회를 목표로 한다. 물론 사회적 본능은, 그렇기에 그것이 지탱하고 있고, 그것의 힘의 무엇인가를, 즉 그것의 명령법적 성격을 빌려주고 있는 다른 도덕에 의해 은폐된다. 그러나 사회적 본능 자체가 인류를 목적으로 하지 않는다. 그것은 국가가 아무리 크다 하더라도 국가와 인류 사이에는 유한과 무한의, 닫힘과 열림의 전적인 거리가 있기 때문이다. 시민의 덕들에 관한 훈련은 가정에서 이루어지고, 마찬가지로 자신의 조국을 극진히 사랑함으로써 인류를 사랑할 준비를 한다고 사람들은 즐겨 말한다. 이처럼 우리의 공감은 계속된 진보에 의해서 확장되고, 같은 것으로 머물면서도 성장하여, 마침내 인류 전체를 포용하기에 이를지 모른다는 것이다. 그것은 바로 영혼에 관한 순전히 지성주의적 개념에서 도출된 **선험적인**(a priori) 추론이다. 사람들은 우리가 관심을 가질 수 있는 세 집단[가족, 국가, 인류]이 점점 더 많은 수의 사람들을 포함한다고 인정하고, 거기서부터 사랑받는 대상의 연속적인 확장에 상응하여 감정이 진보적으로 팽창한다고 결론짓는다. 게다가 환상을 고무하는 것은 우연적인 조우이긴 한데 추론의 전제가 사실들과 일치하고 있다는 점이다. 가정과 사회는 기원에서 혼합된 것이기에 밀접한 연관 속에 머문다는 단순한 이유로 가정의 덕들은 사회적 덕들과 잘 연결되어 있다. 그러나 우리가 사는 사회와 인류 일반 사이에는, 우리가 반복하지만, 닫힘과 열림 사이와 같은 대비가 놓여 있다. 두 대상의 차이는 본성의 차이이지, 단순히 정도의 차이가 아니다. 만일 우리가 영혼의 상태들에까지 가서 이 두 정서, 즉 국가에 대한 애착과 인류에 대한 사랑을 비교한다면 어떻게 될까? 사회적 단결은 대부분 한 사회에 있어서 다른 사회들에 대항하여 방어할 필요성에 기인하고, 사람들이 함께 사는 사람들을 사랑하는 것은 모든 다른 사람들에 대항하는 것이라는 사실을 누가 모르겠는가? 그런 것이 원시적 본능이다. 이 원시적 본능은 문명의 기여 아래 다행스럽게도 숨겨져 있다. 그러나 오늘날에도 우리는 우리의 부모들과 함께 사는 시민들을 자연스럽고 직접적으로 사랑하지만, 인류에 대한 사랑은 간접적이고 획득된 것이다. 우리는 전자에는 직접적으로 가지만, 후자에는 우회를 통해서만 이르게 된다.

왜냐하면 종교가 인간에게 인류를 사랑하도록 권유하는 것은 단지 신을 통해서, 신 안에서이기 때문이다. 철학자들이 인간의 뛰어난 위엄과 모든 사람을 존중할 권리를 우리에게 제시하기 위해 인류를 바라보게 하는 것은, 단지 우리 모두가 소통하는 이성을 통해서 이성 안에서인 것과 마찬가지이다. 이 경우에도, 저 경우에도 우리는 가족과 국가를 통해 단계적으로 인류에로 도달하지 못한다. 우리는 단번에 인류보다 더 멀리 나가야만 한다. 그리고 거기에 도달해서는 인류를 종국적인 것으로 취하지 말고 그것을 넘어서야 한다. 게다가 사람들이 종교적 언어를 말하든 철학의 언어를 말하든, 사랑이 문제시되든 혹은 존중이 문제시되든, 그것은 다른 도덕이며, 사회적 압력에 겹쳐져 오는 다른 종류의 의무이다. 지금까지 단지 사회적 압력이 문제시되었는데, 이제 다른 종류의 의무로 나아갈 때가 되었다.

우리는 순수한 의무를 추구하였다. 그것을 찾기 위해 우리는 도덕을 가장 단순한 표현으로 환원해야만 했다. 그것의 이점은 의무가 무엇으로 이루어지는지를 알게 한 것이었다. 그것의 단점은 도덕을 상당히 축소시킨 것이었다. 우리가 한편으로 제쳐놓은 것이 의무적인 것이 아니기 때문인 것은 확실히 아니다. 사람들이 강요되지 않을 의무를 상상할 수 있을까? 원초적으로 순수하게 의무적인 것이 우리가 방금 말한 것이라면 의무는 확산되고 흩어져서 이 의무를 변형하는 어떤 다른 의무에로 흡수되기에 이른다고 생각한다. 따라서 이제 완전한 도덕이 무엇일 것인지를 알아보자. 우리는 같은 방법을 사용해서 또한 더는 아래로가 아니라 위로, 극단에까지 가려고 한다.

영웅의 호소력

어느 시기든지 이러한 도덕을 구현한 예외적인 인간들이 출현했다. 기독교의 성자들 이전에 인류는 그리스의 현자들, 이스라엘의 선지자들, 불교의 아라한들과 또한 다른 사람들을 알아왔었다. 우리가 이 완전한 도덕, 절대적이라 부르는 것이 더 좋을 것 같은 이 도덕을 가지기 위해 항상 참조해야 하는 것이 이들이다. 이 사실 자체가 이미 특징적이고 교훈적이다. 그리고 이 사실 자체가 지금까지 문제시했던 도덕과 우리가 연구하려는 도덕 사이에, 최소한과 최대한 사이에, 이 두 극단 사이에 단지 정도의 차이가 아니라 본성의 차이가 있다는 것을 우리에게 예감하게 한다. 전자는 그것이 점점 비인칭적인 형식들에 도달할수록 그만큼 더 순수하고 완벽해지는 데 반해, 후자는 충분히 그 자체가 되기 위해서는 예증이 되는 특권적 인격 속에 구현되어야 한다. 전자의 일반성이 하나의 법칙의 보편적 승인에 기인한다면, 후자의 일반성은 본(本)이 되는 한 인간을 공통적으로 모방하려는 데 기인한다.

왜 이처럼 성인들은 그들의 모방자들을 가지며, 왜 선행을 하는 위대한 인간들은 그들 뒤에 군중들을 이끌고 다니는가? 그들은 어떤 것도 요구하지 않지만, 그들은 얻는다. 그들은 설교할 필요가 없으며, 그들은 존재하기만 하면 된다. 그들의 존재 자체가 일종의 호소력이다. 왜냐하면 이 다른 도덕의 성격이 바로 그러하기 때문이다. 자연적 의무는 억압이고 강압이지만, 완전하고 완벽한 도덕에는 일종의 호소가 있다.

이 호소력의 본성에 관해서, 위대한 도덕적 인격 앞에 있어본 사람들만이 그것을 온전히 알게 된다. 그런데 우리들 각자는 자신의 습관적인 행위의 준칙들이 불충분한 것처럼 보였을 때, 이러저러한 사람이 비슷한 경우에 자신에 대해 기대했던 바를 자문해본다. 이렇게 생각에 의해 우리가 일깨운 것은 부모일 수도 있고 친구일 수도 있다. 그러나 그는 우리가 결코 만난 적이 없고, 단지 그의 삶에 대해서 이야기만을 했던 사람, 그리고 상상에 의해 우리의 행동을 그의 판단에 맡기고 그로부터 비난받을 것을 두려워하고 그의 칭찬을 자랑스럽게 여기는 그런 사람일 수 있다. 그 사람은 영혼의 심층으로부터 의식의 빛으로 이끌어낸 우리 마음 안에서 태어나는, 나중에는 우리를 통째로 사로잡을 수 있다고 느끼는 인격일 수 있으며, 제자와 스승 간에 그러하듯이 잠시 동안 우리를 결부시키고자 하는 인격일 수도 있다. 사실 이 인격은 사람들이 모범으로 받아들였던 날부터 윤곽이 드러난다. 취하고자 하는 형상을 관념적으로 발생시키는 닮으려는 욕망이 이미 닮음이다. 즉 사람들이 자신의 것으로 만들려고 하는 말씀은 사람들이 자신 안에서 반향을 들었던 말씀이다. 그러나 그 사람이 누구인가는 그다지 중요하지 않다. 만일 첫 번째 도덕이 비인격적인 의무들로 더욱 선명하게 분리될수록 그만큼 더 힘을 가진다면, 반대로 후자는 처음엔 우리 지성이 집착하는 일반적 교훈들로 흩어져서 우리 의지를 움직이는 데까지 가지 못하지만, 준칙들의 다양성과 일반성이 한 인간의 통일성과 개별성 속으로 더 잘 녹아들수록 그만큼 더 매력적이 된다는 점을 단지 확인하자.

그에게 있어 그 힘은 어디에서 오는가? 여기서 자연적 의무를 뒤따르지만 오히려 마침내 자연적 의무를 흡수해버리는 행동의 원리는 어떠한 것인가? 그것을 알기 위해 우리에게 암암리에 요구되는 것이 무엇인지 알아보자. 지금까지 문제시되었던 의무들은 사회적 삶이 우리에게 부과한 것들이다. 이 의무들은 인류보다는 오히려 국가를 돌보도록 우리에게 요구한다. 따라서 사람들은 두 번째 도덕은 ―만일 우리가 이 둘을 확고하게 구별한다면― 단순히 사회적이 되는 대신에 인간적이라는 점에서 첫 번째 도덕과 다르다고 말할 수 있을 것이다. 그리고 이렇게 말한 사람들이 완전히 틀린 것은 아닐 것이다. 결국 우리는 사람들이 인류에 도달하는 것이 국가를 확장함으로써가 아니라는 것을 알았다. 사회적 도덕과 인간적 도덕 사이에는 정도의 차이가 아니라 본성의 차이가 있다. 사회적 도덕이란 우리가 자연스럽게 의무진 것을 느낄 때 우리가 보통 생각하는 의무이다. 우리는 아주 선명한 이 의무들 위에 그것에 겹쳐지는 오히려 흐릿한 다른 의무들을 표상하고 싶어 한다. 충실, 헌신, 자기희생, 사랑 같은 것들이 우리가 이 의무들을 생각할 때 언급하는 낱말들이다. 그러나 그때에 우리는 대체로 이 낱말들 이외에 다른 것을 생각하는가? 물론 아니다. 그리고 우리는 그것을 잘 알고 있다. 단지 거기에 형식이 있다고 말하는 것으로 충분하다. 이 형식은 기회가 되었을 때 그것의 모든 의미를 취하고, 이 형식을 채우러 오는 관념이 활동하게 될 것이다. 사실 많은 사람들에게는 기회가 나타나지 않을지 모르며 또는 행동은 훨씬 뒤에나 다시 작동될지 모른다. 어떤 사람들에 있어서는 의지가 아주 약간 발동되나, 사실 받은 충동이 확장되고 약화된 사회적 의무를 인간적 의무로 팽창하는 데 기여하기에는 너무 빈약할 정도일지 모른다. 그러나 형식들이 내용으로 채워지고, 내용이 생기를 얻게 된다면, 바로 새로운 삶이 나타나게 된다. 우리는 다른 도덕이 출현한 것을 이해하고 느낀다. 따라서 여기서 인류에 대한 사랑을 말함으로써 우리는 의심할 여지없이 이 도덕을 특징짓고 있는 것이다. 그러나 사람들은 이 도덕의 본질을 표현하지 못할지 모른다. 왜냐하면 인류에 대한 사랑이 그 자체로 충족적이고 직접적으로 작용하는 운동인은 아니기 때문이다. 젊은이들을 가르치는 교육자들은 '이타주의'를 권장하는 것으로는 이기주의를 이기지 못한다는 것을 잘 알고 있다. 관대하고 헌신하려고 애쓰는 영혼도 그가 '인류를 위하여'

일하려 한다는 생각에 갑자기 냉정하게 되는 일이 일어나기조차 한다. 목적이 너무 거대해서 효과가 흩어지기 때문이다. 따라서 사람들은 만일 인류에 대한 사랑이 이 도덕을 구성한다면 그것은 마치 한 지점에 도달하려는 의도 속에 중간의 공간을 건너뛰어야 할 필요성이 내포되어 있는 것과 거의 같다고 추정할 수 있다. 어떤 의미에서 그것은 같은 것이지만, 다른 의미에선 그것은 전혀 다르다. 만일 사람들이 제논의 화살[6]처럼 하나하나 통과해야 할 무한

---

6) (역주) 제논은 인간 지성이 생각하는 '참다운 존재'는 불변, 부동, 불가분적이라는 파르메니데스의 주장을 전파할 목적으로 역설을 만들어낸 것으로 알려져 있다. 그가 만든 역설 중에 다원론자들의 주장을 논파하기 위해 만든 '다(多)'를 부정하는 역설과 운동을 부정하기 위해 만든 '아킬레스와 거북의 경주'의 역설이 대표적인 것이다. 여기서 베르그손이 지적한 것은 '이분법에 의한 논증'의 역설이다. 아리스토텔레스가 전하는 바에 의하면, "운동하고 있는 것은 목표점에 도달하기 전에 반드시 중간 지점에 도달하지 않으면 안 된다는 이유에서 운동은 존재하지 않음을 주장하는 것이다."(*Phys.*, z 9 239b 11) 즉 제논의 주장은 목표점에 도달하기 위해서는 중간점에 도달해야 하고, 이 중간점에 도달하기 위해서는 그것의 또 중간점에 도달해야 하고, 이렇게 무한히 진행될 수 있기에 결국 목표점에 도달하지 못한다는 것이다. 운동을 출발점과 도달점 사이의 통과된 공간(선분)으로 이해하는 것은 우리 지성의 방식이다. 그러나 운동과 운동의 궤적(통과된 공간)은 근본적으로 다르다. 운동은 '부분들이 전체와 불가분적인 하나를 이루면서 매 순간 질적인 변화를 하며 생성되는 유기적 전체'이다. 반면에 운동의 궤적은 통과된 공간, 즉 선분에 불과하다. 운동을 포착하기 위해 인간 지성이 선분의 간격을 반에서 반으로 계속해서 무한히 줄여나간다 하더라도 운동은 이 간격 사이로 빠져나간다. 제논의 역설에 대한 자세한 분석은 역자 해제를 참고하기 바람.

한 점들과 간격만을 생각한다면, 사람들은 출발하면서부터 낙담할 것이다. 게다가 사람들은 거기에 어떤 관심도 어떤 매력도 갖지 않을 것이다. 그러나 만일 사람들이 단지 끝점만을 생각하거나 더 멀리 바라보면서 간격을 건너뛴다면, 사람들은 하나의 단순한 행위를 쉽게 수행할 것이고, 동시에 이 단순성과 등가적인 무한한 다수성의 끝에 도달하게 될 것이다. 도대체 여기서 끝은 어떤 것이고, 노력의 방향은 어떤 것인가? 한마디로 우리에게 고유하게 요구되었던 것은 무엇인가?

닫힌 영혼과 열린 영혼

우선 우리가 지금까지 고려했던 인간의 도덕적 태도를 정의하자. 그것은 사회와 일체를 이룬다. 도덕적 태도와 사회는 개인과 사회의 보존이라는 동일한 일에 몰두한다. 그것들은 그것들 자신에로 향해 있다. 물론 개인적 이익이 일반적 이익과 변함없이 일치하는지는 의심스럽다. 공리주의 도덕이 개인은 자신의 고유한 행복만을 추구할 수 있다는 것을 원리로 놓고, 그 사실로서 개인은 타인의 행복을 바라는 데에로 인도될 것이라고 주장했을 때, 공리주의 도덕이 어떤 해결할 수 없는 난점들에 항상 봉착하는지를 우리는 안다.[7] 지성적 존재는 그의 개인적 이익에 속하는 것을 추구하여 자주 일반적 이익이 요청하는 것과는 전혀 다른 것을 하게 된다. 그러나 만일 공리주의 도덕이 이런 형태로든 다른 형태로든 끈질기게 다시 나타난다면, 그것은 공리주의 도덕이 지지할 수 없는 것은 아니기 때문이다. 그리고 만일 공리주의 도덕이 지지될 수 있다면, 그것은 바로 개인적 이익과 타인의 이익 사이에 선택해야만 하는 지성의 활동 아래에는 자연에 의해서 원초적으로 세워진 본능적 활동이란 기체가 있는데, 이 본능적 활동이란 기체에서는 개인적인 것과 사회적인 것이 거의 혼합되기 때문이다. 세포는 유기체와 생명력을 주고받으면서 자신을 위해 살고 또한 유기체를 위

---

7) (역주) 공리주의는 경험주의 전통의 영국에서 발전한 윤리설로 고대의 에피쿠로스주의를 계승하여 쾌락과 행복을 삶의 목적으로 삼으면서 도덕을 학문적으로 정립하려는 주의이다. 이 주의에서 문제시되는 것은 개인의 쾌락이나 행복 또는 이익으로부터 헌신이나 일반적 이익이나 이타주의 같은 개념을 어떻게 설명할 수 있는가 하는 점이다. 공리주의의 사회 인식의 기초를 제공한 홉스는 '헌신(이타주의)'을 이기주의의 초과량으로 설명하는데, 공리주의의 창시자 벤담은 쾌락을 양적인 방식으로 전환하여 개인의 행복과 일반의 행복을 일치시키려 시도했다. 그의 주장은 '최대 다수의 최대 행복'으로 요약된다. 그러나 벤담의 공리주의는 순환 논리에 빠지지 않을 수 없다. 개인의 행복을 설명하기 위해 일반의 행복을 전제하고, 일반의 행복을 설명하기 위해 개인의 행복을 전제할 수밖에 없는 것이다. 양적인 쾌락주의의 한계를 인식하고 있었던 밀(J. S. Mill)은 쾌락의 질적인 차이, 즉 고양된 쾌락과 열등한 쾌락의 차이를 주장하며, 고양된 쾌락을 타인의 행복을 바라는 쾌락으로 설명하고, 교육과 습관에 의해서 일반인들이 이 고양된 쾌락을 습성화할 수 있기를 바랐다. 벤담이나 밀의 설명은 결국 쾌락주의 안에 존재하지 않는 '공감'이란 정서를 가정할 수밖에 없었는데, 기계론적 진화론자인 스펜서는 우주 진화론을 기초로 하여 공감의 정서의 존재론적 근거를 확보하려고 시도한다.

해 산다. 세포는 만일 필요하다면 전체를 위해 자신을 희생할 것이다. 그리고 세포가 의식이 있다면 세포는 틀림없이 그렇게 한 것은 자신을 위한 것이라고 말할 것이다. 아마도 자신의 행위를 반성하는 개미의 영혼의 상태도 그러할지 모른다. 그 개미는 자신의 행위가 개미의 행복과 개미 집단의 행복 사이에 중간적인 어떤 것에 매달려 있다고 느낄지 모른다. 그런데 우리가 이른바 의무를 연관시키는 것이 이 근본적인 본능이다. 의무는, 기원에서는, 개인적인 것과 사회적인 것이 서로 구별되지 않는 사실의 상태를 함의한다. 따라서 의무가 상응하는 태도는 자기 자신들에로 회귀된 개인과 사회의 태도라고 말할 수 있다. 여기에서 개인적인 것과 사회적인 것은 모두 동시에 순환하고 있다. 영혼은 닫혀 있다.

다른 태도는 열린 영혼의 태도이다. 그러면 이 태도는 무엇을 들어오게 하는가? 비록 이 태도가 인류 전체를 포용한다고 말하더라도, 사람들이 지나치게 멀리 간 것이 아니고, 충분히 멀리 간 것조차 아닐지 모른다. 왜냐하면 이 영혼의 사랑은 동물들에, 식물들에, 자연 전체에로 확산될 것이기 때문이다. 그러나 이처럼 이 영혼을 차지하러 오는 어떤 것도 이 영혼이 취한 태도를 정의하기에 충분하지 않을 것이다. 왜냐하면 이 영혼은 엄밀히 말해 이 모든 사실을 넘어설 것이기 때문이다. 이 영혼의 형식은 그것의 내용에 의존하지 않는다. 우리는 방금 이 영혼의 형식을 채웠지만, 이제 우리는 또한 그것을 비울 수도 있다. 설혹 지구상에 더는 다른 생명체가 존재하지 않을지라도 이 영혼을 소유한 사람에게 사랑은 존속할지 모른다.

다시 한 번 말하지만, 사람들이 첫 번째 상태에서 두 번째 상태로 이행하는 것은 자신을 확장함으로써가 아니다. 언어의 지시들을 따르는 너무 순수한 지성주의 심리학은 의심할 여지없이 영혼의 상태들을 그들이 결부된 대상들에 의해 정의할 것이다. 이 심리학은 가족의 사랑, 조국에 대한 사랑, 인류에 대한 사랑, 이 세 경향에서 사람들의 증가하는 숫자만을 포함하기 위해 동일한 정서가 점점 더 확장되는 것만을 보려 할 것이다. 영혼의 이 상태들은 밖에서 세 경향 모두가 우리의 마음을 이끄는 동일한 운동 혹은 동일한 태도에 의해서 번역된다는 사실이 우리로 하여금 그들을 사랑이란 개념으로 함께 묶어 동일한 낱말로 표현하게 한다. 그때에 사람들은 그것들이 관련되는 점점 더 커진 세 대상들을 지적하면서 그것들을 구별할 것이다. 왜냐하면 그 사실이 그것들을 구별하는 데 충분하기 때문이다. 그러나 그것이 그것들을 묘사하는 것인가? 그것이 그것들을 분석하는 것인가? 한눈에 보기에도 의식은 첫 번째 두 정서들과 세 번째 정서 사이에 본성의 차이가 있다는 것을 알아챈다. 따라서 첫 번째 두 정서들은 선택과 배타성을 함축하고 있다. 그것들은 분쟁을 야기할 수 있으며, 증오심을 배제하지 않는다. 세 번째 정서는 단지 사랑이다. 전자들은 그들을 이끄는 대상에로 가서 곧바로 정착한다. 후자는 자신의 대상의 매력에 굴복하지 않는다. 이 정서는 그 대상을 목적으로 하지 않고, 더 멀리 돌진해서 단지 대상을 가로지르면서 인류에 도달한다. 고유하게 말해서 이 정서가 대상을 가질까? 우리는 그것을 자문할 것이다. 지금으로서는 영혼의 이 태도는 오히려 하나의 운동으로서 그 자체로 자족적이라는 것을 확증하는 데 만족하자.

감동과 충동

그럼에도 불구하고 전자에서 완전히 해결된 한 문제가 후자에 관해서 제기된다. 전자는 실제로 자연에 의해 의도된 것이다. 사람들은 어떻게, 그리고 왜 우리가 그것을 받아들여야 한다고 느끼는지 방금 보았다. 그러나 후자는 획득된 것이고, 그것은 노력을 요구했었고 항상 요구하고 있다. 이 태도의 예증을 보여준 사람들이 그들을 추종할 다른 사람들을 찾아내었다는 것은 어디에서 비롯되는 것인가? 이 태도에서 다른 태도의 사회적 압력과 짝을 이루는 힘은 어떤 것인가? 우리에겐 선택의 여지가 없다. 본능과 습관 이외에 의지에 직접적으로 작용하는 것은 감성(sensibilité)의 작용밖에 없다. 게다가 감정(sentiment)에 의해 행사된 충동은 거의 습관과 흡사하다. 사랑의 열정을, 특히 그 초기 단계일 때, 분석해보라. 이 열정이 목표로 하는 것이 쾌락인가? 그것은 역시 또한 고통이지 않을까? 아마도 준비되고 있는 비극, 방탕하고 타락한 완전히 망가진 삶이 있다. 사람들은 그것을 알고 느끼지만 무슨 상관이 겠는가! 해야만 하기 때문에 해야 한다. 사랑의 열정이 시작될 때 커다란 불성실은 바로 의무를 흉내 내는 것이다. 그러나 열정에까지 갈 필요도 없다. 가장 조용한 감동(émotion) 속에도 어떤 행동의 요구가 들어올 수 있는데, 이 요구는 그것이 저항을 만나지 않을 것이라는 점에서, 단지 동의만을 부과할 것이라는 점에서 방금 전에 정의한 의무와는 다르며, 그럼에도 불구하고 그것이 무엇인가를 부과한다는 점에서 그래도 역시 의무를 닮고 있다. 이 요구가 그것의 실제적 효과를 유보하고 있는 곳보다 그 사실을 더 잘 자각하게 하는 곳은 없다. 왜냐하면 이렇게 해서 우리는 이 요구에 대해 반성하고 우리가 체험한 것을 분석할 여유를 가지기 때문이다. 예를 들어 음악적 감동 속에 일어나는 것이 그것이다. 우리가 음악을 듣는 동안 우리는 음악이 우리에게 암시하는 것 이외에 다른 것을 의도할 수는 없는 것처럼 보이며, 음악을 들으면서 행동에 의지하지 않는다 하더라도 우리는 이처럼 자연스럽고 필연적으로 행동하고 있는 것처럼 보인다. 음악이 기쁨, 슬픔, 동정, 공감을 표현한다면, 우리는 매 순간 음악을 표현하는 것이 된다. 우리뿐만 아니라 다른 많은 사람들, 아니 다른 모든 사람들 역시 그렇다. 음악이 슬퍼하면, 음악과 함께 슬퍼하는 것은 인류이고 자연 전체이다. 사실 음악이 이런 감정들을 우리 안에 들여오는 것은 아니다. 오히려 지나가는 행인들을 춤 속으로 밀어 넣듯이, 음악이 우리를 이 감정들 안으로 들여보낸다. 도덕에 있어서 현자들도 이렇게 행동한다. 그들에게 있어서 삶은, 새로운 교향곡이 그렇게 할 수 있듯이, 예기치 못한 감정의 울림들을 갖는다. 그들은 자신들과 함께 우리를 이 음악 속으로 들어가게 해서 우리로 하여금 음악을 행동으로 표현하게 한다.

감동과 창조

사람들은 지나친 지성주의 때문에 감정을 대상에 매달린 것으로, 모든 감동을 지적인 표상이 감성 속에 반향된 것으로 간주한다. 음악의 예를 다시 취해보면, 우리 각자는 음악이 우리 안에 기쁨, 슬픔, 연민, 공감 같은 일정한 감동들을 일깨우고, 이 감동들은 강렬하게 될 수 있고, 비록 이것들이 어떤 것에도 결부되지 않는다 하더라도 우리에게 있어서 이 감동들은 완전하다는 것을 안다. 사람들은 우리가 여기서 예술의 영역에 있는 것이지 현실 속에 있는 것이 아니라고, 이때 우리가 감동하는 것은 단지 유희에 의해서라고, 우리의 영혼의 상태는 순전히 상상적이라고 말할 것인가? 게다가 감동은 어떤 대상에 의해 결정되고, 예술이란 기껏 그 대상으로부터 그 감동을 분리시키기만 하는 것이기에, 만일 우리가 이 감동을 실제적 삶 속에서 느껴보지 않았었다면, 음악가는 우리 마음 안에 이 감동을 일으키지 못했을 것이고, 이 감동을 야기하지 않고는 이 감동을 암시하지도 못했을 것이라고 말할 것인가? 이렇게 말하는 것은 기쁨, 슬픔, 연민, 공감 등이 음악이 느끼게 하는 것을 번역하기 위해 참조해야만 하는 일반성들을 표현하는 낱말들이라는 것을 망각한 것이고. 그러나 각각의 새로운 음악에는 새로운 감정들이 결부되어 있는데, 이 새로운 감정들은 이 음악에 의해서, 그리고 이 음악 속에서 창조되고, 멜로디나 심포니의 종류에 따라 독특한 윤곽 자체에 의해서 정의되고 한정된다는 사실을 망각한 것일 것이다. 따라서 이 감정들은 예술에 의해 삶에서 발췌된 것이 아니었다. 이 감정들을 말로 표현하기 위해 예술가에 의해 창조된 감정을 삶 속에서 그것에 가장 유사한 것에 접근시켜야 하는 것은 바로 우리이다. 그러나 사물들에 의해서 실제적으로 야기된, 사물들 안에 예시되어 있는 듯한, 영혼의 상태를 취해 보기조차 하자. 자연에 의해 의도되었던 이 상태들은 일정한, 말하자면 제한된 수이다. 사람들은 영혼의 이 상태들이 필요들에 응답하는 행위들을 추진하기 위해 만들어졌다는 점에서 이 상태들을 식별한다. 반대로 이와 다른 영혼의 상태들은 음악가의 발명들에 비교될 수 있는 진정한 발명들이고, 이 발명들의 기원에는 하나의 인간이 있다. 이처럼 산은 그것을 명상하는 사람들에게 감각들에 비교될 수 있으며 실제로 산에 부착되어 있는 어떤 감정들을 언제나 전달할 수 있었다. 그러나 루소(Rousseau)는 산에 관해서 새롭고 원본적인 감동을 창조했다. 루소가 이 감동을 유포시켰기에 이 감동은 유행하게 되었다. 오늘날에도 산만큼이나, 산 이상으로 그것을 우리에게 느끼게 하는 것은 역시 루소이다. 확실히 장 자크 루소의 영혼에서 나온 이 감동이 어떤 다른 대상보다 산에 관련되는 데에는 이유들이 있었다. 산에 의해 직접적으로 일깨워진, 감각에 가까운 요소적인 감정들이 새로운 감동들과 일치했음에 틀림없다. 그러나 루소는 이 감정들을 끌어모아서, 이제부터는 단순히 조화로운 이 감정들을 그가 진정한 창조에 의해 기본음을 부여했던 음색 속으로 들어가게 했다. 자연 일반에 대한 사랑도 마찬가지이다. 이 자연은 언제나 거의 감각들이 되는 감정들을 자극해왔다. 사람들은 그늘들의 부드러움, 물의 신선함 등등, 결국 로마 인들이 전원의 매력을 특징짓는 '즐거운(amoenus)'이란 낱말이 암시하는 것을 항상 맛보아왔다. 그러나 확실히 누군가 혹은 누군가들에 의해 창조된 새로운 감동은 이미 존재하는 이 음(音)들을 배음(倍音)처럼 사용해서, 한 새로운 악기의 원본적인 음색에 비교될 수 있는 어떤 것을, 우리나라에서는 자연에 대한 감정이라 부르는 것을 생산하게 된다. 이렇게 도입된 기본음은 동양에서, 특히 일본에서 그러했듯이 다른 음이 될 수 있었을지 모른다. 그때엔 다른 음색이 되었을 것이다. 게다가 감각에 가까운 감정들은, 그것들을 결정한 대상들에 밀접하게 연결되어 있어서, 이 대상들에다 이전에 창조된, 그래서 전혀 새롭지 않은 감동을 이끌고 올 수 있다. 이런 일은 사랑에 대해서도 일어났던 것이다. 어느 시대에나 여인은 욕망과 구별되는 어떤 애정을 남성에게 불어넣었음에 틀림없는데, 이 애정은 감정과 감각에 동시에 속해 있으면서 남성에 인접한, 그리고 접합된 것처럼 머물러 있다. 그러나 낭만적인 사랑은 하나의 기원을 갖는다. 그것은 중세에 출현했다. 즉 사람들이 자연적 사랑을 이를테면 초자연적인 감정 속에, 기독교가 그것을 창조해서 이 세상 속에 던져 넣은 것 같은 종교적 감동 속에 흡수할 생각을 하던 그 시기에 출현했다. 사람들이 신비주의가 사랑의 열정과 같은 방식으로 표현되었다고 비난할 때, 사람들은 신비 사상을 표절함으로써 시작했던 것이 바로 사랑이라는 것을 망각한 것이다. 왜냐하면 사랑은 신비 사상에게서 그것의 열성, 그것의 약동, 그것의 황홀경을 빌려왔기 때문이다. 자신이 변형시켰던 열정의 언어를 사용함으로써 신비 사상은 자신의 재산을 단지 다시 찾게 했던 것이다. 게다가 사랑이 찬탄에만 국한될수록, 감동과 대상 사이에 불균형은 더욱 커지고, 따라서 사랑하는 사람이 직면하는 기만은 더욱 깊어진다 — 그가 막연히 감동을 통해서 대상을 바라보려 하지 않고, 대상과 접촉하지 않으면서 대상을 종교적으로 다루려 하지 않는다면 그러하다. 고대인들이 이미 사랑의 환상들에 대해 말했던 것을 주목하자. 그러나 그때에 문제시되었던 것은 감관의 오류들과 유사한 오류들, 그리고 사랑하는 여인의 모습, 키, 자태, 성격에 관한 오류들이다. 루크레티우스(Lucretius)의 묘사[8]를 상기해보자. 여기서 환상은 단지 사랑받는 대상의 성질들에 관한 것이지, 현대의 환상처럼 사람들이 사랑에 대해 기대할 수 있는 것에 관한 것이 아니다. 고대적인 환상과 우리가 거기다 덧붙인 환상 사이의 차이는 대상 자체로부터 나오는 원시적인 감정과 외부로부터 환기되어 그 원시적 감정을 덮어버리고 넘쳐흐르는 종교적 감동 사이의 차이와 동일하다. 이제는 기만에 놓인 여백이 상당한데, 그 이유는 그것이 신적인 것과 인간적인 것 사이의 간격이기 때문이다.

예술과 과학과 문명 일반의 위대한 창조의 기원에는 새로운 감동이 있다는 것은 우리에게는 의심스럽지 않다. 그것은 단지 감동이 자극제가 되기 때문만이 아니라, 감동이 지성으로 하여금 시도하도록, 그리고 의지로 하여금 인내하도록 고무하기 때문이다. 훨씬 더 멀리 나갈 필요가 있다. 사상을 산출해내는 감동들이 있다. 그리고 발명은, 아무리 지적인 질서에 속한다 하더라도, 기체(基體)로서 감성을 가질 수 있다. 따라서 '감동(émotion)', '감정(sentiment)', '감성(sensibilité)'이라는 낱말들의 의미를 이해해야 한다. 감동은 영혼의 정념적 격동이지만, 표면의 자극과 심층들의 분출은 다른 것이다. 첫 번째 경우에서는 결과가 분산되지만, 두 번째 경우에서는 결과가 불가분인 채로 머문다. 전자에서는 전체는 이동하지 않고 부분들만이 동요하고, 후자에서는 전체가 앞으로

---

8) (역주) 로마의 원자론 철학자인 루크레티우스가 지은 『사물의 본성에 관하여(De rerum natura)』를 의미한다.

60

밀려나간다. 그러나 비유에서 벗어나자. 감동의 두 종류, 감정의 두 다양성, 감성의 두 가지 발현을 구별할 필요가 있다. 이들은 그들 사이에 단지 감각(sensation)과 구별되는 정념적 상태에 속하고, 감각처럼 물리적 자극의 심리적 전이로 환원되지 않는다는 것만을 공통점으로 갖는다. 전자에서 감동은 하나의 관념이나 표상된 이미지의 결과로 나타난다. 즉 감각적 상태는 물론 한 지적인 상태에서 귀결되는데, 이 지적인 상태는 감각적 상태에서 어떤 것도 빌려오지 않으며 자족적이기에, 비록 간접적으로 감각적 상태의 영향을 받는다 하더라도 거기서 얻는 것보다 잃는 것이 더 많다. 표상에 의한 감성의 자극이 여기에 속한다. 그러나 다른 감동은 하나의 표상을 뒤따른다 하더라도 그것과 구별된 채로 머물기에 그 표상에 의해 결정되지 않는다. 물론 오히려 이 감동들은 사후(事後)에 올 지적인 상태들과의 관계에서 원인이지 더는 결과가 아니다. 이 감동은 표상들로 가득 차 있는데, 이 표상들은 어느 것도 고유하게 형성되지 않았고 감동이 그것의 실체로부터 유기적 발전에 의해 끄집어내거나 끄집어낼 수 있는 것들이다. 첫 번째 감동은 지성 이하의(infraintellectuelle) 것이다. 그것은 심리학자들이 일반적으로 다루는 것이다. 사람들이 감성을 지성에다 대립시킬 때, 혹은 감동을 표상의 모호한 반영으로 만들 때 사람들이 생각하는 것이 이것이다. 그러나 다른 감동에 대해서 우리는 기꺼이 초지성적(supra-intellectuelle)이라고 말할 것이다. 만일 초지성적이라는 낱말이 곧바로 오로지 가치의 우월성이라는 관념을 일깨우지 않는다면 말이다. 또한 물론 문제시되는 것은 시간상 선행 관계, 그리고 산출하는 것과 산출되는 것의 관계이다. 실제로 두 번째 종류의 감동만이 관념들의 산출자가 될 수 있다.

사람들이 경멸의 뉘앙스를 가지고 '여성'을 다룰 때, 사람들은 감성에다 그렇게 넓고, 그렇게 좋은 자리를 마련해주는 심리학을 이해하지 못한다. 이렇게 말하는 사람들의 첫 번째 잘못은 아주 쉽게 관찰될 수 있는 것이지만 여성에 관해 널리 퍼져 있는 천박하다는 생각에 만족하려는 것이다. 우리는 오로지 부정확한 표현을 바로잡을 목적으로 두 성을 비교하는 연구를 하지는 않을 것이다. 우리는 여성은 남성만큼 지성적이라고, 그러나 여성은 감동의 능력이 덜하다고, 그래서 만일 영혼의 어떤 능력이 여성에 있어서 적게 발달하는 것으로 나타난다면 그것은 지성이 아니라 감성이라고 말하는 것으로 만족하자. 물론 문제시되는 것은 심층적인 감성이지, 표면적인 동요가 아니다.[9] 그러나 별 상관없다. 정신의 최고 기능들

---

9) 많은 예외가 있다고 말해도 소용없다. 예를 들어 종교적 열광은 여성에 있어서 의심할 바 없이 깊은 경지에 도달할 수 있다. 그러나 일반적 규칙에 따르자면 자연은 아마도 여성이 어린아이에 집중하고, 감성의 가장 훌륭한 것을 아주 협소한 한계 안에 가두기를 원했던 것 같다. 게다가 이 영역에선 여성은 결코 비교될 수 없다. 여기에서 감동은 선견지명이 된다는 점에서 초지성적이다. 자신의 어린아이를 바라보는 어머니의 경탄해 마지않는 눈에 무엇이 솟아나는 것인가! 아마 환상일까? 그것은 확실히 아니다. 오히려 현실은 가능성들로 부풀어

을 감성에 관련시킴으로써 남성을 비하했다고 생각할지 모르는 사람들의 가장 큰 오류는 이해하고, 논의하고, 승인하거나 거부하는, 결국 비판에 만족하는 지성과 발명하는 지성 사이의 차이가 정확히 어디에 있는지를 보지 못한 것이다.

창조는 무엇보다도 감동을 의미한다. 문학이나 예술만의 문제가 아니다. 사람들은 하나의 과학적 발명이 집중과 노력을 함축한다는 것을 안다. 천재는 긴 인내로 정의되어왔다. 사실 사람들은 한편으로 지성을 표상하고, 그리고 또 한편으로는 주의(注意) 작용의 일반적 능력을 표상하는데, 이 주의력이 발달된 정도에 따라 지성도 다소간 강하게 집중되리라 생각한다. 그러나 지성에 외재적이고, 불확정한 주의력이 재료도 없는데도 지성에 결합된다는 사실만으로 지성으로부터 지성에 없었던 것을 어떻게 솟아오르게 할 수 있는가? 심리학이 가능한 모든 경우들에 제공된 모든 주의 작용들을 동일한 낱말로 지칭하면서, 따라서 그것들이 같은 성질에 속한다는 가정하에 그들 사이에서 단지 크기의 차이만을 보려 할 때 심리학이 또 한번 언어에 속고 있다고 사람들은 느낀다. 실제로 각각의 경우에 주의 작용은 그것이 적용되는 대상에 의해서 개

있고, 어머니는 어린아이의 장래뿐만 아니라 그의 삶의 매 순간에 선택하지 않고, 따라서 배제하지 않았어야만 했을 경우에 그가 될 수 있는 것 전부를 예견한다고 말합시다.

별화된 것처럼 특유의 미묘한 차이로 표시된다. 따라서 심리학은 이미 주의만큼 '관심'에 대해 말하려는 경향을 가지며, 이렇게 해서 특수한 경우들에 따라 더욱 쉽게 다양화될 수 있는 감성을 암암리에 개입시키려고 한다. 그러나 이때에도 사람들은 다양성을 충분히 강조하지 않는다. 사람들은 관심을 갖는 일반적 기능을 놓고, 이 기능은 항상 같은 것으로 있으면서 단지 그것의 대상에 대한 적용의 다소간의 크기에 의해서만 다양화된다고 한다. 따라서 관심 일반에 대해 말하지 말자. 관심을 불러일으켰던 문제는 하나의 감동이 겹쳐진 표상이라고 말하고, 감동은 동시에 호기심이고 욕망이고 일정한 문제를 해결하도록 기대된 기쁨이기에 표상처럼 유일한 것이라고 말하자. 바로 이 감동이 장애물들에도 불구하고 지성을 전진시키는 것이다. 무엇보다도 바로 이 감동이 그것과 한 몸을 이루는 지적인 요소들을 생생하게 하고, 혹은 오히려 생기를 불어넣고, 매 순간 이 지적 요소들과 유기화될 수 있을 것을 끌어모으고, 결국에는 해결로 피어날 문제를 진술케 한다. 문학과 예술에 있어선 어떠하겠는가! 천재적 작품은 주로 사람들이 표현할 수 없다고 믿었지만 그래도 표현하려 했던 그의 장르에서 유일한 감동으로부터 나온다. 그러나 비록 불완전하지만 일부분의 창조가 들어간 모든 작품이 이렇지 않겠는가? 문학적인 저작 활동을 하는 누구든 그 자체로 있는 지성과, 저자와 그의 주제 사이에 일치로부터, 즉 직관으로부터 태어난 원본적이고 유일한 감동이 불꽃으로 소모한 지성 사이에 차이를 확증할 수 있다. 전자의 경우에 정신은 사회가 그에게 고정된 상태로 넘겨준 오래전부터 회자된 관념들을 서로 결합하면서 냉정하게 작업한다. 두 번째 경우에서는 지성에 의해 제공된 재료들이 미리 융합 속으로 들어가서, 그리고 나서는 이번에는 정신 자체에 의해 구상화된 관념들로 새로이 응결하는 것처럼 보인다. 만일 이 관념들이 그것들을 표현하기 위해 이미 존재하고 있는 낱말들을 발견한다면, 그 사실은 각 관념에 예기치 못한 행운의 효과를 만든다. 사실상 정신은 종종 이런 기회를 도울 필요가 있었고, 낱말의 의미가 사유에 맞춰 형상화되도록 강제할 필요가 있었다. 이번에는 노력은 고통스럽고, 결과는 요행스러운 것이다. 그러나 그때에만 정신은 자신을 창조적이라고 느끼고 믿는다. 옛것이 새롭게 정돈될 수 있는 하나의 복합된 통일성에 도달하기 위해서 정신은 더는 이미 만들어진 수많은 요소들로부터 출발하지는 않는다. 정신은 하나이자 유일한 것처럼 보이는 어떤 것에로 단번에 옮겨가야 하고, 그리고 나서는 좋건 싫건 낱말들 속에 미리 주어진 다수의 공통 개념들로 펼쳐지려고 할 것이다.

감동과 표상

요약하면 표상의 결과이며, 표상에 덧붙여지는 감동 이외에 표상에 선행하고, 잠재적으로 표상을 포함하며, 어느 정도까지는 표상의 원인이 되는 감동이 있다. 겨우 문학 작품이 되는 연극은 우리의 신경에 호소해서 첫 번째 유의 감동을 자극하는데, 이 감동이란 물론 강렬하기는 하나 천박하고, 우리가 삶 속에서 일상적으로 느끼는 것들로 모아진, 어쨌든 표상이 없는 그런 것이다. 그러나 위대한 희곡 작품이 우리에게 불러일으킨 감동은 전혀 다른 본성에 속한다. 이 감동은 그 장르에서 유일한 것으로 시인의 영혼 속에서 출현한 것이고, 우리의 영혼을 동요케 하기에 앞서 시인의 영혼 속에 있었던 것이다. 바로 이 감동에서만 작품이 창조된다. 왜냐하면 작가가 저술을 구성해감에 따라 참조하는 것이 바로 이 감동이기 때문이다. 이 감동은 단지 창조의 요구였지만, 규정된 요구이다. 이 규정된 요구란 일단 실현된 작품에 의해서 만족되었던 것인데, 다른 작품에 의해서는 그것과 단지 깊은 내적인 유추를, 즉 같은 음악을 관념들 혹은 이미지들로 동일하게 받아들일 수 있도록 번역한 두 번역물들 사이에 존재하는 유추에 비교될 수 있는 깊은 내적인 유추를 가질 때에만 만족될 수 있었을지 모른다.

　말하자면 도덕의 생성에 있어서 감동에다 커다란 몫을 할애하면서 우리는 '감정의 도덕(moral de sentiment)'을 제시하려는 것이 결코 아니다. 왜냐하면 거기서는 표상으로, 그리고 교설로조차 결정될 수 있는 감동이 문제시되기 때문이다. 다른 교설도 그러하지만, 이 교설로부터도 사람들은 이 도덕을 연역할 수 없었다. 어떠한 사변(思辨)도 의무나 이와 유사한 것을 결코 창조하지 못할 것이다.

이론의 아름다움은 별로 중요하지 않으며, 나는 그 이론을 받아들이지 않는다고 항상 말할 수 있다. 그리고 내가 그것을 받아들일 때조차 나는 내 멋대로 행동하는 데 자유롭다고 주장할 것이다. 그러나 감동의 분위기가 거기 있다면, 만일 내가 그것을 호흡했다면, 만일 감동이 나에게 침투한다면, 나는 감동에 의해 고양되어 그것에 따라 행동할 것이다. 그것은 강요나 필연성이 아니라 내가 저항하려 하지 않는 어떤 경향에 의해서이다. 그리고 나의 행동을 감동 자체에 의해서 설명하는 대신에, 나는 그 행동을 사람들이 감동을 관념들로 전환함으로써 구성하였을 이론으로부터도 또한 연역할 수 있을 것이다. 우리는 여기서 우리가 앞으로 다시 취하게 되겠지만 방금 지나치면서 스쳐간 심각한 문제에 대한 가능한 답변을 엿볼 수 있을 것이다. 사람들은 만일 종교가 새로운 도덕을 가져온다면, 종교는 그것을 종교가 받아들이게 했던 형이상학에 의해서, 신, 우주, 그리고 서로의 관계에 관한 종교의 이념들에 의해서 부과한다고 기꺼이 말한다. 이에 대해 어떤 사람들은 반대로 한 종교가 영혼들을 사로잡고 그들에게 사물들에 대한 어떤 개념을 여는 것은 바로 그 종교의 도덕적 우월성 때문이라고 반박한다. 그러나 지성은 단지 규율이나 이상(理想)을 비교함으로써만 가치의 차이들을 평가할 수 있다면, 그리고 이상이나 규율이 이미 자리를 차지하고 있는 도덕에 의해서 필연적으로 제공된다면, 지성이 종교에 제안된 도덕적 우월성을 식별할 수 있는가? 다른 한편 세계의 질서에 관한 새로운 견해가 게다가 우리가 알고 있는 견해들과 비교된다면, 어떻게 철학과 다른 것이 될 수 있겠는가? 비록 우리의 지성이 그 견해에 참여한다 하더라도, 우리는 거기에서 다른 설명들보다 이론적으로 더 나은 설명만을 볼 수 있을 뿐이다. 비록 지성이 행위의 어떤 새로운 규칙들을 이 견해와 더 잘 조화되는 것으로서 우리에게 권장한다 하더라도, 지성으로 하여금 의지의 전향을 지지케 하기는 힘들다. 진실로 교설은 순수 지적 표상의 상태에서 도덕을 채택하게 하거나 무엇보다도 실천하게 하지 못하며, 도덕도 지성에 의해 행위 규칙들의 체계로 간주되는 한 그 교설을 지성적으로 더 선호할 수 있는 것으로 만들지는 못할 것이다. 새로운 도덕 이전에, 새로운 형이상학 이전에 감동이 있는데, 이 감동은 의지의 측면에서는 약동(élan)으로 연장되고, 지성에서는 설명적 표상으로 연장된다. 예를 들어 기독교가 사랑이란 이름으로 가져왔던 감동을 제기해보자. 만일 이 감동이 영혼들을 사로잡는다면, 거기서부터 어떤 행동이 이끌어져 나오고, 어떤 교설이 전파된다. 이 형이상학이 이러한 도덕을 부과한 것도 아니고, 이 도덕이 이러한 형이상학을 선호하게 한 것도 아니다. 형이상학과 도덕은 같은 것을 표현하되, 전자는 지성의 언어로 표현하고 후자는 의지의 언어로 표현한다. 두 표현들은 사람들에게 표현할 것이 주어지자마자 함께 받아들여진다.

우리 도덕의 거반이 의무들을 포함하고, 이 의무들의 의무적인 성격은 결국 개인에 대한 사회의 압력에 의해 설명된다는 것을 사람들은 그다지 어려움 없이 승인할 것이다. 왜냐하면 이 의무들은 일상적으로 실천되고 있고, 분명하고 정확한 형식을 가지고 있기 때문이며, 따라서 이 의무들을 그것들의 충분히 가시적인 부분에 의해 포착하여 그 뿌리에까지 파고 내려감으로써 그것들을 출현케 한 사회적 요구들을 발견하는 것은 우리에게 쉬운 일이기 때문이다. 그러나 도덕의 그 나머지 부분은 어떤 감동적 상태를 번역하고 있는데, 여기서는 사람들이 더는 압박이 아니라 매력에 복종한다는 것을 많은 사람들은 인정하기를 주저할 것이다. 그 이유는 사람들이 이 도덕의 영역에서 자신의 마음속 깊이 있는 원본적 감동을 대체로 발견할 수 없기 때문이다. 그것의 잔재인 형식들만이 남게 되는데, 이 형식들은 이 감동에 내재한, 삶의 새로운 견해 또는 더 좋게 말해 삶에 대한 어떤 태도가 공고해짐에 따라 사람들이 사회적 의식이라 부를 수 있는 것 속에 침전된다. 바로 우리는 꺼져버린 감동의 재 앞에 있기에, 이 감동의 추진력은 이 감동이 자신 안에 지니는 불기로부터 오기에, 남겨진 형식들은, 만일 사회적 삶의 근본적인 요구들을 표현하는 더 오래된 형식들이 접촉에 의해 이 형식들에다 자신들의 의무적 성격의 무엇인가를 전달하지 않는다면, 일반적으로 우리의 의지를 움직일 수 없을지 모른다. 병치된 이 두 도덕은 이제 한 몸을 형성하는 것처럼 보이는데, 그 이유는 전자는 후자에게 자신이 가진 명령법적인 것을 조금 빌려주고, 후자로부터는 교환에 의해 보다 좁게는 사회적이고 더 넓게는 인간적인 의미를 받아들이기 때문이다. 그러나 이 재를 뒤집어보자. 우리는 아직도 뜨거운 부분들을 발견할 것이고, 결국에는 불꽃이 솟아오를 것이다. 불은 다시 타오를 수 있을 것이고, 만일 불이 다시 타오른다면 불은 점점 더 퍼져나갈 것이다. 나는 이 두 번째 도덕의 준칙들이 첫 번째 도덕의 준칙들처럼 고립되어 작용하지는 않는다는 것을 말하고자 한다. 이들 준칙 중 하나가 추상적이 되기를 그치자마자 의미로 채워지고 작용할 힘을 얻으며, 다른 것들도 그렇게 하려 한다. 결국 모든 것들이 이전에 그것들을 자신 뒤에 방치했던 뜨거운 감동 속으로 다시 합쳐지며, 그것을 체험할 사람들 속에서 다시 생생하게 된다. 종교의 창시자들과 개혁자들, 신비가들과 성인들, 우리가 삶의 여정에 만날 수 있었던, 우리 눈에는 가장 위대한 사람들과 필적하는 도덕적 삶을 산 알려지지 않은 영웅들 모두가 여기에 있다. 우리는 그들의 모범에 이끌려, 정복자들의 군대에 합류하듯이 그들에 합류한다. 사실 그들은 정복자들이다. 그들은 자연의 저항을 파괴하였고, 인류를 새로운 운명으로 고양시켰다. 이렇게 해서 우리가 실재를 접촉하기 위해 외관들을 흩어냈을 때, 이 두 도덕이 상호 교환에 의해 개념적 사유 속에, 그리고 언어 속에서 취했던 공통의 형식을 배제했을 때, 우리는 이 유일한 도덕의 양극단에서 압력과 열망을 발견한다. 압력은 더욱더 비인칭적일수록, 그리고 사람들이 습관이라 부르고 본능이라 부르기조차 하는 자연적 힘들에 더욱 가까울수록 그만큼 완벽하고, 열망은 그것이 우리 안에서 사람들에 의해 더욱 눈에 띄게 고양될수록, 그리고 자연에 대해 더욱 승리하는 것처럼 보일수록, 그만큼 더 강력하다. 사실 만일 사람들이 자연 자체의 근원에까지 내려간다면, 아마도 사람들은 한번 형성된 인간이란 종(種) 안에서 자신에게 회귀하면서 직접적으로 나타나는 힘과, 그리고 나서 특권적 개인들을 매개로 하여 인류를 전진시키기 위해 간접적으로 작용하는 힘이 같은 힘이라는 것을 알아차릴 것이다.

그러나 이 압력과 이 열망의 관계를 결정하기 위해 형이상학에 호소할 필요는 없다. 한번 더 말하지만 이 두 도덕을 비교하는 데에는 어떤 어려움이 있다. 왜냐하면 이 두 도덕이 더는 순수한 상태로 나타나지 않기 때문이다. 전자는 후자에 그의 강제적인 힘을 어느 정도 전달했고, 후자는 전자에 그의 향기를 어느 정도 퍼트렸다. 우리는 도덕의 규칙들을 양극단의 어디에서 시작하면서 통과하느냐에 따라 상승이나 하강의 계열 앞에 있게 된다. 이 두 극단에 관해 말하자면 그것들은 오히려 이론적 관심일 뿐이다. 이 극단들에 실제적으로 도달되는 경우는 별로 일어나지 않는다. 그러나 압력과 열망을 그 자체로 따로따로 숙고해보자. 전자에는 단지 자신을 보존하는 것만을 목적으로 하는 하나의 사회의 표상이 내재한다. 사회가 자신과 함께 개인들을 이끄는 순환 운동은 그 자리에서 생산되어, 습관을 매개로 하여 멀리서 본능의 부동성을 모방한다. 모든 것이 채워졌다고 가정된 이 순수한 의무들의 전체에 대한 의식을 특징짓는 감정은 삶의 정상적 기능을 수반하는 상태에 비교될 수 있는 개인적이고 사회적인 안락의 상태일지 모른다. 그것은 환희(joie)보다는 오히려 쾌락(plaisir)을 닮았을 것이다. 반대로 열망의 도덕 속에는 암암리에 진보의 감정이 포함되어 있다. 우리가 말했던 감동은 전진에 대한 열광인데, 바로 이 열광에 의해 이 도덕이 몇몇 사람들에게 받아들여져서, 그러고 나서 그들을 통해서 세계 속으로 전파된다. 게다가 여기서 '진보(Progrès)'와 '전진(marche en avant)'은 열광 자체와 합류한다. 그것을 의식하기 위해, 사람들이 노리는 목표나 사람들이 접근해가는 완성 지점을 표상할 필요는 없다. 열광의 환희 속에는 안락의 쾌락 속에서 보다 그 이상이 있다. 왜냐하면 이 쾌락은 이 환희를 포함하지 못하지만 이 환희는 이 쾌락을 자신 안에 감싸고 흡수하기조차 하기 때문이다. 그 사실을 우리는 느낀다. 그리고 이렇게 획득된 확실성은, 형이상학에 매여 있기는커녕, 이 형이상학에다 더욱 견고한 받침대를 제공할 수 있는 것이다.

그러나 이 형이상학 이전에, 그리고 직접적으로 체험된 것의 훨씬 더 가까이에는 사람들이 이 감동을 강조해감에 따라 이 감동으로부터 솟아나오는 단순한 표상들이 있다. 우리는 종교의 창시자들과 개혁가들, 신비가들과 성자들을 말했었다. 그들의 말을 경청해보자. 그들의 말은 단지 영혼을 자기 자신 안에, 그리고 동시에 도시 안에 가두는 자연과의 관계를 끊어버린 열린 영혼의 특수한 감동을 표상으로 번역한 것에 불과하다.

해방

우선 그들은 그들이 체험한 것은 해방감이라고 말한다. 안락, 쾌락, 풍요, 인간들의 공통적인 관심을 끄는 것 모두에 그들은 무관심하다. 이런 것들에서 해방됨으로써 그들은 위안을 느끼고, 그리고 환희를 느낀다. 자연이 우리를 위해 의도했었던 삶에다 우리를 견고한 유대에 의해 고착시키는 잘못을 범했었기 때문이 아니다. 그러나 문제는 더 멀리 나가는 것이다. 사람들이 자신의 집에 있는 편리한 것들을 여행에 지참한다면 거추장스러운 것들이 되고 귀찮은 짐들로 변할 것이다. 닫힌사회 속에서 순환하는 영혼의 상대적 부동성은, 바로 자연이 인간 종을 형성했던 작용 자체에 의해 인류를 구별되는 개인들로 분할시켰다는 사실에 기인한다면, 이렇게 [해방을 향해] 동원된 한 영혼은 다른 영혼들과 더욱 공감하려 하고 자연 전체와도 공감하려 한다는 사실에 대해 사람들은 놀랄지 모른다. 한 종(種)을 구성하는 모든 작용처럼 인간 종도 하나의 정체(停滯) 현상이었다. 전진을 표상함으로써 사람들은 파괴하려는 결심을 파괴하는 것이다. 완전한 결과를 얻기 위해서는 사실 자신과 함께 인류의 나머지를 이끌고 가야 할 것이다. 그러나 만일 몇몇이 따르고, 다른 사람들은 때가 되면 그리할 것이라고 결심한다 하더라도, 이미 상당한 것을 이룬 것이다. 이때부터 행위가 시작되면서 순환 고리는 마침내 끊어질 것이라는 희망이 있게 된다. 어쨌든 아무리 반복해도 지나치지 않지만, 사람들이 그것을 획득하게 되는 것은 이웃에 대한 사랑을 설교함으로써가 아니라는 것이다. 사람들이 인류를 포용하는 것도 더 편협한 감정을 확장함으로써가 아니다. 지시된 진행은 그러할 것이라고 우리의 지성이 자신을 설득해보아야 소용이 없으며, 거기서 사태는 달리 취해진다. 우리 지성의 시선에 단순한 것이 우리 의지에 대해서도 반드시 그런 것은 아니다. 논리가 어떤 길이 지름길이라고 말하는 곳에 경험이 나타나서 그 방향에는 길이 없다는 것을 찾아낸다. 여기에서 사랑에 도달하기 위해 영웅주의를 거쳐야 한다는 것은 사실이다. 더욱이 영웅주의는 설교하지 않는다. 그는 자신을 드러내기만 하면 된다. 그의 현존만으로 다른 사람들을 움직일 수 있다. 영웅주의는 그 자체가 운동에의 회귀이기 때문이며, 영웅주의는 창조적 행위를 닮은 —모든 감동들처럼 쉽게 전파되는— 감동으로부터 나오기 때문이다. 종교는 이 진리를 그의 방식으로, 즉 우리가 다른 사람들을 사랑하는 것은 신 안에서라고 말하면서 표현한다. 그리고 위대한 신비가들은 그들의 영혼으로부터 신에게로 가고, 신으로부터 인류에게 다시 내려오는 한 흐름에 대한 감정을 갖는다고 선언한다.

전진

이처럼 자유로워진 영혼에게 물질적인 장애물들을 말하려 하는
가! 이 영혼은 장애물은 우회되어야만 한다거나 파괴될 수 있다고
대답하지는 않을 것이다. 이 영혼은 이 장애물이 존재하지 않는다
고 선언할 것이다. 이 영혼의 도덕적 신념에 대해 사람들은 이 영
혼이 산을 들어 올렸다고 말할 수는 없다. 왜냐하면 이 영혼은 들
어 올릴 산을 보지 못했기 때문이다. 당신이 장애물에 대해 추론하
는 한 그 장애물은 그것이 있는 거기에 남아 있을 것이다. 당신이
장애물을 주시하는 한, 당신은 그것을 하나하나 뛰어넘어야만 할
부분들로 분해하려 할 것인데, 그것의 세분된 것은 무한정이 될 수
있다. 어떤 것도 당신이 그것을 소진할 것이라고 말하지 못한다.
그러나 만일 당신이 그 장애물을 부정한다면, 당신은 단번에 전체
를 거부할 수 있다. 걸음으로써 운동을 증명했던 철학자는 이렇게
처리했다. 그의 행위는 제논(Zenon)이 한 간격 사이의 점들을 하나
하나 건너뛰기 위해 필수적이라고 판단했던, 항상 다시 시작해야
하는 무력한 노력에 대한 순수하고 단순한 부정(否定)이었다. 도덕
의 이 새로운 측면을 깊게 파고듦으로써 사람들은 거기에서 실제
적이든 환상적이든 생명의 창조적 노력과의 일치감을 발견하게 될
것이다. 외적인 관점에서 보면, 생명의 작업은 그의 작품들의 각각
에서 끝없이 추구되는 분석에 적합한 것처럼 보인다. 그래서 사람

들은 결코 우리의 눈(眼)과 같은 눈의 구조를 기술하기를 완수하지 못할 것이다. 그러나 우리가 사용된 수단들의 전체라고 부른 것은 실제로는 단지 일련의 없어질 장애물들에 불과하다.[10] 자연의 작용은 단순하다. 자연이 시각(視覺)을 얻기 위해 조각조각 구성한 것처럼 보이는 메커니즘의 무한한 복잡성은 시각 기능의 활동을 불가분적으로 일어나게 하기 위해 서로서로 중화되는 대립되는 것들의 끝없는 교차에 불과하다. 쇠 줄밥 속으로 깊이 들어오는 보이지 않는 손이 그러한데, 이 손의 단순 작용은 만일 사람들이 단지 본 것만을 고려한다면 쇠 줄밥의 가닥들이 상호 평형을 이루기 위해 서로들에 대해 행사하는 일련의 끝없는 작용들과 반작용들처럼 나타

---

10) (역주) 시각 기관인 눈(目)은 우리 신체의 기관들 중에서도 기능이 가장 단순하고, 구조는 가장 복잡한 기관이다. 인간 지성은 이처럼 복잡한 구조를 가진 기관이 그처럼 단순한 기능을 조화롭게 행사하는 것에 감탄을 금치 못한다. 그러나 베르그손은 기관의 기능과 구조가 동일한 차원에 위치하는 사실이 아니라고 말한다. 기능은 생명체의 실제적 사실이지만, 구조의 복잡성은 실제적 사실이 아니라 제작적 지성의 관점에서 만들어진 사실이다. 생명의 원리는 통일의 원리이며, 이 원리는 그것을 실현하는 물질성의 정도에 따라 복잡한 형태로 현실화된다. 따라서 생명체의 종들이 존재하기에 성공한 한에서 통일의 원리(조화의 원리)는 목적론적으로가 아니라 원초적으로 존재한다. 우리는 한 생명체 또는 그것의 한 기관을 분해하면 할수록 그것들이 이루는 조화에 감탄하게 된다. 그러나 그것의 통일과 조화는 이미 존재하는 것이며, 우리의 감탄은 생명체 혹은 한 기관을 계속적으로 분해하면서 만나게 되는 무수한 부분들이 재구성의 관점(즉 제작적 관점)에서 어떻게 최초에 우리가 알던 통일과 조화를 가질 수 있는가에 대해 느끼는 감정이다. 『창조적 진화』 2부 참조.

날 것이다. 만일 생명의 실제적 작용과 그것이 감관과 분석하는 지성에 대해 취하는 측면 사이의 대조가 그러하다면, 더는 물질적 장애물을 알지 못하는 하나의 영혼이 옳든 그르든 간에 생명의 원리 자체와 일치를 느낀다는 것이 놀라운 일이겠는가?

우선 결과와 원인 사이에 어떤 이질성을 발견할 수 있다 하더라도, 사실들의 토대에 관한 주장에 이르는 행동 규칙에는 거리가 있지만, 사람들이 인류를 사랑하는 힘을 길어 올린다고 느끼는 곳은 언제나 인간 종을 산출한 원리와의 접촉 속에서이다. 물론 나는 영혼 전체를 흡수하고 다시 타오르게 하는 사랑에 대해 말하는 것이다. 그러나 더 미온적이고 완화되고 간헐적인 사랑은, 그것이 지성 속에 머물러 있거나 언어 속에 저장되어 있는 더욱 창백하고 차갑기도 한 이미지가 아니라면, 단지 사랑의 방사(放射)에 불과할 수 있다. 이처럼 도덕은 구별되는 두 부분을 포괄하는데, 하나는 인간 사회의 원본적 구조 속에서 그것의 존재 이유를 가지며, 다른 하나는 이 구조의 설명적인 원리 속에서 그것의 설명을 발견한다. 첫 번째에 있어서, 의무는 사회의 요소들이 전체의 형태를 유지하기 위해 서로서로에 행사하는 압력을 나타내는데, 이 압력의 효과는 그것에 앞서 오는 습관들의 체계에 의해 우리 각자 안에서 미리 그려져 있다. 이 메커니즘은, 그것의 부분이 하나의 습관이고 그것의 전체는 하나의 본능에 비교될 수 있는 것인데, 자연에 의해 준비되었던 것이다. 두 번째에 있어서도 사람들이 원한다면 의무가 존재하지만, 이 의무는 하나의 열망의 힘 혹은 약동의 힘이며, 인간 종에 이르러 사회적 삶에 도달했고 본능과 다소간 유사한 습관들의 체계에 도달한 약동 자체의 힘이다. 이 추진의 원리는 직접적으로 개입하는 것이지, 이 약동이 형성해놓고는 잠정적으로 멈추어 서 있었던 메커니즘들을 매개로 해서 개입하는 것이 아니다. 앞에서 말한 모든 것을 요약해서 간단히 말하면, 진화의 도정에 인간 종을 위치시킨 자연은 마치 개미들과 벌들의 사회를 원했듯이 인간 종이 사회적이기를 원했다. 그러나 지성이 거기에 있었기에 사회적 삶의 유지는 거의 지성적인 메커니즘에 위임했음에 틀림없었다. 거의 지성적인 메커니즘이란, 그것의 각 부분이 인간 지능에 의해 다시 제조될 수 있다는 점에서 지성적이고, 그럼에도 불구하고 인간은 인간이기를 포기하지 않고는 부분들의 전체를 거부할 수 없고 보수적인 메커니즘을 더 이상 받아들이지 않을 수 없다는 점에서 본능적이라는 뜻이다. 본능은 잠정적으로 습관들의 체계에 자리를 양보했는데, 이 습관들의 각각은 우연적이지만 사회의 보존을 향한 이 습관들의 집중은 필연적이고, 이 필연성은 자신과 함께 본능을 다시 끌어들인다. 부분들의 우연성을 가로질러 느껴진 전체의 필연성이 우리가 도덕적 의무 일반이라고 부르는 것이다. 게다가 부분들은 단지 사회의 눈에만 우연적이지, 사회가 습관들을 가르치는 개인에 있어선 부분은 전체처럼 필연적이다. 이제 자연에 의해 의도된 메커니즘은 자연에 의해 원본적으로 형성된 사회들처럼 단순했다. 자연은 우리 사회들 같은 사회들의 거대한 발전과 무한한 복잡성을 예견했었을까? 우선 이 물음의 의미를 이해해보자. 우리는 자연이 그것이 무엇이건 간에 그것을 고유하게 의도했거나 예견했다고 주장하지는 않는다. 그러나 우리는 생물학자가 하나의 기관에 하나의 기능을 할당할 때마다 자연의 의도에 대해 말하는 것처럼 행동할 권리가 있다. 생물학자는 기능에 대한 기관의 적합성을 이처럼 단순하게 표현한다. 인류가 문명화되었다고 해도, 사회가 변형되었다고 해도 소용없으며, 우리는 사회적 삶의 유기적 경향들은 그것들이 기원에서 있었던 것 그대로 머문다고 주장한다. 우리는 이 경향들을 다시 발견하고 관찰한다. 이 관찰의 결과는 분명하다. 인간의 원본적이고 근본적인 도덕적 구조는 바로 단순한 닫힌사회들을 위해 만들어졌다는 것이다. 이 유기적인 경향들은 내가 바라듯이 우리 의식에 명백하게 나타나지는 않는다. 그래도 역시 이 경향들은 의무에서 가장 견고한 것을 구성한다. 우리의 도덕이 아주 복잡하게 된다 해도, 우리의 도덕이 자연적 경향들의 단순한 변양들에 속하지 않으며 자연의 방향으로 나아가지 않는 경향들에 의해서 이중화된다 하더라도, 우리가 이 유체덩이가 포함하는 순수 의무에 대한 모든 것으로부터 침전물을 얻기를 바랄 때 우리가 도달하는 곳은 바로 이 자연적 경향들이다. 따라서 도덕의 첫 번째 절반은 그러한 것이다. 다른 절반은 자연의 계획 속에 들어오지 않았다. 우리는 이 말로 자연이 지성에 의하여 사회적 삶의 어떤 확장을, 그러나 제한된 확장을 예견했었다는 것을 뜻한다. 자연은 이 확장이 원본적 구조를 위험에 빠뜨릴 정도로까지 가도록 의도할 수는 없었다. 게다가 아주 지혜롭기는 하나 아주 소박한 자연을 인간이 이처럼 기만한 경우들은 많다. 자연은 인간이 다른 생명체들처럼 끝없이 생식한다는 것을 확실히 알고 있었다. 자연은 개체 증식을 통한 종(種)의 보존을 보장하기 위해 가장 세심한 대비들을 취했다. 그렇지만 자연은 우리에게 지능을 부여하면서 지능이 성행위를 그것의 결과로부터 잘라내는 수단을 곧바로 찾아내고, 인간이 씨를 뿌리는 쾌락을 포기하지 않고서도 수확하는 것을 절제할 수 있다는 것을 예견하지 못했다. 인간이 사회적 유대를 인류의 우애로 연장할 때 인간이 자연을 기만한다는 것은 전혀 다른 의미에서이긴 하다. 그러나 인간은 또한 자연을 기만한다. 왜냐하면 인간 영혼의 원본적 구조 속에 그 윤곽이 형성되어 있었던, 그리고 현실적 인간의 기본적이고 타고난 경향들 속에서 그 계획을 또한 알아차릴 수 있는 사회들은 집단이 밀접하게 통일되기를 요구하면서도 집단에서 집단으로 잠재적인 적대감이 있기를 요구했기 때문이다. 사람들은 항상 공격하거나 방어할 준비가 되어 있어야만 한다. 확실히 자연이 전쟁을 위한 전쟁을 요구했던 것은 아니다. 도시의 장벽들을 파괴했던 인류의 위대한 지도자들은 이로써 생명의 약동의 방향에 다시 위치한 것처럼 보인다. 그러나 생명에 고유한 이 약동은 생명처럼 유한하다. 이 약동은 그의 길을 따라서 장애물들을 만나는데, 연속적으로 출현하는 종(種)들은 이 힘과 적대적 힘들의 결과물들이다. 이 힘은 앞으로 밀고 나가지만, 적대적 힘들은 그 자리에서 맴돌게 할 뿐이다. 인간은 자연의 손에서 나왔을 때 지성적이고 사회적인 존재였는데, 그의 사회성은 작은 사회들에 도달하기 위해 계산되었고, 그의 지성은 개인적 삶과 집단의 삶에 용이하도록 예정되어 있었다. 그러나 지성은 그의 고유한 노력에 의해 팽창하면서 기대되지 않은 발전을 이루었다. 지성은 인간들을 그 본성의 제한들에 의해서 선고되었던 노예 상태로부터 해방시켰다. 이 조건들 속에서 그들 중 특별히 재능을 부여받은 몇몇 사람에게는 닫혀져 있던 것을 다시 여는 것, 적어도 그들에 있어서는 자연이 인류를 위해 해줄 수 없었던 것을 하는 것이 불가능하지 않았다. 그들의 모범이 마침내 다른 사람들을 끌어당겼고, 적어도 상상적으로는 그랬다. 의지는 사유처럼 자신의 천재성을 가지고 있고, 이 천재성은 모든 예견을 거부한다. 이 천재적인 의지들을 매개로 하여 물질을 가로지르는 생명의 약동은 종의 미래를 위해 종이 구성되었을 때는 문제조차 될 수 없었던 약속들을 이 물질로부터 얻어낸다. 따라서 사회적 연대성으로부터 인류적 우애로 나아가면서 우리는 어떤 자연과는 관계를 끊지만, 모든 자연과 관계를 끊는 것은 아니다. 스피노자식 표현들을 그 의미를 완곡하게 하여 우리는 이렇게 말할 수 있다. 우리가 소산적 자연으로부터 분리되어 나오는 것은 바로 능산적 자연에로

되돌아가기 위해서이다.[11]

닫힌도덕과 열린도덕

따라서 첫 번째 도덕과 두 번째 도덕 사이에는 정지와 운동 사이
만큼의 거리가 있다. 첫 번째 도덕은 부동적인 것으로 여겨진다.
만일 그 도덕이 변한다면, 그 도덕은 자신이 변한 것을 곧바로 망
각하거나 변화를 고백하지 않는다. 아무리 어떤 순간에서도 이 도
덕이 제시하는 형식은 결정적 형식이라 주장한다. 그러나 다른 도
덕은 하나의 발동이고, 운동에의 요구이다. 그것은 원리상 운동성
이다. 이 점에 의해 이 도덕은 자신의 우월성을 증명할 것이다 ―
바로 이 점에 의해서만 자신의 우월성을 정의할 수 있을 것이다.
당신이 첫 번째 도덕을 가진다 해도, 당신은 거기서부터 두 번째
도덕을 이끌어내지 못한다. 마치 한 운동자의 하나 또는 여러 위치
들로부터 당신이 운동을 이끌어낼 수 없는 것처럼 말이다. 반대로
운동은 부동성을 포함하는데, 이는 운동자가 통과한 각 위치는 잠
정적인 정지 상태로 간주되고 지각되기조차 하기 때문이다. 그러

---

11) (역주) 스피노자에 있어서 '소산적 자연'은 우리 인간에게 현시된 자연이고, '능
산적 자연'은 '소산적 자연'을 있게 한 실체적 자연이다. 스피노자는 이 '능산적
자연'을 신이라 명명하여 범신론으로 기독교 교단으로부터 파문당했다.

나 규정에 맞는 논증은 결코 필요하지 않다. 우월성은 표상되기 전에 체험되며, 게다가 이 우월성이 우선 느껴지지 않았다면 나중에 논증될 수도 없었을 것이다. 그것은 생명적 원기의 차이이다. 도시의 도덕을 규칙적으로 실천하는 사람은 개인과 사회에 공통적인 안락의 감정을 체험하는데, 이 안락의 감정은 물질적 저항들의 상호 간의 간섭을 드러낸다. 그러나 열린 영혼, 그의 눈에 물질적 장애들이 사라진 영혼은 전적으로 환희에 차 있다. 쾌락과 안락은 상당한 것이지만, 환희는 이들보다 더한 것이다. 왜냐하면 환희는 쾌락과 안락 속에 포함되지 않지만, 쾌락과 안락은 환희 안에서 잠재적으로 다시 만나기 때문이다. 사실 쾌락과 안락은 정체이거나 제자리걸음인 데 반해 환희는 전진이다.

이로부터 첫 번째 도덕은 형식화하기에 상대적으로 쉬우나 두 번째는 그렇지 않다는 점이 도출된다. 사실 우리의 지성과 우리의 언어는 사물들을 대상으로 한다. 지성과 언어는 변이나 진보를 표상하는 것이 쉽지 않다. 복음서의 도덕은 본질적으로 열린 영혼의 도덕이다. 사람들이 이 도덕은 자신의 교훈들의 가장 정확한 것에서도 역설과 모순조차 접하고 있다는 것을 주목하게 한 것은 옳은 일이 아니었던가? 만일 부(富)가 악(惡)이라면, 우리가 소유하고 있는 것을 그들에게 나눠줌으로써 그들에게 해를 끼치는 것이 아닌가? 만일 한쪽 뺨을 맞은 사람이 다른 쪽 뺨을 내민다면, 정의는 무엇이 되고, 정의가 없다면 사랑도 없는 것이 아닌가? 그러나 만일 사람들이 한 영혼의 상태를 귀납한 이 준칙들의 의도를 고려한다면 역설은 무너지고 모순은 사라진다. 부자가 그의 부를 포기해야 한다는 것은 가난한 사람들을 위한 것이 아니고 그 자신을 위한 것이다. 즉 '마음이' 가난한 자에게 복이 있도다. 아름다운 것은 가난하거나 가난해지는 것도 아니고, 가난을 느끼지 않는 것이다. 영혼을 여는 행위는 형식들 속에 갇힌 물질화된 도덕을 순수한 정신성으로 확장시키고 고양시키는 효과를 갖는다. 따라서 형식들 속에 갇힌 도덕은 열린도덕과의 관계에서 보면 마치 한 운동에 대해 취해진 순간적인 것과 같은 어떤 것이다. 산상 보훈(山上寶訓)에서 연속되는 대립적 모순들의 깊은 의미가 그러한 것이다. "사람들은 당신들에게 …라고 말했다. 그리고 나는 당신들에게 …라고 말한다." 한편으론 닫힌 것이고, 다른 편으론 열린 것이다. 현행하는 도덕은 폐지되지 않았다. 그러나 그것은 진보의 과정의 한순간처럼 나타난다. 사람들은 과거의 방법을 포기하지 않았다. 그러나 사람들은 그것을, 마치 역동적인 것이 정태적인 것을 흡수하여 그것의 한 특수한 경우가 되게 하듯이, 더 일반적인 방법 속에 통합한다. 따라서 아주 엄밀하게 운동과 경향의 직접적인 표현이 필요할 것이다. 그러나 만일 사람들이 또한 운동과 경향을 정태적인 것의 언어로, 그리고 부동적인 것의 언어로 번역하기를 바란다면 ―물론 그것이 필요하긴 하지만― 사람들은 모순에 접해 있는 형식들을 가질 것이다. 또한 우리는 어떤 복음주의적 교훈들 속에 있는 실행

불가능한 것을 미분법에 관한 최초의 설명들이 비논리적이라고 나타냈던 것에 비교할 것이다. 사실 고대의 도덕과 기독교 사이에서 사람들은 고대 수학과 현대 수학의 관계와 같은 종류의 관계를 발견할지 모른다.

고대인들의 기하학은 우리의 [현대 기하학의] 일반적 방법들의 예상된 적용들처럼 있는 특수한 해결책들을 제공할 수 있었다.[12] 그러나 고대의 기하학은 이 방법들을 이끌어내지 못했다. 정태적인

---

12) (역주) 고대의 유클리드 기하학은 곡률이 0인 공간의 기하학이다. 예를 들어 유클리드의 평행성 공준은 ─한 평면에 있어서 그 평면 밖의 한 점을 지나면서, 그 평면에 그어져 있는 직선과 평행한 직선은 단 하나 존재한다─ 곡률이 0인 공간에서만 필연적이지 다른 곡률의 공간에서는 필연적인 것이 아니기에 절대적인 것이 아니다. 로바체프스키가 밝혔듯이, '음의 곡률'에서는 평행선을 무한히 그을 수 있고, '양의 곡률'에서 세워진 리만 기하학에서는 "직선 밖의 한 점을 통과해서 이 직선에 평행하는 평행선을 그을 수 없다." 따라서 유클리드 기하학은 비유클리드 기하학의 한 차원(곡률이 0인 차원)을 표현할 따름이다. 근대 과학은 운동을 수학적으로 측정하는 방법을 세움으로써 시작되었다. 근대 과학의 정신을 가장 정확하게 이해하고 있었던 데카르트는 낙하체의 등가속도 운동을 측정하는 갈릴레이 공식에 표현된 것은 운동체의 공간적 이동일 뿐이라고 인식하고, 운동의 정의에서 속도를 배제할 것을 주장한다. 데카르트에 있어서 운동은 운동체의 위치 변환일 뿐이다. 그의 해석 기하학은 바로 이 운동체의 위치 변환을 설명하기 위한 체계이다. 여기서 해결해야 할 두 가지 문제점이 발생한다. 하나는 운동량을 설명하는 것인데, 그것은 순간들을 집적하는 방식인 미적분으로 라이프니츠와 뉴턴에 의해서 표현된다. 다른 하나는 '그렇다면 속도가 왜 존재하는가?'인데, 그것은 뉴턴에 의해서 중력을 가정함으로써 설명된다. 이처럼 근대 과학의 발전도 정태적인 것에서 역동적인 것으로 도약하여, 역동적인 것이 정태적인 것을 포괄하는 방식으로 진행된다.

것에서 역동적인 것으로 도약하게 했었던 약동이 고대 기하학에는 없었다. 그래도 사람들은 정태적인 것에 의한 역동적인 것의 모방을 가능한 만큼 멀리 밀고 나갔다. 예를 들어 우리가 스토아학파의 교설을 기독교의 도덕과 대면하게 했을 때 우리는 이런 종류의 인상을 갖는다. 스토아주의자들은 자신들을 세계 시민이라고 선언하고, 같은 신에서 나왔기에 모든 인간은 형제들이라고 덧붙였다. 이 말들은 기독교 도덕과 거의 같은 말들이었다. 그러나 이것들은 똑같은 반향을 일으키지 못했다. 왜냐하면 그것들은 같은 강세로 말해지지 않았었기 때문이다. 스토아주의자들은 아주 좋은 예들을 제공했다. 만일 그들이 그들과 함께 인류를 이끌어가는 데 성공하지 못했다면, 그것은 스토아주의가 본질적으로 하나의 철학이었기 때문이다. 이처럼 고매한 교설에 열중하여 여기에 투신하는 철학자는 이 교설을 실천함으로써 의심할 여지없이 이 교설에 생기를 불어넣는다. 피그말리온의 사랑이 그러한데, 피그말리온의 사랑은 이미 조각된 조상에다 생명을 불어넣었다.[13] 그러나 불꽃처럼 영혼에서 영혼으로 무한히 전파되는 열광은 이와는 거리가 멀다. 그

---

13) (역주) 고대 그리스 전설에 나오는 키프로스 섬의 왕. 조각의 명인으로서 자신이 바라는 이상적인 처녀가 나타나지 않자 상아로 여신상을 조각하였다. 그는 이 조각에 반하여 아프로디테 여신에게 조각에 생명을 불어넣기를 청하여, 이 생명이 있는 조각을 아내로 삼았다. 이 아내와의 사이에 딸이 하나 있는데, 이름은 파토스(열정)이다.

러한 감동은 분명 하나의 교설을 구성하는 관념들로 명시될 수 있고, 정신의 공통성 이외에 다른 유사성을 가지지 못할 여러 다양한 이론들로조차 명시될 수 있을 것이다. 그러나 이 감동은 관념을 따르기보다는 관념에 선행한다. 전통적 고대에서 이 감동 같은 것을 찾기 위해서 조회해야 할 사람은 스토아주의자들이 아니라, 오히려 어떤 교설도 가져오지 않고, 어떤 저술도 하지 않았지만, 희랍의 모든 위대한 철학들에 영감을 불어넣었던 사람, 즉 소크라테스이다. 확실히 소크라테스는 이성적 활동, 더 전문적으로 말하면 정신의 논리적 기능을 모든 것 위에 놓았다. 그가 이끈 반어법은 반성의 시험을 거치지 않은 의견들을 버리도록, 그리고 말하자면 이 의견들을 그 자체로 모순이 되게 함으로써 그 의견들을 부끄럽게 만들도록 예정된 것이다.[14] 그가 이해하는 한에서 대화법은 플라톤의 변증법을 낳게 했으며, 따라서 우리가 아직도 실행하는 본질적으로 합리적인 철학 방법을 낳게 했다. 이 대화의 목적은 정의(定義) 속에 함축된 개념들에 도달하는 것이다. 이 개념들은 플라톤의 이데아들이 될 것이다. 그리고 이번에는 이데아 이론은 정통적 형이상학의 본질상 합리적인 구성에 모범으로 사용될 것이다. 소

---

14) (역주) 이것이 자신의 무지를 가장하고 대화 상대에게 올바른 정의를 요구하는 소크라테스의 이른바 '시침 떼기 방법'인데, 이 방법은 상대로 하여금 소크라테스의 질문에 답하기 위해 고통을 겪으면서 자신의 무지를 자각하게 되므로, 이 방법을 일명 산고를 치르며 자식을 얻는 것에 비유하여 '산파술'이라고도 한다.

크라테스는 물론 더 멀리 나아간다. 그는 덕(德) 자체에 관한 학문을 만들었다. 소크라테스는 선(善)의 실행과 사람이 선에 대해 갖는 인식을 동일시한다. 이렇게 해서 그는 도덕적 삶을 사유의 합리적인 행사 속에 흡수하려는 교설을 준비한다. 이성이 이보다 더 높이 위치했던 적은 결코 없었을 것이다. 적어도 우선 우리 눈에 띄는 것은 바로 이것이다. 그러나 더 자세히 주시해보자. 소크라테스는 델포이 신전의 신탁이 말했기에 가르친다. 그는 소명을 받은 것이다. 그는 가난하고, 가난한 채로 있어야만 한다. 그는 대중들에 섞여 있어야만 하고, 그는 스스로 대중이 되어야만 하며, 그의 말투는 그가 대중적으로 말하는 데 참여하게 해야 했다. 그는 자신의 생각을 다른 정신들에게 전달할 정신들에게 그의 생각이 생생하게 전달되기 위한 어떤 것도 기록하지 않았다. 그는 결코 금욕주의자는 아니지만 추위와 굶주림에 무감각했으며, 욕구로부터 자유로워졌고, 그의 신체로부터 해방되었다. 한 '수호신'이 그를 동반하였는데, 이 수호신은 경고가 필요할 때마다 자신의 목소리를 들려주었다. 그는 이 '수호신의 신호'를 따르지 않을 바에는 오히려 죽음을 택할 정도로 그렇게 그것을 굳게 믿었다. 만일 그가 시민 법정에서 자신을 변호하기를 거부한다면, 그가 그의 형벌을 받아들인다면, 그것은 수호신이 그가 그것을 회피하기 위한 어떤 말도 하지 않았기 때문이다. 간단히 말하면 그의 임무는 우리가 오늘날 이 말을 이해하는 한에서 종교적이고 신비적인 종류의 것이다. 그의 가르침은, 아무리 완벽하게 합리적이라 하더라도, 순수 이성을 넘어서는 것처럼 보이는 어떤 것에 걸려 있다. 그러나 사람들은 그의 가르침 자체를 알아차리지 않는가? 만일 그가 플라톤의 대화편들 여러 곳에서 취하고 있는 영감에 가득 찬 어쨌든 서정적인 말들이 소크라테스의 것이 아니고 플라톤 자신의 것이었다면, 만일 스승의 언어가 항상 크세노폰(Xenophon)에게서 빌린 것이었다면, 소크라테스가 그의 제자들을 불태웠던, 그리고 수 세기를 통해 전달된 그 열광을 어떻게 이해할 수 있겠는가? 스토아학파, 에피쿠로스학파, 견유학파, 이 모든 그리스의 도덕론자들은 소크라테스에서 비롯된다. 이것은 사람들이 항상 말하듯이, 단지 그들이 스승의 교설을 그것의 다양한 방향으로 발전시켰기 때문만이 아니라, 또한 그리고 무엇보다도 그들이 소크라테스에게서 그가 창조했으나 그리스 천재에 걸맞지 않은 태도, 즉 현자의 태도를 빌려왔기 때문이다. 사람들을 가르치기 위해서든, 그들에게 모범을 보이기 위해서든, 단지 내적인 완성을 이루려는 자신의 작업에 종사하기 위해서든 간에, 철학자가 자신의 현명함 속에 파묻혀 있으면서 대다수 사람들로부터 벗어나 있을 때, 바로 거기에 살아 있는 소크라테스, 그의 인격의 비교할 수 없는 마력적 효과에 의해 활동하고 있는 소크라테스가 있다. 더 멀리 나가보자. 그가 하늘의 철학을 지상으로 가져왔다고 사람들은 말했다. 그러나 만일 플라톤이 『파이돈』편에서 소크라테스에게서 빌려온 영혼의 개념 정의가 소크라테스의 것이 아니었다면, 사람들이 그의 삶을, 그리고 무엇보다도 그의 죽음을 이해할 수 있겠는가? 더 일반적으로 우리가 플라톤의 대화편들에서 발견하는, 영혼과 그것의 기원, 영혼의 신체 속에 유입에 관한 신화들이 소크라테스의 도덕적 가르침에 내재한 감동, 창조적 감동을 플라톤적인 사고의 용어로 적은 것과 다른 것이냐? 신화들과 소크라테스의 영혼의 상태의 관계는 설명 프로그램과 심포니의 관계와 같은데, 그것들은 플라톤의 변증법 곁에 보존되어 있다. 이들은 그리스 형이상학을 지하로 관통하여 알렉산드리아의 신플라톤학파와 함께, 아마도 암모니우스(Ammonius),[15] 그리고 어쨌든 플로티누스(Plotinus)와 함께 지상으로 다시 나타나고, 플로티누스는 자신을 소크라테스의 계승자라고 선언한다. 이들은 소크라테스의 영혼에다 복음의 정신이 생기를 불어넣은 교설과 비교할 수 있는 교설의 몸체를 제공했다. 이 두 형이상학은, 그들의 유사성에도 불구하고 혹은 아마도 그 유사성 때문에 싸움에 몰두했으며, 하나가 다른 것 속에 있는 더 좋은 것을 흡수할 때까지 싸웠다. 한동안 세상 사람들은 기독교인이 될 것인지 혹은 신플라톤주의자가 될 것인지를 자문할 수 있었다. 예수에 대적했던 것은 소크라테스였다. 소크라테스에 멈추었을 때 문제가 되는 것은, 만일 그가 무엇보다도 그 당대의 도덕적 경험주의 속에, 그리고 아테네 민주주의

---

15) 플로티누스의 스승.

의 일관성 없음 속에 있었던 위험스러운 것으로부터 충격을 받지 않았다면, 만일 그가 이성의 권리들을 세우면서 가장 긴급한 일을 먼저 하려 하지 않았다면, 따라서 그가 직관과 영감을 뒷전으로 밀어놓지 않았다면, 그리고 만일 그리스 인이었던 그가 자신 안에서 그가 되고자 했던 동양적인 것을 지우지 않았다면, 매우 실천적인 이 천재가 다른 사회에서, 그리고 다른 환경들 속에서 하고자 했던 것이 무엇인지를 아는 일이다. 우리는 닫힌 영혼과 열린 영혼을 구별했다. 누가 소크라테스를 닫힌 영혼들 사이에다 분류하려 하겠는가? 소크라테스의 반어법은 소크라테스의 가르침을 가로질러 흐르고 있으며, 서정적 감흥은 거기에서 의심할 여지없이 단지 매우 드물게만 폭발했다. 그러나 이 폭발들이 새로운 정신에다 길을 내어주는 정도에서 이 폭발들은 인류의 미래를 위해 결정적이었다.

닫힘과 열림 사이

닫힌 영혼과 열린 영혼 사이에 열려지는 영혼이 있다. 사람이 앉아 있을 때의 부동성과 달릴 때의 운동 사이에는 그의 일어남, 즉 그가 몸을 일으킬 때 취하는 태도가 있다. 간단히 말해 정태적인 것과 역동적인 것 사이에 사람들은 도덕에서도 추이 변화를 관찰한다. 이 중간적인 상태는 만일 사람들이 정지에서 운동으로 단번에 도약하기 위해 필요한 약동만을 취한다면 알아채지 못하고 지나갈지 모른다. 그러나 사람들이 이 약동을 멈추면 —약동이 불충분하다는 일상적 신호인데— 주의를 끌게 된다. 이와 같은 것을 다른 형태로 말해보자. 우리는 도덕에 있어서 순수하게 정태적인 것은 지성 이하의 것이고, 순수하게 역동적인 것은 초지성적일 것이라는 것을 보았다. 하나는 자연에 의해 의도되었고, 다른 하나는 천재적 인간이 가져온 것이다. 전자는 인간에 있어 동물의 어떤 본능들에 대칭적으로 상응하는 습관들의 전체를 특징짓는다. 후자는 열망, 직관, 그리고 감동인데, 이것들의 지적인 표시들이 될 관념들로 분석될 것이고, 이 관념들의 세부 사항은 무한히 이어질 것이다. 따라서 이것은 마치 그것과 등가적일 수 없는 다양체들을 포괄하고 넘어서는 하나의 통일성처럼 사람들이 바라는 모든 지성적인 것을 포함한다. 그것은 지성 이상의 것이다. 이 둘 사이에 지성자체가 존재한다. 만일 인간 영혼이 전자로부터 내달려 후자로까지 가지 못했다면 인간 영혼이 머물러 있었던 곳은 거기이다. 지성은 닫힌 영혼의 도덕을 지배했지만, 지성은 열린 영혼의 도덕에 아직 도달하지 못했거나 오히려 창조하지 못했다. 지성의 태도는, 일어남의 결과인데, 그 영혼에게 지성성의 계획과 접촉하게 했을지모른다. 지성이 방금 떠나온 것과의 관계에서 보면 그러한 영혼은 무관심 혹은 무감각을 실천했을 것이다. 지성은 에피쿠로스학파와스토아학파의 '평정(ataraxia)' 혹은 '무감동(apatheia)' 속에 있을 것이다. 이 영혼이 자신 안에서 발견한 긍정적인 것과의 관계에서 볼 때, 만일 옛것으로부터의 분리가 새로운 것에 대한 열성이 되고자 한다면, 그의 삶은 관상(觀想, contemplation)이 될 것이다. 이 영혼은 플라톤과 아리스토텔레스의 이상(理想)에 따를 것이다. 사람들이 이 영혼을 어떠한 측면에서 고려하든, 이 태도는 올바르고, 자랑스럽고, 진실로 찬탄받을 만하고 게다가 정예의 인간들에만 마련된 것일 것이다. 아주 다른 원리들에서 출발한 철학들도 이 태도 안에서 일치할 것이다. 그 이유는 단 하나의 길이, 순환 속에 갇힌 행위로부터 자유로운 공간에서 전개되는 행위에로, 반복으로부터 창조에로, 지성 이하의 것에서부터 초지성적인 것에로 이르고 있기 때문이다. 이 둘 사이에 멈춰 있는 사람은 필연적으로 순수 관상의 영역 속에 있는 것이며, 어쨌든 자연적으로 더는 하나에 집착하지 않지만 다른 하나에까지 가지 못했기에, 분리 자체인 반쪽 덕(德, demivertu)을 실행하고 있는 것이다.

우리는 순수 지성에 대해서 말하고 있는데, 순수 지성은 자신 안에 갇혀 있으면서 삶의 목적이 고대인들이 '참된 인식' 또는 관상이라고 불렀던 것이라고 판단한다.[16] 우리는 한마디로 말해 그리스 철학자들의 도덕을 원리적으로 특징짓는 것에 대해 말하고 있다.

---

16) (역주) 여기서 순수 지성은 고대인들, 특히 플라톤이 사용한 'nous'를 말하는데, 'nous'는 순수 사유 기능(noesis)을 하는 정신이다. 그리고 베르그손이 science로 표현한 것은 플라톤의 'epistēmē(참된 인식, 학적 인식)'를 번역한 것이다.

그러나 더는 그리스 철학 또는 동양 철학이 문제시되지 않을지 모르며, 우리는 모든 사람들의 도덕을 상대하고 있는 것일지 모른다. — 만일 우리가 지성을 현재 이 장에서 문제시되었던, 일군은 지성 이하의, 다른 군은 지성 이상의 재료들의 단순한 형성자 혹은 조정자로서 간주한다면, 의무의 본질 자체를 규정하기 위해 우리는 결국 우리에게 작용하는 두 가지 힘, 즉 한편에서는 충동을, 다른 편에서는 매력을 이끌어냈다. 어떻게 하나의 도덕이 영혼들을 사로잡을 수 있는지를 설명하는 데 철학이 그다지 성공하고 있지 못한 것처럼 보이는 것은 위의 두 가지 힘을 이끌어냈어야만 했는데 그렇게 하지 못하고, 오늘날 모든 것을 은폐하는 지성성에 만족했기 때문이다. 그러나 우리의 진술은, 우리가 예감하게 했듯이, 이처럼 도식적으로 남을 운명이었다. 열망인 것은 엄격한 의무의 형식을 취함으로써 공고해지려 하고, 엄격한 의무인 것은 열망을 포함함으로써 팽창하고 확장하려 한다. 압력과 열망은 그러기 위해 개념들이 형성되는 사유의 영역에서 서로 만나게 된다. 거기서부터 압력의 원인인 것과 열망의 대상인 것이 함께 결합되어 혼합된 많은 표상들이 귀결된다. 그러나 거기서부터 또한 우리가 우리 의지에 실제적으로 작용하는 순수 압력과 순수 열망을 시야에서 잃게 되는 일이 귀결된다. 우리는 그것들이 제각기 결부되어 있는 두 구별되는 대상들이 녹아든 개념 이외에 더는 보지 못한다. 우리에게 작용을 행사하는 것은 바로 이 개념이다. 이것이 이른바 지성주의 도덕들의 실패, 즉 요컨대 의무에 관한 대부분의 철학적 이론들의 실패를 설명해주는 오류이다. 확실히 순수 관념이 우리의 의지 위에 전혀 영향을 미치지 않는다는 것은 아니다. 그러나 이 영향은 단지 그것이 단독적이 될 수 있을 때에만 효과적으로 행사될지 모른다. 이 영향이 대립되는 영향들에 저항하기 어렵거나 그것들을 이겨낸다면, 그것은 한 관념에 의해 함께 표상되면서 각각이 자신들의 고유한 작용을 포기했던 압력과 열망이 자신들의 힘을 총체적으로 전개하면서 자신들의 개별성과 독립성 속에서 다시 나타났기 때문이다.

자존심(le respect de soi)

도덕적 동기들에다 효력을 부여하는 두 힘, 즉 하나는 사회적이고 다른 하나는 초(超)사회적인(suprasociale), 하나는 충동이고 다른 하나는 매력인 두 힘을 고려하려면, 열어놓아야 할 삽입구는 길어질지 모른다. 예를 들면 정직한 사람은 자신이 자존심에 의해, 인간적 존엄의 감정에 의해 행동한다고 말할 것이다. 만일 그가 두 인격, 즉 제멋대로 방치되는 경우의 인격과 그의 의지가 그를 높이 끌어올린 인격으로 분리되어 시작하지 않았다면, 그는 분명 자신을 이렇게 표현하지 않았을 것이다. 존경하는 자아는 존경받는 자아와 같은 것이 아니다. 도대체 존경받는 자아란 어떤 것인가? 그의 존엄은 무엇으로 이루어지는가? 그가 고취시킨 존경은 어디에서부터 오는가? 무엇보다도 자신을 비켜서게 할 필요성, 스승 앞에서 제자의 태도, 혹은 오히려 아리스토텔레스의 언어로 말해서 본질 앞에서 우연적인 것의 태도를 발견할 수 있을지 모르는 존경심에 대한 분석을 제쳐놓자. 그러면 평범한 인격성이 끌리게 되는 우월한 자아를 정의하는 일이 남았을지 모른다. 우선 그것이 우리가 이미 간단히 언급했던 각자에 내재한 '사회적 자아'라고 하는 것은 의심스럽지 않다. 이론적인 것에 불과할지라도 만일 사람들이 '원시적 정신성(mentalité primitive)'을 인정한다면, 사람들은 거기에서 집단이 고립된 개인 속에 현존해 있고, 개인을 감시하고, 용기를 주거나 위협하고, 결국 상의하고 복종할 것을 개인에게 요구할 정도로, 자존심(le respect de soi)이 개인과 집단 사이에 연대성의 감정과 일치하고 있는 것을 보게 될 것이다. 즉 사회 자체의 배후에는, 사회로 하여금 개인의 행동들을 책임지게 하며 집단이 의존하고 있는 초자연적인 힘들이 존재한다. 즉 사회적 자아의 압력은 이 모든 축적된 에너지들을 가지고 실행된다. 게다가 개인이 단순히 규율의 습관에 의해서 혹은 체벌의 두려움에 의해서 복종하는 것은 아니다. 개인이 속한 집단은 필연적으로 다른 집단들 위에 있으며, 그것이 전쟁에서 용기를 고무시키기까지 한다. 그리고 이 힘의 우월성에 대한 의식은 이 개인 자신에게 긍지의 모든 향유와 함께 아주 큰 힘을 확보해준다. 이미 상당히 '진화된' 정신성을 고려한다면, 사람들은 이 점을 납득할 수 있을 것이다. "나는 로마 시민이다(Civis sum romanus)" 속에 있는 도덕적 힘과 동시에 자긍심을 생각해보자. 로마 시민에게 자존심은 우리가 오늘날 민족주의라고 부르는 것과 혼동되었음에 틀림없다. 그러나 자존심이 집단의 자기애와 일치하는 것을 보기 위해 역사나 선사 시대에 호소할 필요는 없다. 사람들이 실제적이거나 외적인 우월성을 강조하며 자신들을 다른 사람들로부터 분리하는 어떤 뚜렷한 표식에 의해 서로에 가까워져 있을 때, 큰 사회 안에서 구성되는 작은 사회들에서 우리 눈앞에 일어나는 것을 관찰하는 것으로 충분하다. 그때 모든 인간이 인간의 자격으로서 고백하는 자존심에, 부가된 자존심, 즉 인간들 사이에서 뛰어난 자아로서의 인간이 되는 자아에 대한 존경심이 결합된다. 집단의 모든 구성원들은 '처신하고', 이렇게 해서 어떤 '태도'가 부과된다. 즉 사람들은 신체의 정신과 단지 하나를 이루는 '명예의 감정'이 태어나는 것을 본다. 이와 같은 것들이 자존심의 첫 번째 구성 요소들이다. 우리가 오늘날 단지 추상의 노력에 의해서만 분리해낼 수 있는 이 측면에서 고려해보면, 자존심은 그 자신과 함께 사회적 압력을 가져오는 모든 것에 의해서 의무를 부과한다. 만일 '자신'에 대한 존경심이 자신 안에 그 사람의 이미지를 지니고 모델에 대한 복제품처럼 그와 섞이기를 열망하는 경탄하고 존경받는 인격에 대한 존경심이었다면, 이제 충동은 분명 매력이 될지 모른다. 그러나 사실 그렇지는 않다. 왜냐하면 이런 표현이 자기 자신에 대한 성찰의 관념들을 단지 떠올리게 해보아야 소용이 없는데, 자존심은 기원에서처럼 그것의 진화의 끝에서도 그래도 역시 사회적 감정으로 머물기 때문이다. 그러나 역사에 족적을 남겼던 위대한 도덕적 인물들은 수 세기를 넘어, 우리 인간의 도시들 위에 손을 내밀고 있다. 이 위대한 인물들 모두가 우리를 들어오라고 초대하는 신적인 도시를 구성한다. 우리는 그들의 목소리를 명백하게 들을 수는 없다. 그래도 역시 그들의 호소는 던져져 있다. 우리 영혼의 심층에서 무엇인가가 그것에 응답한다. 우리는 우리가 살고 있는 실제적 사회로부터 사유에 의해 이상적 사회에로 옮겨간다. 우리가 우리 안에 있는 인간적 존엄성에 복종하고, 우리가 자존심에 의해서 행동한다고 선언할 때, 우리의 존경심은 이상적(理想的) 사회로 향한다. 사실 인격들에 의해 우리에게 행사된 작용은 이처럼 비인격적인 것이 되려 한다. 인간의 존엄성을 만드는 것은 우리 각자 안에 현존하는 이성이라고 도덕론자들이 우리에게 제시할 때, 이 비인격적 성격은 우리 눈에 더욱 강조된다. 그렇지만 이 점에 관해 이해할 필요가 있을 것이다. 이성이 인간의 특징이라는 것을 누구도 이의를 제기하지 않을 것이다. 사람들은 아름다운 예술 작품이 가치를 갖는다는 의미에서 이성이 뛰어난 가치를 갖는다는 것을 마찬가지로 인정할 것이다. 그러나 이성이 왜 절대적으로 명령할 수 있는지, 이때 어떻게 이성은 복종하게 되는지를 설명해야 한다. 이성은 단지 이유들을 내세울 수 있을 뿐이며, 이 이유들에 다른 이유들을 대립시키는 것이 항상 허용되는 것처럼 보인다. 따라서 우리 각자 안에 현존하는 이성이 우리 존경심에 필요 불가결하고, 이성의 뛰어난 가치 덕분에 우리의 복종을 이끌어낸다고 단적으로 말하지 말자. 이성 뒤에는 인간을 신적인 인류로 만들었고, 이렇게 해서 인간의 본질적 속성인 이성에다 신적인 성격을 새겨놓은 사람들이 있다는 것을 덧붙이자. 우리는 실제적 사회의 압력에 굴복하지만, 동시에 우리를 이상적 사회로 이끌고 가는 것은 그들이다.

정의

모든 도덕적 개념들이 상호 침투하지만, 정의(正義)의 개념보다 더 교훈적인 개념은 없다. 왜냐하면 우선 정의 개념은 대부분의 다른 개념들을 포괄하고, 또한 그것의 대단한 풍부함에도 불구하고 아주 단순한 형식들로 번역되고, 결국 그리고 특히 의무의 두 형태들이 서로 끼워 맞춰져 있기 때문이다. 정의는 항상 평등, 비례, 보상의 관념들을 일깨워왔다. '보상(compensation)'과 '보답(récompense)'은 라틴 어 **Pensare**에서 파생했는데, Pensare는 무게를 단다는 의미이다. 정의는 균형과 함께 표상되었다. 공평이란 평등을 의미한다. 자(règle)와 조정(règlement), 공정(rectitude)과 규칙(régularité)은 곧은 선(直線)을 나타내는 낱말들이다. 수학이나 기하학에 조회되는 이 낱말들은 그것의 역사 과정을 통해 정의의 특징들이 된다. 이 개념은 이미 물물 교환에서 정확하게 그려져 있음에 틀림없다. 한 사회가 아무리 원시적이라 하더라도 사람들은 그 사회에서 물물 교환을 한다. 그리고 교환된 두 대상들이 물론 같은 가치를 갖는지를, 즉 똑같은 제3의 것에 대해 교환 가능한 것인지를 자문하지 않고는 물물 교환을 실행할 수 없다. 이런 가치의 등가성은 규칙으로 간주되고, 규칙은 집단의 사용 습관 속에 삽입되고, 우리가 말했듯이 '의무의 전체'가 이 등가성 위에 놓인다. 바로여기에 이미 명령법적 성격과 등가성과 상호성의 관념들이 부착된, 정확한 형태의 정의 개념이 있다. 그러나 정의는 사물들의 교환에만 단지 적용되는 것이 아니다. 오랫동안 사물들에 대한 모든고려와 교환으로부터 분리될 수 없었지만, 정의 개념은 점진적으로 사람들 사이의 관계에로 확장되었다. 그때에 정의는 자연적인 충동들을 ―거기다 마찬가지로 자연적인 상호성의 관념을, 예를들어 사람이 일으킬 수 있었던 손해에 등가적인 손해에 대한 기대를 도입하면서― 조정하는 것으로 이루어질 것이다. 원시 사회들에서 사람들에 대한 침해는 그 실행된 행위가 공동체 위에 신들의 분노를 이끌어 들임으로써 공동체 자체에 해를 끼칠 수 있을 때만단지 예외적으로 공동체에 관심을 불러일으켰다. 따라서 그때에침해받은 사람 혹은 그의 가족은 자신의 본능을 따라야만 하며, 본성에 따라 반응하고 복수해야만 한다. 만일 이 나쁜 소행에 대한 이 교환이 교환들의 일반 규칙에 막연하게나마 따르는 것처럼 나타나지 않는다면, 복수는 침해와 비례가 맞지 않게 될 수 있을지 모른다. 사실 싸움은 영원히 계속될 위험이 있으며, 만일 어느 한쪽이 금전적인 보상을 받아들이기로 결심하지 않는다면 '복수(vendetta)'[17]는 두 가족 사이에 끝없이 계속될 수 있다. 따라서 교환과 상호성의 관념들 속에 이미 포함된 보상의 관념이 분명하게 드러날 것이다. 이제 사회가 엄중히 다스리고 어떤 폭력 행위이건 그것들을 진압하는 책임을 진다면, 만일 개인들이건 가족들이건 간에, 그들의 분쟁을 종식시키기 위해 조회하는 규칙이 바로 정의라는 이름으로 불린다면, 사람들은 정의를 행사하는 것은 바로 사회라고 말할 것이다. 더욱이 사회는 공격의 심각성에 대한 처벌을 측정할 것인데, 왜냐하면 그것이 없다면 사람들은 나쁜 일을 시작했을 때 중단할 생각을 전혀 갖지 않을 것이기 때문이다. 사람들은 더는 끝까지 가려는 위험을 감행하지 않을 것이다. 눈에는 눈, 이에는 이, 받은 손해는 항상 가한 손해와 똑같아야만 할 것이다. 그러나 한 눈이 항상 한 눈의 가치를 갖고, 이 하나가 항상 이 하나의 가치를 갖는가? 양(量)뿐만 아니라 질(質)도 고려해야 한다. 같은 형태로 복수하는 법은 한 계급 내부에서만 적용될 것이다. 만일 희생자가 더 높은 계급에 속한다면, 똑같은 손해, 똑같은 침해라도

---

17) 코르시카 섬에서 원수에 대한 복수.

훨씬 큰 보상을 청하거나 훨씬 심한 벌을 요구할 것이다. 간단히 말해, 평등이란 하나의 관계에 의존하고, 비례적이 될 수 있다. 따라서 정의가 항상 훨씬 다양한 사실들을 포괄한다고 해도 소용이 없으며, 정의(正義)는 같은 방식으로 정의(定義)된다. 더욱이 정의는 더욱 진보된 문명의 상태에서도, 정의가 지배자들과 지배받는 자들 사이에 더 일반적으로는 사회적 범주들 사이에 전개될 때에도 형식을 바꾸지 않을 것이다. 실제적인 상황에서 정의(正義)는 수학적으로 정의된, 그리고 이에 의해 필경 결정적인 어떤 것을 만드는 동등과 비례에 대한 고려들을 도입할 것이다. 결국 고대 사회들의 상호 종속된 계급들로 분화되는 기원에는 힘이 있었다는 것은 의심스럽지 않다. 그러나 습관적인 종속은 마침내 자연스러운 것처럼 보이게 되고, 이 종속은 자기 자체에서 설명을 찾게 된다. 만일 하위 계급이 아주 오랫동안 자신의 상황을 받아들였다면, 이 계급은 자신이 잠재적으로 가장 강하게 되었을 때도 여전히 자신의 상황에 동의할 수 있을 것이다. 왜냐하면 이 계급은 지도자들에게 가치의 우월성을 부여했을 것이기 때문이다. 게다가 이 지도자들이 지적으로, 그리고 도덕적으로 완벽하게 되기 위해 갖추고 있는 편리한 수단들을 이용한다면, 이 우월성은 실제적이 될 것이다. 그러나 이 우월성은 물론 역시 조심스럽게 유지된 외양에 불과할 것이다. 그것이 어쨌든, 실제적이든 외양적이든, 우월성은 타고난 것처럼 보이기 위해서는 지속될 필요가 있을 것이다. 사람들은 세습적 특권이 있기에 물론 타고난 우월성이 있어야만 한다고 말한다. 규율화된 사회들을 의욕했던 자연이 인간에게 이런 환상을 마련해 주었다. 플라톤은 적어도 그의 이상 국가를 위해서 이 환상에 참여했다. 만일 사람들이 계급들의 위계질서를 이처럼 이해한다면, 직책들과 특권들은 일종의 공통의 자산으로 간주되고, 그리고 나서는 개인들 사이에 그들의 가치에 따라, 따라서 그들의 쓸모들에 따라 재분배될 것이다. 정의는 그것의 균형을 보존하고, 정의는 측정하고 비례를 이루게 한다. 공리주의적인 용어들로 표현될 수 없는, 그러나 그래도 역시 그것의 상업적인 기원들에 충실한 이 정의(正義)로부터, 교환이나 효용을 포함하지 않으면서도 침해할 수 없는 권리에 대한, 그리고 모든 가치와도 같이 헤아릴 수 없는 인격에 대한 순수하고 단순한 긍정인 정의 개념에로 어떻게 나아가는가? 이 물음에 대답하기 전에 언어의 마법적 효력을 찬미하자. 내가 말하려는 것은 한 단어가 기존의 대상에 적용된 후 새로운 관념에로 확대될 때 기존의 대상을 변형시키고, 과거에 회고적으로 영향을 끼치는, 한 단어가 새로운 관념에다 부여하는 능력을 찬미한다는 것이다. 사람들이 상대적 정의(正義)로부터 절대적 정의로의 전이를 어떻게 표상하든, 이 전이가 여러 번에 걸쳐 이루어지든 단번에 이루어지든 간에, 창조가 있었다. 존재하지 않을 수도 있었을지 모르며, 어떤 상황들이, 어떤 사람들이 없었다면, 아마도 한 어떤 인간이 없었다면, 있지 않을 수도 있었던 무엇인가가 갑자기 이루어진다. 그러나 옛것을 예측 불가능한 전체 속에 포함하기 위해 옛것을 점령해버린 새로운 것을 사유하는 대신에, 우리는 옛것을 그때에 미리 존재했었다고 할 이 전체의 한 부분처럼 간주하기를 더 좋아한다. 따라서 고대 사회들에서 계승된 정의의 개념들은 바로 우리 시대의 것인 전체적인 정의 개념의 부분적이고 불완전한 모습들에 불과할지 모른다. 매우 일반적이지만, 철학자들에게 거의 주목되지 않았고, 많은 형이상학적 교설들을 부패시켰고, 인식 이론에다 해결할 수 없는 문제들을 제기한, 이 특별한 경우의 환상을 상세히 분석하는 것은 쓸모없는 일이다. 단지 이 환상은 전진 운동을 (실제적으로 주어져 있는) 출발점과 (단지 운동자가 거기에 멈추기를 선택했을 때에만 정거장처럼 존재하는) 도달점 사이에 거리를 점진적으로 단축하는 것으로 생각하는 우리의 습관에 관련되어 있다고 말하자. 운동자가 그것의 끝점에 도달했을 때는 항상 이처럼 간주될 수 있다고 해서, 운동이 이 끝점에 접근하는 것으로 이루어진다는 결론이 도출되지는 않는다. 또한 단지 한 극단만이 있는 간격은 아직도 간격이 아니기에 점차 줄어들 수 없다. 즉 간격은, 운동자가 한 다른 극단(끝점)을 실재적이거나 잠재적인 멈춤에 의해서 창조했을 때, 그리고 우리가 이 운동자를 회고적으로 고려할 때, 또는 단순히 우리가 진보하는 운동을 미리 이런 방식으로, 즉 거꾸로 재구성하면서 추적할 때에야 점차 줄어들 수 있을 것이다. 그러나 우리는 대체로 이런 것을 알아차리지 못한다. 우리는 실재적인 것 속에 가능적인 것이 미리 존재한다는 식으로 이 회고적 예견을 사물들 자체 속에 놓는다. 이 환상은 많은 철학적 문제의 근원이 되는데, 제논(Zenon)의 이분법(la Dichotomie)이 전형적인 예를 제공한다. 상대적인 정의(正義)의 점점 더 광범해지는 형식들이 절대적인 정의에 점점 접근하는 근사치들처럼 정의(定義)될 때, 우리가 도덕에서도 다시 발견하게 되는 것이 바로 이 환상이다. 기껏해야 우리가 말해야만 했을지 모르는 것은, 일단 절대적인 정의가 놓이면, 상대적인 정의는 우리에게 회고적으로 그려져서 절대적인 정의에로 인도하는 길을 따라 늘어선 그만큼의 정거장들처럼 간주될 수 있다는 것이다. 또한 점진적인 진척이 있었던 것이 아니라 어느 한 순간에 갑작스런 도약이 있었다는 것을 덧붙여야만 했을지 모른다. ― 흥미로운 것은 이 도약(saltus)이 생산되는 정확한 지점을 결정하는 것일 것이다. 또한 못지않게 교훈적인 것은 어떻게 일단 생각된, 게다가 모호한 형태하에서 생각된 절대적인 정의가 존경받는 이상(理想)의 상태로 그것이 실현되는 것은 문제조차 되지 않을 정도로 그렇게 오랫동안 머무를 수 있었는가 하는 것이다. 첫 번째 점에 관해서는 단지 이렇게 말하자. 고대의 계급 불평등들은 원초적으로는 의심할 여지없이 힘에 의해서 부과되었지만, 그러고 나서는 섬김받기와 가치의 불평등으로 받아들여져서 점점 하위 계층의 비판을 받게 되었다. 게다가 지도자들은 점점 가치를 잃게 된다. 왜냐하면 그들은 자신들을 과신하여 그들이 아주 큰 힘의 지성과 의지를 요구했었던, 그리고 그들의 지배를 공고히 해주었던 내적인 긴장이 해이해졌기 때문이다. 그럼에도 불구하고 그들이 단결하고 있으면, 그들은 유지될 수 있을지 모른다. 그러나 그들이 개별성을 주장하려는 경향을 갖는다는 바로 그 이유로 언젠가 그들 가운데 야심가들이 있게 되는데, 이들은 주인이 되기를 주장할 것이고, 하류 계급이 이미 상당한 몫의 일들에 참여하고 있다면 하류 계급 속에서 지지 기반을 찾으려고 할 것이다. 그때엔 우월한 계급에 속하는 사람에게 있어서는 더 많은 천부적 우월성이 필요하게 된다. 매력이 무너졌기 때문이다. 이처럼 귀족 정치는 민주 정치에로 소실되는 경향이 있는데, 이유는 단지 정치적 불평등은 불안정한 것이기 때문이다. 게다가 이는 마치 일단 실현된 정치적 평등은, 만일 이 평등이 단지 한 사실에 불과하고, 따라서 예외들을 인정한다면, 예를 들어 도시 국가에서 노예 제도를 용인한다면, 불안정하게 될 것처럼 말이다. — 그러나 고대적인 정의의 손에 들린 저울의 평형처럼 항상 일시적이고 기계적으로 도달된 평형들과 우리 시대의 정의, 즉 더는 관계 혹은 측정의 관념들을 불러일으키지는 않으나 반대로 약분 불가능성과 절대의 관념들을 불러일으키는 '인간의 권리들'의 평형 사이에는 거리가 멀다. 이 정의는 수학자들이 말하는 것처럼 단지 '무한히(à l'infini)'란 완전한 표상을 지니게 될지 모른다. 정의는 한 일정한 순간에 정확히, 그리고 범주적으로 단지 금지(禁止)들에 의해서 형식화된다. 정의가 긍정적으로 가지고 있는 것에서 볼 때, 정의는 연속적인 창조들에 의해서 진행되는데, 이 창조들의 각각은 인격의, 따라서 인류의 더 완전한 실현인 것이다. 이 실현은 단지 법들을 매개로 해서만 가능하다. 이 실현은 사회적 동의를 함축한다. 게다가 이 실현은 그의 역사의 어떤 기간에 사회적인 영혼의 상태 덕분에 조금씩 스스로 이루어 진다고 사람들이 주장해보아야 소용없는 일이다. 그것은 사회가 하나의 경험을 시도하기를 결심했을 때에만 실행되는 약진이다. 그것을 위해 사회는 설복되거나, 혹은 적어도 동요되도록 방임되 어야만 한다. 그리고 동요는 항상 누군가에 의해서 주어졌던 것이 다. 사람들은 이 약진이 그것 뒤에 어떤 창조적 노력도 가정하지 않는다고, 여기에 예술가의 발명에 비교될 수 있는 발명은 없다고 주장할 것이지만 헛된 일이다. 그것은 완성된 대부분의 거대한 변 혁이 처음엔 실현 불가능한 것처럼 보였고, 사실상 그랬었다는 것 을 망각한 것일 것이다. 변혁들은 사회적 혼의 상태가 변혁들의 실 현에 의해서 유도됨직한 그런 상태에 이미 도달한 사회에서만 실 현될 수 있었다. 그리고 거기에는 사람들이 빠져나올 수 없을지 모 르는 순환이 있었는데, 우리가 거기서 빠져나올 수 있는 것은 하나 혹은 몇 명의 특권적 능력을 부여받은 영혼들이 자신 안에서 사회 적 혼을 확장시키고, 자신들 뒤에 사회를 이끌면서 순환을 파괴해 버렸기 때문이다. 그런데 그것은 예술적 창조의 기적 자체이다. 천 재적인 작품은 처음엔 어리둥절하게 하지만 그것의 존재 사실만으로 조금씩 예술의 개념과 그것을 이해하게 해주는 예술적 분위기를 창조할 수 있다. 따라서 천재적인 작품은 회고적으로 천재적이 될 것이다. 그렇지 않으면 그 작품은 처음에 그랬던 대로 단순히 혼란스러운 것으로 남아 있게 될 것이다. 재정가의 사유에서는 성공이 있은 후에야 그 생각이 좋았었다는 것을 알 수 있다. 예술적 창조에서도 같은 종류의 어떤 것이 있다. 차이가 있다면, 처음에 충격을 주었던 작품이 마침내 성공한다면, 성공은 작품 자체가 효과를 미친 대중적 기호의 변화에 기인한다는 것이다. 따라서 작품 자체가 재료이자 힘이었던 것이다. 예술 작품은, 예술가가 그 작품에다 전달했었던, 혹은 오히려 작품 안에 보이지 않지만 거기에 있는 예술가의 약동 자체인, 그런 약동을 새겨놓은 것이다. 도덕적 발명에 대해서도, 더욱 특수하게는 정의의 관념을 점점 더 풍부하게 하는 연속적인 창조들에 대해서도 사람들은 그와 같이 말할 수 있을 것이다. 이 연속적인 창조들은 특히 정의(正義)의 질료에 근거하지만, 그러나 역시 정의의 형식을 변모시킨다. — 이 형식에 의해 시작하기 위해 정의는 항상 의무적인 것처럼 나타났다고, 그러나 오랫동안 그것은 다른 의무들처럼 하나의 의무였다고 말하자. 정의는 다른 의무들처럼 사회적 필요성에 부흥하는 것이다. 정의를 의무적인 것으로 만드는 것은 바로 개인에 대한 사회의 압력이었다. 이 조건들 속에서 불의는 규율의 위반보다 더 충격적인 것도 아니었고 덜 충격적인 것도 아니었다. 노예들에게는 정의가 없었거나, 있어도 그것은 상대적이거나 거의 임의적인 정의였다. 국민들의 안녕은 다른 곳에서 그렇게 남아 있듯이 단순히 최고의 법은 아니었다. 게다가 국민의 안녕이 최고의 법이라고 선언되었지만, 반면에 비록 우리가 이 원리로부터 이러저러한 귀결을 받아들인다 하더라도 우리는 오늘날 더는 감히 불의(不義)를 국민의 안녕이 정당화하는 원리로 삼으려고 하지 않는다. 이 점에 관해 논의해보자. 그리고 유명한 물음을 제기하자. "만일 우리가 국민의 안녕을 위해, 인류의 존립 자체를 위해, 어디에선가 한 인간, 한 무고한 사람이 영원한 고통을 받도록 운명 지어졌다는 것을 안다면 우리는 어떻게 할 것인가?" 마법적 미약이 우리에게 그 사실을 망각하게 해서, 우리는 그것에 대해 더는 결코 어떤 것도 알 수 없다는 것으로 이해된다면 아마도 우리는 그것에 동의할 수 있을지 모른다. 그러나 그 사실을 알아야 했고, 그 사실을 생각해야만 했다면, 우리는 이렇게 말할 것이다. 이 사람은 우리의 생존을 위해 무서운 형벌을 받고 있으며, 그것이 바로 생존 일반의 근본 조건이라니, 아, 아니다! 차라리 더는 어떤 것도 존재하지 않는다는 것을 받아들이자꾸나! 차라리 지구가 폭발하도록 놔두자! 도대체 무엇이 일어난 것인가? 어떻게 정의가 모호하게 내재되어 있던 사회적 삶으로부터 솟아올라, 그것 위로, 그리고 무엇보다 더 높이 비상하기 위해 정언적이고 초월적이 되었는가? 이스라엘 선지자들의 음색과 강세를 상기하자. 한 커다란 불의(不義)가 범해지고, 시인했을 때, 우리가 듣는 것은 그들의 목소리 자체이다. 수 세기의 심연으로부터 그들은 그들의 항변을 올려 보낸다. 확실히 정의는 그들의 존재 이래로 유달리 확장되었다. 그들이 설교한 정의는 무엇보다도 이스라엘에 관련된다. 불의에 대한 그들의 분개는 불복하는 그의 백성, 혹은 이 선택된 백성의 적들에 대한 여호와의 분노 자체이다. 만일 그들 중 이사야 같은 이가 보편적 정의를 생각할 수 있었다면, 그것은 바로 하나님에 의해서 다른 백성들과 구별되었고, 계약에 의해 하나님과 맺어진 이스라엘이 다른 인류 위로 아주 높이 고양되어 조만간 모범으로 취해질 것이기 때문이다. 적어도 그들은 정의에다, 그것이 지니고 있었고 그 이후로 무한히 커지는 질료에 새겨 넣었던 격렬한 명령법적 성격을 부여했다. 그러나 이 확장들은 물론 전적으로 단독으로 이루어진 것이 아니다. 그것들 각각에다 충분히 정통한 역사가는 고유한 이름을 붙였다. 각 확장은 하나의 창조였고, 새로운 창조들에로의 문은 항상 열려 있을 것이다. 선지자의 전통이 정의의 형식에 대해서 결정적이었듯이, 정의의 질료(내용)에 대해서 결정적이었던 진보는, 도시라는 경계에 멈춰서고 도시 자체에서도 자유인들에 만족했던 공화국에다 모든 사람들을 포함하는 보편적 공화국을 대치했다는 데 있었다. 모든 나머지 것은 이 사실로부터 온 것이다. 왜냐하면 비록 문이 새로운 창조들에로 열려져 있었다 하더라도, 아마도 항상 열려져 있을 것이라 해도, 문은 또다시 열려져야만 했을지 모르기 때문이다. 첫 번째 진보가 유대인의 예언자 전통에 기인했었던 것처럼, 이 두 번째 진보는, 즉 닫힌 것에서 열린 것으로의 이행은 기독교에 기인했었다는 것은 우리에게 의심스럽게 보이지는 않는다. 이 진보가 순수 철학에 의해 이루어질 수 있었을까? 철학자들이 이 일을 어떻게 지나치고 접촉했고, 그럼에도 불구하고 놓쳤는지를 보는 것보다 더 교훈적인 것은 없다. 확실히 인간의 형상을 초감성적인 형상들 사이에 포함시켰던 플라톤은 제쳐놓도록 합시다. 이 사실로부터 모든 인간들이 같은 본질에 속한다는 것이 도출되지 않았던가? 거기서부터 모든 사람들은 사람인 한에서 똑같은 가치를 가지며, 본질의 공유는 그들에게 동일한 기본적인 권리들을 부여한다는 이념에로까지는 단지 한 발짝의 거리가 있을 뿐이다. 그러나 그 한 발짝을 뛰어넘지 못했다. 그러기 위해서는 노예 제도를 옳지 못하다고 비난하고, 이방인들은 야만인들이기에 어떤 권리도 요구할 수 없다는 그리스적 이념을 포기해야만 했기 때문이다. 게다가 그것이 고유하게 그리스적 이념이었을까? 우리는 고대인들과 마찬가지로 현대인들에 있어서도, 기독교가 침투하지 않았던 어디에서건 암묵적 상태에 있는 그것을 발견한다. 예를 들어 중국에서는 매우 고상한 도덕적 교설들이 출현했지만, 누구도 인류를 위해 법률로 제정할 생각은 하지 않았다. 말할 필요 없이, 이 교설들은 사실상 단지 중국인 공동체에만 관계하고 있다. 그럼에도 불구하고 기독교 이전에 스토아학파가 있었다. 이 철학자들은 모든 사람들은 형제들이고,

현자는 세계 시민이라고 선언했다. 그러나 이 형식들은 생각된 이상(理想)의, 아마도 실현 불가능한 것으로 생각된 이상의 형식들이었다. 위대한 스토아주의자들 중 어느 누구도, 황제였던 그 사람조차, 자유인과 노예, 로마 시민과 야만인 사이의 장벽을 낮추는 것이 가능하다고 판단했던 것을 우리는 보지 못했다. 권리의 동등성과 인격의 침해 불가능성을 내포한 보편적 형제애의 이념이 작동하기 위해서는 기독교를 기다려야만 했다. 사람들은 이 작동이 매우 느렸다고 말할 것이다. 사실 인간의 권리가 아메리카 청교도들에 의해 선언되고, 곧이어 프랑스 대혁명의 혁명가들에 의해 추종되기까지는 18세기의 세월이 흘러야 했다. 그래도 역시 이 작동은 복음서의 가르침과 함께 시작되었고 무한히 계속되었다. 찬양을 받을 만한 현자들에 의해 인간들에게 단순히 제시된 이상(理想)과 사랑을 호소하고 사랑으로 가득 찬 복음으로 세상을 통해 던져진 이상은 서로 다른 것이다. 사실 말해서 여기서 문제시되는 것은 격률로 완전히 형식화될 수 있는 유한한 지혜가 더는 아니다. 오히려 사람들은 하나의 방향을 제시했고, 하나의 방법을 가져왔다. 기껏해야 사람들은 단지 잠정적이 될지 모르며, 따라서 끝없이 다시 새로워진 노력을 요구하는 하나의 목적을 지시했던 것이다. 게다가 이 노력은 적어도 몇몇 사람들에 있어서는 필연적으로 창조적인 노력이 됨에 틀림없다. 그 방법이란 어떤 주어진 사회에서 실제적으로 불가능한 것을 가능하다고 가정하고, 그것으로부터 귀결될

되기에, 따라서 둘 중에 어느 것이 다른 것보다 바람직한 것인지를 묻는 것으로 시작해야만 할지 모른다. 그러나 이 질문은 어떤 일반적 답변도 가지지 못한다. 왜냐하면 그그러한 자유의 희생은, 비록 그것이 시민들 모두에 의해 자유롭게 동의된다 하더라도, 또한 자유에 속하기 때문이다. 그리고 만일 평등의 방향에서 완성된 개혁이 사람들이 더 잘 숨쉬고, 더 많은 행위의 기쁨을 체험하는 사회를 주었다면, 무엇보다도 남은 자유는 우월한 질에 속하게 될 수 있을 것이다. 무엇을 하든 항상 도덕적 창조자들의 개념에로 되돌아와야만 하는데, 이 도덕적 창조자들은 사유에 의해 새로운 사회 환경을 표상하며, 더 나은 삶의 환경, 즉 내가 말하고자 하는 것은 만일 사람들이 그것을 경험한다면 그들의 옛 상태로 되돌아가려고 하지 않을 그런 사회를 표상한다. 이렇게 해서만 도덕적 진보는 정의될 것이다. 그러나 특권적인 도덕적 본성이 새로운 음악과 비슷한 새로운 감정을 창조하고, 도덕적 진보가 이 감정에다 그의 고유한 약동을 새기면서 이 감정을 사람들에게 전달했을 때, 사람들은 도덕적 진보를 단지 사후적으로만 정의할 수 있다. 이처럼 '자유', '평등', '권리의 존중'을 반성해본다면, 사람들은 우리가 구별했던 정의(正義)에 관한 두 관념, 하나는 닫힌 정의와 다른 하나는 열린 정의 사이에 단순히 정도의 차이가 아니라 극단적인 본성의 차이가 있다는 것을 보게 될 것이다. 왜냐하면 상대적으로 안정된 닫힌 정의는 자연의 손에서 나온 한 사회의 자동적 평형 상태를 번역하는 것으로 '의무 전체'가 부착된 관습들 속에서 표현되고, 그리고 이 '의무 전체'는 이 관습들이 여론에 의해 받아들여지게 됨에 따라 다른 정의(正義), 즉 연속적인 창조들에 열려져 있는 정의에 대한 규정들을 포함하게 되기 때문이다. 동일한 형식이 이처럼 두 질료, 하나는 사회에 의해서 제공된 질료, 다른 하나는 인간의 천재성으로부터 출현한 질료에 부과된다. 사실 실제적으로는 이 둘은 혼합되어 있음에 틀림없을지 모른다. 그러나 철학자는 의무의 기원과 동시에 사회적 진화의 성격에 관해 심하게 오류를 범하는 것을 무릅쓰고라도 이 둘을 구별할 것이다. 사회적 진화는 훨씬 나중에야 사회를 변혁시키도록 운명 지어진 어떤 방법에 의해 우선 전개될지 모르는 그런 사회의 진화는 아니다. 여기에서는 발전과 변혁 사이에 유추도 없고, 공통적인 척도도 없다. 닫힌 정의와 열린 정의가, 똑같이 형식화되고 외적으로 서로 닮아 있는, 똑같이 명령법적인 법칙들 속에서 구체화된다고 해서, 거기서부터 이 둘이 같은 방식으로 설명되어야만 한다는 것이 도출되지는 않는다. 도덕의 이중적(二重的) 기원과 의무의 두 구성 요소들을 이 예보다 더 잘 제시할 수 있는 예는 없을 것이다.

압력과 열망

사실들의 현실적 상태에서 이성이 유일하게 명령적인 것처럼 나타남에 틀림없고, 인류의 관심은 도덕적 개념들에다 고유한 권위와 본래적 힘을 부여하는 데 있으므로, 결국 문명화된 사회에서 도덕적 활동이란 본질적으로 이성적이라는 것은 의심스럽지 않다. 그렇지 않다면, 사람들이 각 특수한 경우에서 해야 하는 것을 어떻게 알 수 있겠는가? 하나는 충동이고, 다른 하나는 매력인 심오한 힘들이 여기 있다. 결정을 취할 때마다 우리는 이 힘들에 직접 조회할 수는 없다. 그것은 한편으로 사회 일반이, 다른 편으로는 인류의 정예들이 우리를 위해 했던 일을 쓸데없이 너무 자주 되풀이하는 것이 될 것이다. 이 일은 결국 규칙들을 형식화하고, 이상(理想)을 그려내는 데 이르게 되었다. 이 규칙들을 따르는 것, 이 이상에 일치하는 것, 그것이 도덕적으로 사는 것일 것이다. 이렇게 해서만 사람들은 자기 자신과 충분히 조화되어 있다고 확신할 것이다. 합리적인 것만이 일관성 있다. 이렇게 해야만 행위의 다양한 노선들이 서로 비교될 수 있을 것이다. 이렇게 해야만 그 노선들의 도덕적 가치가 평가될 수 있을 것이다. 사실이 이렇게 명백하기에 우리는 그 사실을 거의 지적하지 않았지만, 우리는 그 사실을 거의 항상 은연중에 암시하고 있었다. 그러나 이로부터 우리의 진술이 도식적일지 모르고, 불충분하게 보일 수 있다는 것이 귀결되었다. 사실 지적인 장(場)에서 도덕의 모든 요구들은 개념들 속에서 상호 침투하고 있으며, 이 개념들의 각각은 라이프니츠의 단자(monade)처럼 모든 다른 개념들을 다소간 반영하고 있다. 이 장 위에서 혹은 이 장 아래에서 우리는 각각이 고립된 채로는 지적인 장에 투사되었던 것의 일부분에만 상응하는 힘들을 발견한다. 우리가 추구해왔던 방법의 이러한 불편함은 이의를 제기할 수 없는 것이기에, 게다가 불가피한 것이기에, 우리는 이 방법을 사용하지 않을 수 없었기에, 우리가 이 방법을 적용하는 내내 반론들이 제기되지 않을 수 없었기에, 우리는 결론짓기 위해 이 방법을 또다시 성격 짓고, 그것을 또 한번 정의하게 되며, 우리는 몇몇 점들에 관해서는 우리가 이미 말할 기회를 가졌던 것을 거의 같은 용어들로 반복해야만 할지 모른다.

구성원들이 한 유기체의 세포들처럼, 거의 같은 말이 되겠지만 한 개미 집단의 개미들처럼 서로 연결되어 있을지 모르는 인간 사회는 결코 존재하지 않지만, 원시 인류의 집단들은 우리의 사회들보다 확실히 거기에 더욱 근접해 있었다. 자연은 인간을 사회적 동물로 만들면서 이런 밀접한 연대성을 원했으나, 그럼에도 불구하고 자연은 사회의 이익 자체 속에서도 자연이 개인에게 마련해주었던 지성을 개인이 전개하기에 필요한 정도로 이 연대성을 늦추었다. 우리의 진술의 첫 번째 부분에서는 이것을 확증하는 데 한정했었다. 이 확증은 획득 형질의 유전에 대한 믿음을 논의 없이 받아들이는 도덕 철학에서는 그다지 중요하지 않을 것이다. 즉 그렇다면 인간은 오늘날 아주 먼 조상들의 경향들과는 매우 다른 경향들을 가지고 태어날지 모른다. 그러나 우리는 획득 형질의 유전에서 하나의 예외를 제시하는 경험에 만족하는데, 이 예외는 ―그것이 언젠가 생산된다는 가정하에서도― 결국 자연적 성향의 심대한 변화를 결정하기에 충분히 규칙적이고 충분히 빈번한 사실이 아니다. 따라서 문명인과 원시인 사이의 차이가 아무리 극단적이라 하더라도, 이 차이는 오로지 어린아이가 의식이 처음 깨어난 이래로 축적했던 것에 기인한다. 수 세기의 문명 동안 인류가 획득한 모든 것들이 거기에, 그의 옆에, 사람들이 그에게 가르친 과학 속에, 전통 속에, 제도들 속에, 관례들 속에, 그가 말하는 것을 배운 언어의 구문과 어휘 속에, 그를 둘러싼 사람들의 동작 속에까지 있다. 오늘날 바윗덩어리의 원래적 자연을 덮고 있는 것은 부식토(腐植土)의 두꺼운 층이다. 이 층은 무한히 다양한 원인들이 서서히 축적된 결과들을 나타낸다고 해봐야 소용이 없으며, 이 층은 그래도 역시 이 층이 올려져 있는 땅의 일반적 지형을 받아들여야만 한다. 요약하면 우리가 우리 의식의 심층에서 발견하는 의무는, 사실 이 말이 잘 지적하듯이, 우리를 사회의 다른 구성원들에 연결하는 의무는 개미 집단의 개미들이나 한 유기체의 세포들을 서로서로 통합하는 것과 같은 종류의 유대이다. 한 인간처럼 지성적이 된 한 개미의 눈에, 혹은 자신의 운동 속에서 지성적인 개미만큼 독립적이 된 한 유기적 세포의 눈에, 이 유대는 바로 형식으로 드러날 것이다. 나는 물론 내용 없이 단순히 형식으로 보이는 의무에 대해 말하는 것이다. 의무는 환원될 수 없는 것이고, 또한 우리의 도덕적 본성 속에 항상 현존해 있는 것이다. 한 지성적 존재에 있어서 이 형식의 틀 속에 들어오는 질료(내용)는 문명이 진보함에 따라 점점 더 지적이고 일관성 있게 된다는 것, 그리고 새로운 질료는 필연적으로 이 형식의 직접적인 호소에서가 아니라 이 형식에 이미 삽입되어 있는 지적인 질료의 논리적 압박하에 끊임없이 출현한다는 것은 자명하다. 그리고 우리는 또한 다른 한 형식 —즉 비록 간접적이긴 하지만 더는 사회 보존의 필요성에 의해서가 아니라 개인적 의식의 열망에 의해서 가져온 형식— 속으로 흘러들어 가도록 고유하게 만들어진 한 질료가 어떻게 다른 도덕들과 마찬가지로 지적인 장에 놓이면서 이 형식을 받아들이는지를 보았다. 의무 속에 있는 고유하게 명령법적인 것으로 되돌아올 때마다, 그리고 비록 우리가 지성이 의무를 풍부하게 하기 위해 그것에 삽입한 모든 것, 이성이 의무를 정당화하기 위해 의무 주위에다 놓았던 모든 것을 발견한다 하더라도, 우리가 다시 위치하게 되는 곳은 바로 이 근본적인 구조 속이다. 바로 순수 의무는 이런 것이다.

지성주의에 대해서

이제 신비적인(mystique) 사회란 인류 전체를 포괄하며, 공동의 의지에 의해 고무되어 더 완벽한 인류를 끊임없이 새롭게 창조해 가는 사회로, 과거에 동물적 사회들에 비교될 수 있는 유기적 기능을 하는 인간 사회들이 존재하지 않았듯이, 이 신비적 사회도 미래에 분명히 실현되지 않을 것이다. 순수 열망은, 다른 편에서 소박한 의무가 이상적 한계를 표현한 것이듯이, 이상적 한계이다. 그래도 역시 신비적 영혼들이 문명화된 사회들을 그들의 운동 속으로 이끌었고, 또한 이끌고 있다는 것은 사실이다. 그들이 있었던 것에 대한, 그들이 한 것에 대한 추억은 인류의 기억 속에 저장되어 있다. 무엇보다도 만일 우리 각자가, 이 신비에 참여하고 자신의 주변에다 신비를 발산하게 했던 한 인격에 대한 자신 안에 살아 있는 이미지에다 그 추억을 접근시킨다면, 우리 각자는 그 추억을 다시 생생하게 할 수 있다. 비록 우리가 그러저러한 위대한 인물을 불러내지 못한다 하더라도, 그를 상기하는 것이 우리에게 가능할 것이라는 것을 우리는 안다. 이처럼 이 인격은 우리 위에다 잠재적인 매력을 발휘한다. 비록 우리가 이 인격들에게 무관심해진다 하더라도, 오늘날 문명화된 인류가 받아들인 도덕의 일반적 형식은 남아 있다. 이 형식은 두 가지 것, 즉 **비인격적인** 사회적 요구들에 의해서 강요된 **질서들**의 체계와 인류에서 가장 훌륭한 것을 대표하는 **인격들**에 의해서 우리 각자의 의식 속에 던져진 **호소들**의 전체를 포괄한다. 질서에 관련된 의무는 그것이 원래적이고 근본적이라는 점에서 지성 이하(infraintellectuelle)의 것이다. 호소의 효력은 이전에 일깨워졌고, 아직도 그러하거나 앞으로도 그러할 수 있을 감동의 능력에 기인한다. 이 감동은, 그것이 단지 관념들로 무한히 해체될 수 있기 때문이라 하더라도, 관념 이상이다. 그것은 초지성적 (supraintellectuelle)인 것이다. 이 두 힘은 영혼의 서로 다른 영역에서 작용하면서 중간적 장(場) 위에 투사되는데, 이 중간적 장이 지성의 장이다. 이제부터 이 두 힘들은 그들의 투사물들에 의해 대치될 것이다. 이 두 힘들은 서로 섞이고, 상호 침투한다. 이로부터 질서들과 호소들이 순수 이성의 용어들로 전이된다는 것이 귀결된다. 이렇게 해서 정의(正義)는 사랑에 의해 끊임없이 확장되고, 사랑은 점점 더 단순한 정의(正義)의 형식을 취한다. 도덕성의 요소들은 동질적이 되어, 그들 사이에 비교 가능하고, 동일하게 측정될 수 있게 된다. 도덕의 문제들은 정확하게 진술되고, 방법적으로 해결된다. 인류는 일정한 수준에 ―의무가 단지 본능의 힘이 될 수 있을 뿐인 동물 사회보다는 더 높고, 그러나 모두가 창조적 약동이 될 수 있을 신들의 집회보다는 낮은 수준― 위치하도록 권유된다. 따라서 이처럼 조직화된 도덕적 삶의 현시들을 숙고해보면서, 사람들은 이 현시들이 그들 사이에 완벽하게 일관적이고, 따라서 원리들에 이를 수 있다고 생각할 것이다. 도덕적 삶은 합리적 삶이 될 것이다.

모든 사람들이 이 점에 동의할 것이다. 그러나 사람들이 도덕적 행위의 합리적인 성격을 확증할 수 있을 것이라는 사실로부터 도덕이 그것의 기원 혹은 그것의 기초조차 순수 이성에 두고 있다는 사실이 이끌어지지는 않을 것이다. 중요한 문제는 의무를 수행하기 위해 방임되는 것으로는 결코 충분하지 않은 경우들에서 우리가 왜 의무를 느끼는지를 아는 것이다.

이때 말을 하는 것이 이성이기를 나는 물론 바란다. 그러나 만일 이성이 오로지 자신의 이름으로만 자기표현을 했다면, 만일 이성이 자신의 뒤에 자리 잡고 있는 어떤 힘들의 작용을 합리적으로 형식화하게만 한다면, 어떻게 이성은 열정이나 욕심에 대항하여 싸울 것인가? 이성이 그 자체만으로 충분하다고 생각하며 그것을 논증할 수 있다고 주장하는 철학자는 아무 말 없이 이 힘들을 다시 도입할 때에만 그의 논증에 성공한다. 게다가 이 힘들은 그 자신도 모르게 슬그머니 유입되었던 것이다. 실제로 그의 논증을 검토해보자. 그의 논증은, 그가 공허한 이성을 취하는가, 혹은 이성에 내용을 놓는가에 따라, 그가 도덕적 의무 속에서 자기 자신과 일치해 있는 순수하고 단순한 필연성을 보는가, 혹은 어떤 목적을 논리적으로 추구하라는 권유로 보는가에 따라, 두 가지 형식을 띠게 된다. 이 두 형식들을 차례로 고찰해보자. 위탁금을 되돌려주어야 하는데, 그 이유는 만일 보관자가 그 위탁금을 착복한다면 그것은 더 이상 위탁금이 아니기 때문이라고 칸트가 말했을 때,[18] 그는 분명

---

18) 칸트, 『실천 이성 비판』, 1권, 1장, 4절, 공리 3, 부속 논증. "그와 같은 원리는 그 자체가 법칙으로서 자기 파괴적이다. 왜냐하면 그것은 모든 예탁 행위를 없애버리는 결과를 갖게 될 것이기 때문이다."

말장난을 하고 있는 것이다. 혹은 칸트는 위탁금이란 말을, 예를 들어 한 친구에게 일정액의 돈을 나중에 요구하러 오기로 하고 맡겨놓은 물질적 사실로 이해하고 있다. 단지 이 통지와 함께 이 물적 사실만으로는 보관자가 필요하지 않을 경우에는 돈을 반환하고, 돈을 갖고 싶어 못 견디는 경우에는 순수하고 단순하게 자기 것으로 하기로 결정하는 결과를 가져올 것이다. 이 두 절차는 '위탁금'이라는 말이 도덕적 관념들을 수반하지 않고 단지 물질적 이미지만을 불러일으키는 순간부터 똑같이 일관적이 된다. 그렇지 않으면 도덕적 고려들은 이미 거기에 있다. 즉 예금 위탁이 '신뢰'된 것이라는 관념, 그리고 이 신뢰는 배반'되어서는 안 된다'는 관념, 보관자가 '참여하고 있다'는, 그리고 그가 '약속을 했다'는 관념, 그가 아무 말도 하지 않았다 할지라도 그는 암암리에 '계약'에 묶여 있다는 관념, 소유의 '권리'가 존재하고 있다는 관념 등등. 따라서 사실상 예금 위탁을 받아들이면서 위탁 예금의 반환을 거절하는 것은 자기모순적이다. 예금 위탁은 더는 어떤 예금 위탁이 아닐 것이다. 철학자는 여기서 비도덕적인 것은 비합리적인 것에 속한다고 말할 수 있을지 모른다. 그러나 문제는 '예금 위탁'이란 말은 고유하게 도덕적인 관념들과 관습들과 의무들이 존재하는 인간 집단 속에서 그 말이 가지는 의미를 가지고 취해질 것이라는 것이다. 도덕적 의무가 귀착되는 곳이 더는 자기모순이 없는 공허한 필연성인 것은 아니다. 왜냐하면 여기서 모순은 단순히 도덕적 의무를 받아들인 후, 그 사실 자체에 의해 이미 존재하고 있는 도덕적 의무를 거부하는 것으로 이루어지기 때문이다. ─ 그러나 이런 미묘한 것들은 제쳐놓자. 도덕을 논리의 존중 위에 세우겠다는 주장은 사변적 과목으로서의 논리에 굴복하는 데 익숙해진, 따라서 모든 과목에서, 그리고 인류 전체를 위해 논리는 최고의 권위를 가지고 부과된다고 믿는 데 이르게 된 학자들과 철학자들에 있어서 태어날 수 있었다. 그러나 과학은 만일 과학이 그의 탐구들에서 성공하기를 바란다면 사물들의 논리, 그리고 논리 일반을 존중해야만 한다는 사실로부터, 그리고 학자의 자격으로 학자의 관심이 그러하다는 사실로부터, 마치 인간 일반의 관심이 그러하고, 혹은 인간의 자격으로 학자의 관심이 그러하다는 듯이, 우리의 행동 속에 항상 논리를 설정해야 한다는 것이 우리에게 의무라고 결론지을 수는 없다. 정신의 사변적 기능에 대한 우리의 경탄이 클 수 있다. 그러나 이 사변적 기능이 이기주의와 열정을 침묵시키는 데 충분하리라고 철학자들이 주장할 때, 그들이 우리에게 보여주는 것은 ─우리는 그것에 대해 그들을 축하해야만 하리라─ 그들 안에서 어떤 사람 또는 다른 사람의 목소리가 아주 크게 울리는 것을 그들은 결코 듣지 못했다는 점이다. 이성을 내용 없는 순수 형식처럼 간주하기를 요구하는 도덕이 취하는 것이 바로 이런 것이다. ─ 이 형식에다 내용을 덧붙이는 도덕을 고찰하기 전에, 사람들이 두 번째 도덕에 도달했다고 믿을 때, 매우 자주 사람들은 첫 번째 도덕에 만족하고 있다는 점을 주목하자. 선(善, 좋음Bien)의 이데아가 부과되는 힘에 의해서 도덕적 의무를 설명하는 철학자들이 이렇게 했다.[19] 만일 이 철학자들이 선의 이데아를 한 유기화된 사회 속에서, 즉 사회적 응집력을 유지하고 인류를 진보하게 하는 적합한 능력의 다소에 따라 인간의 행위들이 이미 분류되었고 무엇보다도 어떤 한정된 힘들이 이 응집력을 생산하고 이 진보를 보장하는 사회 속에서 취한다면, 그들은 물론 하나의 행위는 그것이 선(善)에 더욱 일치할수록 그만큼 더 도덕적이라고 말할 수 있을 것이다. 그리고 그들은 또한 선은 의무적인 것처럼 생각될 수 있다고 덧붙일 것이다. 그러나 선은 단순히, 이런 적성 혹은 저런 적성을 나타내는, 그리고 우리가 정의했던 충동과 매력의 힘들에 의해 결정된다고 느끼는 행동들을 배열하기로 합의한 항목일 것이다. 이 다양한 행동들의 위계에 대한 표상, 따라서 그들의 각각의 가치들에 대한 표상, 그리고 다른 한편 이것들이 부과되는 유사필연성은 선의 이데아에 앞서 존재할지 모르며, 이 선의 이데아는 단지 사후에 명칭 혹은 이름을 제공하기 위해 출현했을 것이다. 이 선의 이데아는 그 자체로 내버려두면, 행동들을 분류하는 데 사용될 수 없었으며, 또한 행동들을 부과하는 데에도 사용될 수 없었다. 반대로 만일 사람

---

19) (역주) 선(좋음, agaton) 또는 완벽성을 인간 존재의 존재론적 원리와 행동 원리로 삼는 지성주의 윤리학에 관해서는 역자 해제를 보기 바람.

들이 선의 이념이 모든 의무와 모든 열망의 근원이기를 바란다면, 또한 선의 이념이 인간 행동들을 규정하는 데 사용되기를 바란다면, 사람들은 어떤 행동이 그것에 부합한다는 것을 어떤 표식에 의해 식별하는지를 우리에게 말해야만 할 것이다. 따라서 사람들은 우리에게 선을 정의해주어야만 할 것이다. 그리고 우리는 사람들이 존재들의 위계 혹은 적어도 행동들의 위계, 전자들과 후자들의 다소간의 고양 정도를 가정하지 않고 어떻게 선을 정의할 수 있을지 알지 못한다. 그러나 만일 이 위계가 그 자체로 존재한다면, 이 위계를 세우기 위해 선의 이념에 호소하는 것은 쓸모없는 일이다. 게다가 우리는 왜 이 위계가 보존되어야만 하는지, 왜 우리는 그것을 존중해야만 하는지를 알지 못한다. 사람들은 선의 이념을 위해 단지 미적(美的)인 이유들만을 일깨울 수 있으며, 하나의 행동이 다른 행동보다 '더 아름답다'고, 그 행위가 우리를 존재들의 계열에서 다소간 높이에 위치시킨다고 주장할 수 있을 것이다. 그러나 자신의 이익에 대한 고려를 모든 것 위에 놓기를 선언하는 사람에게 사람들은 어떻게 대답할 것인가? 자세히 살펴보면, 사람들은 이 도덕이 그 자체로 결코 충분하지 않다는 것을 알게 될 것이다. 이 도덕은 마치 예술적 보충처럼 이 도덕에 앞서 존재했었고 이 도덕을 가능하게 만들었던 의무들에 단지 덧붙여지게 되었을 뿐이다. 그리스 철학자들이 선(Bien)의 순수한 이념에다, 그리고 더 일반적으로는 사변적 삶에다 뛰어난 품격을 부여할 때, 그들은 사회 내부에서 구성되고 있으며 사회적 삶을 합의된 것으로 간주하고 시작할 한 정예 집단(élite)에 대해 이야기하고 있는 것이다. 사람들은 이 도덕은 책무에 대해 말하지 않았고, 우리가 이해하는 한에서의 의무를 알지 못했다고 말했다. 이 도덕이 그것에 대해 말하지 않는 것은 사실이다. 그러나 그것은 바로 이 도덕이 의무를 자신의 활기처럼 생각했기 때문이다. 철학자는 모든 세상 사람들처럼 우선 그 도시가 그에게 부과한 의무를 완수한 것으로 간주되었다. 오로지 그때에 그의 삶을 한 예술 작품처럼 취급하면서 아름답게 만들도록 예정된 한 도덕이 출현했다. 간단히 요약하자면, 도덕을 이성의 숭배 위에다 기초하는 것이 문제시될 수는 없다. ― 우리가 예고했듯이 그때에 남는 문제는 이성에 부합하나 거기에 덧붙여지는 일정한 목적, 이성이 우리에게 방법론적으로 따르도록 가르치는 어떤 목적을 이성이 우리의 행동에다 제시하는 한에서 도덕이 이성 위에 세워질 수 있는지를 검토하는 것일지 모른다. 그러나 어떤 목적도 ―우리가 지적했던 이중적 목적조차 아니고, 사회적 응집력을 유지하고 인류를 진보하게 하려는 이중적인 염려조차 아닌― 이성에 의해서 단순히 제안된다고 해서 의무적인 방식으로 부과되지는 않을 것이라는 것을 쉽게 알 수 있다. 만일 우리 의지 위에 현실적으로 작용하면서 실제적으로 압력을 가하는 어떤 힘들이 그 자리에 있다면, 그것의 효과들을 조정하기 위해 이성은 개입할 수 있고 해야 할 것이지만, 이성은 이 힘들과 대적할 수는 없을 것이다. 왜냐하면 사람들은 항상 이성을 가지고 추론하고 그 이유들에다 다른 이유들을 대립시킬 수 있고, 혹은 단순히 논의를 거부하고 "내가 이렇게 원하기에 이렇게 명령한다"고 대답하기조차 할 수 있기 때문이다. 사실을 말해 의무를 순수하게 합리적인 숙고들 위에다 세운다고 믿는 도덕은, 우리가 이미 언급했고 반복할 것이듯이, 항상 자신도 모르게 다른 종류의 힘들을 다시 도입하는 것이다. 이것이 바로 이 도덕이 그렇게 쉽게 성공한 이유이다. 진정한 의무는 이미 거기에 있으니, 이성이 이 의무 위에다 놓으려는 것은 자연적으로 의무적 성격을 취하게 될 것이다. 사회는, 사회를 유지시키는 것, 사회를 전진시키는 것과 함께, 이미 거기에 있기에, 따라서 이성은 사회에서 인간이 추구하는 목적들의 어떤 것이건 간에 도덕의 원리로 채택할 수 있을 것이다. 즉 이 목적을 실현하도록 되어 있는 수단들에 매우 적합한 체계를 구성하면서, 이성은 상식이 생각하는 한에서의, 인간 일반이 실천하거나 실천한다고 주장하는 한에서의 도덕을 좋건 싫건 다시 발견할 것이다. 왜냐하면 이 목적들의 각각은 이성에 의해 사회 속에서 취해지는 것이기에 사회화되어 있고, 바로 그렇기에 사람들이 제안할 수 있는 다른 목적들로 가득 차 있기 때문이다. 이처럼 비록 사람들이 개인적 이익을 도덕의 원리로 삼는다 하더라도, 공리주의 도덕의 상대적 성공이 증명하듯이 현행의 도덕과 충분히 유사한 합리적 도덕을 구성하는 것은 어렵지 않을 것이다.[20] 사실 이기주의도 사회에서 살고 있는 인간에 있어서는 자존심, 칭찬받고자 하는 욕구 등을 포함한다. 따라서 순수 개인적 이익은, 거기에 일반 이익이 개입하는 한, 이 둘을 서로 구별하기 어려운 한, 거의 정의할 수 없는 것이 된다. 사람들이 자기애라고 부르는 것 속에, 그리고 질투와 시기 속에조차 타인에 대한 공경이 있다는 것을 생각해보라! 절대적인 이기주의를 실천하려는 사람은 자기 자신 안에 갇혀서 이웃을 질투하거나 시기할 정도로 이웃을 더는 염려해서는 안 될 것이다. 그는 공감에 의해 이런 형태들의 증오에 빠져들며, 사회에서 살고 있는 사람의 악덕들조차도 어떤 덕을 함축하지 않은 것은 아니다. 모든 사람들은 허영심에 물들어 있는데, 허영심은 우선 사회성을 의미한다. 하물며 사람들은 명예, 혹은 공감, 혹은 동정 같은 감정들로부터 도덕을 대략적으로 연역할 수 있을 것이다. 사회에 살고 있는 인간들에 있어서 이 경향들의 각각은 사회적 도덕이 거기에 저장해놓은 것을 싣고 있다. 이 경향에 의해 도덕을 설명하면서 부당 전제의 오류를 범하지 않기 위해서는 이 경향을 아주 빈약한 것으로 환

---

20) (역주) 지성주의 윤리학의 문제점 지적에 이어, 공리주의 윤리학의 문제점을 동일 선상에서 지적하는 베르그손의 태도를 유의하기 바란다. 베르그손은 고대의 플라톤으로부터 근대의 라이프니츠에까지 이어지는 지성주의 윤리학, 그리고 칸트의 법칙주의 윤리학, 또한 영국의 공리주의 윤리학을 모두 지성의 관점에 위치하는 윤리학으로 거시적으로 비판하고 있다. 우리는 베르그손의 의도에 따라 '역자 해제'를 진행시켰다.

원할 위험을 감수하고라도 그것으로부터 내용을 비워야만 할 것이다. 이런 종류의 이론들을 구성하기가 용이하다는 것은 분명 우리의 의심을 불러일으킬 것이다. 만일 아주 다양한 목적들이 이처럼 철학자들에 의해서 도덕적 목적들로 변환될 수 있다면, 그것은 아마도 그들이 —그들은 아직 화금석(化金石)을 채석하지 않았기에— 용광로의 바닥에 금을 놓고 시작했기 때문이다. 또한 이 교설들의 어떤 것도 의무를 설명하지 못할 것이라는 것이 분명하기에, 우리는 만일 우리가 그러저러한 목적을 실현하려 한다면 어떤 수단들을 채용하지 않을 수 없을 것이다. 그러나 만일 우리가 목적을 포기하고 싶어 한다면, 우리에게 어떻게 수단들을 부과할 것인가? 그렇지만 이들 목적 중 어느 것이건 도덕의 원리로 채용하면서 철학자들은 그것으로부터, 명령법적 형식을 취하는 데까지 가지는 못했지만 사람들이 동의할 수 있기에 충분할 정도로 거기에 접근한, 준칙들의 체계들을 이끌어냈다. 그것의 이유는 아주 단순하다. 그들은 이 목적들의 추구를 한 번 더, 결정적인 압력들과 이 압력들을 유예시키는 보충적인 열망들이 있는 한 사회 속에서 생각했던 것이다. 압력과 매력은 규정되면서 이 준칙들의 체계들 중 어떤 하나에 이르게 될 것인데, 이유는 이 체계들 각각은 개인적이고 동시에 사회적인 하나의 목적의 실현을 겨냥하기 때문이다. 따라서 이 체계들의 각각은 철학자의 도래에 앞서 사회적 분위기 속에 이미 존재한다. 이 체계들의 각각은 내용에 있어서 철학자들이 공식화할 준칙들에 충분히 접근한, 그 자체로 의무적인 준칙들을 포함한다. 이 준칙들은 철학자들에 의해 다시 발견되었지만, 지성이 또한 거부할 수도 있을 한 목적에 대한 지성적 추구를 위한 권고들에 불과하기에 더는 계율의 형태는 아닌데, 이 준칙들은 이들과 닮았으나 의무가 부과된 더욱 모호하고, 혹은 단순히 잠재적인 준칙에 의해 맞물려 있다. 이렇게 해서 이 준칙들이 의무적이 된다. 그러나 의무는 사람들이 믿을 수 있듯이 위로부터, 즉 준칙들이 합리적으로 연역되었다고 하는 원리로부터 내려온 것이 아니다. 의무는 아래로부터, 즉 사회가 근거하고 있고 열망으로 연장될 수 있는 강압들의 심층으로부터 올라온 것이다. 간단히 말해 도덕의 이론가들은 사회를 가정하고, 따라서 사회의 안정과 운동이 기인한 두 힘을 가정한다. 모든 사회적 목적들은 상호 침투하고, 이 목적들의 각각은 말하자면 이 균형과 이 운동 위에 설정되기에 이 두 힘들에 의해 곁들게 되는 것처럼 보인다는 사실을 이용하여, 이론가들은 원리로 취해진 목적들의 어느 하나를 가지고 도덕의 내용을 재구성하고, 그러고는 이 도덕이 의무적이라는 것을 제시하는 데 어려움을 느끼지 않는다. 그것은 그들이 사회와 함께 미리 이 도덕의 질료와 형식을, 이 도덕이 포함하는 모든 것과 이 도덕을 싸고 있는 모든 의무를 자신에게 주었기 때문이다.

이제 모든 이론적인 도덕들에 공통적인 이 환상을 파헤치면서 사람들이 발견할 수 있을지 모르는 것은 바로 이러한 것이다. 의무는 사람들이 논란을 벌이는 필연성인데, 이유는 이 필연성이 지성과 자유를 동반하기 때문이다. 게다가 이 필연성은 여기에서 생리학적 혹은 물리학적이기도 한 결과를 생산하는 데 결부되어 있는 필연성과 유사하다. 자연이 지성적인 존재로 만들지 않았고, 그래서 개인이 어떤 선택 능력도 가지지 못했을지 모르는 그런 인류에게 있어서, 집단의 응집력과 보존을 유지하도록 운명 지어진 행동은 필연적으로 수행되었을 것이다. 행동은 잘 결정된 어떤 힘의 영향하에서 완수되었을 것인데, 이 힘은 각 개미가 개미 집단을 위해 일하게 하는 힘, 한 조직 세포가 유기체를 위해 일하게 하는 힘과 같은 것이다. 그러나 선택 능력을 가진 지성이 개입한다. 지성은 이런 힘을 잠재성의 상태로, 혹은 오히려 이 힘의 작용에서는 거의 보이지 않지만 이 힘의 압력에서는 느낄 수 있는 실재성의 상태로 유지시키는 항상 현실적인 하나의 다른 힘이다. 괘종시계의 추의 왕복 운동들이 그러한 것인데, 이 왕복 운동들은 용수철의 긴장이 갑작스럽게 이완되는 것을 억제하고, 그럼에도 불구하고 이 왕복 운동들은 그것들의 원인들에 대해 억제하거나 규제하는 작용을 행사하는 결과들이기에 이 긴장 자체로부터 귀결되는 것이다. 그렇다면 지성은 무슨 일을 할 것인가? 지성은 개인이 삶의 역경들로부터 자신을 벗어나게 하는 데 자연스럽게 사용되는 능력이다. 반대로 지성은 종족을 위해 일하는 힘의 방향, 그리고 비록 개인을 고려한다 해도 종족의 이익을 위해 그렇게 하는 힘의 방향을 따르지는 않을 것이다. 지성은 곧바로 이기주의적 해결들로 나아갈 것이다. 그러나 이것은 지성의 첫 번째 운동일 뿐이다. 지성은 보이지 않는 압력을 가하는 힘을 고려하지 않을 수 없을 것이다. 따라서 지성은 영리한 이기주의는 모든 다른 이기주의들에도 그들의 몫을 남겨놓아야만 한다고 자기 자신을 설득할 것이다. 그리고 만일 그것이 한 철학자의 지성이라면, 지성은 이론적 도덕을 구성할 것인데, 이 이론적 도덕에서는 개인적 이익과 일반 이익의 상호 침투가 증명될 것이고, 의무는 우리가 우리 자신에게 지적으로 유용하다고 인정하려 한다면 타인들을 생각해야 한다고 느끼는 필연성에로 이르게 된다. 그러나 우리는 우리의 이익이 이처럼 이해되는 것이 마음에 들지 않는다고 대답할 것이다. 그리고 그때에 사람들은 왜 우리가 또한 의무를 느끼는지 알지 못한다. 그럼에도 불구하고 우리는 의무를 느끼며, 지성은 그것을 잘 알기에, 지성은 논증을 시도했던 것이다. 그러나 사실상 지성의 논증이 성공한 것처럼 보이는 것은 바로 지성이 말하지 않은 본질적인 어떤 것에게 길을 내주었기 때문이다. 그것은 추론이 퇴각시켰으나, 반대 추론이 되돌려보낸, 체험하고 느낀 필연성이다. 따라서 의무 속에 있는 고유하게 의무적인 것은 지성으로부터 나오지 않는다. 지성은 의무에 대해서 단지 사람들이 거기에서 발견하는 주저함 같은 것만을 설명할 뿐이다. 지성이 의무를 기초 짓는 것처럼 보이는 거기에서, 지성은 저항에 저항하면서, 방해하는 것을 막으면서 의무를 유지시키는 데 만족한다. 게다가 우리는 다음 장에서 지성이 어떤 보조적인 것들을 얻는지를 보게 될 것이다. 지금은 우리가 이미 사용했던 비유를 다시 취하자. 마치 자기 자신을 결코 생각하지 않고, 개미 집단을 위해서만 살고 있는 듯이, 고된 노동을 수행하는 개미는 아마도 몽유병 상태에 있는 것이다. 그 개미는 불가피한 필연성에 복종한다. 이 개미가 갑자기 지성적이 된다고 가정해보자. 이 개미는 그가 한 것에 대해 추론할 것이고, 왜 그가 그것을 하는지 물을 것이고, 그가 자신에게 휴식과 즐거운 시간을 주지 않는 바보라고 말할 것이다. "희생은 충분하다! 자신을 생각할 시간이 왔다." 바로 여기에 전복된 자연 질서가 있다. 그러나 자연은 감시하고 있다. 자연은 개미에게 사회적 본능을 제공했다. 자연은 방금 여기에 지성의 빛을 결합시켰는데, 아마도 본능이 지성을 일시적으로 필요로 하기 때문이다. 지성이 조금이라도 본능을 교란시켰다면, 곧 지성은 사물들을 제자리에 되돌려놓고, 그가 했던 것을 해체시키는 데 종사해야 할 것이다. 따라서 이성의 추론은 개미가 개미 집단을 위해 일하는 데에만 오로지 관심이 있다는 것을 정립할 것이고, 이렇게 해서 의무는 기초된 것처럼 보일 것이다. 그러나 사실 이러한 정립은 전혀 견고하지 못할 것이고, 의무는 그것의 모든 힘들에 있어서 미리 존재하고 있었다. 지성은 자신으로부터 온 방해를 단순히 방해한 것이다. 개미 집단의 철학자는 그래도 역시 그것을 인정하기를 싫어할 것이다. 그는 틀림없이 지성에다 부정적이 아닌 긍정적인 역할을 부여하려고 고집부릴 것이다. 도덕의 이론가들이 자주 이렇게 했는데, 이유는 바로 지성인들이 지성에다 충분한 자리를 인정하지 않을까 염려하기 때문이거나 오히려 의무는 그들에게 분해할 수 없는 단순한 것처럼 보이기 때문이다. 반대로 만일 사람들이 거기에서 저항에 의해 우연히 대립된 '필연성에 준하는 것(quasinécessité)'을 본다면, 사람들은 이 저항이 마찬가지로 저항에 저항하는 지성에서 비롯되기에, 본질적인 필연성은 다른 기원을 갖는다고 생각한다. 사실 어떤 철학자도 우선 이 필연성을 놓지 않을 수 없을 것이다. 그러나 대부분의 경우 그는 그것을 아무 말 없이 암암리에 놓는다. 우리는 그것을 언급하면서 그것을 놓았다. 게다가 우리는 그것을 인정하지 않을 수 없는 한 원리에다 관련시킨다. 실제로 사람들이 어떤 철학에 관련된다 하더라도, 다음과 같은 사실을 인정하지 않을 수 없다. 즉 인간은 살아 있는 존재이며, 생명의 진화는 두 주요한 노선 위에서 사회적 삶의 방향으로 완성되었고, 생명은 유기적 작용이기에 생명 활동의 가장 일반적인 형태는 연합이며, 그때부터 사람들은 느끼지 못할 정도의 전이들에 의해서 한 유기체의 세포들 사이의 관계들로부터 사회 속에서 개인들 사이의 관계들에로 이행한다. 따라서 우리는 이의가 제기되지 않은 것, 이의를 제기할 수 없는 것을 주목하는 것으로 만족하자. 그러나 이것이 일단 인정되면, 의무에 관한 모든 이론은 쓸모가 없는 것임과 동시에 효력이 없는 것이 된다. 쓸모가 없는 것은, 의무가 삶의 필연성이기 때문이며, 효력이 없는 것은, 도입된 가설이란 기껏해야 지성의 눈으로 이 지적인 재구성에 앞서 미리 존재했던 의무를 정당화(그리고 물론 불완전하게 정당화)할 수 있는 것이기 때문이다.

생명의 약동

게다가 생명은 그것에 만족할 수 있었고, 구성원들이 엄격한 의무들에 의해 서로서로 연결되어 있는 닫힌사회들을 구성하는 것 이외에 그 이상 어떤 것도 하지 않을 수도 있었다. 지성적 존재들로 구성되었기에, 이 사회들은 본능에 의해 지배되는 동물 사회들에서 발견할 수 없는 가변성(可變性)을 보여주었을 것이다. 그러나 변이는 극단적 변형의 꿈을 고무하는 데까지 가지 못했을 것이다. 인류는 모든 인간들을 포용하는 유일한 사회가 가능해 보이는 지점까지 변형되지 못했다. 사실상 이런 사회는 아직 존재하지 않았고, 아마도 결코 존재하지 않을 것이다. 집단으로 살기 위해 인간에게 필요했던 도덕적 형체를 인간에게 부여함으로써 자연은 아마도 종(種)을 위해 자연이 할 수 있었던 모든 것을 한 것이다. 그러나 지성의 경계를 확장하기 위해 천재적인 인간들이 있었듯이, 그리고 이 사실로 종(種)에게 단번에 부여할 수 있었던 것 훨씬 이상이 드문드문 개인들에게 양도되었듯이, 이처럼 특권적 영혼들이 출현했는데, 이 영혼들은 모든 영혼들에 친숙함을 느끼고, 집단의 한계들 속에 머무르면서 자연에 의해 세워진 연대성에 만족하는 대신에 사랑의 약동 속에서 인류 일반에로 향할지 모른다. 이들 각각의 출현은 유일한 한 개인으로 구성된 새로운 종(種)의 창조와 같은 것이었고, 생명의 추진력은 한 결정된 인간 속에서 인류 전체를 위해 단번에 획득될 수 없었던 결과에 드문드문 도달한 것이다. 이처럼 이들 각각은 생명의 진화에 의해 도달된 한 어떤 지점을 표시한 것이다. 그리고 이들 각각은 창조적 노력의 본질 자체로 보이는 사랑을 원본적 형태하에서 보여준 것이다. 이 특권적 영혼들이 고양했던, 그리고 생명성의 충만한 분출이었던 창조적 감동은 이들 주변으로 퍼져나갔다. 열광주의자들인 그들은 결코 완전히 꺼지지 않으며 항상 그 불꽃을 다시 발견할 수 있는 열광을 발산한다. 오늘날 이 위대한 훌륭한 인간들을 생각함으로써 이들을 소생시킬 때, 우리가 그들의 말에 귀를 기울이고 그들이 하는 일을 바라볼 때, 우리는 그들이 우리에게 그들의 열정을 전달하고 우리를 그들의 운동 속으로 끌어들이는 것을 느낀다. 그것은 다소간 완화된 강제력이 더는 아니고, 다소간 저항할 수 없는 매력인 것이다. 그러나 이 두 번째 힘은 첫 번째 힘과 마찬가지로 설명할 필요는 없다. 당신은 본능에 대칭적으로 상응하고 있는 습관들에 의해 행사된 반(半)강제력을 자신에게 부여하지 않을 수 없고, 당신은 감동 자체인 영혼의 이 고양을 설정하지 않을 수 없다. 첫 번째의 경우에 당신은 원본적 의무를 가지며, 두 번째 경우에는 의무의 연장된 어떤 것을 갖는다. 그러나 이 두 경우에서 당신은 고유하고 전적으로 도덕적이지 않은 힘들, 그리고 도덕론자들이 발생하게 할 필요가 없었던 힘들 앞에 있는 것이다. 철학자들은 그것을 하려 했었기에, 그것의 현실적 형태하에서 의무의 혼합된 성격을 잘못 인식했다. 그러고서 그들은 지성의 그러저러한 표상에다 의지를 이끌어낼 능력을 부여해야만 했다. 마치 한 관념이 언제나 그것의 고유한 실현을 정언적으로 요구할 수 있는 것처럼! 마치 여기에서 관념이 공통적인 지적 추출물과 다른 것인 듯이, 또는 더 좋게 말해 지적인 장(場)에 경향들과 열망들의 총체를 투사하는 것과 ―사실 경향들은 순수 지성 아래 있는 것이고 열망들은 순수 지성 위에 있는 것인데― 다른 것인 듯이! 근원의 이원성을 다시 세워보자. 난점들은 사라져버린다. 그리고 이원성 자체는, '사회적 압력'과 '사랑의 약동'이 생명의 두 보충적인 현시들에 불과하기에, 하나의 통일 속으로 흡수되며, 이것은 규범적으로는 기원에서부터 인간 종의 특징이었던 사회적 형태를 대체로 보존하는 데 적용되지만, 예외적으로는 새로운 종을 출현시켰듯이 각각이 창조적 진화의 노력을 대변하는 특권적 개인들 덕분에 사회적 형태를 변형시킬 수 있었다.

훈육과 신비주의

도덕의 이 이중적 근원에 대해 교육자들이 아마도 완전한 시야를 갖지 못한다 하더라도, 그들이 학생들에게 도덕을 단순히 말로만 하지 않고 실제로 차근차근 설명하려 하자마자, 그들은 이 이중적 근원에 대해 어느 정도 알아챈다. 우리는 순수 이성에 관계하고, 의무들을 정의하고, 다양한 적용들을 세부적으로 따르게 하는 한 원리에다 이 의무들을 연관시키는 도덕 교육의 유용성과 필연성 자체를 부인하지 않는다. 논의는 지성적 차원에서 오로지 그 차원에서만 가능한 것이다. 그리고 반성 없이, 분석 없이, 자신과 마찬가지로 타인들과의 논의 없이는 완전한 도덕성은 없다. 그러나 비록 지성에 관계하는 교육이 도덕적 의미에다 확신과 섬세함을 부여하는 데 없어서는 안 된다 하더라도, 우리 의도가 좋은 경우에 교육이 우리에게 우리 의도를 충분히 실현할 수 있게 해준다 하더라도, 우선 의도가 있어야만 하고, 의도는 지성만큼 혹은 지성 이상으로 의지의 방향을 표시해야 한다. 사람들이 어떻게 의지에 대하여 영향력을 가질 수 있을까? 교육자에게 두 가지 길이 열려 있다. 하나는 말의 가장 고상한 의미에서 취해진 훈육의 길이고, 다른 하나는 반대로 말의 가장 겸손한 의미로 취해진 신비성의 길이다. 첫 번째 방법에 의해 사람들은 비인격적인 습관들로 만들어진 도덕을 주입한다. 두 번째 방법에 의해 한 인격의 모방, 그 인격과의 정신적 통합과 다소간의 완벽한 일치조차 획득한다. 원본적인 훈육은 자연에 의해 의도되었던 것으로 집단의 습관들을 채택하는 것으로 이루어진다. 이 훈육은 자동적인 것인데, 개인이 집단과 반쯤 섞였다고 느껴지는 지점에서 저절로 이루어진다. 사회가 노동의 분업의 효과에 의해 분화됨에 따라, 사회는 자신의 내부에서 구성된 집단들에 개인을 훈련하고 집단들과 조화를 이루고 이로써 사회와 조화를 이루게 하는 임무를 위임했다. 항상 문제시되었던 것은 사회의 이익을 위하여 붙여진 습관들의 체계이다. 이런 종류의 도덕성은, 만일 그것이 완벽하다면, 엄격함을 충족시킨다는 것은 의심의 여지가 없다. 이처럼 자신의 일이나 직업의 틀 속에 엄격하게 삽입된 인간은, 그의 일상적 노동에 전적으로 몰입해 있고, 노동의 최대량과 가능한 최선의 질을 제공하기 위해 자신의 생활을 조직하기에, 일반적으로 **사실상**(*ipso facto*) 다른 많은 의무들을 완수할 것이다. 훈육은 그를 정직한 사람으로 만들었을 것이다. 이와 같은 것이 첫 번째 방법이다. 이 방법은 비인격적인 것 속에서 작용한다. 필요하다면 다른 방법이 이것을 보충하고, 대체하기조차 할 것이다. 우리는 이 다른 방법을 종교적이라고 부르고, 신비적이라고까지 부르는 데 주저하지 않는다. 그러나 이 낱말들의 의미를 이해해야 한다. 사람들은 종교는 고통들을 두려워하게 하거나 보상들을 희망하게 한다는 점에서, 종교가 도덕에 보조적인 것이라고 말하고 싶어 한다. 사람들이 아마도 옳을지 모른다. 그러나 이런 측면에서 종교는 신적인 정의(正義)에 의해 인간적 정의를 확장하고 재정립하도록 약속하는 것과 별반 다른 것을 하지 않는다는 것을 덧붙여야만 한다. 사회에 의해 세워졌으나 그 작용이 너무 불완전한 상벌 체제들에다 종교는 우리가 인간의 도시를 떠났을 때 신의 도시 속에서 우리에게 적용되어야만 하는 무한히 더 높은 다른 상벌 체제를 겹쳐놓는다. 그럼에도 불구하고 사람들이 이처럼 자신을 유지하는 곳은 바로 인간 도시의 장(場) 위에서이다. 사람들이 종교를 개입시키지만, 그러나 분명 종교가 더욱 특수하게 종교적인 것으로 가지고 있는 것 속에서가 아니다. 사람들이 아무리 높이 고양된다 하더라도, 사람들은 도덕 교육을 하나의 훈육처럼 간주하고, 도덕성을 하나의 규율처럼 간주한다. 그것은 사람들이 아직도 두 방법 중 첫 번째 것에 결부되어 있고, 두 번째 것으로 옮아가지 않기 때문이다. 다른 한편 '종교'라는 낱말을 듣고서 바로 우리가 일반적으로 생각하는 것은 종교적 독단들이나 그것들이 함축하고 있는 형이상학이다. 따라서 사람들이 도덕에 기초로서 종교를 제시할 때, 사람들은 신과 세계에 관한 개념들의 전체를 표상하는데, 이 개념들을 받아들이는 것이 선(善)을 실천하는 결과가 될 것이다. 그러나 그렇게 취해진 이 개념들이 우리 의지에 영향을 미치고, 이론들, 즉 이념들이 그렇게 할 수 있듯이 우리의 행동에 영향을 미친다는 것은 분명하다. 우리는 여기서 지적인 차원에 있는 것이다. 우리가 앞에서 보았듯이, 의무나 의무를 연장하는 것이나 순수 관념으로부터 파생될 수 없고, 순수 관념은 단지 우리가 그 관념을 받아들이고 실천하고 싶은 정도에서만 우리 의지 위에 작용한다. 만일 사람들이 이 형이상학은 우리의 동의에서 부과된 것이라고 말하면서 이 형이상학을 다른 형이상학들로부터 구별한다면, 사람들은 아마도 또한 옳을지 모르지만, 그때에 사람들이 생각하는 것은 더는 그 형이상학의 오로지 내용이나 순수한 지적 표상이 아니다. 사람들은 다른 어떤 것, 즉 표상을 유지시키고, 표상에다 내가 알지 못하는 어떤 효력을 전달하고, 특수하게 종교적 요소가 되는 어떤 것을 도입한 것이다. 그러나 이제 도덕의 종교적 기초가 되는 것은 바로 이 요소이지, 이 요소가 결합되어 있는 형이상학이 아닌 것이다. 우리는 물론 두 번째 방법에 관계하고 있지만, 문제는 신비 체험이다. 우리는 모든 해석을 떠나 이 방법이 가지는 직접적인 것 속에서 고려되는 신비 체험에 대해 말하려 한다. 진정한 신비가들은 그를 침투해 들어오는 흐름에만 단지 마음을 연다. 그들은 그들 안에서 그들보다 더 훌륭한 어떤 것을 느끼기 때문에, 그들 자신을 확신하며, 그들은 행동하는 위대한 인간으로 자신을 드러내어, 신비주의가 환상, 열광, 황홀경에 불과하다고 생각하는 사람들을 놀라게 한다. 그들이 자신들의 내부에서 흐르게 내버려두었던 것은 그들을 통해서 다른 사람들을 획득하고자 하는 하강하는 흐름이다. 그들은 그들이 받아들였던 것을 그들 주변에 전파할 필요성을 사랑의 약동으로써 느끼는 것이다. 그것은 그들 각자가 자신의 인격성의 표식을 새겨놓은 사랑이다. 따라서 그 것은 그들 각자 안에서 인간적 삶을 다른 음조로 옮겨놓을 수 있는 전적으로 새로운 감동이 된 사랑이다. 그것은 그들 각자가 이처럼 그 자신을 위해 사랑받게 하고, 그에 의해서, 그를 위해서 다른 사람들이 그들의 영혼을 인류에 대한 사랑으로 열게 하는 사랑이다. 또한 그것은 그들에게 혹은 생생하게 남아 있는 그들의 기억에 결부될, 그리고 자신의 삶을 이 모델에다 일치하게 할 한 인격을 매개로 하여 전달될 수 있을 사랑이다. 더 멀리 가보자. 만일 위대한 신비가나 그의 어떤 모방자의 말이 우리들 중 이러저러한 사람 안에 반향을 일으킨다면, 그것은 우리 안에 잠자고 있으면서 오직 깨어날 기회만 기다리는 신비가 있을 수 있기 때문이 아닌가? 첫 번째 경우에서는 인격은 비인격적인 것에 집착하고, 거기에 삽입되는 것을 목표로 한다. 이 [두 번째] 경우에서는 인격은 도덕적 삶의 한 계시자의 호소, 혹은 그의 어떤 모방자의 호소, 혹은 어떤 상황들에서는 심지어 자기 자신의 호소가 될 수 있는 한 인격성의 호소에 응답한다.

게다가 사람들이 그 한 방법 혹은 다른 방법을 실행한다고 하면, 두 경우에서 사람들은 인간의 본성의 심층을, 그 자체로 정태적으로 취해서든 혹은 그 기원들에서부터 역동적으로 취해서든, 고려했을 것이다. 그런데 오류가 있다면 하나의 단순한 사실처럼 간주된 사회적 삶 속에서 도덕적 압박과 도덕적 열망의 결정적인 설명을 찾을 수 있다고 믿는 것일지 모른다. 사람들은 사회가 존재하고, 그때부터 사회는 필연적으로 그의 구성원들에게 강압을 행사하고, 이 강압이 의무라고 말하고 싶어 한다. 그러나 우선 사회가 존재하기 위해서는 개인은 타고난 성향들의 전체를 가져와야 한다. 따라서 사회는 그 자체로 설명되지 않는다. 그러므로 사람들은 사회적 획득물들의 밑바닥을 찾아보아야 하고, 생명에 도달해야 하는데, 인간 사회들이란 더욱이 인간 종처럼 이 생명의 현시들에 불과한 것이다. 그러나 이렇게 말하는 것만으로 충분하지 않다. 단순히 어떻게 사회가 개인에게 의무를 부과했는지뿐만 아니라, 또한 어떻게 개인이 사회를 판단하며 사회로부터 도덕적 변형을 얻을 수 있는지를 이해하기 바란다면, 더욱 깊이 파고들어야 한다. 만일 사회가 그 자체로 충족적이라면 사회는 최고의 권위이다. 그러나 만일 사회가 생명의 결정물 중 하나에 불과하다면, 진화의 이러저러한 지점에 인간 종을 위치시켜야만 했던 생명이 새로운 충동을 특권적 개인들에게, 즉 사회가 더 멀리 진보하는 것을 돕기 위해 생명 안에서 새로운 힘을 얻은 특권적 개인들에게 전달한다고 생각한다. 생명의 원리 자체에까지 밀고 갔어야만 할 것이라는 것은 사실이다. 만일 사람들이 단순한 현시들에 만족한다면, 사람들이 이 현시들을 모든 사회적 전체라고 부른다면, 혹은 사람들이 사회적 인간 속에서 지성을 더욱 특별히 고려한다면, 모든 것은 모호해진다. 반대로 만일 사람들이 이 현시들을 넘어서 생명 자체를 찾으러 간다면, 모든 것은 명백해진다. 따라서 생물학이란 낱말에다 그것이 가져야만 하는, 아마도 언젠가는 취하게 될 매우 포괄적인 의미를 부여하자. 그리고 결론적으로 압력이든 열망이든 모든 도덕은 생물학적 본질에 속한다고 말하자.

제2장
정태적 종교

이성적 존재의 부조리에 관하여

과거 종교들의 모습과 현재에도 일부 종교들의 모습은 인간 지성에게는 매우 수치스러운 것이다. 얼마나 착오 투성이인가? 경험이 '그것은 거짓이다'고, 추론이 '그것은 부조리하다'고 말을 해봐야 소용이 없고, 인류는 오로지 더욱 부조리에, 그리고 오류에 집착한다. 인류가 그것에만 만족했겠는가! 그러나 사람들은 종교가 부도덕을 규정하고, 죄악들을 부과하는 것을 보았다. 종교가 조잡할수록, 그것은 한 국민의 생활 속에서 실제적으로 위치를 차지한다. 종교가 훗날 과학, 예술, 철학과 함께 나누어야만 할 것을 종교는 처음엔 자신만을 위해 요구하고 차지한다. 사람들이 인간을 지성적 존재로 정의하기 시작했을 때 놀라게 되는 것이 바로 여기에 있다.

가장 저급한 미신이 그렇게 오랫동안 보편적 사실이었던 것을 볼 때 우리의 놀라움은 커진다. 게다가 미신은 아직도 존속한다. 사람들은 과학도 예술도 철학도 갖지 못한 인간 사회들을 과거에 발견했고, 오늘날에도 발견할지 모른다. 그러나 종교가 없는 사회는 결코 존재하지 않았다.

이제 만일 우리가 이 점에 관해 우리를 동물과 비교한다면, 우리의 혼란은 어떠했을까! 거의 확실히 동물은 미신을 모른다. 우리는 우리와는 다른 의식들 속에서 일어나는 것을 별로 알지 못한다. 그러나 종교적 상태들이 일상적으로 태도들과 행위들에 의해 나타나듯이, 만일 동물에게 종교적 감정의 능력이 있었다면, 우리는 물론 어떤 신호에 의해서건 통지를 받았을지 모른다. 따라서 우리는 그것에 대해 우리 입장에서 취하지 않을 수 없다. **사유하는 인간**(homo sapiens), 즉 이성을 타고난 유일한 존재는 그의 존재성을 비이성적인 것들에다 의존하게 할 수 있는 유일한 존재이기도 하다.

사람들은 물론 옛날에는 인류 일반의 정신성이었을지 모르고, 오늘날에도 열등한 종족의 정신성이 될지 모르는 '원시적 정신성'에 대해 말하고, 미신을 이 원시적 정신성의 탓으로 돌려야만 할 것이라고 말한다. 만일 사람들이 이처럼 하나의 공통된 명칭하에서 생각하는 어떤 방식들을 모으고, 그것들 사이에 어떤 관계들을 드러내는 것으로 만족한다면, 사람들은 유용하고 공격받을 수 없는 작품을 만들 것이다. 즉 그 작품이 유용하다는 것은 사람들이 연구의 장을 더 높은 관심이 있는 민속학적, 그리고 심리학적 분야로 한정한다는 점에서 그렇고, 그 작품이 공격 불가능하다는 것은 우리보다 덜 문명화된 인류에 있어서 어떤 신앙들과 어떤 관습들의 존재성을 단지 확증하게 하기 때문이다. 레비브륄(LévyBruhl)이 그의 주목할 만한 저술들에서, 특히 최근의 저술들[21]에서 무엇보다도 바로 그것에 만족했던 것처럼 보인다. 그러나 그때에 어떻게 그처럼 거의 합리적이지 않은 신앙들이나 관습들이 지성적 존재들에 의해 받아들여질 수 있었고, 아직도 받아들여질 수 있는지를 아는 문제는 그대로 남아 있다. 우리는 이 문제에 대답을 찾지 않을 수 없었다. 좋건 싫건 레비브륄의 훌륭한 저술들을 읽은 독자는 이 저술들로부터 다음과 같은 결론을 이끌어낼 것이다. 인간 지성은 진화했으며, 자연적인 논리는 항상 같은 것으로 있지 않을 것이고, '원시적 정신성'은 우리의 정신성에 의해 대체되어버려서 오늘날 단지 지진아들에게서나 만나게 되는 근본적으로 상이한 구조에 상응할지 모른다. 그러나 그때에 사람들은 수 세기가 흐르는 동안 개인들에 의해 획득된 정신적 습관들이 유전될 수 있었고, 본성을 변화하여 종(種)에게 새로운 정신성을 부여한다는 것을 인정하는 것이다. 이보다 더 의심스러운 것은 없다. 부모들에 의해 습득된 습관이 언젠가 아이에게 전달된다고 가정한다면, 그것은 우연적으로

---

21) 레비브륄(LévyBruhl), 『원시적 정신성(*La mentalité primitive*)』(Paris, 1922), 8장.

결합된 상황들의 모든 협력에 기인한 아주 드문 사실이다. 거기서 부터는 종의 어떤 변화도 나오지 않을 것이다. 그러나 그때에 정신의 구조는 그대로 남아 있기에, 연속된 세대들에 의해서 획득된 경험은 사회적 환경 속에 놓이고 이 환경에 의해서 우리들 각자에게 재현되어, 왜 우리는 미개인처럼 사유하지 않는지, 왜 예전의 인간은 현재의 인간과 다른지를 설명하기에 충분해야만 한다. 정신은 두 경우에 있어서 똑같이 기능하지만, 아마도 사회가 여기와 거기서 같은 필요들을 가지지 않기 때문에 정신은 같은 내용에 들어맞지 않는다. 물론 우리 탐구들의 결론은 그러한 것이 될 것이다. 그것을 기대하지 말고 다음과 같이 말하는 것으로 만족하자. '원시인들'에 대한 관찰은 불가피하게 미신의 심리학적 기원들의 문제를 제기하고, 인간 정신의 일반적 구조는 ―따라서 문명화된 현실적 인간의 관찰은― 우리에게 문제의 해결에 충분한 요소들을 제공하는 것처럼 보인다는 점을 말하자.

우리는 더는 '원시적인' 정신성이 아니라 '집단적인' 정신성에 대해서도 거의 같은 표현을 할 것이다. 에밀 뒤르켐(Émile Durkheim)에 따르면, 이런저런 종교를 믿기를 요구하는 사실들이 왜 "개인적인 이성들을 그렇게 당황하게 하는 측면을 가지는지" 탐구할 필요는 없다. "그것은 아주 단순하게 종교가 제공하는 표상이 이 이성들의 작품이 아니라, 집합적 정신의 작품이기 때문이다. 그런데 이 정신이 실재를 우리 개인적 이성이 하는 것과는 다르게 표상하는 것은 당연한데, 이유는 이 정신은 다른 본성에 속하기 때문이다. 사회는 그것에 고유한 존재 방식을, 따라서 사유 방식을 가지고 있다."[22] 우리로서는 제도들, 언어, 그리고 관습들 속에 저장된 집단적 표상들의 존재성을 기꺼이 인정할 것이다. 그것들의 총체는 개인적 지성들을 보충하는 사회적 지성을 구성한다. 그러나 우리는 어떻게 이 두 정신성이 불일치하는지, 어떻게 둘 중 하나가 다른 것을 '난처하게 하는지'를 알지 못한다. 경험은 이와 유사한 것들에 대해 어떤 것도 말하지 않고, 사회학은 그것을 가정할 어떤 이유도 가지지 않은 것처럼 보인다. 자연이 개인에게 만족했다고, 사회는 우연적으로 태어나거나 협약으로부터 태어났다고 사람들이 판단한다면, 사람들은 이 주장을 끝까지 밀고 가서, 개인들의 조우가 —이것은 화학적 결합에서 통합되는 단순 물체들의 만남에 비교될 수 있는 것인데— 개인적 이성을 난처하게 하는 어떤 표상들을 가진 집단적 지성을 출현하게 했다고 주장할지 모른다. 그러나 어느 누구도 사회에다 더는 우연적이거나 협약적인 기원을 부여하지 않는다. 만일 사회학에 해야 할 비난이 있었다면, 그것은 오히려 다른 방향으로 지나치게 기울어진다는 것일지 모른다. 이런 대표적인 사람들 중 누군가[23]는 개인에서는 추상을, 사회적 단체에

---

22) 『사회학 연보(*Année sociologique*)』, 2권, 29쪽 이하.

23) 콩트(A. Comte)에게까지 거슬러 올라간다. 콩트의 『실증적 정신에 관한 서설』

서는 유일한 실재를 보려 할 것이다. 그러나 그때에 어떻게 집단적 정신성이 개인적인 정신성 속에서 예시되지 않을 수 있겠는가? 어떻게 자연이, 인간을 '사회적 동물'로 만들면서, 인간 지성들이 '사회적으로' 사유할 때 낯선 느낌이 들도록 준비했었을 수 있었겠는가? 우리로서는 사람들이 개인을 연구할 때 개인의 사회적 사명을 결코 충분히 고려하지 않았을 것이라고 평가한다. 심리학이 어떤 방향들에서는 거의 진보하지 못한 것은 바로 이런 고려를 게을리했기 때문이다. 나는 한 사회의 구성원들 사이에, 벌 집단의 벌들 사이에서처럼, 보이지 않는 접합을 예상하게 하는 비정상적이거나 병적인 어떤 상태들을 깊이 탐구하고 싶은 관심에 대해서는 말하지 않겠다. 벌 집단을 떠난 벌은 기력을 잃고 죽는다. 사회와 분리되거나 사회의 노력에 충분히 참여하지 못하면, 인간은 아마도 비슷한 병, 즉 지금까지 별로 연구되지 않은 우울증이라고 부르는 병으로 고통받는다. 사회와의 분리가 지속될 땐, 형벌에 의한 격리에서처럼, 특징적인 정신 장애들이 나타난다. 이 현상들은 이미 심리학이 이 현상들에 특수한 연구를 시작하게 한 가치가 있을지 모른다. 이 일은 좋은 혜택들로 나타날 것이다. 그러나 이렇게 말하

252쪽, 『실증적 정치학 체계』 2권, 180-181쪽과 비교하라. 이것은 뒤르켐의 일반적인 해석이다. 뒤르켐의 논문 「종교 현상의 정의에 대하여」, 1898, 2장, 1-28쪽 참조.

는 것으로 충분하지 않다. 한 과학의 미래는 과학이 그것의 대상을 처음에 분절하는 방법에 달려 있다. 만일 그 과학이 플라톤이 말한 훌륭한 요리사처럼 자연적인 관절들을 따라 자르는 기회를 가졌다면, 그 과학이 만들었을 조각들의 수효는 그다지 중요하지 않다. 부분들로의 분절이 요소들의 분석을 예비했을 것이듯이, 사람들은 전체적 조화에 대한 단순화된 표상을 결국 소유하게 될 것이다. 우리 시대의 심리학이 어떤 세분화 과정 앞에서 후퇴했을 때 알아채지 못한 것이 바로 이것이다. 예를 들어 심리학이 지각하고, 해석하고, 이해하는 일반적 기능들을 설정할 때, 이 기능들이 사람들에 적용되는지, 아니면 사물들에 적용되는지에 따라, 지성이 사회적 환경 속에 잠겨 있느냐 아니냐에 따라, 작용 속으로 들어가는 것은 서로 다른 메커니즘이 아닌지를 묻지 않고 그렇게 한 것이다. 그러나 대다수의 사람들은 이미 이 구별의 윤곽을 잡고, 이 구별을 그의 언어 속에 위탁했다. 그들은 우리에게 사물들에 대해 알려주는 **감각들(sens)** 옆에, 사람들과의 우리의 관계들에 관련되는 **양식(bon sens)**을 놓는다. 사람들은 깊이 있는 수학자, 현명한 물리학자, 자기 자신을 분석하고 있는 한 섬세한 심리학자일 수 있는데도, 타인의 행위들을 잘못 이해하고, 자신의 것들을 잘못 계산하고, 결코 환경에 적응하지 못하고, 결국 양식을 결여할 수 있다는 것을 어떻게 주목하지 못하는가? 피해망상, 정확히 말해서 망상적인 해석은 추론의 기능이 손상되지 않는다 하더라도 양식(良識)이 손상될 수 있다는 것을 보여주기 위해 존재한다. 이 애착의 중증화 (重症化), 모든 치료에 대한 그의 완고한 저항, 사람들이 환자의 가장 먼 과거 속에서 일반적으로 전징(前徵)들을 발견한다는 사실, 이 모든 것들은 심층적이고 선천적이고 선명하게 한정된 심리적 무능 (無能)이 문제가 된다는 것을 잘 지적하고 있는 것처럼 보인다. 사람들이 사회적 감각이라 부를 수 있는 양식은, 따라서 정상적 인간이 타고나는 것이다 ― 사회의 존재를 함축하지만, 그래도 역시 개별적 유기체들 속에서 그려지는 말하는 능력처럼 말이다. 게다가 각각 막시류와 인간에 도달한 진화의 두 큰 노선의 극단에서 사회적 삶을 설정했던 자연이 개미 집단에서 각 개미의 활동의 모든 세부 사항을 미리 조절하고선, 인간에게 그의 행동을 그의 동료들의 행동과 조정하기 위한 적어도 일반적인 지시들을 제공하는 데 게을리했다는 것은 인정하기 힘들다. 인간 사회들이 개인들의 행태들을, 게다가 집단의 행태들을 비결정된 채로 놔두었다는 점에서 곤충들의 사회들과는 의심할 여지없이 다르다. 그러나 그 사실은 곤충의 본성 속에 미리 형성된 것은 행동들이고, 인간에 있어서 미리 형성된 것은 단지 기능이라는 것을 말하는 것이 된다. 그래도 역시 개인 속에는 사회에서 행사되기 위해 조직화된 기능이 있다. 그러면 개인적 정신성에 덧붙여져 오면서 개인적인 정신성을 난처하게 할 수 있는 사회적 정신성이 어떻게 있을 수 있을까? 어떻게 사회적 정신성이 개인적 정신성에 내재하지 않는 것일까? 따라서 우리가 제기했던 문제, 즉 어떻게 부조리한 미신들이 합리적인 존재들의 삶을 지배할 수 있었고 아직도 지배할 수 있는지를 아는 문제는 그대로 남아 있다. 우리는 사람들이 원시적 정신성에 대해 말해보아야 소용이 없다고 말했는데, 이유는 그래도 문제가 현실적 인간의 심리학에도 역시 관련되기 때문이다. 우리는 사람들이 집합적 표상들에 대해 말해도 소용이 없다고 덧붙일 것인데, 이유는 그래도 문제는 개인의 심리학에도 역시 놓이기 때문이다.

우화적 기능

그러나 바로 난점은 우선 우리의 심리학이 자연에 의해 표시된 노선들을 따라 그것의 대상을 충분히 세분할 생각을 하지 않은 데 기인하는 것이 아닐까? 미신들을 산출한 표상들은 환상적이라는 것을 공통의 성격으로 갖는다. 심리학은 이 표상들을 상상 작용이라는 한 일반적 기능에 관련시킨다. 게다가 심리학은 과학의 발견들과 발명들, 예술의 실현들을 같은 항목 아래에다 분류할 것이다. 그러나 왜 이처럼 상이한 것들을 함께 모아, 그것들에다 같은 이름을 주고, 이렇게 해서 그것들 사이에 친족 관계라는 이념을 암시하는가? 그것은 오로지 언어의 편의 때문이고, 그리고 이 다양한 작용들이 지각도 아니고, 기억도 아니고, 정신의 논리적 작업도 아니라는 전적으로 부정적인 이유 때문이다. 따라서 환상적인 표상들을 따로 놓는 데 합의하고, 이 표상들을 출현하게 한 작용을 '우화 작용(fabulation)' 또는 '가상(fiction)'이라고 부르자. 그것이 문제의 해결을 향한 첫걸음이 될 것이다. 이제 심리학이 정신의 활동을 작용들로 분할할 때, 심리학은 이 작용들의 각각이 무엇에 사용되는지를 아는 일에 충분히 전념하지 않는다는 점을 주목하자. 그것은 바로 세분화가 지나치게 자주 불충분하거나 인위적이기 때문이다. 인간은 물론 꿈을 꾸거나 철학할 수 있지만, 우선 살아야만 한다. 우리의 심리학적 구조가 개인적이고 사회적인 삶을 보존하고 발전시킬 필요성에 기인한다는 것은 의심할 여지가 없다. 만일 심리학이 이런 생각을 따르지 않는다면, 심리학은 그것의 대상을 필연적으로 변형시킬 것이다. 기관들을 해부하고 섬유들의 조직학을 하면서 그것들의 목적을 배려하지 않는 학자에 대해 사람들은 무어라 말할 것인가? 그는 잘못 나누고, 잘못 구분할 위험성이 있을지 모른다. 만일 기능이 단지 구조에 의해서만 이해된다 하더라도, 사람들은 기능의 관념이 없이는 구조의 큰 노선들을 분별할 수 없다. 따라서 정신을 "아무것도 아니고 즐거움을 위해" 있는 것처럼 취급해서는 안 된다. 정신의 구조가 그와 같아서 정신이 기능을 이용했다고 말해서는 안 되고, 반대로 정신이 기능으로부터 이끌어낸 부분이 정신의 구조를 결정했음에 틀림없다. 어쨌든 우리의 탐구를 이끄는 지침이 여기에 있다. 그러면 모호하고, 틀림없이 인위적으로 한정된 '상상력'의 영역에서 우리가 우화 작용이라 불렀던 자연적 분절을 생각해보자. 그리고 그것이 자연적으로 무엇에 잘 사용될 수 있는지를 보자. 이 기능으로부터 소설, 드라마, 신화와 이를 앞선 모든 것이 나타났다. 그러나 소설가들이나 극작가들이 항상 있었던 것은 아니지만, 인류가 종교 없이 지낸 적은 결코 없다. 따라서 시(詩)와 모든 종류의 환상은 정신이 우화들을 만들 줄 안다는 것을 이용하여 덧붙여왔던 것이지만, 종교는 우화적 기능의 존재 이유였다는 것은 사실임직하다. 즉 종교와의 관계에서 이 기능은 원인이 아니라 결과일지 모른다. 아마도 개인적이고 어쨌든 사회적인 필요가 정신에게 이런 종류의 활동을 요구했음에 틀림없다. 필요가 어떤 것이었는지 물어보자. 가상(fiction)은 그것이 효력을 가질 때, 마치 환각 초기와 같다는 것을 주목해야 한다. 가상은 고유하게 지적인 기능들인 판단과 추론을 거부할 수 있다. 그런데 만일 자연이 지적인 존재들을 창조한 후, 지성의 미래를 위태롭게 하지 않고 지적인 활동의 어떤 위험들을 대비하려고 했다면, 자연은 무엇을 했겠는가? 관찰 사실이 우리에게 그 대답을 제공한다. 과학이 완전히 개화한 오늘날 우리는 세계에서 가장 훌륭한 추론들이 일개의 경험 앞에서 무너지는 것을 본다. 어떤 것도 사실에는 저항하지 못한다. 따라서 만일 지성이 초기에 개인과 사회에 대해 위험스런 비탈 위에서 자신을 유지시켜야만 했다면, 그것은 단지 허울뿐인 확증들에 의해서, 사실들의 환영들에 의해서 그리할 수 있었다. 실제적인 경험이 없기에, 경험의 위조물을 불러일으켜야만 했다. 가상은, 만일 영상이 생생하고 줄곧 머리에서 떠나지 않는다면, 곧바로 지각을 모방하여, 그것에 의해 행동을 방해하거나 변형할 수 있을 것이다. 지성이 진실한 경험으로부터 이끌어낸 귀결들 속으로 너무 멀리 가려는 순간에, 체계적으로 거짓된 경험이 지성 앞에 나타나 지성을 멈추게 할 수 있을 것이다. 아마도 자연은 이처럼 진행했을지 모른다. 이 조건들 속에서 지성은 형성되자마자 미신에 의해 침범되었고, 본질적으로 지성적인 존재는 자연적으로 미신적이 된다는 것, 그리고 단지 지성적 존재들만이 미신적이라는 것을 발견한다고 해서 사람들은 놀라지 않을 것이다.

사실 이때 새로운 문제들이 제기될 것이다. 우선 우화적 기능은 무엇에 소용되며, 자연은 어떤 위험에 대비해야 했는지를 더욱 정확하게 물을 필요가 있을 것이다. 아직 이 점을 심화하지 말고, 다음과 같은 사실을 주목하자. 인간 정신은 진실 속에 혹은 거짓 속에 있을 수 있고, 이 경우에도 저 경우에도 인간 정신이 참여하는 방향이 어떤 것이건 간에 자신 앞을 곧바로 간다는 것을 주목하자. 인간 정신은 귀결에서 귀결로, 분석에서 분석으로 진행하여, 진리 속에서 더 완전하게 개화하듯이, 오류 속으로도 더욱 깊이 파고들어 간다. 우리는 단지 이미 진화된 인류만을 안다. 왜냐하면 우리가 오늘날 관찰하는 '원시인들'은 우리만큼 늙었고, 종교들의 역사가 기록된 서류들은 비교적 최근의 과거에 속하기 때문이다. 따라서 우리가 관계하는 신앙들의 엄청난 다양성은 오랜 증식의 결과이다. 신앙들의 부조리함 혹은 이상함으로부터 사람들은 분명 정신의 어떤 기능들의 진행에 있어서 이상한 것 혹은 부조리한 것으로 향하는 어떤 방향성을 결론지을 수 있다. 그러나 이 특성들이 아마도 그만큼 강조된 것은 단지 진행이 그만큼 멀리 나아갔기 때문이다. 방향 자체만을 고려한다면, 사람들은 이 경향의 비합리성에 대해 덜 충격을 받을 것이고, 아마도 이 경향의 유용성을 포착할 것이다. 이 비합리적 경향이 도달한 오류들이 그 당시에는 종(種)에게 유익했고, 훨씬 후에 어떤 개인들에게 나타나야만 했던 진리의 변형이 아닌지 누가 알겠는가? 그러나 그것이 전부가 아니다. 미리 답변할 필요가 있을 두 번째 문제가 제기된다. 이 경향은 어디서부터 오는가? 이 경향은 생명의 다른 현시들과 관련되는 것인가? 우리는 자연의 의도에 대해 말했다. 그것은 은유였고, 생물학에서처럼 심리학에서도 편리한 것이다. 따라서 우리는 관찰된 성향이 개인 혹은 종족의 이익에 도움이 된다는 것을 주목하자. 그러나 표현이 모호하므로, 우리는 더 정확하게, 만일 이 환상적인 영상들이 정신 속에서 출현한 것은 바로 정확히 본능의 위치에 서라면, 고려된 경향은 하나의 본능이라고 말할 것이다. 이 환상적 영상들은 본능에 귀속될 수 있었을 역할을 하고, 지성이 결핍된 존재에게 있어서는 분명 그러했을지 모른다. 잠정적으로 그것을 **잠재적 본능**(l'instinct virtuel)이라 말하고 싶은데, 이 말로 뜻하고자 한 것은, 거의 환각적인 영상들이 지성적이고 자유로운 인간에게 암시하는 행동에 그 유용성에서 비교될 수 있는 행동을 진화의 다른 노선의 극단에 곤충들 사회들에서 본능이 기계적으로 유발하는 것을 본다는 의미에서 잠재적 본능이라 말한 것이다. 그러나 한편에선 실재적인 본능들에 도달했고, 다른 편에선 잠재적 본능들에 도달한 다양하고 상보적인 발전들을 이처럼 일깨우는 것은 생명의 진화를 언급하는 것이 아니겠는가?

우화 작용과 생명

사실 우리의 두 번째 질문이 제기하는 것은 이처럼 광대한 문제이다. 게다가 이 문제는 첫 번째 문제에 암암리에 포함되어 있었다. 만일 사람들이 생명의 근본적인 요구들을 규정하지 않았다면, 지성 앞에, 그리고 가끔은 지성에 대항해서 나타나는 가상들을 어떻게 생명적 요구에 관련시키겠는가? 이 같은 문제는, 우리에게 피할 수 없을 의문이 솟아오를 때, 더욱 명백하게 다시 발견하게 될 것이다. 어떻게 종교가 종교를 낳게 한 위험에서 살아남았는가? 어떻게 종교는 사라지는 대신에 단지 변형되었는가? 지성이 그것의 형식과 내용 사이에 놓았던 사실상 위험스러운 공백을 과학이 채우러 왔는데도 왜 종교는 존속하는 것인가? 생명이 나타내는 안정성의 필요 아래에, 한 종(種)의 보존이라는 이 정지 혹은 오히려 제자리에서의 맴돌기 속에, 한 전진 운동의 어떤 요구나 여분의 추진력 혹은 생명적 약동이 있는 것이 아닐까? 그러나 처음의 두 질문들은 지금으로서는 충분할 것이다. 이 두 질문은 우리가 예전에 생명의 진화에 대해서 제시했던 고찰들에로 우리를 이끌고 간다. 이 고찰들은 어떤 사람들[24]이 믿고 있었듯이 결코 가설적인 것은 아니었다. '생명적 약동'과 창조적 진화에 대해 말하면서, 우리는 할 수 있는 만큼 가까이 경험을 움켜잡았다. 사람들은 그것을 알아채기 시작하는데, 왜냐하면 실증 과학이 몇몇 주장들을 포기하거나 이 주장들을 단순 가설들로 취급한다는 사실만으로도 우리의 관점에 더욱 접근하기 때문이다. 우리의 관점들을 제 것으로 삼음으로써, 실증 과학은 자신의 좋은 점을 다시 취하게 하는 것일지 모른다.

따라서 생명의 몇몇 눈에 띄는 특징들에로 되돌아와, '생명적 약동'이란 개념의 분명한 경험적인 성격을 주목하자. 우리가 말한 적이 있지만, 생명 현상이 물리적 · 화학적 사실들로 분해될 수 있을까? 생리학자가 그것을 긍정할 때, 그는 이 긍정에 의해 의식적이든 무의식적이든, 생리학의 역할은 생명적인 것 속에 물리적이고 화학적으로 있는 것을 찾는 것이라는 것, 사람들은 이 탐구에다 한 항목을 미리 할당할 수 없을 것이라는 것, 그리고 그때부터 이 탐

---

24) 예를 들어, 회프딩(H. Höffding)의 '설명과 비판', 『베르그손의 철학』(Paris, 1916) 4장, 특히 100–103쪽.

구가 마치 항목을 가져서는 아니 되어야 하는 것처럼 진행되어야
만 할 것이라는 것을 뜻한다. 이렇게 해서만 사람들은 앞으로 나아
갈 것이다. 따라서 생리학자는 방법의 한 규칙을 설정하지만, 그는
사실을 진술하지는 않는다. 그렇다면 우리는 경험에 만족하자. 우
리가 말하려는 것은, 적지 않은 생물학자들이 인정하듯이, 과학은
생명에 대한 물리 화학적 설명에서 어느 때보다 더 멀리 있다는 것
이다. 우리가 생명의 약동에 대해 말했을 때, 우리가 확증하는 것
이 바로 이것이다. 이제 생명이 일단 설정되면, 생명의 진화는 어
떻게 표상될 것인가? 사람들은 한 종(種)에서 다른 종으로의 이행
이 일련의 미소 변이들에 의해서 만들어진다고 하고, 이 작은 변이
들은 전적으로 우연적이며, 선택에 의해서만 보존되고, 유전에 의
해서 고정된다고 주장할 수 있다. 그러나 만일 유기체가 이용하기
위해, 혹은 단순히 어떤 해를 입지 않기 위해 생산해야만 하는 서
로서로 상보적이고 그들 사이에 조정된 수많은 변이들을 생각한다
면, 사람들은 어떻게 이 변이들 각각이, 따로 취해져서, 선택에 의
해 보존되고, 그것을 보완할 것들을 기다릴 수 있는지를 자문하게
된다. 이 변이들 각각은 단독으로는 대개의 경우 어떤 것에도 쓸
모가 없다. 그것은 기능을 방해하거나 마비시킬 수도 있다. 따라
서 우연과 우연의 결합을 내세우면서, 진화하는 생명에 의해 취해
진 방향을 어떤 특수한 원인에다 결부시키지 않으면서, 사람들은
실증 과학에서 권장하는 경제성의 원리를 **선험적으로**(a priori) 적

용하지만, 어디에서도 사실을 확증할 수 없으므로, 곧바로 극복할 수 없는 난점들에 부딪치게 된다. 다원주의의 이런 불충분함은 우리가 생명의 약동을 말했을 때 우리가 주목하게 했던 두 번째 점이다. 이 이론에다 우리는 사실을 대적시켰다. 우리는 생명의 진화가 일정한 방향들에서 이루어진 것을 확인했다. 그러면 이 방향들이 생명을 진화하게 하는 조건들에 의해서 생명에 새겨진 것일까? 그렇다면 예를 들어 똑같은 기능을 점점 더 섬세하게 완수하는 한 기관의 점진적인 복잡화를 보장하기 위해서, 적어도 매우 규칙적으로 개체가 겪는 변양들이 후손들에게 전해진다는 것을 인정해야만할 것이다. 그러나 획득 형질의 유전은 이론의 여지가 있는 것이고, 그것이 언젠가 관찰된다고 가정하더라도 그것은 예외적인 것이다. 사람들이 획득 형질의 유전을 이렇게 규칙적으로 작용하게하는 것은 또한 **선험적으로**, 그리고 원인의 필요성들 때문이다. 이규칙적인 전달성이 선천적인 것에 기인한다고 하자. 우리는 경험에 따르면서, 우리는 그것은 외적인 원인들의 기계적 작용이 아니라고 말할 것이고, 한 주어진 방향 속에서 생명을 점점 더 높은 복잡성으로 이끄는 것은 개체들을 가로질러 종자에서 종자에로 이행하는 내적 추진력이라고 말할 것이다. 생명의 약동의 이미지가 일깨울 세 번째 관념이 이러한 것이다. 자, 더 멀리 가보자. 사람들이 점점 더 복잡한 조건들에 적응하고 있는 한 유기체나 한 기관의 진보에 대해 말할 때, 사람들은 대체로 석고 틀의 주형처럼 조건들의 복잡성이 생명에게 복잡성의 형태를 부과하기를 바란다. 바로 이 조건에서만 기계적인, 따라서 과학적인 설명을 할 수 있을 것이라고 말한다. 그러나 적응 일반을 이처럼 해석하는 데 만족한 후, 사람들은 특별한 경우들에서는 적응이 마치 전적으로 다른 것인 양 —사실 그렇다— 즉 외적 조건들이 생명에 제기한 문제에 대해 생명이 찾아낸 원본적 해결인 양 추론한다. 그리고 문제들의 이 해결 능력을 설명 없이 놓아둔다. 따라서 우리는 '약동'을 개입하게 하면서 그 이상 설명을 주지는 않았다. 그러나 일반적으로는 그것을 체계적으로 배제하면서 각 특별한 경우에서는 그것을 인정하고 그것을 남몰래 이용하는 대신에, 우리는 생명 작용의 이 신비스러운 성격을 강조했다. 그러면 우리는 이 신비를 꿰뚫기 위해 어떤 것도 하지 않았던 것인가? 부분들의 전체에로 탄복할 만한 협동이 기계적으로 설명될 수 없다면, 이 협동은 우리에 따르자면 사람들이 그것을 목적론처럼 다루기를 역시 요구하지 않는다. 밖에서 보았을 때 서로서로 협동하는 무한한 부분들로 해체될 수 있는 것이 내면에서 보면 아마도 하나의 단순 작용으로 나타날 것이다. 우리가 불가분적인 것으로 느끼는 우리 손의 운동이 그런 것이다. 손의 운동은 외적으로는 한 방정식에 의해 정의할 수 있는 한 곡선처럼, 즉 모두가 하나의 같은 법칙을 만족시키는 무한수의 점들의 병렬처럼 지각될 것이다. 약동의 이미지를 일깨움으로써 우리는 이 다섯 번째 관념을, 그리고 그 이상의 어떤 것까지 암시하려 했다. 여전히 밖에 머물고 있는 우리들의 분석이 우리가 찾는 점점 더 많은 실증적 요소들을 발견하고 이에 의해 이 요소들이 서로서로에 점점 더 놀라울 정도로 조정되는 거기에서, 내면으로 옮겨가는 직관은 더는 결합된 수단들이 아니라 전도된 장애물들을 포착할지 모른다. 보이지 않는 손이 갑자기 쇠 줄밥을 가로지르면서 저항들을 물리치게 할 뿐인데, 그러나 이 행동의 단순성 자체가 저항의 측면에서 보면 일정한 질서로 실행된 쇠 줄밥의 가닥들의 병렬처럼 나타날 것이다. 그러면 사람들은 이 행동에 대해, 이 행동이 만나는 저항에 대해 어떤 것도 말할 수 없을 것인가? 만일 생명이 물리 화학적인 사실들로 해체될 수 없다면, 생명은 우리가 보통 물질이라고 부르는 것에 덧붙여진 한 특수한 원인의 방식으로 작용하는 것이다. 즉 이 물질은 도구이고 또한 장애물이다. 물질은 자신이 명확하게 드러내는 것을 분할한다. 우리는 생명의 진화의 큰 노선들의 다양성이 이런 종류의 분할에 기인한다고 추정할 수 있다. 그러나 이 사실에 의해서 우리는 우리가 생명에 대해 갖고자 했던 직관을 준비하고 입증하는 수단을 암시했다. 만일 우리가 마침내 난관에 봉착한 길옆에서 자유롭게 계속되는 진화의 두세 개의 큰 노선들을 본다면, 그리고 이 노선들을 따라 본질적 성격이 점점 더 발전한다면, 우리는 생명적 추진력이 우선 이 성격들을 상호 함축의 상태로 나타냈다고 추정할 수 있다. 즉 동물 진화의 두 주요한 노선들의 극단에서 그들의 정점에 도달한 본능과 지성은 이처럼 그들이 나뉘기 전에 서로 함축하고 있었음에 틀림없으며, 지성과 본능은 단지 복합적 요소들이 아니라 그것의 관점들에 불과할지 모르는 한 단순 실재의 구성적 요소들이다. 우리가 그것들에 번호를 매기면서 시작했기에, 생명적 약동의 관념이 떠올리게 할 여섯 번째, 일곱 번째, 그리고 여덟 번째 표상들이 그러한 것이다. ― 또한 우리는 생명적 약동의 본질적인 것을 단지 암시적으로만 언급했었는데, 그것은 생명이 그의 진화에 따라 비연속적 도약에 의해서 모든 부분들에 대해 창조한 형태들이 예측 불가능하다는 것이다. 사람들이 순수 기계론의 교설이나 순수 목적론의 교설에 위치하게 되면, 두 경우에서 생명의 창조는 미리 결정되어 있고, 미래는 계산에 의해 현재로부터 연역될 수 있거나 이념의 형태 아래 그려질 수 있기에, 따라서 시간은 아무 효용성이 없게 된다. 순수한 경험은 이와 같은 어떤 것도 암시하지 않는다. 충동이나 매력이 이러한 것을 말할 것 같지는 않다.[25] **약동(élan)**은 이런 종류의 어떤 것을 정확히 암시할 수 있고, 내적으로 느껴진 것의 불가분성에 의해, 그리고 외적으로 지각된 것의 무한한 가분성에 의해 생명의 본질적 속성인 실재적이고 효율적인 지속을 또한 생각하게 할 수 있다.

---

25) (역주) 베르그손이 여기서 말하는 충동이나 매력은 앞에서 자신의 주장을 설명할 때 사용한 충동이나 매력이 아니라, 자신의 주장의 핵심인 '생명의 약동'에 대비되는 다른 철학자의 표제어인 듯하다. 예를 들어 '충동'은 쇼펜하우어, '매력'은 아리스토텔레스의 용어이다.

― 우리가 '생명의 약동'이란 이미지 속에 포함시킨 관념들이 이러한 것들이었다. 이런 관념들을 소홀히 하면, 사람들이 지나치게 자주 했듯이, 자연적으로 순수 '살려는 의지'[26]와 같은 공허한 개념 앞에, 그리고 생산성 없는 형이상학 앞에 있게 된다. 만일 사람들이 이 관념들을 고려한다면, 사람들은 경험적으로 획득되었고, 탐구의 방향을 가리킬 수 있는 내용이 있는 관념을 가지는데, 이 관념은 우리가 생명적 과정에 대해 아는 것을 대체로 요약할 것이고, 또한 우리가 생명적 과정에 대해 모르는 것을 표시할 것이다.

이렇게 살펴보면, 진화는 갑작스러운 도약들에 의해 이루어지고 있는 것처럼 보이고, 새로운 종을 구성하는 변이는 한 종자에서 나온 유기체 속에서 통틀어 솟아오르는 상호 보완적인 수많은 차이들로 만들어진 것처럼 보인다. 우리의 비유를 다시 사용하자면, 그것은 쇠 줄밥 속에 집어넣은 손의 갑작스러운 운동이 쇠의 모든 가닥들의 즉각적인 재조정을 유발하는 것과 같다. 게다가 비록 변형이 한 같은 종의 다양한 표본들에 있어서 작용한다 하더라도, 변형이 모두에게 있어서 같은 성공을 얻을 수는 없다. 어떤 것도 인간 종의 출현이 그 이전의 종(種) 여기저기서 이루어지고 있는, 그래서 매우 다른 인류의 표본들에 이르고 있는, 같은 방향의 여러 도약들에 기인하는 것이 아닌지에 대해 말하지 않는다. 이 인류의 표본들

---

26) (역주) 쇼펜하우어의 맹목적인 삶의 의지를 말한다.

각각은 이들 각각을 특징짓는 다수의 변이들이 서로서로 완벽하게 조정되었다는 의미에서 성공한 시도들에 해당할 것이다. 그러나 모두 값어치가 같다는 것은 아마도 아닌데, 왜냐하면 모든 경우에 있어서 도약들이 같은 거리를 뛰어넘는 것이 아닐 것이기 때문이다. 그래도 역시 그들은 같은 방향을 가졌다. 이 낱말에다 인간자연 동형론적인(anthropomorphique) 의미를 부여하는 것을 피하기 위해, 사람들은 그것들이 생명의 하나의 동일한 의도에 상응한다고 말할 수 있을 것이다.

게다가 인간 종이 유일한 한 뿌리에서 나왔는지 아닌지, 인류에 대한 환원할 수 없는 표본들이 하나인지 여럿인지는 중요하지 않다. 인간은 항상 두 가지 본질적인 특성을 나타내는데, 그것은 지성과 사회성이다. 그러나 우리가 위치하는 관점으로부터 이 특성들은 특별한 의미를 갖는다. 이 특성들은 더는 심리학과 사회학에만 관계하지는 않는다. 그것들은 우선 생물학적 해석을 요구한다. 지성과 사회성은 생명의 일반적 진화에 다시 놓여야 한다.

사회성으로부터 시작하기 위해 우리는 진화의 두 정점에서, 즉 개미나 벌 같은 막시류 곤충들에 있어서, 그리고 인간에 있어서, 사회성을 그것의 완성된 형태하에서 발견한다. 단순한 경향의 상태에서 사회성은 자연 도처에 있다. 사람들은 개체는 이미 하나의 사회라고 말할 수 있었다. 단세포로 형성된 원생동물들은 집합체를 구성했을 것이고, 이 집합체들은 이번에는 서로 접근하여 집합체의 집합체들을 형성했을 것이다. 가장 분화된 유기체들은 이처럼 겨우 분화된 요소적인 유기체들의 연합 속에 그들의 기원을 가질 것이다. 여기에 명백한 과장이 있다. '다생동물(polyzoïsme)'은 비정상적이고 예외적인 사실이다. 그래도 역시 한 고등한 유기체에 있어서는 **마치** 세포들이 그들 사이에 작업을 분담하기 위해 연합하고 있는 것처럼 사실들이 일어난다는 것은 진실이다. 따라서 사람들이 그렇게 많은 수의 종들에서 발견하는 사회적 형태의 강박증은 개체들의 구조 속에까지 나타난다. 그러나 한번 더 그것은 단지 경향일 뿐이다. 그리고 만일 사람들이 구별되는 개체들의 분명한 조직화, 즉 완성된 사회들에 관계하고자 한다면, 곤충들의 사회와 인간 사회로 대표되는 연합의 두 완벽한 유형을 취해야만 하는데, 전자는 변화될 수 없고,[27] 후자는 변화 가능하고, 전자는 본능적이고, 후자는 지성적이다. 곤충들의 사회는 요소들이 단지 전체를 위해서만 존재하는 한 유기체에 비교될 수 있고, 인간 사회는 사회가 개인들을 위해 만들어졌는지 혹은 개인들이 사회를 위해 만들어졌는지 알 수 없을 정도로 그만큼의 여유를 개인들에게 남겨놓고 있다. 콩트(Comte)에 의해 제기된 두 조건, 즉 '질서'와 '진보' 중 곤충은 질서만을 원하는 반면에, 인류의 적어도 어떤 부분

---

27) 말할 필요 없이, 불변성은 **절대적인** 것이 아니라 **본질적인** 것이다. 불변성은 원리상 존재한다. 그러나 그것은 사실에서는 한번 설정된 주제에 관해 변이를 인정한다.

들이 겨냥하는 것은 가끔 질서를 배제하고 항상 개인적인 창의성에 기인하는 진보이다. 따라서 사회적 삶의 이 완성된 두 유형들은 서로 짝을 이루며, 상호 보충한다. 그러나 사람들은 그것들을 각각 특징짓는 본능과 지성에 대해서도 그렇게 말할 수 있을 것이다. 생명의 진화 속에 다시 위치시킨다면, 본능과 지성은 서로 나눠지면서 상호 보완적인 두 활동성처럼 나타난다.

우리는 이전 작업에서 설명했던 것으로 되돌아가지 않을 것이다.[28] 단지 다음과 같은 것을 상기하자. 생명은 물질로부터 어떤 것들을 얻기 위한 어떤 노력이고, 본능과 지성은 완성된 상태에서 취해졌을 때 이 결과를 얻기 위해 도구를 사용하는 두 수단들이다. 첫 번째의 경우에 도구는 생명체의 일부를 이루고, 두 번째 경우에서는 발명하고, 제작하고, 다루는 것을 배워야 하는 비유기적 도구이다. 사용을 놓아보자, 하물며 제작을, 더더욱이 발명조차 놓아보자. 당신은 지성의 모든 요소들 하나하나를 다시 발견하게 될 것인데, 이유는 지성의 용도가 지성의 구조를 설명하기 때문이다. 그러나 지성의 주위에는 본능의 가장자리가 남아 있다는 것을, 그리고 지성의 빛들이 본능의 심층에 존속하고 있다는 것을 잊어서는 안 된다. 그것들은 서로 함축된 상태에서 시작되었고, 만일 사람들이 과거 속으로 충분히 거슬러 올라가면, 우리의 곤충들의 본능들보

---

28) 『창조적 진화』 2장을 말함.

다 지성에 훨씬 접근된 본능들을, 우리 척추동물의 지성보다 본능에 더 인접한 지성을 발견할 수 있을 것이라고 추정할 수 있다. 처음에 상호 침투하고 있었던 이 두 활동은 성장하기 위해 분화되었음에 틀림없다. 그러나 한쪽의 어떤 것이 다른 쪽에 부착되어 머물고 있다. 게다가 사람들은 생명의 모든 거대한 발현들에 대해서도 마찬가지로 말할 수 있을 것이다. 이 발현들의 각각은 대체로 대부분의 다른 발현들의 본질적 성격들을 기초적이거나 잠복되거나 잠재적인 상태에서 나타내고 있다.

우화 작용의 사회적 역할

따라서 자연의 위대한 노력들의 어느 한 종착점에서 인간 사회들을, 즉 본질적으로 지성적이고 부분적으로는 자유스러운 존재들의 집단들을 연구하면서 우리는 진화의 다른 끝점, 즉 개체가 공동체의 이익에 맹목적으로 봉사하는 순수 본능에 의해 지배되는 사회를 시선에서 잃어버리지 말아야 한다. 이런 비교는 확고한 결론들을 결코 허락하지 않겠지만, 해석들을 암시할 수 있을 것이다. 만일 진화 운동의 두 주요한 끝에서 사회들을 만나게 된다면, 개별적인 유기체가 사회들을 예고하는 계획 위에서 구성된다면, 그것은 생명이 작업을 분할한 요소들의 통합이고 위계질서이기 때문이다. 사회적인 것은 생명적인 것의 근저에 있다. 만일 이미 개별적인 유기체들이 된 이 사회들에서 요소는 전체에게 자신을 희생할 준비가 되어 있어야만 한다면, 만일 진화의 두 커다란 노선들의 한 끝에서 벌 떼나 개미 떼들이 구성하는 사회들에서도 그러하다면, 만일 결국 이 결과가 자연의 조직하는 작업의 연장에 불과한 본능에 의해서 획득된 것이라면, 그것은 자연이 개체보다는 오히려 사회에 몰두하기 때문이다. 만일 인간에 있어서만 그와 같지 않다면, 그것은 새로운 종들의 창조에 의해서 생명의 모든 영역에서 현시하는 발명의 노력이 인류 속에서만 지성과 함께 창의적 능력과 독립성과 자유가 귀속되는 개인들에 의해서 계속되는 수단을 발견했기 때문이다. 만일 지성이 이제 사회적 응집력을 어느 지점에서 파괴하려고 위협한다면, 그리고 사회가 존속해야만 한다면, 이 점들에 관해 지성에게 하나의 평형추가 있어야만 한다. 만일 본능의 자리가 정확히 지성에 의해 차지되었기에 이 평형추가 본능 자체가 될 수 없다면, 본능의 잠재성 혹은 사람들이 이 표현을 더 좋아한다면, 지성 주위에 존속하는 본능의 잔재가 같은 효과를 생산해야 한다. 그것은 직접적으로 작용할 수는 없지만, 지성은 표상들 위에서 작업하기에 그것은 실재적인 것의 표상에 대항할, 그리고 지성 자체를 매개로 하여 지적인 작업을 거역하는 데 성공할 '상상적 표상들'을 야기할 것이다. 우화적 기능은 이렇게 설명될 것이다. 게다가 우화적 기능이 사회적 역할을 한다면, 우화적 기능은 대체로 사회가 관리하는 데 관심을 갖는 개인에게도 봉사해야 한다. 따라서 우화적 기능은 그것의 요소적이고 원래적인 형태하에서 개인 자신에게 힘의 증가를 가져온다고 추측할 수 있다. 그러나 이 두 번째 점에 도달하기 전에, 첫 번째 점을 고찰하자.

우리는 예전에 '심령 과학'에 의해 수집된 관찰들 가운데 다음과 같은 사실을 주목했었다. 한 부인이 어떤 호텔의 제일 높은 층에 있었다. 내려가려 했기에 그녀는 층계참에 들어섰다. 승강기의 통로를 닫히게 되어 있는 방책이 바로 열려져 있었다. 이 방책은 승강기가 그 층에 멈추었을 때에만 열리게 되어 있기에, 그녀는 자연히 승강기가 거기에 있다고 믿었고, 급히 승강기를 타려 했다. 갑자기 그녀는 뒤로 던져지는 것을 느꼈다. 승강기를 조작하는 책임을 진 사람이 방금 나타나서, 그녀를 층계참 위로 밀어버렸다. 이 순간에 그녀는 방심 상태에서 벗어났다. 그녀는 깜짝 놀라 사람도, 승강기도 없었다는 것을 확인했다. 기계는 고장 났기에, 방책이 그녀가 있었던 층에서 열려질 수 있었고, 반면에 승강기는 바닥 층에 머물러 있었던 것이다. 그녀가 서둘러 갔던 곳은 텅 빈 공간 속이었다. 기적적인 환각이 그녀의 목숨을 구했던 것이다. 기적이 쉽게 설명된다고 말할 필요가 있을까? 부인은 실재적 사실 위에서 정확히 추론했었다. 왜냐하면 방책이 실제로 열려 있었고, 따라서 승강기는 그 층에 있어야만 했을 것이기 때문이다. 단지 텅 빈 통로의 지각이 그녀의 오류로부터 그녀를 벗어나게 했다. 그러나 이 지각은 너무 늦게 일어났을지 모르는데, 정확한 추론에 따른 행동이 이미 시작되었기 때문이다. 그때에 추론하는 인격 밑에 잠재된 몽유병적이고 본능적인 인격이 출현했던 것이다. 그녀는 위험을 알아챘었고, 곧바로 행동해야 했다. 순간적으로 그녀는 몸을 뒤로 던지면서, 이번에는 외견상 정당화되지 않는 운동을 가장 잘 유발하고 설명할 수 있었던 환각적이고 공상적인 지각을 솟아나게 한 것이다.

그러면 원시적인 인류와 초보적인 사회들을 상상해보자. 이 집단들에 원하는 만큼의 응집력을 보장하기 위해, 자연은 아주 단순한 수단을 사용했을지 모른다. 즉 자연은 인간에게 적합한 본능들을 부여하기만 했을지 모른다. 자연은 벌 떼나 개미 떼에 있어서 그렇게 했다. 게다가 집단의 성공은 완전했다. 여기서 개체들은 단지 공동체를 위해서만 산다. 그리고 자연의 작업은 쉬웠는데, 왜냐하면 자연은 자신의 습관적인 방법을 따르기만 하면 되었기 때문이다. 본능은 사실상 생명과 동연적이고, 그리고 사회적 본능은, 사람들이 그것을 곤충들에서 발견하는 한에 있어서, 모든 생명체의 세포들, 섬유들, 그리고 기관들에 생기를 불어넣는 종속과 협동의 정신일 뿐이다. 그러나 척추동물 계열에서 생명적 추진력이 향하는 곳은 더는 본능의 발달이 아니라 지성의 개화이다. 인간에 이르러 진화 운동이 종착점에 도달했을 때, 본능은 제거된 것이 아니라 이지러진 것이다. 본능에 대해 남은 것은 지성이라는 충분히 불밝힌, 혹은 오히려 빛나는 핵 주변에 모호한 빛이다. 이때부터 지성의 반성력이 개인으로 하여금 발명하게 하고, 사회로 하여금 진보하게 했을 것이다. 그러나 사회가 진보하기 위해서는 또한 사회는 존속해야 한다. 발명은 창의력을 의미하고, 개인적 창의력에 대한 호소는 이미 사회적 규율을 위태롭게 할 위험이 있는 것이다. 만일 개인이 반성을 자기 자신에로, 사회적 삶이 그에게 부과한 불편에로, 그가 공동체에 한 희생에로 향하게 하기 위해, 개인의 반성이 해야 할 대상으로부터, 즉 완수하고 완벽하게 하고 개혁하는 일로부터 회피하게 한다면 어떻게 될 것인가? 개인은, 개미나 벌처럼 본능에 몰두되어, 도달해야 할 외적 목표에로 향한 채로 있었고, 종(種)을 위해 기계적으로, 몽유병적으로 일을 했었다. 지성을 타고났기에, 반성력이 깨어났기에, 그는 자기 자신에로 눈을 돌려, 오로지 안락하게 사는 것을 생각할 것이다. 물론 형식적 추론은 그에게 타인의 행복을 증진시키는 것이 자신에게도 이익이라고 논증할지 모른다. 그러나 존 스튜어트 밀(John Stuart Mill)과 같은 공리주의자가 태어나기 위해서는 수 세기의 문명이 필요하다. 그리고 스튜어트 밀은 모든 철학자들을 설득시키지 못했고, 일반 대중들을 더더욱 설득시키지 못했다. 사실 지성은 우선 이기주의를 권유할 것이다. 지성적 존재는, 만일 어떤 것이 그를 멈추게 하지 않는다면, 바로 이 측면으로 서둘러 갈 것이다. 그런데 자연이 깨어난다. 조금 전에 열려진 방책 앞에서, 한 감시자가 출현해서 입구를 막고, 위반자를 밀쳐냈다. 여기서 그는 방어하고, 위협하고, 진압하는 도시의 수호신일 것이다. 사실상 지성은 현재의 지각들을 따르거나 혹은 사람들이 기억들이라고 부르는 지각들의 다소 영상화된 잔재들을 따른다. 본능은 단지 흔적의 상태나 잠재성의 상태로만 존재하기 때문에, 본능은 행동들을 유발하거나 방해할 정도로 충분히 강하지 않기에, 본능은 환상적인 지각을 불러일으키거나 혹은 적어도 지성이 지각에 의해서 결정되게 한 만큼의 충분히 정확하고 놀라운 기억의 위조물을 불러일으켜야만 할 것이다. 따라서 이 첫 번째 관점에서 고려되었을 때, 종교는 지성의 해체적 능력에 대항하는 자연의 방어적 반작용이다.

그러나 우리는 이렇게 해서 실제적으로 일어나는 것의 양식화된 형상만을 얻는다. 보다 명백하게 하기 위해 우리는 사회 속에 개인의 갑작스러운 반항을 가정했고, 개인적인 상상력 안에서 행동을 방해하거나 보호하는 신(神)의 갑작스러운 출현을 가정했었다. 문명의 도상에서 이미 앞서간 인류에 있어서 어떤 주어진 순간에, 그리고 어떤 시간 동안에 사태들은 분명 이런 극적(劇的)인 형태를 취한다. 그러나 실재가 정확히 극적인 것으로 진화하는 것은 단지 본질적인 것을 강화하고 여분의 것을 제거함에 의해서이다. 사실 자연의 손에서 벗어날 수 있었던 한에서의 인간 집단들 속에서 집단의 응집력에 중요한 것과 중요하지 않은 것 사이에 구별이 그렇게 선명했던 것은 아니다. 개인에 의해서 이루어진 행동의 귀결들 역시 엄격하게 개인적인 것처럼 보이지 않으며, 행위가 막 이루어지려는 순간에 출현하는 금지의 힘 역시 한 개인 속에 완전히 구현되지 않는다. 이 세 가지 점들에서 멈추자.

　우리 사회와 같은 사회들에는 관습들이 있고, 법률들이 있다. 물론 법률들은 종종 견고화된 관습들이다. 그러나 하나의 관습은 그것이 한정되고, 인정되고, 형식화할 수 있는 이익을 제시할 때에만 법으로 변형된다. 관습은 그때부터 다른 관습들과 뚜렷한 대조를 이룬다. 따라서 본질적인 것과 우연적인 것의 구별은 분명하다. 한 편에는 단순히 상용(常用)되는 것이 있고, 다른 편에는 법적이고 도덕적이기도 한 의무가 되는 것이 있다. 덜 진화된 사회들에서는 이와 같을 수 없는데, 이 사회들은 일부는 실재적 필요에 의해 정당화되고, 대부분은 단순한 우연에 기인하거나 첫 번째 것들의 무반성적인 확장에 기인하는 관습들만을 갖는다. 여기에서는 상용적인 모든 것이 필연적으로 의무적인 것이다. 왜냐하면 사회적 연대성이 상용의 공통적 승인 위에 널리 퍼져 있을 뿐, 법률들 속으로 응집되지 않았고, 원리들 속에도 아직 덜 응집되었기 때문이다. 집단의 구성원들에게 습관적인 모든 것, 사회가 개인들에게 기대하는 모든 것은, 따라서 종교적 성격을 취해야만 할 것이다. — 만일 관습을 관찰함으로써, 그렇게 함으로써만, 사람이 다른 사람들과 결부되어 있고, 그래서 자기 자신으로부터 분리된다는 것이 사실이라면. 지나가는 길에 말하자면, 도덕과 종교의 관계의 문제는, 사람들이 원초적인 사회들을 고려할 때, 이처럼 훨씬 단순화된다. 원시적 종교들이 비도덕적이거나 도덕에 무관하다고 말해질 수는 없고, 단지 종교를 도덕이 훨씬 나중에 되었던 한에서의 도덕과 비교하기 위해 처음에 있었던 한에서의 종교를 취한다면 그렇게 말할 수 있다. 기원에서 보면, 관습은 모두 도덕이다. 그리고 종교가 도덕으로부터 멀어지는 것을 금하였듯이, 도덕은 종교와 동연적(同延的)이다. 따라서 종교적 금기들이 오늘날 우리에게 비도덕적인 것처럼 혹은 반사회적인 것처럼 보이는 것과 항상 관련된 것은 아니라고 반박해보아야 소용이 없는 일이다. 우리가 처음에 고찰한 측면에서 보면, 원시 종교는 사람이 생각하고부터 자신만을 생각하려고 내달리는 위험에 대한 경고이다. 따라서 그것은 물론 지성에 대항하는 자연의 방어적 반작용이다.

다른 한편 개인의 책임감의 관념은 사람들이 그러리라 믿는 것만큼 단순한 것과는 거리가 멀다. 이 관념은 개인의 활동에 대한 비교적 추상적인 표상을 함축하고 있어, 사람들이 이 개인의 활동을 사회적 활동으로부터 분리했기에 그것을 독립적인 것으로 간주하는 것이다. 그러나 우선 집단의 구성원들 사이에는, 적어도 모든 구성원들이 중대한 것으로 간주한 경우들에서 한 구성원의 과오에 어느 정도로는 참여하고 있다고 느껴야만 하는 그런 연대성이 있다. 미리 도덕적 악(惡)이라는 낱말을 사용할 수 있다면, 도덕적 악은 점점 확산되어 사회 전체를 오염시키는 물리적 악의 효과를 갖는다. 따라서 만일 응징하는 힘이 출현한다면, 그것은 악이 출발했던 지점만을 오로지 억압하기 위한 것이 아니고, 사회를 전체로 사로잡기 위한 것일 것이다. 범죄자를 추적하는 정의의 명부는 비교적 최근의 것이고, 우리는 사회적 유대를 파괴한 순간에 혼자만이 받게 될 형벌에 대한 종교적 두려움에 사로잡힌 개인을 제시함으로써 사태들을 지나치게 단순화했다. 그래도 사태들이 이런 형식을 취하려는 경향이 있다는 것, 그리고 종교가 그 자신의 고유한 윤곽을 확고히 하면서 더욱 분명하게 신화적이 됨에 따라 사태들이 점점 더 명백하게 이 형식을 취할 것이라는 것도 역시 사실이다. 게다가 신화는 항상 자신의 기원들에 대한 흔적을 지닐 것이다. 신화는 결코 물리적 질서와 도덕적 혹은 사회적 질서 사이를, 모든 사람의 법에 대한 복종에서 나온 의도된 규칙성과 자연의 순환이 나타내는 규칙성 사이를 완전히 구별하지 않을 것이다. 인간적 정의의 여신인 테미스(Themis)는, 계절의 신들(Horai)의 어머니이고 정의의 신(Dike)의 어머니인데, 그 역시 도덕적 법칙과 물리적 법칙을 대변한다. 이런 혼동으로부터 우리는 오늘날에 와서야 겨우 자유롭게 되었다. 그것의 흔적이 우리 언어 속에 존속한다. 풍습과 도덕, 항구성의 의미를 지닌 규칙과 명령의 의미를 지닌 규칙, 즉 사실의 보편성과 권리의 보편성은 거의 같은 방식으로 표현된다. '질서'란 낱말은 배열과 동시에 명령을 의미하지 않는가?

결국 우리는 금지하고, 경고하거나 벌주기 위해 출현했을 신에 대해서 말했다. 저항이 출발한 도덕적 힘과 필요한 경우에 복수는, 따라서 한 인격 속에 구체화될지 모른다. 도덕적 힘은 이처럼 아주 자연스럽게 인간의 견지에서는 인간적 형태를 취하려고 한다는 것은 의심스럽지 않다. 그러나 만일 신화학이 자연의 산물이라면, 뒤늦게 꽃핀 나무처럼 자연의 뒤늦은 산물이고, 종교의 시초들은 더욱 보잘것없었다. 우리의 의식 속에서 일어나는 것에 대해 주의 깊게 고찰해보면, 하나의 의도적 저항, 복수조차 우리에게 처음엔 자족적인 실재들처럼 나타난다는 것을 우리에게 보여준다. 경계하고 복수하는 신의 몸처럼, 어떤 한정된 몸으로 자신을 둘러싸는 것은 이미 이 실재들에 있어서는 하나의 호사이다. 정신의 우화적인 기능이 예술의 즐거움을 가지고 작용한 것은 의심할 여지없이 바로 이렇게 옷이 입혀진 표상들 위에서이다. 그러나 이 기능이 처음부터 표상들을 형성한 것은 아니다. 이 기능은 표상들을 처음엔 모든 것이 벗겨진 채로 취한다. 우리는 심리학자들의 주의를 충분히 끌지 못했던 이 점을 강조해야 할 것이다. 탁자에 부딪치고, 이 탁자에 받은 일격을 앙갚음하는 어린아이가 탁자에서 한 인격을 본다는 사실은 논증되지 않았다. 게다가 오늘날 모든 심리학자들이 이 해석을 받아들이는 것 같지는 않다. 그러나 여기서 신화적 설명에 지나치게 양보를 한 후에도, 이제 심리학자들이 어린아이가 화가 나서 때릴 욕구를 가진 것이라고 가정할 때, 심리학자들은 충분히 멀리 간 것이 아니다. 사실은 탁자를 한 인격과 동화하는 것과 탁자를 무기력한 사물처럼 지각하는 것 사이에는 사물의 표상도 아니고 한 인격의 표상도 아닌 중간적인 표상이 있다. 그것은 부딪치면서 탁자가 수행하는 작용의 이미지이거나, 혹은 더 좋게 말해 ―마치 등에 지고 있는 짐처럼― 뒤에 있는 탁자를 자신과 함께 이끌고 오는 부딪치는 작용의 이미지이다. 부딪치는 작용은 인격성의 요소이지만, 아직 완전한 인격성은 아니다. 적수의 칼끝이 그에게 도달하는 것을 보는 검객은 검을 이끄는 것은 칼끝의 운동이고, 검은 자신과 함께 팔을 이끌고 오고, 팔은 자신을 길게 늘이면서 몸을 늘인다는 것을 잘 안다. 필요할 때 오른쪽 다리를 앞으로 내밀며 돌진하며 똑바른 일격을 가할 줄 아는 것은 바로 사태를 이와 같이 느낄 때부터이다. 그것들을 역순으로 위치시키는 것은 재구성하는 것이고, 따라서 철학하는 것이다. 어쨌든 그것은 순수한 행동의 요구들에 만족하는 대신에, 직접적으로 주어지고 진실로 원초적인 것에 만족하는 대신에, 함축적인 것을 명백하게 하는 것이다. 우리가 '통행금지'라는 팻말을 읽을 때, 우리는 우선 금지를 지각한다. 그것은 명약관화하다. 금지 뒤에는 단지 모호하게 상상된 희미한 불빛 속에 조서를 작성하고 있을 감독관이 있다. 이처럼 사회 질서를 보호하는 금지들이 우선 앞으로 있는 그대로 던져진다. 그것들은 이미 사실상 단순한 형식들 이상이다. 그것들은 저항들이고, 압력들이고, 추진력들이다. 금지를 명하고, 이런 것들에 의해 위장되었던 신성은 단지 훨씬 나중에 우화적 기능의 작업이 완성되어감에 따라 나타날 것이다. 따라서 우리는 비문명인들에 있어서 어떤 개인적인 행동들에서 절반은 물리적이고 절반은 도덕적인 저항들로서의 금지들을 만난다고 해서 놀라지 않는다. 저항의 영역의 중심을 차지하는 대상은 '성스럽고' 동시에 '위험스럽다'고 말해질 것인데, 이 두 개념이 정확히 구성되었을 때, 물리적 배척의 힘과 도덕적 금기 사이에 구별이 분명하게 될 때 그러할 것이다. 그때까지는 그 대상은 두 속성들이 하나로 섞인 것을 소유한다. 종교들에 관한 학이 우리에게 친근하게 만들어준 폴리네시아 인의 용어를 사용하면 그것은 타부(tabou)이다. 원초적인 인류는 타부를 오늘날의 '원시인'들과 같은 방식으로 생각했을까?

조직 해체에 대항하는 보장

우선 이 말의 의미를 이해해보자. 만일 종(種)들이 느낄 수도 없을 정도의 변이들에 의해서 형성되었었다면 원초적 인류는 없었을지도 모른다. 왜냐하면 인류는 동물성으로부터 어떤 정확한 순간에 솟아오르지 않았을 것이기 때문이다. 그러나 그것은 바로 많은 그럴 듯하지 않은 것들에 봉착하고, 우리가 지지할 수 없다고 믿고 있는 그런 모호함들 위에 근거하는 자의적인 가설이다.[29] 사실들과 유추들을 길잡이 삼으면, 사람들은 오히려 불연속적 진화에 도달하는데, 불연속적 진화는 그것이 멈출 때마다 사람들이 만화경을 돌릴 때 연속되는 광경들에 비교될 수 있는 것으로, 그것의 유(類)에서 완벽한 결합을 획득하면서 도약에 의해서 진행한다. 따라서 비록 인간 종이 다양한 지점에서 이루어진 여러 집중적인 도약들에 의해서 구성될 수 있었고, 이 도약들 모두가 역시 유형을 실현하는 데에 가까이 이르지 못했다 하더라도, 물론 원시적 인류의한 유형이 있다. 다른 한편 획득된 습관들의 유전적인 전승이 있었다면, 원초적인 영혼은 오늘날에도 우리에게 완전히 포착되지 않았을지 모른다. 그래서 야생 상태에서 취해진 우리의 도덕적 본성은 우리의 가장 먼 조상들의 것과 극단적으로 다를지 모른다. 그러나 사람들이 유전적인 습관들에 대해 말하고, 특히 변형을 이루기에 충분한 규칙적인 전이를 믿는 것은 또한 선입 관념들의 영향하에서, 그리고 한 이론의 요구들을 만족시키기 위해서이다. 만일 문명이 인간을 심하게 변양시켰다면, 그것은 사회가 새로운 세대 때마다 개인 속에 부어 넣은 습관들과 인식들을 한 용기 속에 축적하듯이 사회적 환경 속에다 축적했기 때문이다. 표면을 긁어버리고, 모든 순간에 교육으로부터 우리에게 온 것을 지워보자. 우리는 우

---

29) 『창조적 진화』, 주로 1장과 2장을 보시오.

리의 심층에서 원시 인류를 다시 발견할 것이거나 거의 발견할지 모른다. 우리가 오늘날 관찰하는 '원시인'들이 이 원시 인류에 대한 이미지를 제공할까? 그럴 것 같지는 않다. 왜냐하면 그들에 있어서도 자연은 사회적 환경이 각 개인에게 주입하기 위해 보존하고 있던 습관들의 층으로 덮여 있기 때문이다. 그러나 이 습관들의 층이 문명인에 있어서보다 덜 두껍고, 자연을 더욱 비춰보인다고 믿을 여지가 있다. 수 세기 동안 습관들의 증가는 원시인들에게 있어서 상이한 방식으로, 표면적으로 유사한 것에서 유사한 것에로의 이행에 의해서, 그리고 우연적인 상황들의 영향하에서 이루어졌음에 틀림없다. 반면에 기술과 지식들과 결국 문명의 진보는 한 유일한 같은 방향에서, 즉 위쪽으로 겹쳐지거나 접합되는 변이들에 의해서, 이렇게 해서 더는 단순히 표면적인 복잡화가 아니라 심층적인 변형들에 도달하면서 충분히 오랜 기간 동안 이루어졌다. 이로부터 우리가 오늘날의 '원시인들'에게서 발견하는 **타부**란 개념을 어느 정도에서 절대적으로 원시적인 것으로 간주할 수 있는지를 안다. 이 개념이 자연의 손에서 나온 인류에서 나타났던 그대로라고 가정한다 하더라도, 이 개념은 모든 같은 사태들에 적용되지 않았고, 아마도 그만큼의 사태들에도 적용되지 않았다. 각 **타부**는 사회가 그것에서 일정한 이익을 발견하는 금기였음에 틀림없다. 타부는 지성에 조회됨이 없이 지성적 행동을 단호히 막아서기에 개인의 관점에서는 비합리적이지만, 사회와 종에 이로운 한에서 합리적인 것이었다. 따라서 예를 들어 성적인 관계들은 **타부들**에 의해서 유용하게 조절될 수 있었다. 그러나 바로 타부는 개인적 지성에 호소하지 않았었기에, 그리고 개인적 지성을 거역하는 것이 문제가 되기조차 했었기에, 지성은 타부의 개념을 탈취하여 그 개념에 대해 모든 종류의 임의적인 확장을 하게 했음에 틀림없다. — 우연적인 관념들을 연합함에 의해서, 그리고 자연의 원래적인 의도라 부를 수 있는 것을 유의하지 않고서 말이다. 그래서 **타부가** 항상 오늘날과 같은 것이었다고 가정하더라도, 타부는 그렇게 많은 대상들에 관련시켜서는 안 되고, 그렇게 부조리한 적용들을 해서도 안 되어야만 한다. 그런데 타부는 그것의 원래적인 형태를 보존했던가? '원시인들'의 지성은 본질적으로 우리의 지성과 다르지 않다. 그것은 우리의 지성처럼 역동적인 것을 정태적인 것으로 전환시키고, 작용들을 사물들로 견고하게 하려는 경향을 가질 것이다. 따라서 지성의 영향 아래에서 금지들은 그것들이 관계하는 사물들 속에 자리 잡게 된다고 추정할 수 있다. 즉 그것은 단지 경향들에 대립된 저항들에 불과했었다. 그러나 경향이 대체로 한 대상을 갖듯이, 마치 경향이 대상 안에 자리하고 있었던 듯이 저항이 출발하는 것처럼 보였던 곳은 바로 그 대상이며, 이렇게 해서 저항은 대상이란 실체의 속성이 된다. 정체된 사회들에서 이런 고정화는 결정적으로 이루어진다. 지성이 금지 뒤에서 한 인격을 알아채고 마는 동적인 사회들에서는 이런 고정화는 덜 완전한 것일 수 있었고, 어쨌든 일시적인 것이었다.

의기 소침에 대한 보장

우리는 방금 종교의 첫 번째 기능, 즉 사회 보존에 직접적으로 관심을 갖는 기능을 지적했다. 다른 기능에로 접근하자. 우리는 또한 종교가 간접적이긴 하나 개인의 활동들을 자극하고 이끌면서 사회의 복지를 위해 일하는 것을 보게 될 것이다. 게다가 종교의 작업은 더욱 복잡하게 될 것이기에, 우리는 종교의 형식들을 열거해야만 할 것이다. 그러나 이 탐구에서 우리는 길잡이를 가지고 있기에 길을 잃을 위험은 없다. 생명의 영역은 본질적으로 본능의 영역이고, 진화의 어떤 노선 위에서 본능은 그의 자리의 한 부분을 지성에 양보했고, 이로 인해 생명에 교란이 왔고, 그때에 자연은 지성에 지성을 대립시키는 것 이외에 다른 방편이 없었다는 것을 우리는 항상 스스로 다짐해야만 한다. 이처럼 자연을 위해 평형을 재건하는 지적인 표상은 **종교적** 질서에 속한다. 가장 단순한 경우로부터 시작하자.

동물들은 그들이 반드시 죽게 되어 있다는 것을 알지 못한다. 물론 그들 가운데에도 삶과 죽음을 구별하는 일이 있다. 즉 이 말로 죽음의 지각과 삶의 지각이 그들에게 있어서 같은 움직임들을, 같은 행동을, 같은 태도를 결정하지 않는다는 것으로 이해하자. 이 사실은 그들이 죽음에 관한 일반 관념을 가졌다는 것을 말하려는 것이 아니라, 게다가 생명에 대한 일반 관념은 물론이고, 몸으로 단순히 느껴진 것이 아닌 정신에 표상된 한에서의 어떤 다른 일반 관념도 가지고 있지 않음을 뜻하고자 한다. 적을 피하기 위해 '죽은 체하는' 동물이 그러하다. 그러나 그의 태도를 이처럼 지칭하는 것은 우리들이다. 동물로 말하자면, 동물은 움직이지 않는다. 왜냐하면 움직임으로써 주위를 이끌거나 소생시켜, 그가 공격을 도발하고, 움직임이 움직임을 불러일으킨다고 느끼기 때문이다. 사람들은 동물들에 있어서 자살의 경우들을 발견한다고 믿었다. 사람들이 틀리지 않았다 해도, 죽기 위해 필요한 것을 하는 것과 무엇으로 죽을 것이라는 것을 아는 것 사이에는 큰 거리가 있다. 잘 결합되기도 하고 적합하기도 한 행동을 수행하는 것과, 이 행동으로부터 귀결될 상태를 상상하는 것은 다른 것이다. 그러나 동물이 죽음의 관념을 가졌다는 것을 인정하기로 하자. 그래도 동물은 자신이 죽을 운명이라는 것을 확실히 표상하지 못하며, 만일 돌연적인 죽음이 아니라면 자연적 죽음으로 죽을 것이라는 것을 확실히 표상하지는 못한다. 그 사실을 알기 위해서는 다른 동물들에 관해 만들어진 일련의 관찰과 종합이 필요하고, 결국에는 이미 과학적 성격을 제공하는 일반화의 작업이 필요할 것이다. 동물이 그런 노력을 그려볼 수 있었다고 가정한다 하더라도, 그것은 노력의 수고의 가치가 있는 어떤 것을 위해서일 것이다. 그런데 동물에게 그가 죽어야만 한다는 것을 아는 것보다 더 무용한 것은 없을 것이다. 동물에게는 그것을 모르는 것이 오히려 이롭다. 그러나 인간은 그가 죽을 것이라는 것을 안다. 모든 생명체들은, 삶에 집착한 채, 삶으로부터 단지 약동만을 가져온다. 비록 모든 생명체들이 스스로를 영원한 모습 아래서(sub specie aeterni) 사유하지 않는다 하더라도, 미래에 대한 현재의 영원한 잠식인 그들의 믿음은 이 사유를 감정으로 번역한 것이다. 그러나 인간과 함께 반성 능력이 나타났고, 따라서 직접적인 유용성 없이 관찰하고, 잠정적으로 무관심한 관찰들을 서로 비교하고, 결국 귀납하고 일반화하는 능력이 나타났다. 그의 주변에 사는 모든 것이 결국 죽는다는 것을 확인하고는, 그 자신도 죽을 것이라고 납득한다. 자연은 인간에게 지성을 부여하면서 좋든 싫든 인간을 이런 신념에로 인도했음에 틀림없다. 그러나 이 신념은 자연의 운동을 역행하는 것이다. 만일 생명의 약동이 모든 생명체들에게 죽음에 대한 표상을 외면하게 한다면, 죽음에 대한 사유는 인간에 있어서 생명의 운동을 지연시킴에 틀림없다. 죽음에 대한 사유는 훨씬 나중에야 인류를 자기 자신 위로 고양시키고, 인류에게 행동할 더 많은 힘을 줄 철학 속으로 삽입될 것이다. 그러나 죽음에 대한 사유는 처음에는 기력을 꺾는 것이었고, 인간은 그가 죽는다는 것이 확실한데도 그가 죽을 날을 모르고 있을 것이기에 더더욱 그러했을 것이다. 죽는 사건이 일어날 것이 틀림없다고 해봐야 소용이 없다. 사람들은 매 순간 죽음이 일어나지 않는 것을 확증하지만, 계속적으로 반복되는 부정적 경험은 반성된 확신의 결과들을 약화시키는 겨우 의식되는 의심으로 응결된다. 사는 것만을 생각하도록 만들어졌던 생명체들의 세계에서 반성과 함께 솟아오르는 죽음에 대한 확신은 자연의 의도를 거역하는 것이라는 것은 그래도 역시 사실이다. 자연은 자신의 고유한 길 위에 놓여 있는 장애물에 채여 비틀거릴 것이다. 그러나 자연은 곧바로 자신을 고쳐 세운다. 죽음이 불가피하다는 관념에다 죽음 후에 삶의 영속의 이미지를 대립시킨다.[30] 죽음의 관념을 방금 자리잡게 한 지성의 영역에 자연에 의해 던져진 이 이미지는 사태를 제자리로 놓이게 한다. 그때에 죽음의 관념을 사후 존속의 이미지에 의해 중화시키는 것은 미끄러져 내려가는 것을 억제하는 자연의 균형을 나타내는 것이다. 따라서 우리는 종교를 그것의 기원들에서 특징짓는 것처럼 보였던 관념들과 이미지들의 전적으로 특별한 유희 앞에 다시 서게 된다. 이 두 번째 관점에서 고려해보면, 종교는 죽음의 불가피성에 대한 지성의 표상에 대항하는 자연의 방어적 반작용이다.

---

30) 이미지는 단지 그 이미지가 원시인에 있어서 취하는 형태 아래에서만 환상적이라는 것은 말할 필요도 없이 당연하다. 사후 존속에 대한 일반적 물음에 대해서는 우리는 이전 저작들에서 설명했다. 우리는 이 책에서 그 문제를 다시 논할 것이다. 제3장 거의 마지막 부분에 '사후 존속에 관해서', 그리고 4장을 보시오.

이 반작용에 개인만큼이나 사회도 관심을 갖는다. 단지 사회가 이 개인적 노력의 혜택을 입고 있기 때문이며, 어떤 종말의 관념이 약동과 대립하러 오지 않을 때 이 노력은 더 멀리 가기 때문일 뿐만 아니라, 무엇보다도 사회 자신이 안정성과 지속을 필요로 하기 때문이다. 이미 문명화된 사회는 시간을 무시하기 위해 만들어진 법률들과 제도들과 조직들에 의지한다. 그러나 원시 사회들은 단순히 '인간들로 이루어져' 있다. 이 사회들을 구성하는 개인들의 불멸을 믿지 않는다면, 그들의 권위는 어떻게 되겠는가? 따라서 죽은 자들이 현존하는 것이 중요하다. 훨씬 나중에야 조상 숭배의 의식(儀式)이 나타날 것이다. 그때에 죽은 자들은 신들에 접근할 것이다. 그러나 그렇게 하기 위해서는 신들이 적어도 예비되어 있어야 하고, 의식(儀式)이 있어야 하고, 정신은 결연히 신화의 방향으로 향해 있어야만 할 것이다. 조상 숭배의 출발점에서는 지성은 죽은 자들을 단순히 그들이 아직도 행과 불행을 끼칠 수 있는 사회 속에서 살아 있는 자들과 섞여 있는 것으로 표상한다.

사회는 죽은 자들을 어떤 형태 아래에서 존속하고 있다고 보는가? 우리는 영혼의 심층에서 내적 성찰을 통해 원시 종교의 구성적 요소들을 찾고 있다는 것을 잊지 말자. 이 요소들의 어떤 것도 밖에서는 순수한 상태로 결코 생산될 수 없었다. 그것은 곧바로 똑같은 기원을 갖는 함께 구성될 다른 단순 요소들을 만났을 것이다. 아니면 그것은 단독으로든 다른 것들과 함께이든 우화 기능의 무한히 연속되는 작업에 재료로 사용되기 위해 취해졌을 것이다. 이처럼 이 요소들은 단순하건 복잡하건 간에, 자연에 의해 제공된 주제들로 존재한다. 다른 한편 인간의 환상 작용에 의해 이 주제들 위에 행사된 무수한 변이들이 있다. 이 주제들 자체에는 종교학이 거의 도처에서 다시 발견하는 기본적인 신앙들이 관련되어 있다. 이 주제들에 관한 변천들에 관해 말하자면, 그것들이 신화들이고, 시간들과 장소들에 따라 다양화되는 이론적인 개념 규정들이기도 하다. 우리가 방금 전에 지적했던 단순 주제는 다른 주제들과 곧바로 합성되어, 신화들과 이론들 이전에 영혼에 관한 원시적인 표상을 보여준다는 것은 의심의 여지가 없다. 그런데 이 주제가 이런 결합 이외에도 어떤 한정된 형태를 가지는가? 만일 이런 문제가 제기된다면, 그것은 신체를 떠나 살아남은 영혼에 관한 우리의 관념이 오늘날에도 그 자체로 살아남을 수 있는 신체에 관한 이미지를 직접적 의식에 주어진 이미지로서 내포하고 있기 때문이다. 어쨌든 이 이미지는 존재하며, 그것을 다시 포착하기 위해서는 가벼운 노력만으로 충분하다. 그것은 아주 단순하게 촉각적 이미지에서 해방된 신체의 시각적 이미지이다. 우리는 시각적 이미지를 촉각적 이미지와 분리할 수 없는 것처럼, 전자가 후자의 반영 혹은 결과인 것처럼 간주하는 습관을 가졌다. 이런 방향으로 인식의 진보는 진행되었다. 우리의 과학에 있어서 물체는 본질적으로 접촉을 위해 있는 것이다. 물체는 한 형태를 가지며, 우리와 독립적인 일정한 차원을 갖는다. 그것은 공간 속에서 한 어떤 위치를 점유하고, 중간적인 위치들을 하나하나 점유할 시간을 취하지 않고는 위치를 바꿀 수 없을 것이다. 따라서 우리가 그것에 대해 가지는 시각적 이미지는 항상 촉각적 이미지에 조회하면서 그것의 변이들을 수정해야만 할 현상일지 모른다. 촉각적 이미지는 사물 자체일 것이고, 시각적 이미지는 단지 촉각적 이미지의 특징을 알리는 역할만을 한다. 그러나 직접적 인상은 그와 같지 않다. 편견이 없는 정신은 시각적 이미지와 촉각적 이미지를 같은 위치에 놓고, 그것들에 같은 실재성을 부여할 것이고, 그것들을 서로에 대해 상대적으로 독립된 것으로 간주할 것이다. '원시인'은 사람들이 만지는 신체로부터 벗어난, 사람들이 보는 대로의 그의 신체를 지각하기 위해 연못에 몸을 기울이기만 하면 된다. 의심할 여지없이 그가 만지는 신체는 똑같이 그가 보는 신체이다. 그 사실은 신체의 표면적인 얇은 표피는 보여진 신체를 구성하지만 이중화될 수 있는 것이고, 두 표본들 중 하나는 촉각적 신체와 함께 남아 있다는 것을 입증하는 것이다. 그래도 사람들이 만지는 신체로부터 분리될 수 있는 신체가 ―즉 내부도 없고 무게도 없으며, 그것이 있는 지점으로 순간적으로 옮겨지는 신체― 있다는 것은 역시 사실이다. 그 신체 안에는 물론 그 신체가 죽음 후에도 존속한다는 것을 우리에게 믿게 하는 어떤 것도 없다. 그러나 만일 우리가 무엇인가가 존속해야만 한다는 것을 원리로 삼고 시작한다면, 그것은 분명 신체이지, 다른 것은 아니다. 왜냐하면 사람들이 만지는 신체는 아직도 현존해 있고 부동적이며 쉽게 부패하지만, 시각적 표피는 어디에든 피신하여 살아남을 수 있기 때문이다. 따라서 사람이 그림자나 환영의 상태로 살아남는다는 생각은 아주 자연스러운 것이다. 우리가 믿기에는 이 생각 이후에 숨결처럼 신체에 생기를 불어넣는 하나의 원리에 관한 보다 세련된 관념이 나왔음에 틀림없다. 이 숨결(anemos)은 차츰 영화되어 영혼(anima 혹은 animus)이 된다. 신체의 환영은 그 자체로 인간사들에 압력을 행사할 수 없는 것처럼 보이며, 그럼에도 불구하고 압력을 행사해야 한다는 것은 사실이다. 왜냐하면 사후 존속을 믿게 했던 것은 바로 계속된 행위에 대한 요구이기 때문이다. 그러나 여기에 새로운 요소가 개입한다.

우리는 아직 이 다른 요소적인 경향을 정의하지 않을 것이다. 이 경향은 역시 앞선 두 경향들만큼 자연적이다. 그것도 마찬가지로 자연의 방어적 반작용인 것이다. 우리는 그것의 기원을 탐구해야만 할 것이다. 지금으로서는 우리는 그것의 결과만을 고려할 것이다. 이 경향은 자연 전체에 퍼져 있는 힘의 표상에 도달하는데, 이 힘은 대상들과 개별적 존재들 사이에 분배되어 있다. 이 표상을 종교학은 일반적으로 원시적인 것으로 간주한다. 사람들은 우리에게 폴리네시아 인들의 '마나(mana)'에 대해 말하는데,[31] 그것과 유사한 것이 다른 곳에서 다양한 이름으로 다시 발견된다. 즉 시우(Sioux) 족의 '와칸다(wakanda)', 이로쿼이(Iroquois) 족의 '오렌다(orenda)', 말레이(Malais) 족의 '팡탕(pantang)' 등이다. 어떤 사람들에 따르면, '마나'는 생명의 우주적 원리일 것이고, 특히 우리의 언어로 말하자면, 영혼들의 실체일 것이다. 다른 사람들에 따르면, 그것은 오히려 부가되어오는 힘일지 모르는데, 이 힘은 모든 다른 힘들처럼 영혼이 교묘하게 끌어들일지 모르지만, 본질적으로 영혼에 속하지는 않을 것이다. 뒤르켐(Durkheim)은 첫 번째 가설에서 추론하는 것처럼 보이는데, 그는 '마나'가 종족의 구성원들이 서로 소통하는 데 사용하는 동물 숭배적 원리를 제공하는 것이길 바란다.[32] 즉 영혼은 '토템(동물 조상)'이 직접적으로 개별화한 것일지 모르며, 이 동물 조상을 매개로 '마나'에 참여할 것이다. 다양한 해석들 중에서 선택을 하는 것은 우리의 소관이 아니다. 일반적으로 우리는 우리가 오늘날에도 자연스럽게 형성하지 못할 표상은 원시적인 것으로, 다시 말해 자연적인 것으로 간주하기를 주저한다. 원시적이었던 것은, 비록 그것을 다시 발견하기 위해서는 내적으로 심화하는 노력이 필요할 수 있다 하더라도, 현재에도 원시적이기를 그치지 않았다고 평가한다. 사람들이 문제가 되는 표상을 어떠한 형태하

---

31) 뒤르켐(Durkheim), 『종교적 삶의 요소적 형태들』, 2권, 6장, 11절.
32) 같은 책, 2권, 6장 3절과 9장 5절.

에서 취하건 간에, 우리는 생명적 존재들과 수많은 비생명적 대상들까지도 길어 올릴 수 있는 힘의 비축의 관념은, 정신이 한 어떤 경향을 따를 때 그 도상에서 만나는 첫 번째 것들 중의 하나라는 것을 인정하는 데 어떤 어려움도 없을 것이다. 이 자연적이고 요소적인 것을 우리는 약간 나중에 정의하게 될 것이다. 따라서 이 개념을 획득된 것으로 간주하자. 바로 여기에 그가 훨씬 후에야 영혼이라고 부르게 될 것을 갖춘 사람이 있다고 하자. 이 영혼은 신체를 떠나 존속할 수 있을까? 사람들이 이 영혼에 만족한다 하더라도, 그것이 존속한다고 가정할 어떤 이유도 없을 것이다. '마나'와 같은 힘이 그것을 지니는 대상보다 더 오랫동안 지속해야 한다고 말하는 것은 어떤 것도 없다. 그러나 만일 사람들이 신체의 그림자[시각적 이미지]는 그대로 머물 수 있다는 것을 원리로 놓고 시작했다면, 신체에다 행동할 힘을 새기는 원리를 거기에 놓는 것을 어떤 것도 막을 수는 없을 것이다. 이렇게 해서 사람들은 인간사에 영향을 끼칠 수 있는 능동적이고 작용하는 그림자를 얻게 될 것이다. 사후 존속에 관한 원시적인 개념 정의는 이러한 것이 될 것이다.

비합리적인 것의 증식

게다가 만일 영혼의 관념이 정령의 관념과 재결합되지 않았다면, 끼친 영향이 크지 않았을지 모른다. 정령의 관념은 우리가 또한 규정해야만 할 다른 자연적 경향에서 파생된다. 이 경향을 역시 인정된 것으로 간주하고, 이 두 개념 사이에 교환이 실행되는 것을 확증하자. 사람들이 자연 속에 어디에서나 현존한다고 가정하는 정령들은 만일 사람들이 영혼을 이미 이처럼 표상하지 않았더라면 그처럼 인간적인 형태에로 접근하지 못했을지 모른다. 신체에서 분리된 영혼들은, 그들의 측면에서 보면, 만일 그것들이 정령들과 같은 종류에 속하지 않고, 정령들 사이에서 다소간 위치를 차지할 수 없었다면, 자연 현상들에 관한 영향력이 없었을지 모른다. 그렇게 죽은 자들은 중요시해야 하는 인격들이 된다. 그것들은 해를 끼칠 수 있고, 유용할 수 있다. 그것들은 우리가 자연의 힘들이라고 부르는 것을 어느 정도까지는 자유롭게 행사한다. 고유하게 말하거나 비유적으로 말해서 죽은 자들은 비를 오게 하고 좋은 날씨를 만든다. 사람들은 그것들을 화나게 하는 것을 삼가야 할 것이다. 사람들은 그것들의 신뢰를 얻으려고 노력할 것이다. 사람들은 그것들의 마음을 휘어잡고, 그것들의 마음을 사고, 더욱이 그것들을 속이는 수많은 수단들을 상상할 것이다. 일단 이 길로 들어서면, 지성이 떨어질 수 없을 부조리는 별로 없다. 우화 기능은 이미 충분히 스스로 잘 작업하고 있다. 만일 이 우화 기능이 두려움과 필요에 의해서 자극된다면, 어떻게 될까? 위험을 피하기 위해 혹은 호의를 얻기 위해, 사람들은 죽은 자에게 그가 원한다고 믿는 모든 것을 제공할 것이다. 만일 죽은 자의 마음에 들 수 있다면, 사람들은 머리를 끊어버리기까지 할 것이다. 이 주제에 관한 선교사들의 이야기가 상세한 기록들로 가득 차 있다. 유치함들, 괴상망측함들, 여기서 인간의 어리석음에 의해 발명된 행위들의 목록은 끝이 없다. 이 행위들만을 본다면, 사람들은 인간을 혐오하고 싶어질지 모른다. 그러나 오늘날의 혹은 옛날의 원시인들은 우리만큼의 세기를 살아왔고, 아주 자연적이고 요소적인 경향들 속에 있을 수 있었던 비합리적인 것을 언제나 과장하고 격화시킨다는 사실을 망각하지 말아야 한다. 진정한 원시인들은, 만일 그들이 경향과 그것의 즉각적인 결과들에 만족했다면, 확실히 더욱 분별이 있었을 것이다. 모든 것은 변하며, 우리가 위에서 말했듯이, 변화는 만일 심층에서 가능하지 않다면 표면에서 이루어질 것이다. 진보하는 사회들이 있다. 아마도 우호적이지 않은 생존 조건들이 살기 위한 어떤 노력을 강요하고, 그래서 그들의 노력을 점차로 지도자, 발명가, 우월한 인간을 따르는 데에로 집중시키는 데 동의한 사회들이 있다. 이 사회들에서 변화는 강도의 증가이며, 그것의 방향은 비교적 일정하다. 사람들은 점점 더 높은 효율성으로 나아간다. 다른 한편 필연적으로 아주 낮은 수준을 보존하는 사회들이 있다. 그렇지만 그 사회들도 변하기 때문에, 그 사회들에서는 더는 질적인 진보가 될 수 있을 강화는 아니지만, 원초적으로 주어진 것의 복잡화나 과장은 생산된다. 즉 만일 사람들이 여기서도 발명이란 단어를 사용할 수 있다면, 발명은 더는 노력을 요구하지 않는다. 사람들은 필요에 부응했던 신앙으로부터 외적으로 이것과 유사하고 그것의 피상적인 성격을 강화하며, 더는 어떤 소용도 없는 새로운 신앙에로 이행했을 것이다. 그때부터 제자리걸음을 하면서 사람들은 덧붙이고 끝없이 증폭시킨다. 반복과 과장이라는 이중 효과에 의해서 비합리적인 것은 부조리한 것이 되고, 이상한 것은 기괴한 것이 된다. 게다가 이런 것들의 연속된 확산 역시 개인들에 의해서 이루어졌음에 틀림없다. 그러나 여기서는 발명하기 위해서거나 발명을 받아들이기 위한 지적인 우월성은 더는 필요하지 않았다. 부조리의 논리, 즉 정신을 점점 더 멀리 인도하는 논리는, 한 이상한 관념에서 출발하여 이 관념의 이상함을 설명해주고 이 관념의 증식을 억제할 근원들에다 연결시키지 않을 때는, 점점 더 과장된 귀결들에 족하게 된다. 우리 모두는 소심함 혹은 경멸감 때문에 멀리 떨어져 살며 스스로 매우 만족하고 매우 단결되어 있는 이런 가족들의 누군가를 만날 기회를 가졌을 것이다. 사람들은 그들에게서 만일 닫힌 병 속에서 계속 발효된다면 심각하게 될 수 있을지 모르는 병적인 공포증 혹은 맹목적인 집착들 같은 어떤 기묘한 습관들을 관찰한다. 이런 기이한 것들의 각각은 그것의 기원을 가지고 있다. 가족 중의 어느 누군가에 의해 생각이 떠오를 것이고, 다른 가족들은 믿음으로 그것을 받아들이게 될 것이다. 사람들이 어느 일요일에 산책을 하게 되면, 다음 일요일에도 다시 산책을 할 것이고, 그러면 그 해의 일요일마다 산책하도록 강요된다. 만일 불행하게도 한번이라도 산책을 빠트리게 되면, 무슨 일이 일어날지는 알지 못한다. 반복하고, 모방하고, 믿기 위해서는 방임하는 것으로 충분하다. 노력을 요구하는 것은 바로 비판인 것이다. 그러면 몇 년 대신에 수백 세기를 주어보시오. 고립된 한 가족의 조그만 괴벽들을 거대하게 부풀려보라. 독취(毒臭)들이 그들의 환경 속에서 형성될 때마다 독취들을 몰아내기 위해 밖으로 창문을 여는 대신에, 그들의 지평을 확장하기 위해 항상적으로 노력하는 대신에, 닫힌사회에 머물면서 그들의 운명에 만족하는 원시 사회들에서 틀림없이 일어났었던 것을 당신은 어렵지 않게 표상할 것이다.

불가 예측성에 대항하는 보장

우리는 방금 종교의 본질적인 두 기능들을 규정했고, 우리의 분석 과정에서 종교가 취했었던 일반적 형식들을 틀림없이 설명하고 있는 것처럼 보이는 요소적인 경향들을 만났었다. 우리는 이 일반적 형식들에 대한 연구에로, 이 요소적인 경향들에 대한 연구에로 나아가자. 게다가 우리의 방법은 같은 것일 것이다. 우리는 어떤 본능적인 활동을 설정하고, 그때에 지성을 출현하게 하여, 거기서 어떤 위험스러운 교란이 뒤따르는지를 탐구하겠다. 이 경우에 교란을 일으키는 지성 안에서 본능이 불러일으킬 표상들에 의해서 균형은 아마도 다시 세워질 것이다. 만일 그러한 표상들이 존재한다면, 그것은 요소적인 종교적 관념들이다. 이처럼 생명적 추진력은 죽음을 무시한다. 죽음의 압력하에서 지성이 솟아오르면, 죽음의 불가피성에 대한 관념이 나타난다. 생명에게 그것의 약동을 되돌려주기 위해서 하나의 반대적 표상이 일어날 것이다. 그리고 거기서부터 죽음이란 주제에 관한 원초적인 신앙들이 나올 것이다. 그러나 죽음이 더할 나위없는 사건이라 하더라도, 인간의 삶은 얼마나 많은 다른 사건들에 노출되지 않는가! 생명에다 지성을 적용하는 것 자체가 예측할 수 없는 것에 문을 열고, 위험의 감정을 도입하는 것이 아닐까? 동물은 자기 자신에 대해 확신한다. 동물에 있어서는 목표와 행동 사이에 어떤 것도 개입하지 않는다. 만일 그의 먹이가 거기에 있다면, 그는 그것을 향해 몸을 던진다. 만일 동물이 매복한다면, 그의 기다림은 기대하는 행동이고, 완수될 행동과 나누어지지 않는 하나의 전체를 형성할 것이다. 결정적 목표가 멀리 있다면, 벌이 그의 벌집을 건설할 때 일어나듯이, 동물이 모르는 목표이다. 동물은 직접적인 목표만을 본다. 동물이 의식을 가지고 취하는 약동은 동물이 수행하고자 하는 행동과 동연적이다. 그러나 멀리 있는 목적을 위해 수단들을 결합하고, 전적으로 마음대로 실현할 수 있다고 느끼지 못하는 것을 시도하는 것은 지성의 본질에 속한다. 지성이 하는 것과 지성이 얻고자 하는 결과 사이에는 대체로 공간적으로, 그리고 시간적으로 우연적 사건에 많은 여지를 주는 간격이 있다. 지성이 시작하고, 지성이 끝마치기 위해서는 관용적인 표현에 따르자면 상황들이 거기에 적합해야 한다. 게다가 지성은 이 예측되지 않은 여분에 대해 충분한 인식을 가질 수 있다. 화살을 쏜 야만인은 그 화살이 목표에 명중할 것인지 알지 못한다. 여기에서는 동물이 그의 먹이에로 달려들 때처럼 행위와 결과 사이에 연속성이 없다. 예측되지 않은 것을 끌어들이면서 우연에 열려진 공허가 나타난다. 물론 이론적으로 그렇게 되어서는 안 된다. 지성은 물질에 대해 기계적으로 행동하기 위해 만들어졌다. 따라서 지성은 사물들을 기계적으로 표상한다. 이처럼 지성은 우주적인 기계론을 가정하고, 행동이 작동하기 시작한 순간에 행동이 목표에 도달하기 전에 만나게 될 모든 것을 예견하도록 해주는 완성된 과학을 잠재적으로 생각한다. 그러나 이와 같은 이상(理想)은 결코 실현되지 않고, 기껏해야 지성의 작업에 자극제로 사용된다는 것이 바로 이 이상의 본질이다. 사실 인간 지성은 자신에 의해 매우 불안전하게 알려진 물질에 대해 아주 제한된 작용에 만족해야만 한다. 그런데 생명적 충동이 거기에 있으며, 그것은 기다림을 허용하지 않고, 장애를 인정하지 않는다. 생명적 충동에게는 우연적인 것, 예측되지 않은 것, 결국 도정에 있는 비결정된 것은 별로 중요하지 않다. 생명적 충동은 도약하면서 진행하며, 약동이 간격을 먹어 치워버리기에 목적만을 본다. 그러나 이런 예상에 대해 지성은 물론 인식했어야만 한다. 결국 하나의 표상이 솟아오르게 된다. 즉 자연적 원인들에 겹쳐지거나 대치될지 모르는 우호적인 능력의 표상, 그리고 자연스럽게 시작한 행동을 자연적인 원인들에 의해서 의도되고 우리 소원과 일치하는 행위들로 연장할지 모르는 우호적인 능력들의 표상이 솟아오르게 된다. 우리는 한 메커니즘을 작동시켰는데, 바로 이것이 시작인 것이다. 메커니즘은 바라던 결과의 실현 속에서 다시 발견될 것인데, 바로 이것이 목적이다. 이 둘 사이에 성공에 대한 초기계적인 보장이 삽입될 것이다. 우리가 이처럼 우리의 성공에 관심을 가지는 호의적인 능력(힘)들을 상상한다면, 지성의 논리는 우리의 실패를 설명하기 위해서 우리가 적대적인 원인들, 비우호적인 능력(힘)들을 설정하기를 요구한다는 것은 사실이다. 게다가 이 마지막 믿음은 실제적인 유용성을 가질 것이다. 이 믿음은 우리로 하여금 주의하게 함으로써 우리의 활동을 간접적으로 자극할 것이다. 그러나 이 사실은 부차적인 것에 속하고, 나는 거의 퇴락한 것에 대해 말하려고 했었다. 방해하는 어떤 힘의 표상은 분명히 돕는 어떤 힘의 표상 바로 뒤에 온다. 만일 돕는 힘이 자연적이라면, 방해하는 힘은 거기서부터 직접적 귀결처럼 이끌어진다. 우리가 오늘날 원시 사회라 부르는 것과 같은 정체된 사회들에서는 신앙들이 그것들의 기원에 대한 고려 없이 유추에 의해서 무한히 증가하는데, 이런 정체된 사회들에서는 무엇보다도 돕는 힘이 증식함에 틀림없다. 생명적 충동은 낙관주의자이다. 여기에서 생명적 충동으로부터 간접적으로 나온 모든 종교적 표상들은, 따라서 같은 방식으로 정의될 수 있을지 모른다. 이 표상들은 취해진 시도와 바라던 결과 사이에 불가 예측성이라는 낙담시키는 여백에 관한 지성적 표상에 대항하는 자연의 방어적 반작용이다.

성공에 대한 의지

우리들 각자는 바란다면 이런 경험을 할 수 있다. 즉 우리들 각자는 성공에 대한 의지로부터 미신이 솟아나오는 것을 바로 눈앞에서 볼 것이다. 룰렛의 한 번호판 위에 일정액을 놓고 공이 진로의 마지막에 거기에 멈추기를 기다려보아라. 공이 망설임에도 불구하고 당신이 선택한 숫자에 아마 도달하려는 순간에 당신은 손을 내밀어 공을 밀고, 멈추게 하려 할 것이다. 여기서 공이 취한 결정과 기대한 결과 사이에 간격을 채워야만 하는 것은 당신 밖으로 던져진 당신의 의지이다. 이렇게 당신의 의지는 우연을 몰아낸다. 이제 오락실에 자주 가서 이런 일에 익숙해지도록 해보아라. 당신의 손은 바로 곧 움직이는 것을 포기하고, 당신의 의지는 의지 자체의 내부로 철수한다. 그러나 당신의 의지가 자리를 떠남에 따라 의지로부터 나오며, 의지의 위임을 받은 한 실체가 거기에 자리잡는다. 즉 그것은 행운인데, 행운은 성공하려는 결심이 변모된 것이다. 행운은 완전한 인격은 아니다. 하나의 신성을 만들기 위해서는 그 이상의 것이 필요하다. 그러나 행운은 신성의 어떤 요소들을 가지고 있고, 당신이 행운에게 그것을 일임하는 것으로 충분하다.

야만인은 그의 화살을 목표에 명중시키기 위해 이런 종류의 능력에 호소한다. 긴 진화의 단계들을 뛰어넘어 보아라. 당신은 전사들에게 승리를 보장해주는 도시의 수호신들을 마주하게 될 것이다.

그러나 이 모든 경우들에서 사람들이 사태들을 시작하는 것은 바로 합리적인 수단들에 의해서이고, 원인과 결과들의 기계적인 인과 관계를 따르면서라는 것을 주목해야 한다. 사람들은 자신에 달려 있는 것을 실행하는 것으로 시작한다. 사람들은 애초부터 자신의 기원(祈願) 아래에 두었을지라도 초기계적인 능력에다 자신을 맡기는 것은 더는 자기 자신을 스스로 도울 수 없다고 느낄 때일 뿐인데, 왜냐하면 자신의 기원으로도 결코 어떻게 하지 못한다고 느끼는 행위가 현존하고 있다고 믿고 있기 때문이다. 그러나 여기서 심리학자를 기만할 수 있는 것은 두 번째 인과 관계[초기계적 인과 관계]가 사람들이 말하는 유일한 것이라고 말하는 것이다. 첫 번째 인과 관계[기계적 인과 관계]에 대해서는 사람들은 어떤 것도 말하지 않는다. 왜냐하면 그것은 당연하기 때문이다. 그것은 사람들이 도구로서 물질을 가지고 수행하는 행동들을 지배한다. 사람들은 이 기계적 인과 관계 안에서 가지는 믿음을 영위하고 산다. 그것을 말로 번역하고, 그것의 관념을 명백하게 하는 것이 무슨 소용이 있겠는가? 그렇게 하는 것은 사람들이 그것을 선용할 수 있는 과학을 소유했을 때에만 유용할지 모른다. 그러나 두 번째 인과 관계를 생각하는 것은 현명한 일이다. 왜냐하면 사람들은 거기서 적어도 격려와 자극을 발견하기 때문이다. 만일 과학이 미개인에게 목표를 맞추는 것을 수학적으로 보장하는 기계 장치를 제공했다면, (물론 미개인이 뿌리 깊은 정신의 습관들을 순간적으로 포기할 수 있다는 전제하에) 그가 만족할지도 모르는 것은 기계적 인과 관계이다. 이런 과학을 기대하면서, 그의 행위는 기계적 인과 관계로부터 이끌어낼 수 있는 모든 것을 이끌어낸다. 왜냐하면 그는 화살을 당기고, 겨냥하기 때문이다. 그러나 그의 생각은 오히려 필요한 곳으로 화살을 인도해야만 하는 초기계적인 원인에로 간다. 왜냐하면 초기계적인 원인에 대한 믿음은, 그가 목표에 도달하는 것을 확신하고 있는 무기 대신에, 그에게 더 잘 겨냥하도록 하는 자신감을 제공하기 때문이다.

인간의 활동은 그것이 영향을 주고, 또 그것이 의존하는 사건들 가운데서 전개된다. 이 사건들 중 일부는 예견될 수 있고, 대부분은 예견될 수 없다. 우리의 과학이 우리의 예측의 장을 점점 더 확장하기에 우리는 극단에서 더는 예측 불가능성이 없을지 모르는 완전한 과학을 생각한다. 따라서 문명인의 반성된 사유에서 보기에는 (우리는 그의 자발적인 표상에 있어서는 그가 완전히 이렇지는 않다는 것을 보게 될 것인데) 그가 사물들에 대해 행동할 때 그가 접촉하는 원인과 결과의 동일한 기계적인 연쇄가 우주의 전체에로 확장됨에 틀림없다. 그가 취했던 물리적 사건들에 적합한 설명 체계는,

그가 더 멀리 모험을 하며 위험을 무릅써야 할 때는, 아주 다른 체계, 즉 그가 사회적 삶 속에서 그에 대한 다른 사람들의 행동을 선의나 악의들에, 우호적이거나 적대적인 의도들에다 부여할 때 그가 사용하는 체계에다 자리를 양보해야 한다는 것을 그는 인정하지 않는다. 만일 그가 그렇게 한다면, 자신도 모르게 그렇게 한 것이다. 그는 자기 자신에게 그것을 고백하지 않았을 뿐이다. 비문명인은 그가 물질에 대해 행사한 행동의 정확한 척도에서 재단된 확장할 수 없는 과학만을 사용하기에, 예측할 수 없는 영역에다, 그것 전체를 덮을 수 있고 곧바로 그의 야심의 넓은 전망을 열 수 있는 잠재적 과학을 던질 수 없다. 오히려 낙담하기는커녕, 그는 이 영역에다 그가 그의 동료들과의 관계에서 사용한 설명 체계를 확장한다. 그는 거기에서 우호적인 힘들을 발견했다고 믿으며, 거기에서 또한 악의적인 영향들에 노출될 것이다. 그는 그에게 완전히 낯선 세계에는 어떤 방식으로도 관계하지 않을 것이다. 사실 만일 선한 정령(精靈)들과 악한 정령들이 그가 물질에 대해 수행한 행위의 뒤를 돌봐야 한다면, 이 정령들은 이미 이 행위 자체에 영향을 미치고 있는 것처럼 보일 것이다. 따라서 그는 그에게 의존하는 것에 대해서조차 원인들과 결과들의 기계적인 연쇄를 결코 믿지 않는 것처럼 말을 할 것이다. 그러나 만일 그가 여기서 기계적인 연쇄를 믿지 않았다면, 우리는 그가 행위를 시작하면서부터 결과를 기계적으로 일으키기 위해 필요한 모든 것을 하는 것을 보지 못했을 것이다. 그런데 야만인이 문제가 되든 문명인이 문제가 되든 간에, 만일 사람들이 한 사람이 생각하는 것의 심층을 알고자 한다면, 그가 말한 것이 아니라 그가 행한 것을 신뢰해야 한다.

우연에 관해서

'원시적 정신성'에 바친 매우 흥미롭고 매우 교훈적인 저술들에서 레비브륄(M. LévyBruhl)은 "두 번째 원인들에 대한 이 정신성의 무관심"과 이 정신성의 '신비적 원인'들에의 직접적 호소를 강조한다. 그가 말하길, "우리의 일상적 활동은 자연법칙들의 불변성에 대한 안온하고 완전한 신뢰를 내포한다. 원시인의 정신의 태도는 물론 다르다. 그가 사는 자연은 그에게는 아주 다른 면모 아래에서 현존한다. 거기서 모든 대상들과 모든 존재들은 신비로운 참여들과 배제들의 망(網) 속에 포함되어 있다."[33] 그리고 좀 더 나아가서, "집단 표상들에서 여러 가지로 변하는 것은 사람들이 갑자기 닥친 병이나 죽음에다 결부시키는 불가해한 힘들이다. 때로는 책임이 있는 것은 마귀할멈이고, 때로는 죽은 자의 정신이고, 때로는 다소간 한정되거나 개별화된 힘들이다. … 그런데 항상 비슷하게 있는 것, 오히려 사람들이 거의 동일하다고 말할 수 있는 것은 한

---

33) 『원시적 정신성』(Paris, 1922) 17–18쪽.

편으로는 환자와 죽음 사이에 사전 연결이고, 다른 편으로는 보이지 않는 하나의 힘(능력)이다."[34] 저자는 이런 생각의 근거로 여행자들과 선교사들의 일치하는 증언들을 들고 있고, 그는 가장 기묘한 예들을 인용한다.

그러나 첫 번째 점이 이목을 끈다. 인용된 모든 경우들에서 사람들이 말하고 있고 원시인들에 의해 하나의 불가해한 원인에다 부여되었던 결과는 인간에 관한 사건이고, 더욱 특별하게는 한 인간에 일어난 사고, 또한 더욱 특수하게는 한 인간의 죽음 혹은 질병이다. 비생명적인 것에 대한 비생명적인 것의 작용에 대해서는 (말하자면 인간이 관심을 가지는 기상학적 현상이나 다른 현상이 문제시되는 것이 아니라면) 결코 문제가 되지 않는다. 원시인은, 바람이 나무를 구부리는 것을 보면서, 파도가 자갈들을 굴리는 것을 보면서, 그의 발에조차 먼지가 일어나는 것을 보면서 우리가 기계적 인과 관계라고 부르는 것과는 다른 것을 개입시키게 한다고 사람들은 우리에게 말하지는 않는다. 원시인이 지각하는 선행하는 것과 귀결되는 것 사이에 항상적인 관계는 그에게 강한 인상을 주지 않을 수 없었을 것이다. 여기에서는 그에게는 이것으로 충분하다. 우리는 그가 거기에다 '신비적인' 인과 관계를 가정했다고 보지 않듯이, 하물며 대치했다고 보지 않는다. 더 멀리 가보자. 원시인이 무관한

---

34) 같은 책, 24쪽.

방관자로서 바라보는 물리적 사실들은 제쳐놓자. 사람들은 그에 대해서도 역시 "그의 일상적인 행동은 자연법칙들의 불변성에 대한 완전한 확신을 내포한다"고 말할 수는 없는가? 이 신뢰가 없다면, 그는 그의 카누를 움직이기 위한 강물의 흐름을 믿지 않을 것이고, 그의 화살을 쏘기 위한 그의 활의 당김을 믿지 않을 것이고, 나무 그루터기를 치기 위한 도끼를 믿지 않을 것이고, 물기 위한 그의 이나 걷기 위한 그의 다리를 믿지 않을 것이다. 그는 이 자연적인 인과 관계를 명백하게 표상할 수는 없다. 그는 물리학자도 아니고 철학자도 아니기에 그렇게 하는 데 어떤 관심도 없다. 그러나 그는 이 인과 관계를 믿고 있고, 그것을 그의 활동의 지반으로 간주한다. 더 멀리 가보자. 원시인이 죽음, 질병 혹은 아주 다른 사고를 설명하기 위해 신비적 원인에 호소할 때, 그가 몰두하는 작용이란 정확히 어떤 것인가? 예를 들어 그는 한 사람이 폭풍 중에 뽑혀진 바위 조각에 의해 죽음을 당하는 것을 본다. 바위가 이미 금이 가 있었고, 바람이 그 돌을 뽑아버렸고, 충격으로 두개골이 부서졌다는 것을 그가 부정하는가? 분명 아니다. 그는 우리처럼 이 두 번째 [기계적인] 원인들의 작용을 확증한다. 그렇다면 그는 왜 정신의 의지 혹은 마귀할멈의 의지와 같은 '신비적 원인'을 도입하여, 주요한 원인으로 삼는 것인가? 그것을 자세히 살펴보자. 여기서 원시인이 '초자연적인' 원인에 의해 설명하는 것은 물리적 결과가 아니고, **그것의 인간적 의미**인데, 이 인간적 의미는 사람에 있어서 더욱 특별하게는 돌이 부숴버린 사람 같은 한 어떤 특정한 사람에 있어서는 중요하다는 것을 사람들은 알 수 있을 것이다. 한 원인은 그것의 결과에 걸맞아야만 한다는 믿음, 그리고 바위의 균열과 방향과 격렬함이 일단 확인되면 —비록 그것들이 인간에 무관심한 순수한 물리적인 것이라 하더라도— 한 사람의 죽음과 같은 우리에게 중요한 사실을 설명하는 일이 남는다는 믿음 속에는 비논리적인 어떤 것도, 따라서 '논리 이전'의 어떤 것도, '경험의 불가침성'을 증언하는 어떤 것조차 없다. 예전의 철학자들은 원인은 그야말로 결과를 포함한다고 말했었다. 그리고 만일 결과가 인간적으로 상당한 의미를 갖는다면, 원인도 적어도 똑같은 의미를 가져야 한다. 어쨌든 원인은 같은 범주에 속하는데, 그것이 의도이다. 정신에 관한 과학 교육이 정신으로 하여금 이런 방식으로 추론하는 것으로부터 벗어나게 한다는 것은 의심스럽지 않다. 이 추론 방법은 자연적인 것이고, 문명인에 있어서도 존속하고 있으며, 적대적 힘이 개입하지 않는 모든 경우들에 현시한다. 룰렛의 번호에 내기를 건 노름꾼은 성공이나 실패를 행운이나 불행에다 결부시킬 것이라는, 즉 우호적이거나 비우호적인 의도에다 결부시킬 것이라는 점을 우리는 주목하게 했다. 그는 그래도 역시 그가 돈을 놓은 순간과 공이 멈추는 순간 사이에 일어나는 모든 것을 자연적인 원인들에 의해서 설명할 것이다. 그러나 이 기계적인 인과 관계에다 그는 결국 그의 선택과 짝을 이루는 준(準)의지적인 선택을 겹쳐놓을 것이다. 이렇게 해서 마지막 결과는 똑같이 하나의 선택이었던 최초의 원인과 같이 중요하고 같은 부류에 속하게 될 것이다. 게다가 우리는 노름꾼이 공을 멈추기 위해 손의 움직임을 그리는 것을 볼 때, 매우 논리적인 이 추론의 실제적 기원을 포착한다. 노름꾼이 동맹한 힘이나 적대적인 힘 앞에 있기 위해, 그리고 놀이에다 그의 모든 관심을 쏟기 위해 행복 또는 불행 속에서 객관화하려는 것은 성공에 대한 그의 의지나 이 의지에 대한 저항이다. 그러나 우리가 방금 고려했던 것들과 같은 사실들, 즉 죽음, 질병, 심각한 사고가 문제시될 때, 문명인의 정신성과 원시인의 정신성 사이에는 또한 훨씬 더 현저한 유사성이 있다. 세계 대전에 참가했던 한 장교는 우리에게 말하길, 포에 의한 포격이 훨씬 더 사상자를 많이 내는데도 군인들은 포탄보다도 총알을 더 두려워하는 것을 항상 보아왔다고 한다. 그것은 총알에 의해 자신이 겨누어지고 있다고 느끼고, 각자가 그도 모르게 다음과 같이 추론하기 때문이다. "나에게 죽음이나 중상과 같은 아주 중대한 결과를 초래하려면 똑같이 중요한 원인이 필요하다. 즉 하나의 의도가 필요하다." 정확히 포탄이 터져서 상처를 입은 한 군인은 우리에게 이야기하길, 그가 한 첫 번째 행동은 "바보 같으니라고!"라고 소리치는 것이었다. 순전히 기계적인 원인에 의해서 발사된 포탄의 작열, 누구도 다칠 수 있었지만 어떤 사람도 다치지 않은 포탄의 작열이, 그런데 다른 사람이 아닌 그를 맞췄다는 것은 그의 자발적인 지성의 관점에서는 비논리적인 것이었다. '불운'을 끌어들임으로써 그는 이 자발적 지성과 원시인의 정신성 사이의 친족성을 훨씬 더 잘 드러낸다. 마귀 할멈이나 한 혼령의 관념 같은 내용이 풍부한 표상이 '불운'의 표상이 되기 위해서는 물론 그것의 내용의 대부분을 포기해야만 한다. 그럼에도 불구하고 그 표상은 존속하고, 그 표상은 완전히 비워지지 않으며, 따라서 이 두 정신성은 본질적으로 서로 다르지 않다.

레비브륄이 그의 저술에서 모아놓았던 '원시적 정신성'의 이처럼 다양한 예들은 몇 가지 항목으로 모아진다. 저자에 따르면, 뜻밖의 것은 어떤 것도 인정하지 않으려는 원시인들의 완고함을 증언하는 예들이 가장 많다. 돌이 떨어져 한 행인이 으스러졌다는 것은 한 악의적인 혼령이 그 돌을 떨어지게 했기 때문이다. 우연은 없다. 카누를 타고 있는 한 사람이 악어에 의해 낚아채졌다는 것은 그가 마술에 걸렸기 때문이다. 즉 우연은 없다. 한 전사가 창에 맞아 죽거나 다친 것은 그가 피할 상태에 있지 않았고, 사람들이 그에게 저주를 했었기 때문이다. 즉 우연은 없다.[35] 이 형식은 레비브륄의 저술에서 너무 자주 나타나서 사람들은 그것을 원시적 정신성의 본질적 성격들을 제시하는 것으로 간주할 수 있다. 그러나 우리는 이 뛰어난 철학자에게 말하고 싶다. 당신은, 원시인들이 우연을 믿지 않는다고 비난하면서, 혹은 적어도 그가 우연을 믿지 않

---

35) 특히 같은 책, 28, 36, 45쪽을 보아라. 『열등한 사회들에서 정신적 기능들』, 73쪽.

는 것이 그의 정신성의 성격적 특성처럼 확증하면서, 당신 자신은 우연이 있다는 것을 인정하지 않는 것이냐? 그리고 그것을 인정하면서, 당신이 비판하고, 당신이 어쨌든 당신의 정신성으로부터 본질적으로 구별하려고 하는 이 원시적 정신성으로 다시 떨어지는 것이 아니라고 확신할 수 있느냐? 나는 당신이 우연으로 작용하는 힘을 만들지 않는다는 것을 잘 안다.[36] 그러나 만일 그것이 당신에게 있어서 순수한 무(無)였다면, 당신은 그것에 대해 말하지 않았을 것이다. 당신은 이 단어를 사물처럼 존재하지 않는 것으로 간주할 것이다. 그런데 단어는 존재하고, 당신은 그것을 사용하며, 그것은 더욱이 우리 모두에게처럼 당신에게 무엇인가를 표상한다. 우리는 그 단어가 잘 표상할 수 있는 것이 무엇인지 물어보자. 바람에 뽑힌 큰 기왓장이 떨어져 한 행인을 박살냈다. 우리는 그것은 우연이라고 말한다. 기와가 단순히 땅에 떨어져 박살났을 경우에도 우리는 그렇게 말할 수 있었을까? 아마도 그럴 것이다. 그러나 그것은

---

36) (역주) 여기에서 베르그손은 '우연'이란 개념을 인간학적 의미에서 다루고 있다는 것을 주목해야 한다. 존재론적 차원에서 '우연'이란 개념을 다루는 『창조적 진화』에서는 '우연'이란 개념은 사이비 개념이다. 자연에는 수학적 필연을 지향하는 물리적 필연과 순수 지속을 지향하는 생명적 필연이 있다. 우리는 우리가 찾고자 하는 필연과 다른 필연을 만났을 때 우연이란 말을 사용한다. 우리는 역자 해제에서 베르그손의 존재론을 다루면서 이 존재론적 차원의 개념을 언급했는데, '우연'이란 개념의 존재론적 의미와 인간학적 의미를 비교해보면 이 후자를 더 정확히 이해할 수 있을 것이다.

그때에 우리가 거기에 있을 수 있었을 한 사람을 모호하게나마 생각했을 것이기 때문이거나, 이런저런 이유로 보도의 이 특별한 지점이 기와가 거기로 떨어지기 위해 그곳을 **선택했을** 정도로 특별히 우리의 관심을 끌었기 때문이다. 두 경우에서 단지 인간의 관심이 작용하기 때문에 우연은 있는 것이고, 그리고 단지 인간에게 봉사하기 위해서, 아니면 오히려 인간에게 오로지 해를 끼치기 위해서 인간이 고려되고 있었던 것처럼 사건들이 일어났기 때문에 우연은 있는 것이다.[37] 단지 기와를 뽑아버린 바람, 보도 위에 떨어지는 기와, 땅에 부딪친 기와의 충격만을 생각해보아라. 당신은 기계론 이상을 볼 수 없을 것이고, 우연은 사라진다. 우연이 개입하기 위해서는 결과가 인간적 의미를 가지면서 이 의미가 원인에게 반사되어, 원인을 인간성으로 채색해야 한다. 따라서 우연이란 의도를 가진 것처럼 행동하는 기계론인 것이다. 아마도 사람들은 바로 사건들이 **마치** 의도가 있었던 것처럼 일어났을 때 그 단어를 사용하기에, 우리는 따라서 실제적인 의도를 가정하지 않는다고, 반대로 모든 것이 기계적으로 설명된다는 것을 인정한다고 말할 것이다. 만일 충분히 의식적인 반성된 사유만이 있었다면 그 말은 매우 정확할지 모른다. 그러나 이 반성된 사유 아래에는 준(準)의식

---

37) 우리는 우연에 관한 이 견해를 1808년 콜레주 드 프랑스에서 Alexandre d'Aphrodisiade의 「운명에 관하여」에 대한 강연에서 발전시켰다.

적인 자발적 사유가 있는데, 이 자발적 사유는 원인들과 결과들의 기계적인 연쇄에다 아주 다른 어떤 것, 즉 기와의 추락을 설명하기 위해서는 확실하지 않고, 기와의 추락이 지나가는 한 행인과 때를 같이한다는 것과 이 추락이 정확히 이 순간을 선택했다는 것을 설명하기 위해서만 확실한 어떤 것을 겹쳐놓는다. 선택 혹은 의도의 요소는 가능한 한 제한되고, 반성이 그것을 포착하려 함에 따라 이 요소는 뒤로 물러난다. 그 요소는 도망치며, 사라지기조차 한다. 그러나 이 요소가 존재하지 않았다면, 사람들은 단지 기계론에 대해서만 말했을지 모르고, 우연은 문제가 되지 않았을 것이다. 따라서 우연은 그것의 내용을 비워버린 하나의 의도이다. 그것은 그림자 이상은 아니다. 그러나 질료(내용)가 없다 하더라도 형식은 거기에 있다. 여기서 우리는 한 자연적인 경향 덕분에 인간성에 의해 자발적으로 형성된, 우리가 '실제적으로 원시적'이라 부르는 이 표상들 중의 하나를 포착한 것인가? 전혀 아니다. 이 표상이 또한 아무리 자발적이라 하더라도, 우연이란 관념은 단지 사회가 우리에게 말하는 것을 가르친 날부터 사회가 우리 안에 놓았던 축적된 경험들의 층을 가로지른 후에야 우리 의식에 도달한다. 바로 이 도정 자체에서 우연의 관념은 텅 비게 되고, 점점 더 기계론적이 되는 과학은 이 우연의 관념으로부터 그것이 포함하는 목적론적인 것을 배제한다. 만일 사람들이 이 관념의 원래적인 표상을 재구성하기를 바란다면, 이 관념을 채우고, 이 관념에다 신체를 부여해야 할 것이다. 의도의 환영은 그때에 살아 있는 의도가 될지도 모른다. 거꾸로 비문명인들이 생각하는 악의가 있는 실체들이나 선의가 있는 실체들을 얻기 위해서 이 살아 있는 의도에다 지나치게 많은 내용을 부여하고, 과도하게 질료로 채워야 할지 모른다. 이 미신들이 보통 과장, 둔감함, 결국 풍자적인 어떤 것을 함축하고 있다는 말을 지나치게 반복할 필요는 없을 것이다. 미신들은 대체로 수단이 그것의 목적으로부터 분리된다는 것을 나타낸다. 처음에는 의지를 고무하고 유용한 신앙이 자신의 존재 이유였던 대상으로부터 신앙이 더는 아무 쓸모가 없이 위험하게 되기조차 할 수 있는 새로운 대상들로 옮겨갈 것이다. 자신과 전적으로 외적인 모방에 의해서 태만하게 증식했기에, 이제 신앙은 이 태만을 격려하는 효과를 가질 것이다. 그러나 어떤 것도 과장하지 말자. 원시인이 신앙에 의해 행위가 면제된다고 느끼는 경우는 드물다. 카메룬의 토착민들은 그들 중의 한 사람이 악어에 잡아먹히면, 오로지 마법사에게 책임을 묻는다. 그러나 이 사실을 보고한 레비브륄은 한 여행자의 증언에다 그 고장의 악어들은 사람을 거의 공격하지 않는다고 덧붙인다.[38] 악어가 통상적으로 위험시되는 곳에서는 토착인은 우리들처럼 물에 들어가기를 삼간다는 사실을 인정했다 하자. 그때에 악어는 마법이 있건 없건 그에게 공포를 준다. 이 '원시적 정신성'으

---

38) 『원시적 정신성』, 38쪽.

로부터 우리들의 것이 될 수 있는 영혼의 상태들에로 나아가기 위해서는 대체로 이루어져야 할 두 가지 조작들이 있다는 것은 그래도 역시 사실이다. 우선 우리의 과학이 모두 폐지되었다고 가정하자. 그리고 나서는 어떤 나태함에 자신을 맡기고, 더 합리적이라고 판별하지만 지성과 무엇보다도 의지의 더 많은 노력을 요구할지 모르는 설명은 외면해야 한다. 많은 경우에 이 조작들 중 단지 하나만으로 충분하다. 다른 경우들에서는 우리는 이 둘을 결합해야 한다.

예를 들어 레비브륄 저술에서 가장 흥미로운 장(章)들 중의 하나, 즉 우리들의 총포들, 우리의 문자, 우리의 책, 결국 우리가 원시인들에게 가져간 것이 그들에게 일으킨 첫 인상을 다룬 장을 생각해보자. 이 인상은 우선 우리를 어리둥절하게 한다. 사실 우리는 이 인상을 우리와는 다른 정신성에다 결부시키려고 시도했을지 모른다. 그러나 우리가 우리의 정신에서 점진적으로, 그리고 거의 무의식적으로 획득한 과학을 지워버리려 할수록, '원시적인' 설명은 더욱더 자연스럽게 보일 것이다. 여기 원주민들 앞에 한 여행자가 책을 열고, 이 책이 정보를 준다고 그들에게 말한다. 그들은 책이 말한다고 결론을 내리고, 책에다 귀를 접근시키면서 소리를 들으려고 할 것이다. 우리의 문명에 생소한 한 사람에게 다른 것을 기대하는 것은 우리 대부분의 지성보다 훨씬 이상을, 한 우월한 지성 이상조차, 천재 이상을 그에게 요구하는 것이다. 즉 그것은 그가 문자를 다시 발명하기를 바라는 것이다. 왜냐하면 만일 그가 하나의 담화를 한 장의 종이 위에 그리는 가능성을 표상했다면, 그는 알파벳 문자의 원리를, 혹은 더 일반적으로 음성학적 문자의 원리를 취득했을지 모르기 때문이다. 문명인들에 있어서도 상당한 수의 우수한 인간들에 의해서 오랜 기간 축적된 노력들에 의해서만 도달될 수 있었던 지점에 그는 단번에 도달될 수 있어야 한다. 따라서 여기서 우리의 것과 다른 정신들에 대해 말하지 말자. 단순히 그들은 우리가 배운 것을 모른다고 말하자.

이제 무지가 노력에 대한 혐오를 동반하는 경우들이 있다는 것을 덧붙이자. 이와 같은 것들은 레비브륄이 '환자들의 배은망덕'이란 항목에 분류했던 것들이다. 유럽 의사들의 보살핌을 받았던 원시인들이 그들에게 전혀 감사할 줄 모른다는 것이다. 더욱이 원시인들은 봉사를 한 것이 마치 그들인 양 의사로부터 보수를 기대한다는 것이다. 그러나 우리의 의술에 대해 어떤 관념도 없고, 기술을 갖춘 과학이 무엇인지 알지 못하며, 게다가 의사는 항상 그의 환자를 치료하는 데에서 멀리 있는 것을 보면서, 결국 그가 그의 시간과 그의 수고를 제공한다는 것을 고려한다면, 의사가 그가 하는 것을 하는데 그들이 모르는 어떤 이익을 가진다고 그들이 어떻게 스스로에게 말하지 않을 수 있겠는가? 또한 그들의 무지에서 벗어나려고 하기보다는 처음에 그들의 정신에 떠올랐고 그들이 이익을 끌어낼 수 있는 해석을 어떻게 자연스럽게 받아들이지 않겠는가? 나는 『원시적 정신성』의 저자에게 그것을 물어보고, 나는 우리의 늙은 친구보다 약간 더 늙은, 아주 오래된 한 기억을 떠올릴 수 있었다. 나는 어린아이였고, 나는 충치를 갖고 있었다. 가끔 치과에 가야만 했고, 치과 의사는 곧바로 썩은 이를 엄중히 다스렸다. 즉 그는 그것을 사정없이 뽑아버렸다. 우리끼리 얘기지만, 그것은 그렇게 아프지 않았다. 왜냐하면 스스로 빠질 지경의 이였기 때문이다. 그러나 흔들의자에 미처 앉기도 전에 나는 이미 작심한 대로 무시무시한 비명을 질렀다. 나의 가족은 결국 나를 침묵하게 하는 수단을 찾아냈다. 수술 후 입을 행구는 데 사용하는 컵 속에(이처럼 아주 옛날에는 방부 조치가 알려져 있지 않았었다) 치과 의사는 요란하게 50상팀(centime)짜리 동전을 던져 넣었는데, 그 돈으로는 그 당시에 10개의 보리사탕을 살 수 있었다. 나는 예닐곱 살이었고, 다른 아이보다 더 바보는 아니었다. 나는 치과 의사와 나의 가족 사이에 나를 침묵시키기 위한 결탁이 있었고, 나를 더 기쁘게 하도록 내 주변에서 사람들이 공모했다는 것을 알아차릴 능력이 확실히 있었다. 그러나 가벼운 반성의 노력이 필요했을지 모르는데, 나는 아마 게으름에 의해서, 아마도 내가 이를 가지고 대항할 사람에 대한 태도를 바꿀 필요가 없었기에, 나는 그것을 하지 않기로 했다. 따라서 나는 단순히 그대로 놔두고 생각하지 않기로 했다. 그때에 내가 의사에 대해 만들어야 하는 생각이 내 정신 속에 명쾌하게 저절로 그려졌다. 그는 분명 이를 뽑는 데에서 가장 큰 기쁨을 갖는 사람이었고, 이 일을 위해 50상팀의 돈을 지불하기까지 하는 사람이었다.

문명인에 있어서 원시적 정신성

그러나 이 점에 대해서 끝을 맺고, 요약해보자. 우리가 방금 고려했던 신앙들의 기원에서 우리는 지성 속에 그 근원을 가질지 모르는 의기소침에 대항하는 자연의 방어적 반작용을 발견했다. 이 반작용은 지성 자체의 한가운데에서 의기를 꺾는 표상을 작용하지 못하게 하거나 현실화하는 것을 막는 관념들과 이미지들을 불러일으킨다. 완전한 인격들이 될 필요가 없는 실재들이 출현한다. 이 실재들에게는 의도들을 가지고 있다는 것 혹은 의도들과 일치하고 있다는 것만으로 충분하다. 따라서 신앙은 본질적으로 신뢰를 의미한다. 즉 신앙의 첫 번째 기원(起源)은 두려움이 아니고, 두려움에 대한 보장이다. 그리고 다른 한편 신앙이 처음에 대상으로 취하는 것이 반드시 인격인 것은 아니다. 부분적인 인간자연 동형론(anthropomorphisme)[39]으로 충분하다. 인간이 지성적이기에 사유

---

39) (역주) 베르그손이 여기서 사용한 'anthropomorphisme'이란 용어는 알다시피 'anthropo(인간)'와 'morphe(자연, 질료)'의 합성어인데, 우리말 번역이 여의치 않다. 의도나 의지를 가지고 있는 듯이 보이지만 아직 인격성을 지니지 않는 힘(능력)을 표현하기 위한 용어 정도로 이해하면 될 것이다.

하지 않을 수 없는 미래에 대한 인간의 자연적 태도를 고려할 때, 그리고 순수 지성이 인간에게 부여한 표상에 인간이 만족한다 하더라도 그가 거기서 발견한 불가 예측적인 것으로 인하여 인간이 불안해 하는 미래에 대한 인간의 자연적 태도를 고려할 때, 우리의 눈에 띄는 두 가지 점들이 그러하다. 그러나 더는 미래가 아니라 현재가 문제시되고, 인간이 그보다 엄청나게 우월한 힘들에 놀림감이 되는 경우들에서 사람들이 할 수 있는 두 가지 확증들도 또한 그러하다. 대혼란, 지진, 홍수, 태풍들이 거기에 속한다. 이미 오래된 한 이론[40]은 이와 같은 경우에 자연이 우리에게 불러일으킨 두려움으로부터 종교가 생겨났다고 한다. 즉 이 세상에서 신이 처음 만든 것은 공포이다(Primus in orbe deos fecit timor). 사람들은 이 이론을 완전히 거부함으로써 지나치게 멀리 갔다. 자연 앞에서 인간의 감동은 종교들의 기원에 있어서 확실히 무엇인가를 했다. 그러나 한 번 더 말하지만, 종교는 두려움이 아니라 두려움에 대한 반작용이며, 종교는 곧바로 신들에 대한 신앙은 아닌 것이다. 여기서 이 이중적인 사실 입증을 진행하는 것이 무용하지는 않을 것이다. 이 사실 입증이 단지 우리의 선행하는 분석들만을 확증하는 것은 아닐 것이다. 그것은 아직 인격들이 되지는 않았지만 인격성에 참여한다고 우리가 말했던 이 실재들을 더 가까이에서 포착하게 해

---

40) 에피쿠로스와 루크레티우스의 이론, 『사물의 본성에 대해서』, 5권, 1161–1240행.

줄 것이다. 신화의 신들은 이 실재들로부터 나올 수 있을 것이다. 사람들은 그 실재들을 풍부하게 함으로써 신들을 얻을 것이다. 그러나 사람들은 이 실재들을 빈약하게 함으로써 그것들로부터 또한 원시인들이 사물들의 기저에 놓은 이 비인격적인 힘을 이끌어 냈을지 모른다. 따라서 우리의 습관적인 방법을 따라가보자. 획득된 것을 제거하고 그것의 원래적인 단순성으로 환원된 우리의 고유한 의식에게, 자신이 자연의 공격에 어떻게 응답하는지를 물어보자. 자신에 대한 관찰은 여기서 심각한 사건들의 갑작스러움 때문에 매우 어렵다. 게다가 자신에 대한 관찰이 심층에서 행사되는 경우들은 드물다. 그러나 우리가 단지 혼란된 기억만을 보존해왔기에 이미 피상적이고 모호했던 예전의 어떤 인상들이, 만일 우리가 그것들을 심리학의 한 대가가 자기 자신에 대해 한 관찰에 의해서 완전하게 한다면, 아마도 더 분명하게 될 것이고, 더욱 뚜렷해질 것이다. 윌리엄 제임스(William James)는 샌프란시스코의 한 부분을 파괴했던 1906년의 무시무시한 지진 때에 캘리포니아에 있었다. 그가 이 주제에 대해 쓴 진정으로 번역하기 힘든 몇 페이지에 대한 불완전한 번역이 여기 있다.

내가 12월 스탠퍼드 대학으로 가기 위해 하버드를 떠날 때, 캘리포니아 인인 내 오랜 친구 B***의 인사가 마지막 인사가 될 뻔했다. 그는 말했다. "나는 당신이 거기에 있는 동안 그들이 당신에게 또한 작은 여진을 줌으로써 당신이 아주 특별한 캘리포니아의 제도와 친숙해지기를 바랍니다."

결과적으로 4월 18일 오전 5시 반경 스탠퍼드 대학 기숙사의 작은 아파트 방에서 깬 채로 누워 있었는데, 나는 내 침대가 흔들리기 시작하는 것을 알아챘고, 나의 첫 번째 감정은 이 움직임의 의미를 즐겁게 확인하는 것이었다. "저런, 저런! 나는 자신에게 말했다. 이것이 B***가 말한 바로 그 지진이구나. 그래 그것이 온 것인가?" 그리고, 점점 기분이 좋아지듯, "예를 들자면, 지진으로서는 괜찮은 것이군!"

모든 일은, 리크 관측소가 훨씬 후에 알게 해주었듯이, 48초 이상은 지속하지 않았다. 그것은 내가 느꼈던 것과 거의 같았다. 다른 사람들은 간격이 더 길다고 믿었었다. 내 경우에 감각과 감동이 너무 강해서 별로 생각할 수 없었고, 그 현상이 지배하는 짧은 시간 동안 어떤 반성도 어떤 의지도 있을 수 없었다.

나의 감동은 전적으로 환희와 찬탄이었는데, '지진' 같은 한 추상적 관념이, 한 순수한 언어적 결합이, 일단 감각적 실재로 번역되고 구체적인 사실 입증의 대상이 되어, 취할 수 있었던 것은 생명의 강렬함 앞에서의 환희이며, 가냘픈 조그만 나무집이 이런 진동에도 불구하고 유지될 수 있었다는 사실 앞에서의 찬탄이다. 공포의 그늘이 아니라, 다시 오기를 바라는 마음과 함께하는 단순한 극단적인 기쁨이다. 나는 거의 소리를 지를 뻔했다. "그래 잘한다! 그래 더 세게!"

내가 생각할 수 있게 되자, 나는 이 현상 앞에서 나의 의식이 했었던 환대에서 완전히 특별한 어떤 양상들을 회고적으로 분별했다. 그것은 자발적인 것이었고, 말하자면 불가피하고 저항할 수 없는 것이었다.

우선 나는 이 지진을 영속적이고 개별적인 한 실체로 인격화했다. 그것은 내 친구 B***가 예언했던 그 지진이었는데, 그 지진은 그 사이 몇 달을 억제하고 조용히 있다가, 드디어 이 기념할 만한 4월 아침에 내 방으로 침입해, 그만큼 더 힘 있고 의기양양하게 자신을 내보인 것이다. 더욱이 바로 나에게 곧바로 와서, 내 등 뒤에서 내 안으로 미끄러져 들어왔다. 그리고 일단 방에 들어와서는 그 자신만으로 나를 사로잡고, 납득할 수 있게끔 자신을 드러낼 수 있었다. 이런 활기와 의도가 인간의 행동에서는 결코 있었던 적이 없었다. 또한 인간의 활동이 자신 뒤에 근원과 기원으로서 한 살아 있는 행위자를 더 명백하게 보게 한 적이 없었다.

게다가 내가 그 점에 관해서 물어본 모든 사람들이 그들의 경험의 이 측면에 관해 일치해 있었다. 즉 "그것은 의도를 뚜렷이 나타냈다", "그것은 악랄했다", "그것은 파괴할 생각을 품었다", "그것은 자신의 힘을 내보이려고 했다" 등등. 나에게 그것은 자신의 **이름**의 충만한 의미를 단지 나타내려 했었다. 그런데 이 '그것'은 누구인가? 몇몇 사람들에게 있어서는 한 모호한 악마적인 능력이었다. 나에게 있어서는 한 개별화된 존재, B***의 지진이었다.

나에게 그들의 인상들을 전달했던 사람들 중의 한 사람은 세계의 종말, 최후의 심판의 시작을 생각했었다. 그분은 샌프란시스코의 한 호텔에 묵었던 부인이었는데, 그 부인에게 지진에 대한 생각은 단지 그녀가 거리에 있었을 때, 그리고 그녀가 이러한 설명을 하려 했을 때 떠올랐다. 그녀가 나에게 말하기를, 그녀의 신학적 해석이 그녀를 공포로부터 지켜주었고 그녀로 하여금 이 동요를 침착하게 제어하게 했었다.

'과학'에 있어서 지진이란 지각(地殼)의 긴장들이 파열점에 도달했을 때, 지층들이 평형을 이루려고 변양을 겪게 될 때 생산되는 모든 와작소리들, 모든 동요들, 모든 교란들의 집합적 이름이다. 이런 것들이 지진인 것이다. 그러나 나에게 있어서 지진은 혼란들의 원인이었고, 한 살아 있는 행위자에 대한 지각처럼 땅의 떨림에 대한 지각은 저항할 수 없는 것이었다. 그것은 모든 것을 앗아간다는 확신의 한 극적인 힘이었다.

나는 이제 이런 종류의 파국들에 대한 고대인들의 신화적인 해석들이 얼마나 불가피했었는지, 과학이 교육에 의해서 우리 안에 새겨놓은 차후의 습관들이 얼마나 인위적이고, 우리의 자발적 지각(知覺)과 어떻게 반대 방향으로 가는지를 잘 알게 되었다. 교육받지 않은 정신들에게 지진의 인상들을 경고들이나 초자연적 징벌들과 다르게 받아들인다는 것은 단순히 불가능했었다.[41]

우선 사람들은 제임스가 지진에 대해서 하나의 '개별화된 존재'처럼 말하는 것을 주목할 것이다. 그는 지진이 "그에게 있어서 영

---

41) 윌리엄 제임스, 『기억들과 연구들』, 209-214쪽. 칼렌(H. M. Kallen)의 『왜 종교인가(*Why religion*)』(New York, 1927)에서 인용.

속적이고 개별적인 한 실체로서 인격화하는" 것을 확증한다. 그러나 그는 다양한 행동을 할 수 있고 지진이라는 것으로 특별히 현시할지 모르는 완전한 인격성 —신이든 악마이든— 이 있다고는 말하지 않는다. 반대로 문제시되는 실체는 영속적인 것으로 간주된 현상 자체이다. 이 현시가 그것의 본질을 우리에게 주는 것이다. 그것이 가진 유일한 기능은 지진이 되는 것이다. 하나의 영혼이 있는데, 그러나 이 영혼이란 그것의 의도에 의해서 작용을 생기 있게 하는 것이다.[42] 만일 저자가 "어떤 인간의 활동도 그것 배후에 한 살아 있는 행위자를 더 선명하게 보게 하지는 못한다"고 우리에게 말한다면, 그 말로써 그는 의도와 '생기(生氣)'는 한 살아 있는 행위자가 수행한 작용들이 그 작용들 뒤에 있는 이 행위자에 속하듯이 지진에 속한다는 것을 뜻한다. 그러나 여기서 이 살아 있는 행위자는 지진 자체이고, 그것은 다른 활동을 하지 않으며, 다른 속성도 가지지 않으며, 따라서 그것은 그것이 한 것과 일치한다는 사실을 모든 이야기는 증언한다. 그것의 존재가 현상과 하나를 이루고, 한 결정된 행위와 혼합되고, 의도가 단지 행위의 윤곽이고 의식적 의미이기에 의도가 이 행위 자체에 내재하는 그런 종류의 실체가 정확히 우리가 인격성의 한 요소라 불렀던 그것이다.

이제 사람들이 깜짝 놀라지 않을 수 없을 다른 점이 있다. 샌프

---

42) 정령(Animus)과 의도는 인간의 어떤 행위에서도 이보다 더 현존한 적은 없다.

란시스코의 지진은 큰 재난이었다. 그러나 위험 앞에 갑자기 서게 된 제임스에게, 지진은 친근하게 대해도 좋을 내가 모르는 어떤 좋은 사람의 모습으로 나타난다. "저런, 저런! 그 반가운 지진이군." 그 자리에 있었던 다른 사람들의 인상도 비슷했었다. 지진은 '악랄' 했었고, 그것은 생각을 가졌고, "그것은 파괴할 생각이었다." 이처럼 사람들은 필연적으로 모든 관계를 끊지 못했던 나쁜 불량배에 대해서 말한다. 우리를 마비시키는 두려움은 맹목적이고 무시무시한 힘들이 아무 의식 없이 우리를 부숴버리려고 한다는 생각으로부터 나온다. 물질적 세계가 순수 지성에게 바로 이렇게 나타나는 것이다. 제임스가 그의 마지막 문장들에서 암시한 지진에 관한 과학적 견해는, 과학이 우리에게 위험에 대한 선명한 영상을 가져오면서도 그것을 피할 어떤 수단도 우리에게 제공할 수 없었을 것이라면, 모든 것들 중에 가장 위험스러운 것이 될 것이라는 것이다. 이런 과학적 견해에 대항하여, 더 일반적으로는 이 견해가 정확하게 한 지적인 표상에 대항하여 중대하고 갑작스러운 위험 앞에서 하나의 방어적 반작용이 생산된다. 우리가 관계하는, 그 각각이 전적으로 기계적인 혼란들은 한 대사건으로 구성되는데, 이것은 사악한 주체가 될 수 있지만 그래도 역시 우리의 세계에 속하는 누군가를 닮고 있다. 그것은 우리에게 낯설지 않다. 그것과 우리 사이에 어떤 친교가 가능하다. 그러기 위해서는 공포심을 없애는 것으로, 오히려 공포심이 생겨나지 않게 하는 것으로 충분하다. 일반적으로 공포심은 모든 다른 감정들처럼 유용하다. 두려움에 사로잡힐 수 없는 동물은 도망할 줄도 모르고, 피신할 줄도 모를 것이다. 그 동물은 생존을 위한 경쟁에서 곧바로 쓰러질 것이다. 따라서 사람들은 두려움 같은 감정의 존재 이유를 안다. 사람들은 또한 두려움은 위험의 심각성에 비례한다는 것을 이해한다. 그러나 두려움은 자제하고, 우회케 하며, 되돌리는 감정이다. 이 감정은 본질적으로 억제하는 것이다. 위험이 극에 달할 때, 두려움이 절정에 이르고 마비될지도 모를 때, 자연의 방어적 반작용은 마찬가지로 자연적이었던 감동에 대항하여 생산된다. 우리의 감각 기능은 확실히 변화될 수 없을 것이고, 그것이었던 대로 있을 것이다. 그러나 지성은 본능의 충동 아래에서 자신을 위해 상황을 변화시킨다. 지성은 안심시키는 이미지를 불러일으킨다. 지성은 그 대사건에다 하나의 통일성과 하나의 개별성을 부여하고, 그것을 악의적이고 아마도 심술궂은, 그러나 사회적이고 인간적인 어떤 것을 가진 우리와 비슷한 한 존재로 만든다.

나는 독자에게 자신의 기억들을 탐문해보라고 요구한다. 내가 심하게 틀렸거나, 아니면 그들은 제임스의 분석을 확증할 수 있을 것이다. 어쨌든 나는 나의 기억 중 한두 개를 떠올리려 한다. 첫 번째 기억은 매우 오래된 시기에까지 거슬러 올라간다. 그때 나는 아주 젊었고, 나는 스포츠를 즐겼고, 특히 승마를 했다. 어느 화창한 날 도로에서 뒷바퀴가 작은 높은 자전거에 앉은 운전자의 환상적인 출현을 마주쳐 지나갔기에 내가 타고 있던 말이 겁을 먹고 날뛰었다. 그 일은 일어날 수 있었고, 그와 같은 경우에 해야 할 혹은 적어도 시도할 어떤 것들이 있다는 것을 나는 승마장에 자주 가는 모든 사람들처럼 알고 있었다. 그러나 이런 뜻밖의 사건은 나의 정신에 단지 추상적인 형태로만 현존해 있었다. 사건이 시간과 공간의 한 결정된 지점에서 실제로 일어났을 때, 그것이 다른 사람이 아닌 나에게 있어났을 때, 그 사실은 나란 사람에게 주어진 편애를 함축하는 것처럼 나에게 보였다. 도대체 누가 나를 선택했을까? 그것은 말이 아니었다. 그것은 좋은 수호신이든 나쁜 수호신이든, 그것이 어떤 것이든 간에, 완전한 존재는 아니었다. 그것은 사건 자체였고, 그에게 속하는 몸체를 가지지 않은 한 개인이었다. 왜냐하면 그것은 상황들의 종합에 불과했지만, 자신의 매우 요소적인 영혼을 가졌고, 상황들이 나타내는 것처럼 보였던 의도와 거의 구별되지 않는 것이었기 때문이다. 그것은 내가 거기서 어떻게 빠져나오는지를 보기 위해 심술궂게도 나의 무질서한 주행을 따라왔다. 그리고 나는 내가 할 수 있다는 것을 그에게 보여주는 것 이외에 다른 걱정은 없었다. 만일 내가 어떤 공포도 느끼지 못했다면, 그것은 바로 내가 이 생각에 몰두해 있었기 때문이다. 또한 그것은 아마도 나의 독특한 동행인의 악의가 어떤 순박함을 배제하지 않았기 때문이다. 나는 이 작은 사건을 자주 생각했고, 그리고 나에게 이렇게 말했다. 만일 자연이 유용한 감정으로 공포심을 우리에게 부여하면서 우리를 그냥 놔두기보다는 더 잘해야만 하는 경우들에서 우리를 공포심에 의해 보호하기를 원했었다면, 자연은 다른 심리적 메커니즘을 상상할 수 없었을지 모른다.

나는 방금, 사고 때 '좋은 어린이'의 성격이 가장 눈에 띄는 예를 인용했다. 여기에 다른 예가 있는데, 그 예는 아마도 그것이 현실의 연속에서 분리되는 선명함을, 그것의 통일성과 개별성을 더 잘 강조하는 예이다. 1871년 전쟁 발발 다음날 아직 어린아이였던 나는 내 또래의 모든 아이들처럼 이어질 12년 혹은 15년 안에 새로운 전쟁이 임박한 것으로 간주했었다. 그리고 이 전쟁은 우리에게 일어날 것 같기도 하고 동시에 안 일어날 것 같기도 했다. 복잡하고 모순적인 관념이 운명적인 날까지 지속되었다. 게다가 이 관념은 우리의 정신 속에 그것의 언어적 표현 외에는 어떤 이미지도 불러일으키지 않았다. 이 관념은 충돌이 불가피한 것처럼 보이는 비극적인 시간에까지, 마지막 순간까지, 사람들은 모든 기대에 대항하여 바라고 있었지만, 그것의 추상적인 성격을 보존했었다. 그러나 1914년 4월 《마탱(Matin)》지 1면을 펼치면서, 나는 "독일, 프랑스에 전쟁을 선포하다"는 대문짝만한 글자를 읽었을 때, 모든 과거가 준비해왔었고, 자신을 투사하는 몸을 앞서가는 그림자의 방식으로 예고했었던, 한 보이지 않는 **현존**을 갑작스럽게 느꼈다. 그것은 마치 그의 역사를 이야기하는 책으로부터 빠져나온 전설의 한 인물이 방 안에 조용히 자리 잡은 것 같았다. 사실을 말하자면, 나는 완전한 인물과 관계한 것은 아니었다. 그 인물에 대해서 어떤 효과를 얻기에 필요했던 것만이 있었다. 그는 자신의 시간을 기다리고 있었다. 어떤 행동도 없이 친밀하게 그는 그 자리에 앉아 있었다. 바로 이 장소에서 이 순간에 개입하기 위해서 그는 나의 모든 역사와 모호하게 섞여 있었던 것이다. 그것은 가구를 갖춘 방, 책상 위에 펼쳐진 신문, 그 앞에 서 있는 나, 대사건이 이 모든 것들에 그것의 현존을 배어들게 하면서 이 그림을 구성하기를 43년의 혼란된 불안이 겨냥하고 있었던 것 같았다. 나의 혼란에도 불구하고, 그리고 승리하기조차 한 전쟁이 나에게 파국처럼 나타났다 하더라도, 나는 제임스가 말한 것, 추상적인 것에서 구체적인 것으로 이행이 실제적으로 이루어지는 용이함에 대한 찬탄의 감정을 체험했다. 그처럼 무시무시한 우발적 사건이 또한 아무 당황함도 없이 현실 속으로 들어올 수 있었다는 것을 누가 믿을 수 있었겠는가? 이 단순성의 인상이 모든 것을 지배했다. 그것을 반성해보면서, 만일 자연이 공포에다 방어적 반작용을 대립시키고, 끝없는 반향을 가진 한 재난에 대한 지나치게 지적인 표상 앞에서 의지가 위축되는 것을 예방하고자 했다면, 자연은 요소적인 인격으로 변모되고 단순화된 사건과 우리 사이에 우리를 편안하게 하고 우리의 긴장을 풀어주고 우리가 우리의 의무를 그저 수행하게 하는 친교를 정확하게 불러일으켰을 것이라는 것을 깨닫게 된다.

만일 사람들이 우리의 아주 먼 조상들이 느낄 수 있었던 것을 어느 정도 다시 찾고 싶다면, 곧바로 지워지고 사라져가는 이 인상들을 반성에 의해 탐구하러 가야 한다. 만일 사람들이 인간의 도덕적이고 지적으로 획득된 습관들이 개별적 유기체들의 몸에 체화되어 유전된다는 편견에 물들지 않았다면, 그렇게 하는 데 주저하지 않았을지 모른다. 그렇다면 우리는 우리 조상들이었던 바와 아주 다르게 태어났을 것이다. 그러나 유전은 이런 효능을 가지지 못한다. 유전은 세대에서 세대에로 얻어진 습관들을 자연적 성향들로 변형시킬 수 없을 것이다. 만일 유전이 습관에 대해 어떤 영향력을 가졌다면, 거의 미약하게 우연적이고 예외적으로 가질지 모른다. 즉 유전은 의심할 여지없이 어떤 영향력도 가지지 못한다. 따라서 자연적인 것은 오늘날에도 그것이 항상 있었던 그대로이다. 사실 사태들은 마치 자연이 변화되었던 것처럼 일어난다. 왜냐하면 사회는 개인들이 태어나서부터 중단 없이 추구되는 교육에 의해서 개인들을 만들어나가기에 문명에 의해 획득된 모든 것이 자연을 덮어버리기 때문이다. 그러나 갑작스러운 놀람이 이런 피상적인 활동들을 마비시켜 이 활동들을 작동하게 하는 빛이 잠시 꺼진다고 하자. 밤에 움직이지 않는 별처럼 자연은 곧바로 다시 나타난다. 원시인에로 거슬러 올라가려는 심리학자는 이런 예외적인 경험들에로 옮겨가야만 할 것이다. 그는 그렇게 하기 위해 그의 길잡이를 늦추지 말아야 할 것이고, 그는 자연은 실용적이라는 것, 기능을 갖지 않은 본능은 없다는 것을 잊지 말아야 할 것이다. 사람들이 지성적이라고 부를 수 있는 본능들은 지성 안에 있는 과장됨과 특히 지성적 조숙함에 대항하는 방어적 반작용들이다. 그러나 이 두 방법은 서로 의지하려 할 것이다. 하나는 오히려 탐구에 사용될 것이고, 다른 것은 검증에 사용될 것이다. 우리가 보통 이 방법들로부터 눈을 딴 데로 돌리는 것은 우리의 오만, 우리의 이중적 오만 때문이다. 우리는 인간이 예전에 있었던 것보다 우월하게 태어나기를 바란다. 마치 진정한 공로가 노력에 있지 않다는 듯이! 마치 과거 전체와 힘겹게 동화함으로써 자기 자신을 넘어 고양되어야 하는 개인들로 이루어진 종족이, 각 세대가 유전의 자동적인 작동에 의해서 앞선 세대들을 전반적으로 넘어설지 모르는 그런 종족만큼도 가치를 가지지 못하는 듯이! 그러나 또 다른 오만, 지성의 오만이 있는데, 그것은 지성이 생물학적 필연성들에 원래 종속되어 있다는 것을 인정하지 않으려는 것이다. 사람들은 한 세포, 한 조직, 한 기관을 그것의 기능을 다루지 않고는 연구하지 못할지 모른다. 심리학적 영역 자체에서 사람들은 본능을 종(種)의 요구에 관련시키지 않고는 본능에서 벗어났다고 스스로 생각하지는 못할 것이다. 그러나 일단 지성에 도달하면, 자연에 안녕을 고하다니! 생명은 안녕! 지성은 "아무것을 위한 것도 아닌, 쾌락을 위해" 있는 것일 것이다. 마치 지성 역시 처음부터 생명적 요구들에 부응하지 않았다는 듯이! 지성의 원래의 역할은 본능이 해결하는 문제들과 유사한 문제들을 매우 다른 방법으로 해결하는 것이었다. 물론 이

다른 방법이란 진보를 보장하고, 자연에 관해 이론적으로 완전히 독립하지 않고는 실행할 수 없는 방법이긴 하다. 그러나 이 독립성은 사실상 제한되어 있다. 이 독립성은 지성이 생명적 이익에 해를 끼치며 그것의 목표에 대립해나가는 바로 그 순간에 멈춘다. 따라서 지성은 필연적으로 본능의 감시를 받거나 오히려 본능과 지성의 공통의 기원인 생명의 감시를 받는다. 우리가 지성적인 본능들에 대해 말할 때 다른 것을 뜻하고자 한 것이 아니다. 문제시되는 것은 지성에 의해 자연적으로 형성된 표상들인데, 이 표상들은 인식의 어떤 위험들에 대항하여 어떤 소신들에 의해서 자신을 지키기 위한 것이다. 따라서 심리학이 기원들에로 거슬러 올라가기를 바란다면, 심리학이 고려해야만 하는 것은 그러한 경향들이고, 또한 그러한 경험들이다.

비문명인들에 대한 연구가 덜 소중한 것은 아닐 것이다. 우리는 그것을 말했었고, 그것을 지나치게 반복할 필요는 없을지 모른다. 그들은 기원(起源)들에서 우리만큼 멀리 있으나, 그들은 우리보다 덜 발명했다. 따라서 그들은 응용들을 증식시키고, 과장하고, 풍자하고, 결국 극단적으로 변형하기보다는 왜곡해야만 했었다. 게다가 변형이 문제 되었든 혹은 왜곡이 문제 되었든 간에, 원본적인 형태는 획득된 것에 의해 단순히 덮인 채로 존속한다. 따라서 두 경우들에서 기원들을 발견하기를 바라는 심리학자는 같은 종류의 노력을 해야만 할 것이다. 그러나 통과해가야 할 길이 첫 번째 경우보다 두 번째 경우에서 더 짧을 것이다. 특히 서로 간에 교류를 할 수 없었던 토착인 사회들에 있어서 비슷한 신앙들을 발견할 때, 바로 이 점에 도달하게 될 것이다. 이 신앙들이 반드시 원시적인 것은 아니지만, 이 신앙들이 내적 성찰의 노력에 의해 우리가 우리 자신 안에서 발견할지 모르는 근본적인 경향들의 하나로부터 곧바로 오게 될 가능성이 있다. 따라서 이 신앙들이 우리를 이 발견의 도상에 올려놓고, 이어 그것들을 설명하는 데 사용할 내적인 관찰을 인도할 수 있을 것이다.

만일 우리가 우리의 탐구에서 길을 잃지 않기를 바란다면, 방법에 대한 숙고들에로 항상 되돌아가자. 우리가 도달한 전환점에서 우리는 특히 이 숙고들을 필요로 했다. 왜냐하면 사물들에 대한 지각, 사건들에 대한 지각, 우주 일반의 지각에서 인간의 반응이 그야말로 문제시되기 때문이다. 지성이 물질을 이용하기 위해, 사물들을 지배하기 위해, 사건들을 제어하기 위해 만들어졌다는 것은 의심스럽지 않다. 지성의 능력이 과학의 직접적인 이유라는 것 또한 확실하다. 그러나 이 과학은 우선 매우 제한되어 있다. 과학이 포괄하는 우주적인 기계론의 몫, 과학이 취하는 연장과 지속[43]의

---

43) (역주) 여기서 번역된 연장(l'étendue)과 지속(la durée)은 베르그손 철학에 익숙하지 않은 독자들에게는 단순히 공간과 시간으로 읽히는 것이 좋을지 모르겠다. 베르그손 철학에서 실제적 공간은 연장이고 실제적 시간은 지속이다. 상식적으로, 그리고 과학적으로 알려진 공간은 지성이 외적 세계를 바라보는 형식

많은 매우 적은 것이다. 나머지에 대해서 과학은 무엇을 할 것인가? 그 자체로 놔두면, 과학은 단지 자신의 무지를 확인할 수 있을지 모른다. 인간은 이 광대함 속에서 길을 잃었다고 느낄 것이다. 그러나 본능이 깨어난다. 기술을 동반하거나 기술에 포함되어 있는 고유하게 과학적인 인식에다, 우리의 행동에 포착되지 않는 모든 것에 대해서 인간을 고려하는 힘(능력)들에 대한 믿음을 덧붙인다. 이렇게 해서 우주는 더욱이 일시적이고 변화하는 의도들로 가득 차게 된다. 우리가 기계적으로 행동하는 지대가 오로지 순수 기계론에 속할 것이다. 이 지대는 우리의 문명이 진보함에 따라 확장된다. 완성된 과학을 이상적으로 표상하는 지성의 눈에 우주 전체는 마침내 기계론의 형태를 취하게 된다. 우리는 바로 거기에 속하기에, 우리의 과학이 알고 있는 모든 것과 알고자 하는 모든 것에 의해 덮어버린 원본적인 믿음들을 다시 발견하기 위해서는 오늘날 내적 성찰의 힘든 노력이 우리에게 필요하다. 그러나 우리가 이 믿음들을 취하게 된 순간부터, 어떻게 이 믿음들이 지성과 본능의 결합된 작용에 의해서 설명되는지, 어떻게 이 믿음들이 생명적 관심에 부응했어야만 했는지를 우리는 안다. 그때에 비문명인들을 고찰함으로써 우리는 우리가 우리 자신 안에서 관찰했던 것을 입증한다. 그러나 여기서 신앙은 부풀려지고, 과장되고, 증가되어 있

이고, 과학적 시간은 공간의 다른 형식에 불과하다.

다. 신앙이 문명인에게서 했던 것처럼 과학의 진보 앞에서 뒤로 물러나는 대신에, 신앙은 기계적인 행동에 유보된 지대를 침범하여, 자신을 배제해야만 했을지 모르는 활동들에 겹쳐진다. 우리는 여기서 본질적인 점에 접하게 된다. 사람들은 종교가 마법에 의해 시작했었다고 말했다. 사람들은 또한 마법 안에서 과학의 서곡을 보았다. 우리가 방금 그러했듯이 만일 사람들이 심리학에 만족한다면, 만일 사람들이 내적 성찰의 노력에 의해 사물들의 지각에서 인간의 자연적인 반응을 재구성한다면, 사람들은 마법과 종교는 서로 관련이 있지만, 마법과 과학 사이에는 공통적인 어떤 것도 없다는 것을 발견한다.

결국 우리는 방금 전에 원시적 지성은 자신의 경험에 있어서 두 부분을 형성한다는 것을 보았다. 한편에는 손과 도구의 작용에 복종하는 것, 사람들이 예측할 수 있는 것, 사람들이 확신하는 것이 있다. 우주의 이 부분은 물리적으로 사유되며, 결국 수학적으로 사유기에 이른다. 우주의 이 부분은 원인들과 결과들의 연쇄처럼 나타나며, 혹은 어쨌든 그처럼 다루어진다. 표상이 불분명하고, 거의 의식되지 않는다는 것은 그다지 중요하지 않다. 표상은 명백하게 되지 않을 수 있지만, 지성이 암암리에 사유하는 것을 알기 위해서는 지성이 하는 것을 바라보는 것만으로 충분하다. 이제 한 다른 측면에는 **공작인**(homo faber)이 더는 어떻게 할 수 없는 경험의 부분이 있다. 이 부분은 더는 물리적으로 다루어지지 않고, 도덕적으로 다루어진다. 이 부분에 대해 작용할 수 없기에, 우리는 그것이 우리에게 작용하기를 기대한다. 게다가 여기서 자연은 인간성으로 침투되어 있다. 그러나 자연은 필요한 정도에서만 그리할 것이다. 힘이 없기에 우리는 신뢰할 필요가 있다. 우리가 편안하다고 느끼기 위해서는 실재 전체에서 우리의 눈에 의해 절단된 사건이 하나의 의도에 의해서 생기를 띠는 것처럼 보여야만 한다. 사실 우리의 자연적이고 원본적인 신념이 그러할 것이다. 그러나 우리는 거기서 그것으로 만족하지 않을 것이다. 우리에게는 두려워할 어떤 것도 없다는 것으로 충분하지 않으며, 우리는 그 밖에 희망할 어떤 것을 갖기를 바랄 것이다. 만일 사건이 완전히 알아차릴 수 없는 것이 아닌 데에도, 우리는 그 사건에 영향을 미치는 데 성공하지 못할 것이란 말인가? 그 사건이 납득되거나 강제되는 것이 아닐까? 사건이 그것인바 그대로, 즉 일어나는 의도, 기본적인 영혼으로 남아 있다면, 그 사건이 그렇게 되기는 어려울 것이다. 그 사건은 우리의 소원을 들어주기에는 충분한 인격성을 가지지 못했을 것이고, 우리의 지시에 따르기에는 과도한 인격성을 가졌을지 모른다. 그러나 우리의 정신은 그것을 쉽게 한 방향이나 다른 방향으로 밀어버릴 것이다. 사실 본능의 압력이 지성의 한가운데에서 우화 기능인 이런 형태의 상상력을 솟아오르게 했다. 이 우화 기능은 그대로 놓아두기만 하면, 원초적으로 윤곽 지어진 요소적인 인격성들을 가지고 우화의 신들처럼 점점 고양되는 신들, 혹은 단순한 정령들처럼 점점 더 낮아지는 신성들, 혹은 그들의 심리적 기원으로부터 단지 한 유일한 속성 —즉 순전히 기계적이 아니고 우리의 욕망들에 양보하고 우리의 의지들에 굴복하는 속성— 만을 고려하는 힘들조차 제작하게 된다. 첫 번째와 두 번째 방향들은 종교의 방향들이고, 세 번째 방향은 마법의 방향이다. 마지막 것부터 시작하자.

마법의 심리적 기원

사람들은 마나(Mana)라는 개념에 대해 말을 많이 하는데, 그 개념은 예전에 코드링턴(Codrington)에 의해서 멜라네시아 인들에 관한 유명한 책[44]에서 강조했던 것으로, 그것과 똑같은 것 혹은 오히려 유사한 것을 사람들은 다른 많은 원시인들에게서 다시 발견할 수 있었을지 모른다. 이로쿼이(Iroquois) 인들의 오렌다(**orenda**), 수(Sioux) 족의 와칸다(**Wakanda**) 등이 그러한 것일 것이다. 이 모든 말들은 자연을 통해 퍼져 있는 하나의 힘을 지칭할 것인데, 모든 사물들은 아니나 이들 중 어떤 것들은 다양한 정도에서 이 힘의 성질을 띠고 있다. 거기서부터 인간 정신이 반성하기 시작하자마

---

44) 코드링턴(Codrington), 『멜라네시아 인들에 관한 인류학과 민속』(Oxford: Clarendon, 1891)과 『멜라네시아 언어들』(Oxford: Clarendon, 1891).

자 인간 정신 속에 그려지는 원시적인 철학의 가설에까지는 단지 한 걸음의 거리가 있을 뿐이다. 어떤 사람들은 실제로 비문명인들의 사고에는 막연한 범신론이 늘 떠나지 않았다고 가정했었다. 그러나 인류가 그만큼 일반적이고 그만큼 추상적인 개념들로 시작한 것 같지는 않다. 철학하기 전에 살아야만 한다. 학자들과 철학자들은 사유가 그들에게 있어서처럼 모든 사람들에 있어서도 기쁨을 위해 수행된다고 믿는 데까지 지나치게 나아갔다. 진실로 사유는 행동을 위한 것이고, 만일 사람들이 비문명인들에 있어서 어떤 철학을 실제로 발견한다면, 그 철학은 사유되기보다는 오히려 행사되었음에 틀림없다. 그 철학은 유용하거나 그렇게 판단된 작업들의 총체 속에 함축되어 있다. 그 철학은 이러한 작업들로부터 벗어나지 못하고, 단지 행동의 편의를 위해 말들로 ―게다가 필연적으로 모호한 말들로― 표현되었을 뿐이다. 위베르(MM. Hubert)와 모스(Mauss)는 그들의 매우 흥미 있는 『마법에 관한 일반 기원』에서 마법에 대한 믿음이 마나 개념과 분리될 수 없다는 것을 힘 있게 제시했다. 그들에 따르면 이 믿음은 이 개념에서 파생되는 것처럼 보인다. 오히려 그 관계가 역전된 것이 아닐까? 마나, 오렌다 등등 같은 용어들에 상응하는 표상이 우선 형성되었고, 마법이 거기서부터 나왔다는 것은 우리에게는 그럼직하게 보이지 않는다. 아주 반대로, 사람들이 마법을 믿었기에, 마법을 실행했기에, 사물들을 이처럼 표상하게 되었을지 모른다. 인간의 마법은 성공하는 것처럼 보였고, 인간은 마법의 성공을 설명하거나 오히려 표현하는 데 만족했었다. 게다가 인간이 곧바로 마법을 실행했다는 것을 사람들은 쉽게 이해한다. 곧 인간은 외적 세계에 대한 그의 정상적인 영향력이 한계에 빨리 도달되었다는 것을 인정했지만, 체념하지 않고 더 멀리 나아갔다. 따라서 인간은 이런 활동[마법]을 계속했고, 그 자신에 의해서 이 활동이 바라던 결과를 획득하지 못했기에, 자연이 그것을 책임져야만 했다. 그것은 단지 말하자면 물질이 자기(磁氣)를 띠게 되었을 때에만, 물질이 인간으로부터 임무를 부여받고 인간의 명령을 실행하기 위해서 스스로 인간에로 향할 때에만, 가능할 수 있었다. 그러나 물질은 우리가 오늘날 말하듯이 그래도 역시 물리적 법칙들을 따르는 채로 있었다. 사람들이 기계적으로 물질에 대해서 영향력을 갖기 위해서는 물론 그래야만 했었다. 그러나 물질은 게다가 인간성에 배어 있었고, 다시 말해 인간의 의도들 안으로 들어올 수 있는 힘을 지니고 있었다. 인간은 이런 성향을 이용하여, 자신의 행동을 물리적 법칙이 허용하는 것 이상으로 연장할 수 있었다. 만일 사람들이 마법의 과정들을 숙고하고, 마법이 성공할 수 있다고 막연히 표상하게 하는 물질에 관한 견해들을 숙고한다면, 사람들은 어려움 없이 그 점을 확인할 것이다.

마법의 작용들은 자주, "같은 것은 같은 것에 작용한다", "부분은 전체를 위해 가치가 있다"[45] 등과 같은 몇몇 이론적인 원리들의 적용들처럼 묘사되어 왔었다. 이 형식들이 마법적인 작용들을 분류하는 데 사용될 수 있다는 것은 의심스럽지 않다. 그러나 마법적인 작용들이 이 형식들로부터 도출된다는 것은 결코 이끌어지지 않는다. 만일 원시적인 지성이 여기에서 원리들을 생각함으로써 시작했다면, 원시적 지성은 그것의 거짓됨을 논증하는 경험에 곧바로 굴복했을 것이다. 그러나 여기서도 원시적 지성은 본능의 암시들을 표상으로 번역하게 했을 뿐이다. 더 정확하게 말해, 욕망의 연장으로서 몸의 논리가 있는데, 이 논리는 물론 지성이 그것에게서 개념적 형식을 발견하기 이전에 실행되는 것이다.

예를 들어 여기에 그의 적을 죽이고자 했을 한 '원시인'이 있다. 그러나 적은 멀리 있기에 그를 손으로 잡는 것은 불가능하다. 상관없다! 우리의 인간은 분노하고 있다. 그는 부재자에게 돌진하는 몸짓을 한다. 일단 몸을 던지면, 그는 끝까지 간다. 그는 그가 생각하거나 잡으려고 했던 희생자를 그의 손아귀에 쥐고, 그의 목을 조른다. 그러나 그는 결과가 완전하지 않다는 것을 잘 안다. 그는 그가 할 수 있는 모든 일을 다 했다. 그는 사물들이 나머지 것을 책임지기를 바라고 요구한다. 사물들이 그것을 기계적으로 하지 않을 것이다. 사물들은, 우리 인간이 땅을 차고 팔과 다리를 흔들고 결국 물질로부터 그의 행동에 상응하는 반응들을 얻었을 때처럼, 물리적 필연성에 굴복하지 않을 것이다. 따라서 물질은 받은 운동들을

---

45) 뒤르켐, 『종교적 삶의 요소적 형태들』, 2권 7장 4절 328쪽과 3권 3장 2절 참조.

기계적으로 복구할 필연성에다 욕망들을 수행하고 명령들에 따르는 능력을 결합해야 한다. 만일 자연이 이미 그 스스로 인간을 고려하는 데에로 기울어져 있다면, 그것은 불가능하지는 않을 것이다. 어떤 **사건들**이 증언하는 쾌히 응함이 **사물들** 속에서 다시 발견된다는 것으로 충분할 것이다. 이때에 사물들은 다소간에 복종과 힘을 지니고 있을 것이다. 사물들은 인간의 욕망들에 적합한 힘, 그리고 인간이 빼앗을 수 있을 힘을 소유할 것이다. '마나', '와칸다' 같은 낱말들은 이 힘을 표현함과 동시에 이 힘을 두르고 있는 위세를 표현한다. 만일 사람들이 정확한 의미를 바란다면, 그 낱말들이 모두 같은 의미를 갖는 것은 아니다. 그러나 모두는 같은 모호한 관념에 상응한다. 이 낱말들은 사물들이 마법의 작용들에 따르게 하는 것을 지칭한다. 이 마법의 작용들 자체에 관해서 우리는 방금 그것의 본성을 규정했다. 이 작용들은 인간이 완성할 수 없는 행위를 시작한다. 이 마법의 작용들은 몸짓을 만드는데, 이 몸짓은 바라는 결과를 생산하는 데까지 가지는 못하지만, 만일 인간이 억지로 사물들의 환심을 살 줄 안다면 그런 결과를 얻을 수 있을 그런 몸짓이다.

따라서 마법은, 인간이 그의 가슴을 채우고 있는 욕망을 단지 외재화한 것이기에, 인간에게는 타고나는 것이다. 만일 마법이 인위적인 것처럼 보였고, 사람들이 마법을 피상적인 관념들의 연합 작용들로 귀결 지었다면, 그것은 바로 마법사가 거기에 그의 영혼을 불어넣는 일을 면하게 하여 피로 없이 같은 결과를 얻기 위해 만들어진 작용들 속에서 마법을 고려했기 때문이다. 자신의 배역을 연구하는 배우는 그가 표현해야만 하는 감동을 진심으로 자신에게 부여한다. 그는 그 감동에서 나오는 몸짓들과 억양들을 주의한다. 나중에 대중들 앞에서 그는 단지 억양과 몸짓을 재생산할 것이고, 감정을 절약할 수 있을 것이다. 마법도 이와 같다. 사람들이 마법에서 발견했던 '법칙들'은 마법이 나온 자연적 약동에 대해 우리에게 어떤 것도 말하지 않는다. 이 법칙들은 원본적인 마법을 손쉽게 모방하려는 게으름이 암시했던 절차들의 형식에 불과하다.

사람들이 우리에게 말하길, 이 형식은 우선 "비슷한 것은 비슷한 것을 생산한다"는 것에서 비롯된다고 한다. 사람들은 왜 인류가 그렇게 추상적이고 임의적인 법칙을 놓고 시작하는지를 알지 못한다. 그러나 현재 있지 않은 적에게 달려드는 몸짓을 본능적으로 한 후에, 그의 분노가 허공에 던져져 친절한 물질에 실려 시작한 행위를 완수하러 간다고 자기 자신을 납득시킨 후, 그 사람은 똑같은 상태에 다시 있어야 할 필요 없이도 똑같은 결과를 얻기를 바란다는 것을 사람들은 이해한다. 따라서 그는 마법의 작용을 냉담하게 반복할 것이다. 그가 목을 졸랐던 적을 그의 손아귀 사이에 쥔다고 믿었을 때 그의 분노를 표현하는 행위를 그는 이미 만들어진 그림의 도움으로, 그것의 윤곽에 따라 연출하기만 하면 되는 인형의 도움으로 재현할 것이다. 이처럼 그는 저주를 실행할 것이다. 게다가 그가 사용할 인형은 적을 닮을 필요가 없다. 왜냐하면 인형의 역할은 오로지 행위가 그 자체로 닮게 되면 그만이기 때문이다. 그러한 것이 우리에게는 한 원리의 심리학적 기원인 것처럼 보이는데, 이 원리의 형식은 오히려 "비슷한 것은 비슷한 것과 등가적이다", 혹은 더 좋게, 더 정확한 용어로 "정태적인 것은 그것이 도식을 그리는 동태적인 것을 대신할 수 있다"일지 모른다. 그것의 기원(起源)을 상기시키는 이 마지막 형식하에서 이 원리는 무한히 확장되려고 하지 않을 것이다. 그러나 첫 번째 형식하에서 이 원리는 사람들이 현재하는 대상을 매개로 하여 멀리 있는 대상에, 비록 그것과 가장 피상적인 유사성을 가진다 하더라도, 작용할 수 있다고 믿도록 허락한다. 이 원리는 끌어내어져 형식화될 필요조차 없다. 거의 본능적인 작용에 단지 연루되는 것이기에, 이 원리는 이 자연적 마법이 무한히 증식하도록 허용한다.

　마법의 실행들은 다른 법칙들에도 이르게 한다. "사람들은 한 존재나 한 사물에, 그것들을 접촉했던 것에 대해 작용함으로써, 영향을 끼칠 수 있다", "부분은 전체를 위해 가치가 있다" 등등. 그러나 심리학적 기원은 같은 것이다. 행위가 흥분된 순간에 이루어졌었을 때 그것의 효과에 의해 거의 환각적인 지각을 일으켰던 행위를, 그것이 효과적이라고 자신을 설득하면서, 침착하게 반복하는 것이 항상 문제시된다. 가뭄 때에 사람들은 마법사에게 비를 오게 하고 요구한다. 만일 그가 또한 이 일에 그의 전 영혼을 기울인다면,

그는 상상의 노력에 의해 구름에까지 올라가서, 구름을 터트리는 것을 느낀다고 믿으며, 구름을 빗방울들로 뿌릴지 모른다. 그러나 그는 땅에 거의 다 내려왔다고 가정하고, 약간의 물을 뿌리는 것이 더 간단하다고 생각할 것이다. 만일 땅으로부터 하늘로 던져야만 했던 노력을 대신할 수 있는 수단을 찾는다면, 만일 매개적인 물질이 —마치 물질이 양전기 혹은 음전기에 충전될 수 있듯이— 인간을 돕거나 방해하는, 반은 물질적이고 반은 정신적인 성향을 다소간에 지닐 수 있다면, 사건의 이 사소한 부분이 사건 전체를 재생산할 수 있을 것이다. 몇 개의 의례(儀禮)들로 환원될 수 있을지 모르는 매우 단순하고 자연적인 마법이 어떻게 존재하게 되는지를 사람들은 안다. 바로 이 의례들에 대한 반성이, 혹은 아마도 단순히 이 의례들을 말로 번역한 것이 이 의례들을 모든 의미로 증식되게 하여 모든 미신들을 책임지도록 허용했던 것인데, 왜냐하면 형식은 항상 그것이 표현하는 사실을 넘어서기 때문이다.

따라서 마법은 두 가지 요소들로 분해되는 것처럼 보인다. 무엇에건 간에, 사람들이 도달할 수 없는 것에 대해서조차 영향을 미치고자 하는 욕망, 그리고 사물들이 우리가 인간의 영력(靈力)이라고 부를지 모르는 것을 지니거나 지니게 된다는 관념. 마법과 과학을 비교하기 위해서는 첫 번째 점을 참조하고, 마법을 종교에 관련시키기 위해서는 두 번째 점을 참조해야 한다.

마법과 과학

마법이 과학에 우연히 도움이 되는 일이 일어났다는 것은 가능하다. 사람들은 물질로부터 어떤 이득을 이끌어낼 생각을 않고는 물질을 다루지는 않는다. 어떤 관찰을 이용하기 위해서건, 혹은 단순히 관찰을 주목하기 위해서건 간에, 이미 과학적 탐구에의 어떤 경향을 가져야만 한다. 그러나 이 사실로 인해 사람들은 더는 마법사가 아니며, 마법에 등을 돌리기조차 한다. 사실상 과학을 정의하는 것은 쉽다. 왜냐하면 과학은 항상 같은 방향으로 작업해왔기 때문이다. 과학은 예측하고 행동하기 위해 측정하고 계산한다. 과학은 우주가 수학적 법칙들에 지배된다고 우선 가정하고, 그러고 나서 확증한다. 간단히 말해 과학의 모든 진보는 인식을 더욱 확장하는 것으로, 그리고 우주적 기계론을 더욱 풍부하게 이용하는 것으로 이루어진다. 게다가 이 진보는 우리 지성의 노력에 의해 완수되는데, 우리 지성은 사물들에 대한 우리의 행동을 이끌기 위해서 만들어졌고, 따라서 지성의 구조는 우주의 수학적 윤곽을 모방했음에 틀림없다. 비록 우리가 단지 우리를 둘러싸고 있는 대상들에만 작용해야 한다 하더라도, 지성의 원초적인 사용 목적이 그러했다 하더라도, 그럼에도 불구하고 우주적 기계론은 우주의 부분들 각각에 현재하기에, 인간은 물질적 세계 전체를 잠재적으로 포괄할 수 있는 지성을 가지고 태어났다고 해야 했다. 이것은 시각에 대해서처럼 지적 작용에 대해서도 그러하다. 즉 눈(目), 그것 역시 우리가 작용하는 상태에 있는 대상들을 우리에게 드러내기 위해서만 만들어졌던 것이다. 그러나 자연이 시각으로부터 원했던 정도를 얻을 수 있었던 것은 바로 효과가 그의 대상을 넘어서는 장치에 의해서이듯이(왜냐하면 우리는 별들에 대해 어떤 행동을 미치지 못하면서도 별들을 보기 때문이다), 자연은 필연적으로 우리가 다루는 물질을 이해하는 능력과 함께, 나머지에 대한 잠재적 인식과 그것을 이용할 못지않은 잠재적인 능력을 주었다. 여기서 잠재적인 것으로부터 현실적인 것으로의 거리가 멀다는 것은 사실이다. 행위의 영역에서처럼 인식의 영역에서도 모든 효과적인 진보는 훌륭한 한 사람이나 여러 사람들의 불굴의 노력을 요구했다. 그것은 매번 하나의 창조였다. 자연은 우리에게 지성을 부여하면서 의심할 여지 없이 이 창조를 가능하게 만들었는데, 지성은 그것의 형식이 물질을 넘어서고, 말하자면 지성은 자연이 의도했었던 것 이상으로 나아갔다. 사실 인간이 유기화될 때, 인간은 보다 겸손한 삶으로 운명 지어졌던 것처럼 보인다. 쇄신들에 대한 인간의 본능적인 저항이 그것을 증명한다. 인간의 타성은 천재의 추진력 이외에는 결코 굴복했던 적이 없다. 간단히 말해 과학은 이중적 노력을 요구하는데, 새로운 것을 발견하고자 하는 몇 사람의 노력과 그것을 받아들이거나 그것에 적응하기 위한 모든 사람들의 노력이다. 한 사회는 사람들이 거기에서 이런 창의력들과 동시에 이런 순응을 발견할 때부터 문명화되었다고 말해질 수 있다. 게다가 두 번째 조건이 첫 번째 조건보다 충족시키기 더 힘들다. 비문명인들에게 결여된 것은 아마도 우월한 사람이 아니라 (우리는 왜 자연이 항상, 그리고 어디에서나 이런 다행스러운 방심들을 가지지 못했을 수 있을지를 알지 못한다), 그것은 오히려 어떤 사람에게 자신의 우월성을 내보이도록 제공된 기회이고, 그를 따르는 다른 사람들의 성향이다. 한 사회가 이미 문명의 길로 들어서려 할 때, 행복의 단순한 증가에 대한 전망은 분명 그 사회의 틀에 박힌 일상을 극복하기에 충분할 것이다. 그러나 사회가 문명의 길로 들어서기 위해서, 최초의 촉발이 생산되기 위해서는 훨씬 이상의 것이 필요하다. 즉 아마도 적대 관계인 부족에서 새로운 무기가 출현한 것이 야기한 것 같은 몰살의 위협. 다소간 '원시적'으로 머무르고 있는 사회들은 아마도 이웃한 사회들을 갖지 못했던 사회들, 더 일반적으로는 지나치게 쉬운 삶을 살아왔던 사회들이다. 그 사회들은 창의적인 노력을 하지 않아도 되었었다. 그러고서도 그런 노력은 너무 늦게 왔다. 비록 사회가 그것을 원했다 하더라도, 사회는 더는 앞으로 나아갈 수 없었다. 왜냐하면 그 사회는 게으름의 산물들에 의해 중독되어 있었기 때문이다. 이 산물들이 바로 마법의 의식(儀式)인데, 적어도 이 산물들이 그 사회에 넘쳐나고 어디나 침투하고 있다는 점에서 그러하다. 왜냐하면 마법은 과학의 반대이기 때문이다. 환경의 타성이 과학을 번성하지 못하게 하는 한, 마법은 자신의 존재 이유를 갖는다.

마법은 지성의 불안을 잠정적으로 달래주는 것이다. 지성은 그것의 형식이 물질을 넘어서고 모호하게나마 자신의 무지(無知)를 알아채고 이 무지의 위험을 이해하기에 불안한 것이다. 그리고 행동이 그것의 결과를 확신하고 직접적 미래가 예측 가능하고, 따라서이미 과학이 있는 매우 작은 영역 둘레에, 행동할 용기를 꺾을 수있을지 모르는 예측 불가능성의 거대한 지대를 예측하기에 지성은 불안한 것이다. 그러나 그럼에도 불구하고 행동해야 한다. 그때에 마법은 개입하는데, 그것은 생명적 충동의 직접적 효과일지 모른다. 마법은 인간이 노력에 의해 그의 인식을 확장해감에 따라 뒤로 물러나게 될 것이다. 그때까지는 마법이 성공한 듯이 보이기 때문에 (왜냐하면 한 마법 작용의 실패는 항상 적대적인 어떤 마법에 성공을 부여할 수 있을 것이기 때문이다) 마법은 과학과 같은 정신적 효과를 생산한다. 그러나 마법이 과학과 공통적으로 갖는 것은 이것뿐이며, 마법과 과학은 욕구하는 것과 의지하는 것 사이에 있는 거리전체만큼이나 분리된다. 사람들이 주장했듯이, 마법은 과학의 도래를 준비하기는커녕 방법적인 앎이 싸워야만 하는 커다란 장애였다. 문명인이란, 일상적인 행위 속에 함축된 태동하는 과학이 끊임없이 긴장한 의지 덕분에 나머지 영역을 차지하고 있는 마법을 잠식할 수 있었던 인간을 말한다. 반대로 비문명인이란 노력을 등한시하면서 태동하는 과학의 지대에까지 마법이 침투하게 하여, 그것에 겹쳐지고, 모든 진정한 과학이 부재했던 원래적인 정신성을 우리가 믿도록 하는 지점에까지 그것을 감추도록 방임했던 사람들이다. 게다가 일단 그 자리의 주인이 되면, 마법은 스스로 수천 가지로 변형을 실행하며 과학보다 더한 번식력을 갖게 된다. 왜냐하면 마법의 발명들이란 순수한 환상으로 어떤 비용도 들지 않기 때문이다. 따라서 과학의 시대가 계승했을지 모르는 마법의 시대에 대해 말하지 말자. 과학과 마법은 마찬가지로 자연적인 것이고, 그것들은 항상 공존했고, 우리의 과학은 우리의 먼 조상들의 과학보다 엄청나게 더 거대하며, 그러나 우리 조상들은 오늘날의 비문명인들보다 훨씬 덜 마법적인 사람들임에 틀림없다고 말하자. 우리는 근본적으로 우리 조상들이 있었던 그대로인 것이다. 과학에 의해 물러나긴 했지만, 마법에의 경향은 존속하며, 자신의 시간을 기다리고 있다. 과학에의 주의 집중이 한순간 산만해지면, 곧바로 마법은 우리 문명 사회로 침입한다. 마치 깨어 있는 동안 억압된 욕구가 꿈속에서 만족하기 위해 아주 가벼운 졸음을 이용하듯이.

마법과 종교

그러면 마법과 종교의 관계의 문제가 남게 된다. 모든 것은 분명 종교란 용어의 의미에 달려 있다. 철학자는 대체로 상식이 이미 한 낱말로 지칭해놓은 한 사물을 연구한다. 이 사물은 단지 어렴풋이만 보였을 수 있으며, 잘 보이지 않았을 수 있고, 그것과 분리해야만 할 다른 것들과 뒤죽박죽 섞여 있었을 수 있다. 이 사물은 실재의 전체에서 단지 담화의 편의를 위해서만 절단되었었기에, 독립적인 연구에 적합한 한 사물을 실제로 구성하지 못했을 수조차 있을 것이다. 수학과의 관계에서, 그리고 자연 과학과의 관계에서조차 철학의 상당한 열등함이 거기에 있다. 철학은 언어에 의해 조작되었던, 그리고 아마도 도시의 필요들에 전적으로 관계된 실재의 분절로부터 출발해야만 한다. 너무 자주 철학은 이 기원을 망각하고, 지구의 여러 지역들의 경계를 정하기 위해, 그리고 그 지역들이 그들 사이에 가지는 물리적 관계들을 표시하기 위해 체결된 조약(條約)들에 의해서 세워진 국경들을 신뢰하는 지리학자가 하듯이 진행한다. 우리가 시도했던 연구에서 우리는 '종교'라는 낱말로부터, 그리고 이 낱말이 사물들에 대한 아마도 인위적인 분절 때문에 포함하는 모든 것으로부터 떠나, 실재를 이 낱말들에 상응하는 개념들로 분할하는 데 몰두하지 않고, 사람들이 직접적으로 관찰할 수 있는 정신의 어떤 기능에로 곧바로 옮겨감으로써 이 위험을 미리 대비했다. 기능에 관한 작업을 분석하면서, 우리는 사람들이 종교라는 말에 부여하는 여러 의미들을 하나하나 다시 발견했다. 우리의 연구를 따라가면서 우리는 의미의 다른 미묘한 차이들을 재발견할 것이고, 아마도 거기에 한두 개의 새로운 것을 덧붙일 것이다. 그래서 그 낱말이 이번에는 실재의 윤곽을 정한다는 것을 잘 정립할 수 있을 것이다. 사실 실재는 말의 상용적인 의미를 아래로 위로 약간 넘어설 것이다. 그러나 이때 우리는 그 의미를 그것의 구조와 원리 안에서 그 자체로 포착할 것이다. — 마치 소화작용과 같은 생리학적 기능에다 유기체의 다양한 영역에서 관찰된 수많은 사실들을 관련시킬 때, 그리고 이렇게 해서 이 기능의 새로운 사실들을 발견할 때 일어나듯이. 만일 사람들이 이 관점에 위치한다면, 마법은 분명히 종교의 일부를 이룬다. 물론 단지 열등한 종교, 즉 우리가 현재까지 다루었던 종교가 문제될 뿐이다. 그러나 마법은 이런 종교 일반처럼 지성적 존재가 달려가는 어떤 위험에 대한 자연의 경고를 나타낸다. — 이제 사람들은 다른 길을 따라가서, 종교란 말의 상용적인 다양한 의미들로부터 출발하여 그것들을 서로 비교하고 중간적인 의미를 이끌어낼 수 있을 것이다. 이렇게 해서 사람들은 철학적 문제라기보다는 용어 해설의 문제를 해결할 것이다. 그러나 사람들이 하는 것을 이해하기만 한다면, 사람들이 말의 인습적 의미에 대해 일치했을 때 사물의 본질을 소유한 것으로(철학자들의 항상적인 환상!) 상상하지만 않는다면, 상관없다. 그러면 스펙트럼의 색들처럼 혹은 음계의 음들처럼, 우리말의 모든 어의(語義)들을 단계에 따라 배치하자. 우리는 두 극단들로부터 동일한 거리에 있는 중간 영역에서 사람들이 기도에 의해 말을 거는 신들에 대한 경배를 발견할 것이다. 종교가, 이렇게 생각된다면, 그때엔 마법과 대립한다는 것은 자명한 일이다. 마법은 본질적으로 이기주의적이고, 종교는 무사 무욕을 인정하며, 종종 그것을 요구하기조차 한다. 마법은 자연의 승인을 강요한다고 주장하는데, 종교는 신의 호의를 탄원한다. 특히 마법은 반쯤 물리적이고 반쯤 정신적인 환경에서 행사된다. 마법사는 어쨌든 한 인격에게 관계하지 않는다. 반대로 종교가 그것의 가장 큰 효율성을 빌려오는 곳은 바로 신의 인격성이다. 만일 사람들이 우리와 함께 원초적 지성이 자신 주변에 현상들과 사건들 속에서 완전한 인격성들이라기보다는 인격성의 요소들을 통찰한다고 믿는 것을 인정한다면, 우리가 방금 언급했던 한에서의 종교는 이 요소들을 인격들로 전환하는 지점까지 마침내 이 요소들을 강화할 것이고, 반면에 마법은 이 요소들을 타락된 것으로, 그것들의 효율성이 사로잡힐 수 있는 물질적 세계 속에 용해된 것처럼 가정한다. 따라서 마법과 종교는 한 공통의 기원에서 출발하여 나누어지고, 종교를 마법으로부터 나오게 한다는 것은 문제가 될 수 없다. 그것들은 동시대적인 것이다. 게다가 사람들은 이 둘의 각각이 다른 것에 계속 출몰하고, 종교 속에는 어느 정도 마법이 존속하고, 특히 마법 속에는 어느 정도 종교가 존속한다는 것을 이해한다. 사람들은 마법사가 가끔 신령들을 매개로 하여, 다시 말해 상당히 개별화되었지만 완전한 인격성을 가지지 못하고 신들의 뛰어난 위엄도 지니지 못한 존재들을 매개로 하여 작업을 한다는 것을 안다. 다른 한편 주술은 명령과 동시에 기도에 속할 수 있다.

정령 신앙

종교의 역사는 오랫동안 정령들에 대한 믿음을 원초적인 것으로, 모든 나머지를 설명할 수 있는 것으로 간주했었다. 우리 각자가 신체의 본질보다 더욱 미묘한 본질인 영혼을 갖듯이, 그와 같이 자연 속에서 모든 것은 생기를 지닐지 모른다. 즉 모호한 정신적인 실체가 그것에 동반할지 모른다. 정령들이 일단 설정되면, 인류는 신앙에서 경배에로 이행할 것이다. 따라서 하나의 자연 철학, 즉 종교가 거기서부터 나왔을 생기론(生氣論)이 있을지 모른다. 이 가설보다 오늘날 사람들은 다른 가설을 선호하는 것처럼 보인다. '전(前) 생기론자(préanimiste)' 혹은 '생기론자(animatiste)'라는 구절 속에서 인류는 전체에 퍼져 있고, 부분들 사이에 불균등하게 흩어져 있는 폴리네시아 인의 '마나'와 같은 비인격적인 힘을 표상할지 모른다. 이 힘은 훨씬 나중에야 정령들에 이르게 될 것이다. 만일 우리의 분석이 정확하다면, 사람들이 처음에 생각했을 것은 하나의 비인격적인 힘이 아니고, 이미 개별화된 정령들도 아니다. 마치 자연이 인간을 향한 눈을 도처에 가지고 있기나 한 듯이, 사람들은 사물들에다, 그리고 사건들에다 의도들을 단순히 부여했을 것이다. 거기에 물론 원래적인 성향이 있었다는 사실을, 우리는 갑작스러운 충격이 우리 각자의 심연에 잠들어 있는 원초적 인간을 깨웠을 때 확증할 수 있다. 그때에 우리가 느끼는 것은 **효력 있는 현존**

(presence efficace)에 대한 감정이다. 게다가 이 현존의 본성은 별로 중요하지 않고, 본질적인 것은 그것의 효력이다. 사람들이 우리 인간에게 관심을 갖는 순간부터 그 의도가 항상 좋을 수는 없지만, 그래도 우리는 우주에서 중요하게 된다. 바로 이것이 경험이 말하는 것이다. 그러나 인류가 이론적 관점으로부터, 그 이론들이 어떤 것이건 간에, 시작했다는 것은 **선험적으로**(a priori) 이미 그럴 것 같지는 않았다. 우리가 끝없이 반복할 것이지만, 철학하기 전에 살아야만 한다. 원래적인 신념들과 성향들이 나온 것은 생명적 필연성으로부터라는 것은 틀림없다. 종교를 한 관념들의 체계에다, 하나의 논리 혹은 하나의 '전(前)논리'에다 관련시키는 것은 우리의 가장 먼 조상들을 지성인들로, 더욱이 우리들 사이에 있음에 틀림없을 것 같은 지성인들로 만드는 것이다. 왜냐하면 고대의 종교들에는 삶 전체가 걸려 있었는 데 반해, 가장 좋은 이론들도 열정과 이익 앞에서는 구부러지고 단지 사변하는 시간에만 고려된다는 것을 우리는 알기 때문이다. 종교는, 우리의 인간 종과 동연적이기에, 우리의 구조에 기인해야만 한다는 것은 진리이다. 우리는 방금 종교를 근본적인 경험에다 관련시켰다. 그러나 이 경험 자체를 체험하기 전에 사람들은 그것을 예감했을지 모르며, 어쨌든 사람들은 그것을 가진 후에야 그것을 아주 잘 설명한다. 그렇게 하기 위해서는 인간을 생명체들 전체 속에 다시 위치시키고, 심리학은 생물학 속에 다시 위치시키는 것으로 충분하다. 실제로 인간과 다른

동물을 생각해보자. 그 동물은 자신에게 도움이 될 수 있는 모든 것을 사용한다. 그 동물은 바로 세계가 자신을 위해 만들어졌다고 믿을까? 틀림없이 아니다. 왜냐하면 그 동물은 세계를 표상하지 않으며, 게다가 세계를 사유하려는 어떤 욕심도 가지지 않기 때문이다. 그러나 그 동물은 그의 필요를 만족시킬 수 있는 것만을 보고 어쨌든 주시하기에, 사물들은 그에게 있어서는 그가 사물들을 사용할 수 있을 정도에서만 존재하기에, 그 동물은 분명 마치 모든 것이 그의 행복을 위해, 그리고 그의 종(種)에 이익이 되도록 자연 속에서 결합되어 있었던 것처럼 행동한다. 그러한 것이 그 동물이 체험한 신념이다. 그 신념이 그를 지탱하고, 게다가 살려는 그의 노력과 혼합된다. 이제 반성 작용을 출현하게 해보아라. 이 신념은 사라질 것이다. 인간은 곧 스스로를 자각하고, 자신을 우주의 광대함 속에 한 점처럼 생각할 것이다. 만일 살기 위한 노력이 곧바로 인간 지성 안에서, 이 지각과 이 사유가 취하러 갈 바로 그 자리에다, 인간을 향한 사물들과 사건들의 변환에 대립하는 이미지를 투사하지 않았다면, 그는 길을 잃었다고 느낄지 모른다. 호의적이든 악의적이든, 그를 둘러싸고 있는 환경의 의도는 그를 어디나 따라다닌다. — 마치 달이 그가 달릴 때 그와 함께 달리는 것처럼 보이듯이. 만일 그 환경의 의도가 선하면, 그는 그것에 의지할 것이다. 만일 환경이 그에게 악하게 하려 한다면, 그는 그것의 결과로부터 벗어나려고 애쓸 것이다. 어떤 방식으로든 그는 고려되었을 것이다. 결코 이론도 아니고, 자의적인 것을 위한 자리도 결코 없다. 신념이 부과되는 것은 신념이 생명적 질서에 속하는 것으로 철학적인 어떤 것도 가지지 않기 때문이다.

게다가 이 신념이 나누어져 다른 두 방향으로, 즉 한쪽은 이미 개체화된 정령들에 대한 믿음으로, 다른 쪽은 하나의 비인격적인 본질에 대한 관념으로 발전한다면, 그것은 이론적인 이유들 때문이 아니다. 이론적인 이유들은 논쟁을 부르고, 의심을 인정한다. 그리고 행동에 영향을 미칠 수 있지만 실존의 모든 사건들과 섞이지 않아서 삶 전체의 조정자가 될 수 없을 교설들을 불러일으킨다. 신념이 일단 의지 속에 자리 잡으면, 의지는 열려져 있다고 생각하는 방향으로, 혹은 노력 동안 최소한으로 저항하는 지점으로 열려진 방향으로 신념을 밀고 간다. 신념은 현존한다고 느끼는 의도를 모든 수단들을 통해 이용할 것이다. ― 의도를 그것이 물리적으로 효과를 갖는 것에서 취하기도 하고, 의도가 갖는 물질적인 것을 과장하기조차 하며, 그리고 의도를 힘에 의해서 제어하려고 애쓰기도 하거나, 의도를 도덕적 측면에서 다루고, 반대로 의도를 기도에 의해서 얻기 위해 인격성의 방향으로 밀고 가거나 하면서. 따라서 원본적인 믿음의 물질화이거나 빈약화인 마나와 같은 개념은 바로 효력 있는 마법의 요구에서부터 나온 것이다. 이 동일한 믿음으로부터 정령들과 신들을 반대 방향으로 이끌었던 것은 바로 호의를 얻을 필요성이다. 비인격적인 것이 인격적인 것으로 진화한 것도 아니고, 순수한 인격성들이 처음부터 놓여 있는 것도 아니다. 그러나 지성을 밝히기보다는 의지를 지탱하기 위해서 만들어진 어떤 중간적인 것으로부터, 분해에 의해서 아래와 위의 방향으로 마법이 무게를 두는 힘들과 기도들이 향하는 신들이 나온 것이다.

우리는 첫 번째 점에 관해서는 설명했었다. 만일 우리가 두 번째 점에 관해서도 설명을 해야 한다면 할 일이 많을 것이다. 종교가 점점 더 인격성이 드러나는 신들로, 그들 사이에 점점 더 명확한 관계들을 유지하거나 한 유일한 신성에로 흡수되려는 신들로 점진적으로 상승하는 것은 문명의 방향으로 향하는 인류의 두 커다란 진보 중에서 첫 번째 것에 해당한다. 이러한 점진적인 상승은 순수 지성이 유한한 크기들의 고찰로부터 미분법으로 이행했을 때 순수 지성이 실행했던 것과 유사한 전향에 의해서, 종교적 정신이 밖으로부터 안으로, 정태적인 것에서 역동적인 것으로 방향을 바꾼 날까지 추구되었다. 이 마지막 변화가 의심할 여지없이 결정적이었다. 유기적인 세계에서 연속적으로 종(種)들을 부여했던 변형들처럼 개인의 변형들이 가능하게 되었다. 이제부터 진보는 새로운 성질들을 창조하는 것으로 이루어지지, 단순한 크기의 증가로 이루어지는 것이 아니다. 사람들이 멈추었던 지점 바로 그 자리에서 단지 생명을 이용하는 대신에, 사람들은 이제 생명적 운동을 계속할 것이다. 전적으로 내면적인 이 종교에 대해서는 다음 장에서 다룰 것이다. 우리는 이 종교가 인간을 창조적 약동 속에 다시 위치시킴으로써 인간에게 새겨놓은 운동 자체에 의해 인간을 지탱하는 것을 보게 될 것이다. 그것은 부동성 속에서 자신의 활동을 기대게 하는 상상적인 표상들에 의해서 인간을 지탱하는 것이 더는 아니다. 그러나 우리는 종교적 역동성이 자신을 표현하고 확산되기 위해 정태인 종교를 필요로 한다는 것을 또한 보게 될 것이다. 따라서 사람들은 정태적 종교가 종교들의 역사에 있어서는 첫 번째 자리를 차지한다는 것을 이해한다. 한 번 더 말하지만, 우리는 종교의 무한히 다양한 현시들을 추적할 필요는 없다. 원리들을 지적하고 그것의 고리를 표시하는 것으로 충분할 것이다.

따라서 사물들에 내재하는 의도들이 있다는 생각으로부터 출발합시다. 우리는 곧바로 정령(精靈)들을 표상하게 될 것이다. 그것은 예를 들어 샘들, 꽃들, 우물들 같은 정착해 사는 모호한 실체들이다. 각 정령은 그것이 현시하는 장소에 결부되어 있다. 이미 이 사실로써 정령은 이른바 신성과 구별된다. 신성은 나누어짐이 없이 다양한 장소들에 참여할 수 있고, 같은 종류에 속하는 것 모두를 지배할 수 있을 것이다. 신성은 하나의 이름을 지닐 것이다. 즉 그것은 자신의 특징을 갖는 모습을 가질 것이고, 잘 표시된 자신의 인격성을 가질 것이다. 반면에 나무들 혹은 샘들의 수많은 정령들은 똑같은 모델의 표본들이며, 기껏해야 호레이스가 말한 것처럼 "우리는 수없이 많다"고 할 수 있을지 모른다. 훨씬 후에 종교가 신들인 위대한 인물들에까지 고양되었을 때, 종교는 이 인물들의 이미지를 갖는 정령들을 생각할 수 있을 것이다. 이것들은 하급의 신들이 될 것이다. 따라서 이것들은 항상 그렇게 있었던 것처럼 보일 것이다. 그러나 이것들은 단지 소급적 효과에 의해서만 그러했을 것이다. 희랍인들에 있어서 샘의 정령이 물의 요정(상냥하고 우아스러운 요정)이 되고, 나무의 정령이 수목의 정령(Hamadryade)이 되기 위해서는 의심할 여지없이 많은 시간이 필요했었다. 원초적으로 샘의 정령은 인간에게 은혜를 베푸는 것으로서의 단지 샘 자체일 뿐임에 틀림없었다. 더욱 정확하게 말하면 이 정령은 샘이 항구적으로 가진 점에서 은혜로운 작용이었다. 사람들이 여기서 작용과 그것의 연속성의 표상을 추상적인 관념, 즉 지적인 노력에 의해서 사물들로부터 추출된 관념으로 간주한다면 잘못일지 모른다. 그것은 감관에 직접적으로 주어진 것이다. 우리의 철학과 우리의 언어는 우선 실체를 놓고, 실체를 속성들로 두르고, 그리고 나서 그것으로부터 발산들처럼 작용들을 나오게 한다. 그러나 우리가 다음과 같은 점을 아무리 반복해도 지나칠 수는 없을 것이다. 즉 처음에 제공되는 것이 작용이고, 무엇보다도 그것이 특히 인간에 관계되는 경우들에서 작용은 자족적이다. 우리가 물을 길어 마시는 작용이 그러하다. 사람들은 그 작용을 한 사물 속에, 그리고 한 사람 속에 위치시킬 수 있다. 그러나 그것은 그것의 고유한 독립적인 존재성을 갖는다. 그리고 만일 그 작용이 무한히 계속된다면, 그 지속성 자체는 작용을 사람들이 마시는 샘에 생기를 주는 정령으로 삼을 것이다. 반면에 샘은, 자신이 수행하는 기능으로부터 분리되어, 그만큼 더 완전하게 단순한 사물의 상태로 이행할 것이다. 죽은 자들의 영혼들은 아주 자연스럽게 정령들과 재결합하게 된다는 것은 사실이다. 그들의 신체로부터 떨어져나갔다 해도, 이 영혼들은 그들의 인격성을 완전히 포기하지 않았다. 정령들과 섞임으로써 이 영혼들은 필연적으로 정령들에 영향을 주고, 이 영혼들이 정령들을 채색하는 색조들에 의해 정령들이 인격들이 되도록 준비한다. 이처럼 서로 다르기는 하지만 수렴하는 길들을 통해 정령들은 완전한 인격성에로 나아갈 것이다. 그러나 정령들이 처음에 취했던 요소적인 형태에서는 정령들은 아주 자연적인 필요에 응답한 것이기에, 정령들에 대한 믿음을 모든 고대 종교들의 기저에서 다시 발견한다 하더라도 놀랄 필요는 없다. 우리는 이 믿음이 그리스 인들에게 있어서 수행한 역할을 말했다. 미케네 문명에 의해 판단할 수 있는 한, 그들의 원시적 종교였던 이 믿음은 그 이후에도 대중적 종교로 남아 있었다. 이 정령에 대한 믿음은 그리스나 다른 곳에서 유입된 위대한 신들에게 가장 큰 자리를 만들어준 후에도 로마 종교의 기초를 이루고 있었다. 집의 정령이었던 **가족의 수호신 라르**(lar familiaris)는 언제나 그것의 중요성을 보존할 것이다. 그리스 인들에 있어서처럼 로마 인들에 있어서 헤스티아(Hestia) 혹은 베스타(Vesta)라 불리었던 여신은 처음에는 그것의 기능 속에서, 즉 그것의 유익한 의도에서 고려된 부엌의 불꽃에 불과했었음에 틀림없다. 정통적인 고대를 떠나, 인도나 중국이나 일본으로 가 보자. 도처에서 우리는 정령들에 대한 신앙을 다시 발견할 것이다. 오늘날에도 이 신앙이 (이것과 매우 가까운 조상 숭배와 함께) 중국 종교의 본질적인 것을 구성한다고 사람들은 확신한다. 이 신앙은 보편적이기 때문에, 사람들은 이 신앙이 원본적이라는 것을 쉽게 납득한다. 어쨌든 이 신앙이 기원에서 멀지 않다는 것을, 그리고 인간 정신은 자연적으로 이 신앙을 통해서 신들에 대한 경배에 이르게 되었다는 것을 확증하자.

한 종족처럼 취급된 동물

게다가 인간 정신은 중간 단계에서 멈추어버릴 수 있었을지도 모른다. 우리는 동물숭배에 대해 말하려고 하는데, 동물숭배는 옛날의 인류에게 아주 널리 퍼져 있어서 어떤 사람들은 그것을 인간 형태의 신들에 대한 경배보다도 더욱 자연스러운 것으로 간주했었다. 우리는 인간이 이미 그 자신의 형상을 가진 신들을 표상하는 곳에서도 동물숭배가 뿌리 깊고 끈질기게 보존되고 있는 것을 본다. 고대 이집트에서는 동물숭배는 이처럼 끝까지 존속했었다. 가끔 동물의 형태로부터 출현했던 신은 그것을 완전히 포기하기를 거부한다. 이 신은 인간 형상의 그의 몸에다 동물의 머리를 겹쳐놓을 것이다. 이 모든 사실은 오늘날 우리를 놀라게 한다. 그것은 특히 인간이 우리가 보기에도 뛰어난 위엄을 취하고 있었기 때문이다. 우리는 그 위엄을 지성으로 특징짓는다. 우리는 지성이 우리에게 줄 수 없는 우월성은 없다는 것을 알며, 지성이 보상할 수 없는 열등함도 없다는 것을 안다. 지성이 아직 자신의 역량을 발휘하지 못했을 때에는 그러하지 않았다. 지성의 무한한 발명 능력이 출현하기에는 지성의 발명들은 너무 드물었다. 지성이 인간에게 얻게 해준 무기들과 도구들은 동물이 자연으로부터 얻은 것들과는 견줄 수 없었을지 모른다. 지성의 힘의 비밀인 반성 능력 자체도 인간의 어떤 허약성의 결과를 만들 수 있었다. 왜냐하면 반성 작용은 우유부단의 근원인 반면에, 동물의 반응은 고유하게 본능적인 때는 직접적이고 확실한 것이기 때문이다. 신비의 후광으로 동물을 섬기었지만, 말하지 못하는 무능까지도 섬긴 것은 아니다. 게다가 동물의 침묵은, 마치 우리와 대화하는 것보다 더 잘하고 있었던 듯이, 또한 우리를 무시하는 것으로 간주될 수도 있다. 이 모든 사실은 인류가 동물숭배를 혐오하지 않았다는 것을 설명한다. 그러나 왜 인류는 거기까지 이르렀나? 동물이 숭배 받는 것은 성격적 속성들 때문이라는 것을 사람들은 주목할 수 있을 것이다. 고대 이집트에서 황소는 전투의 힘을 상징했을 것이다. 암사자는 파괴였고, 독수리는, 그의 새끼들에 매우 세심했기에, 모성애를 나타낸다. 그런데 만일 인간이 정령들을 믿는 것으로 시작했다면, 동물이 숭배의 대상이 되었다는 것을 사람들은 확실히 이해하지 못할지 모른다. 사람들이 처음에 호소한 것은 존재들이 아니고 영속적인 것으로 간주된 호의적이거나 악의적인 작용들이라면, 사람들은 작용들을 포착한 후에 그것들의 성질들을 자기 것으로 만들고자 했을 것이라는 것은 자연스럽다. 이 성질들은, 행동이 단순하고 솔직하고 외견상 한 방향으로 향해 있는 동물에 있어서는 순수한 상태로 나타나는 것처럼 보였다. 따라서 동물숭배는 원시적 종교가 아니었다. 그러나 원시적 종교로부터 출발하여, 사람들은 정령숭배와 동물숭배 사이에 선택을 했던 것이다.

토테미즘

동물의 본성은 한 유일한 성질로 집중되는 것처럼 보임과 동시에, 동물의 개별성은 하나의 종(種) 속에서 소멸된다고 사람들은 말할지 모른다. 한 인간을 알아보는 것은 그를 다른 인간들로부터 구별하는 데 있다. 그러나 한 동물을 알아보는 것은 보통 그 동물이 속한 종(種)을 이해하는 것이다. 전자와 후자의 경우에 우리의 관심이 그러하다. 거기서부터 이런 사실이 귀결된다. 첫 번째 경우에서는 우리의 지각은 개별적인 특성들을 포착하지만, 두 번째 경우에서는 우리의 지각은 거의 항상 개별적인 특성들을 놓쳐버린다. 따라서 한 동물이 구체적인 것, 그리고 개별적인 것에 속한다고 해봐야 소용이 없고, 그 동물은 본질적으로 하나의 성질처럼 또한 하나의 종(種)처럼 나타난다. 이 두 모습 중 첫 번째 것은, 우리가 방금 보았듯이, 대체로 동물숭배를 설명한다. 두 번째는 우리가 믿기에 어느 정도로는 토테미즘 같은 독특한 것을 이해하게 해줄 것이다. 우리가 여기서 토테미즘을 연구할 필요는 없다. 그러나 우리는 그 것에 대해 한마디 하지 않을 수 없다. 왜냐하면 토테미즘이 동물숭 배에 속하지 않는다 하더라도, 그럼에도 불구하고 종교와 닮아 있 는 공경심을 가지고 인간이 동물 종 혹은 식물 종, 가끔은 비생명 적 단순 대상을 다룬다는 것을 의미한다. 가장 빈번한 경우를 취해 보자. 한 벌족 전체에 '토템', 즉 수호신으로 사용되는, 예를 들어 쥐나 캥거루 같은 동물이 문제시되는 경우이다. 더욱 놀라운 것은 벌족의 모든 구성원들이 단지 그 토템과 하나를 형성한다는 것이 다. 즉 그들은 쥐들이고, 그들은 캥거루들이다. 사실 어떤 의미에서 그들이 그렇게 말하는지를 아는 일만이 남아 있다. '원시인'에 고유 한, 모순율에서 해방된 특수한 논리에 곧바로 귀결시키는 것은 일 을 급하게 처리하는 것이 될지 모른다. 우리의 동사 '이다(être)'는 우리가 정의하기가 어렵고 우리처럼 아주 문명화된 의미들을 가진 다. 원시인이 우리에게 설명을 할 때조차, 원시인이 하나의 유사 한 낱말에다 이러저러한 경우에 부여하는 의미를 어떻게 재구성할 것인가? 이 설명들도 단지 그가 철학자였을 때에만 어떤 정확성을 가질지 모르며, 따라서 그 설명들을 이해하기 위해서는 그의 언어 의 모든 미묘한 것들을 알아야만 할 것이다. 만일 그가 우리의 가장 위대한 도덕가가 "인간은 생각하는 갈대이다!"라고 말했다는 것을 알았다면, 그의 측면에서 우리에 관해, 우리의 관찰과 추론 능력들에 관해, 우리의 양식에 관해 그가 지니게 될 판단을 생각해보자. 더욱이 그는 그의 토템과 대화를 할까? 그는 토템을 한 인간처럼 다룰까? 그런데 우리는 항상 이 점으로 되돌아오게 된다. 즉 한 원시인의 정신 속에서, 그리고 한 문명인의 정신에서조차 일어나는 것을 알고 싶으면 적어도 그가 말한 것만큼 그가 행한 것을 고려해야 한다. 이제 만일 원시인이 자신을 그의 토템과 동일시하지 않는다면, 그는 그것을 단지 상징으로 취하는 것인가? 그것은 반대 방향으로 너무 멀리 가는 것일지 모른다. 뒤르켐이 바라듯이 비록 토테미즘이 비문명인들의 정치적인 조직의 기초에 있지 않다 하더라도, 토템은 벌족을 지칭하는 단순한 수단으로 보기에는 그들의 실생활에서 너무 많은 자리를 차지한다. 진실은 이 두 극단적인 해결들 사이에 중간적인 어떤 것임에 틀림없다. 가설이라는 명칭으로 우리의 원리들에 의해서 이끌어질 수 있는 해석을 주어보자. 한 벌족이 그러저러한 동물이라고 말해졌다 하더라도, 거기서부터 이끌어낼 것은 아무것도 없다. 그러나 같은 종족 속에 포함된 두 벌족이 필연적으로 두 다른 동물들이 되어야만 한다는 것은 훨씬 더 교훈적이다. 실제로 이 두 벌족이 생물학적 의미에서 두 종족을 구성한다는 것을 사람들이 표시하려고 했다고 가정하자. 언어가 과학과 철학에 의해 아직 물들지 않았던 거기에서 사람들은 어떻게 행동할 것인가? 한 동물의 개별적인 특성들은 주의를 끌지 못하기에, 동물은 한 유(類)처럼 지각된다고 우리는 말했었다. 두 벌족이 두 다른 종족을 구성한다는 것을 표현하기 위해, 그때 두 벌족 중 하나에는 한 동물의 이름을, 다른 것에는 한 다른 동물의 이름을 부여했을 것이다. 이 이름들 각각을, 따로따로 취하면, 단지 하나의 호칭에 불과했었다. 함께 놓으면, 그것들은 하나의 주장의 가치를 가지게 된다. 이 두 명칭들은 사실상 두 벌족이 다른 혈통이라는 것을 말한다. 왜 이 명칭들이 그것을 말하는가? 만일 토테미즘이 사람들이 확신하듯 지구의 다양한 지점에서, 그들 사이에 교류할 수 없었던 사회들에서 재발견된다면, 토테미즘은 이 사회들의 공통의 필요에, 생명적 요구에 답하는 것임에 틀림없다. 그 사실로써 우리는 종족을 구성하는 벌족들이 흔히 족외혼(族外婚)을 한다는 것을 안다. 다른 말로 해서 다양한 벌족의 구성원들 사이에 결혼이 맺어지나 한 벌족 내부에서는 아니었다. 사람들은 오랫동안 거기에 일반적 법칙이 있고 토테미즘은 항상 이족 결혼을 함축한다고 믿어왔다. 출발에서는 그리했었는데, 이족 결혼이 많은 경우에 도중에 떨어져 나갔다고 가정하자. 한 종족의 구성원들이 보통 그들 사이에 결혼하는 것을 막고, 이 닫힌사회에서 결혼이 마침내 근친들 사이에 이루어지는 것을 막으려는 자연의 관심을 사람들은 매우 잘 안다. 그렇지 않으면 그 종족은 곧 퇴화할 것이다. 따라서 유용하게 되는 것을 그만두고부터 아주 다른 습관들에 의해 은폐된 본능은 벌족 내부에서는 결혼이 금지되도록 종족을 벌족들로 나누어지게 한 것일 것이다. 게다가 이 본능은 벌족의 구성원들이 이미 친족임을 느끼게 하고, 반대로 벌족과 벌족은 가능한 한 서로 다르다고 믿게 함으로써 자신의 목적을 이루었을 것이다. 왜냐하면 본능의 **작용 방식**(modus operandi)은, 우리가 또한 우리 안에서 관찰할 수 있듯이, 함께 살거나 그들 사이에 친족임을 알게 된 남자들과 여자들 사이에 성적인 매력을 감소시키는 것이기 때문이다.[46] 그러면 두 다른 벌족의 구성원들이 같은 혈통이 아니라는 것을 그들 스스로 어떻게 납득하고 어떻게 표현할 수 있을까? 그들은 같은 종족에 속하지 않는다고 말하는 습관을 들일 것이다. 그들이 두 동물 종족을 구성한다고 선언할 때, 그들이 강조하는 것은 동물성이 아니라 그 종족의 이원성이다. 어쨌든 기원에서는 이러했음에 틀림없다.[47] 게다가 우리는 여기서 순수하게 가능적인 것에 대해 말하려는 것이 아니라 단순히 개연적인 것의 영역에 있다는 것을 확인하자. 우리는 단지 매우 논란이 많은 문제에다 우리에게 보통 가장 확실한 것으로 보이는 방법을 시도하려 했었다. 생물

---

46) 이 주제에 관해서 웨스터마크(Westermarck)의 『인간 혼례의 역사(*History of human marriage*)』(London, 1901), 290쪽과 이어지는 쪽들 참조.

47) 벌족이 동물 토템에서 유래한다는 관념 — 반 게네프(M. Van Gennep)가 『토템 문제의 현 상태(*L'État actuel du problèm totémique*)』(Paris, 1920)라는 흥미 있는 저술에서 강조한 관념은 우리가 지적하는 표상과 아주 잘 맞아들어 갈 수 있다.

학적 필연성으로부터 출발함으로써 우리는 생명체 안에서 그것에 상응하는 요구를 찾아냈다. 만일 이 요구가 작용하는 현실적 본능을 창조하지 않았다면, 이 요구는 잠재적이거나 잠복하는 본능이라고 부를 수 있는 것을 매개로 해서 본능이 했었듯이 행동을 결정하는 상상적 표상을 자극할 것이다. 토테미즘의 기초에는 이런 종류의 표상이 있을지 모른다.

신들에 대한 믿음

그러나 사람들이 아마도 더욱 훌륭한 가치가 있다고 말할 대상을 위해 이 열려져 있는 괄호를 닫읍시다. 우리는 바로 정령들에서 중단했었다. 종교의 본질 자체에까지 파고 들어가고 인류의 역사를 이해하기 위해서는 지금까지 문제시되었던 외적이고 정태적인 종교로부터 우리가 다음 장에서 다루게 될 내적이고 역동적인 종교로 곧바로 옮겨가야 한다고 생각한다. 정태적인 종교는 지성이 인간으로 하여금 내달리게 할 수 있었던 위험들을 제거하도록 예정되어 있었다. 정태적인 종교는 지성 이하의 것이었다. 정태적인 종교는 자연적인 것이었다는 것을 덧붙이자. 왜냐하면 인간 종(種)은 생명의 진화에서 어떤 한 단계를 표시하기 때문이다. 바로 거기에서 어떤 주어진 순간에 전진 운동이 멈추어 섰다. 따라서 이때 인간은 지성과 함께, 이 지성이 나타낼 수 있었던 위험들과 함께, 이 위험들을 대비해야만 했던 우화적 기능과 함께 총체적으로 정립되었다. 마법과 요소적인 정령론, 이 모든 것은 한 덩어리로 나타났었고, 이 모든 것은 정확히 자연이 의도했었던 그들의 야심 안에 한정되어 있었던 개인과 사회의 요구들에 부응하는 것이었다. 훨씬 나중에, 생산되지 않을 수 있었을지 모르는 노력에 의해서, 인간은 제자리에서 맴도는 데에서 간신히 떨어져 나왔다. 인간은 이 노력을 계속하여 진화의 흐름 속으로 다시 삽입되었다. 그것은 물론 우월한 지성성과 결합되면서도 그것과 구별되는 역동적 종교였다. 종교의 첫 번째 형태는 지성 이하의(infraintellectuell) 것이었다. 우리는 그것의 이유를 안다. 우리가 지적하게 될 이유들에 의해서 두 번째 형태는 초지성적인(supraintellectuelle) 것이다. 그것들을 곧바로 서로서로에 대립시킴으로써 사람들은 그것들을 더 잘 이해할 수 있을지 모른다. 실제로 이 두 극단적인 종교들만이 본질적이고 순수한 것이다. 고대 문명들에서 발전되었을 중간적인 형태들은, 만일 이 형태들이 점진적인 완성의 길을 통해 한 극단에서 다른 극단으로 이행했다고 믿게 했었다면, 종교 철학을 단지 오류에로 인도했을 뿐일지 모른다. 물론 이것은 자연적인 오류이며, 이 오류는 정태적인 종교가 역동적인 종교 속에서 부분으로 스스로 살아남았다는 사실에 의해 설명된다. 그러나 이 중간적인 형태들은 인류의 알려진 역사에서 아주 큰 위치를 차지했기에 우리는 물론 이 중간적인 형태들을 강조해야만 한다. 우리로서는 이 종교에서 절대적으로 새로운 어떤 것도 역동적 종교에 비교할 수 있는 어떤 것도 보지 못하고, 요소적인 정령론과 마법이란 이중적 주제에 관한 변양들만을 보게 된다. 게다가 정령들에 관한 신앙은 민중 종교의 기저에 항상 남아 있다. 그러나 이 신앙을 정교하게 했던 우화 기능으로부터는 후일의 발전에 의해 신화가 나왔는데, 이 신화를 둘러싸고 문학, 예술, 제도들, 결국 고대 문명의 본질적인 것이 발생했다. 따라서 신화에 대해 말하되 이 신화의 출발점이었던 것, 이 신화를 통해 사람들이 여전히 투명하게 알아차리고 있는 것을 결코 시야에서 잃지 말자.

정령들로부터 신들로의 전이가 느낄 수 없을 정도로 그렇게 일어났다 하더라도, 그래도 그 차이는 역시 뚜렷하다. 신은 하나의 인격이다. 신은 그의 성질들, 그의 결점들, 그의 성격을 갖는다. 그는 이름을 지닌다. 그는 다른 신들과 일정한 관계들을 유지한다. 그는 중요한 기능들을 행사하며, 특히 그는 그 기능들을 행사하는 유일한 자이다. 반대로 한 나라의 지표 위에 퍼져 있는 수많은 상이한 정령들이 있는데, 이 정령들은 하나의 같은 일을 수행하고 하나의 공통의 이름으로 지칭되며, 이 이름은 어떤 경우에는 단수를 취할 수조차 없다. 망령들(mânes)과 수호신들(pénates)의 예만 들더라도 이들은 단지 복수로만 찾을 수 있는 라틴 어들이다. 만일 진정으로 원본적인 종교 표상이 '효력 있는 현존(présence efficace)'의 표상이라면, 한 존재 혹은 한 사물의 표상이 아니라 오히려 한 작용의 표상이라면, 정령들에 대한 신앙은 기원들에 가장 가까이 위치한다. 신들은 단지 훨씬 후에, 정령들이 가졌던 순수하고 단순한 실체성이 그것들 중 그러저러한 것에 있어서 인격성에까지 고양되었을 때 나타날 뿐이다. 게다가 이 신들은 정령들 위에 덧붙여지는 것이지, 정령들을 대치하는 것이 아니다. 정령숭배는 우리가 말했듯이 민중 종교의 기초에 있다. 나라의 개화된 부분은 그래도 역시 신들을 선호할 것이다. 그리고 사람들은 다신교(多神敎)로의 진행이 문명을 향한 진보라고 말할 수 있다.

이 진행에서 리듬 혹은 법칙을 찾으려는 것은 쓸모없는 일이다. 이 진행은 변덕 자체이다. 정령들의 무리들로부터 처음엔 겸손하고 지역적인 신성이 솟아오르는 것을 볼 것인데, 이 신성은 도시와 함께 성장하여, 결국에는 나라 전체에서 받아들이게 될 것이다. 그러나 다른 진화들도 역시 가능하다. 게다가 진화가 결정적 상태에 도달하는 경우는 드물다. 아무리 신이 고양되었다 하더라도, 그의 신성은 결코 불변성을 함축하지는 않는다. 물론 반대로 고대 종교들의 주요한 신들은 가장 많이 변화했고, 그들의 실체를 증대시키는 다양한 신들을 흡수하여 새로운 속성들로 풍부해진 신들이다. 이처럼 이집트 인들에게 있어서 태양신 라(Ra)는 처음에는 최고의 숭배의 대상이었고, 다른 신성들을 자신에게 끌어들이면서 이들과 동화되거나 포용하고, 테베의 중요한 신 아몬(Amon)[48]과 혼합되어 아몬라(AmonRâ)를 형성하게 된다. 이와 마찬가지로 바빌로니아의 신 마둑(Mardouk)[49]은 니푸르(Nippour)의 위대한 신 벨 (Bell)[50]을 자기 속성으로 만든다. 이와 마찬가지로 강력한 여신 이 슈타르(Istar)[51] 속에는 아시리아의 여러 신들이 녹아들어 온다. 그 러나 그리스의 최고의 신인 제우스의 진화보다 더욱 풍부한 진화 는 없다. 처음에는 산정에서 사람들이 찬양하는 신으로 구름들과 비와 천둥을 마음대로 다루기 시작한 후, 그의 기상에 관한 기능에 다, 만일 사람들이 이렇게 표현할 수 있다면, 점점 복잡해지는 사 회적인 특권들을 결합했다. 제우스는 마침내 가족에서 국가에까 지 모든 집단들을 주재하는 신이 되었다. 그의 활동의 모든 방향들 을 표시하기 위해서는 그의 이름에다 가장 다양한 부가 형용사들 을 병치시켜야만 했었다. 그가 환대의 의무들을 수행하는지를 감 시할 때에는 헤니오스(Xenios), 그가 설교에 참석할 때는 호르키오 스(Horkios), 그가 탄원자들을 보호할 때에는 히케시오스(Hikesios), 사람들이 결혼을 위해 그를 부를 때에는 게네틀리오스(Genethlios) 등등. 진화는 일반적으로 느리고 자연적인 것이다. 그러나 진화는 신의 찬양자들의 시선 자체에서는 빠르게 되고 인위적으로 이루어

---

48) (역주) 아몬(Amon)은 원래 중앙 이집트의 신으로서 태초에 바다의 불가사의한 불가시성(不可視性)을 인격화한 것이다. 이 신이 후에 테베의 신이 되었다.
49) (역주) 고대 메소포타미아의 신으로 도시 바빌론의 수호신.
50) (역주) 수메르의 땅과 대기의 신.
51) (역주) 바빌로니아의 사랑과 전쟁의 여신.

질 수도 있다. 올림푸스의 신들은 호메로스의 시(詩)들로부터 날짜가 시작되는데, 호메로스의 시(詩)들이 올림푸스의 신들을 아마 창조하지는 않았지만, 그들에게 형태와 우리가 그들에 대해 알고 있는 속성들을 부여하고, 이번에는 복잡함에 의해서보다는 단순화함으로써 제우스 둘레에 그들을 모으고 그들 사이를 정돈했다. 그래도 이 신들은 그리스 인들에 의해서 역시 받아들여졌고, 그럼에도 불구하고 그리스 인들은 상황들과 거의 그들의 탄생 날짜를 알고 있었다. 그러나 시인들의 천재성은 결코 필요하지 않았다. 왕자의 칙령으로 신들을 만들거나 폐해지도록 하기에 충분할 수 있었다. 이런 개입들을 상세히 다루지 않고, 단지 모든 것들 중에서 가장 극단적인 것인 이크나톤(Iknaton)[52]이란 이름을 취하는 파라오의 개입만을 상기해보자. 즉 그는 신들 중에 단 하나의 신을 위해 모든 신들을 제거하였고, 그가 죽을 때까지 이 유일신을 받아들이게 하는 데 성공했었다. 게다가 사람들은 파라오들이 스스로 신성에 참여했다는 것을 안다. 가장 고대의 시절부터 그들은 '라의 아들'이라 이름이 붙여졌었다. 최고의 지배자를 신으로 대우하는 이집트

---

52) (역주) 이크나톤은 이집트 왕 파라오 아멘노피스 4세에 붙여진 이름이다. 세상의 모든 것에게 빛을 비추는 우주의 신인, '태양신 아톤(Aton)을 기쁘게 하는'이란 의미를 가짐. 이크나톤에 관한 역사적 기록과 가장 극적인 해석은 프로이트의 『종교의 기원』 속에 「인간 모세와 유일신교」 참조 바람.

전통은 프톨레마이오스[53] 치하에까지 지속되었다. 이 전통은 이집트에 국한된 것은 아니다. 우리는 이 전통을 또한 셀레우코스 치하의 시리아에서, 중국에서, 그리고 일본에서 다시 만날 수 있는데, 여기에서 황제는 그가 살아 있는 동안은 신적인 영예를 받고, 죽은 후에는 신이 되었다. 그리고 결국 로마에서도 만날 수 있는데, 거기에서 원로원이 율리우스 카이사르를 신격화하여 아우구스투스, 클로디우스, 베스파시아누스, 티투스, 네르바, 결국 모든 황제들이 신들의 반열로 나아갔다. 물론 최고 통치자에 대한 숭배가 어디에서나 똑같이 진지하게 실행된 것은 아니다. 예를 들면 로마 황제의 신성은 파라오의 신성과는 거리가 멀다. 파라오의 신성은 원시 사회들에서 족장의 신성에 아주 유사한 것이다. 이 신성은 아마도 통치자가 소유했을지 모르는 어떤 마법적 능력 혹은 특수한 영력(靈力)의 관념과 연결되어 있다. 반면에 로마 황제의 신성은 카이사르에게는 단순히 아첨에 의해 주어졌고, 아우구스투스에 의해서 **통치수단(instrumentum regni)**으로 사용되었다. 그러나 황제들에 대한 숭배에 혼합된 반(半)회의주의(懷疑主義)는 문명화된 정신들의 속성이다. 물론 그것은 국민들에게 퍼지지 않았고, 지방에까지 확실하게 도달하지 못했다. 이 사실은 고대의 신들은 인간들의 뜻대로, 그리고 환경들에 따라 태어나고 죽고 변형될 수 있었고, 이교(異敎)

---

53) 기원전 305년부터 기원전 30년까지 고대 이집트를 다스린 왕조.

의 신앙은 끝없는 아첨이었다는 것을 말한다.

신화적 환상

바로 인간들의 변덕과 상황들의 우연이 신들의 발생에 많은 몫을 했기에, 신들은 엄밀한 분류에는 적합하지 않다. 사람들은 기껏해야 신화적 환상의 몇 가지 큰 방향들을 분별할 수 있을 뿐이다. 또한 이 방향들 중 어느 것도 꾸준히 추적되지 못했었다. 사람들이 대체로 신들에 빠지는 것은 그들을 이용하기 위한 것이기에, 사람들이 그들에게 일반적으로 기능들을 부여하였고, 많은 경우들에서 기능의 관념이 주된 것이었다는 것은 자연스런 일이다. 바로 그것이 로마에서 일어났다. 신들의 특성화가 로마 종교의 특징이었다고 사람들은 말할 수 있었다. 씨뿌리기를 위해 로마 종교는 사투르누스(Saturnus)를 가졌고, 과실나무의 개화를 위해 플로라(Flora)를, 과일의 숙성을 위해 포모네(Pomone)를 가졌다. 로마 종교는 문을 지키는 것은 야누스(Janus)에게 할당하고, 부엌을 지키는 것은 베스타(Vesta)에게 맡겼다. 같은 신에게 친족성이 있는 여러 기능들을 부여하기보다는, 로마 종교는 그것들에게 같은 이름에 상이한 수식어들을 부여하는 것을 무릅쓰고라도 구별되는 신들을 세우는 것을 더 좋아했다. 승리의 비너스, 행복의 비너스, 사랑의 비너스가 있었다. 주피터 자신도 풀구르(Fulgur), 페레트리우스(Feretrius), 스타토르(Stator), 빅토르(Victor), 옵티무스 막시무스 (Optimus Maximus)였다.[54] 그리고 이들은 어느 정도까지는 독립적인 신성들이었다. 이들은 비나 좋은 날씨를 보내는 주피터와 평화 시에도 전쟁 때에도 국가를 보호하는 주피터 사이에 길을 표시해 놓았다. 그러나 똑같은 경향이 정도의 차이는 있지만 도처에서 다시 발견된다. 인간이 땅을 경작한 이래로 인간은 수확에 관심을 가지고, 더위를 마음대로 하고, 계절의 규칙성을 보장하는 신들을 갖는다. 신의 진화가 신을 오랜 역사를 짊어진 복잡한 인격성으로 만들었을 때, 비록 사람들이 경작의 기능들을 시야에서 잃어버렸다 하더라도, 이 경작의 기능들은 가장 오래된 신들 중의 몇몇을 특징 짓는 것임에 틀림없었다. 이렇게 보면 이집트 신전의 가장 부유한 모습인 오시리스(Osiris)[55]는 처음에는 경작의 신이었다. 그리스 인들의 아도니스(Adonis)[56]에게 원초적으로 운명 지어진 기능도 그러

---

54) (역주) 풀구르는 천둥 번개, 페레트리우스는 전리품을 가져가는 제우스에게만 붙여진 이름. 스타토르는 건설자, 빅토르는 승리자, 옵티무스 막시무스는 최상, 최고의 존재를 의미함.

55) (역주) 오시리스는 이시스(Isis), 호루스(Horus)와 삼위일체를 이루는 이집트 최고 신 중의 하나이다. 처음에는 농사의 신이었으나 그의 제사 의식에서는 사람을 죽이는 것과 죽은 신의 부활 의식이 결부되어 있다.

56) (역주) 아도니스는 그리스 신화에서 아름다움의 여신 아프로디테가 사랑한 아름다운 청년이다. 그에 관한 신화는 식물의 순환적인 생명, 즉 겨울에 죽었다가 봄에 다시 소생하는 식물적인 정령을 상징하는 것으로 전해진다.

한 것이었다. 학문의 여신이 되기 전에 곡물들을 주관했던 바빌로니아의 니사바(Nisaba)의 기능도 그와 같다. 인도의 신들 중 첫 번째 반열에는 인드라(Indra)와 아그니(Agni)[57]가 모습을 나타내는데, 땅을 보살피는 비와 천둥은 인드라의 덕택이고, 불과 집 아궁이의 보호는 아그니의 덕택이다. 그리고 여기서도 기능들의 다양성은 성격의 차이를 수반하는데, 인드라는 그것의 힘에 의해서 구별되고, 아그니는 그것의 지혜에 의해서 구별된다. 게다가 가장 고양된 기능은 우주적인 질서를 주재하는 바루나(Varouna)의 기능이다. 우리는 일본의 종교 신도에서도 땅의 여신, 수확의 여신, 산들과 나무들 등을 감시하는 여신들을 발견한다. 그러나 이런 종류의 어떤 신들도 그리스 인들의 데메테르(Demeter)만큼 뚜렷하고 완벽한 인격성을 가지지 못하는데, 데메테르 역시 땅의 여신이고 수확의 여신이며, 그 밖에 죽은 자들에게 거처를 제공하며 그들을 관장하고, 다른 편으로는 테스모포로스(Thesmophoros)라는 이름으로 가족의 삶과 사회의 삶을 주재한다. 신들을 창조하는 환상의 가장 눈에 띄는 경향은 이와 같은 것이다.

그러나 환상은 신들에게 기능들을 부여하면서 그들에게 아주 자연스럽게 영토적인 형태의 통치권을 부여한다. 신들은 우주를 나

---

57) (역주) 아그니(Agni)는 불의 신으로, 야그야라는 베다의 희생 제의와 연관되어 있다. 하늘과 땅을 연결하는 신이며, 신들과 인간을 연결하는 역할을 하는 신이다.

누어 가진다고 생각된다. 베다의 시인들에 따르면, 신들의 영향이 미치는 다양한 지대는 하늘, 땅, 그리고 중간적인 대기이다. 바빌로니아의 우주론에서 하늘은 아누(Anu)의 영역이고, 땅은 벨(Bel)의 영역이다. 바다의 심층에는 에아(Ea)가 살고 있다. 그리스 인들은 하늘과 땅의 신인 제우스, 바다의 신 포세이돈, 지하 왕국이 속하는 하데스로 세상을 나눈다. 이것들은 바로 자연 자체에 의해서 한정된 영토들이다. 그런데 천체들 또한 그 윤곽이 분명하다. 천체들은 그들의 형태에 의해서, 또한 천체들에 의존하는 듯이 보이는 그들의 운동들에 의해서도 개별화되어 있다. 그들 중 하나는 이 하계에서 생명을 주관하고 다른 것들은 똑같은 능력을 가지지 않았지만 그래도 역시 같은 본성을 가짐에 틀림없다. 따라서 천체들 역시 신들이 되기 위해 필요한 것을 갖추고 있다. 천체들에 대한 믿음이 가장 체계적인 형태를 취했던 곳은 아시리아이다. 그러나 태양에 대한 숭배, 그리고 하늘에 대한 숭배도 거의 어디에서나 다시 발견된다. 일본의 종교 신도에서 태양의 여신은 그녀의 아래에 있는 달의 신과 별들의 신과 함께 최고의 지배자로 간주된다. 원시 이집트 종교에서 달과 하늘은 그들을 지배하는 태양 옆에 있는 신들처럼 간주된다. 베다 종교에서 미트라(Mitra, 태양신인 이란의 Mithra와 동일한 것이다)는 태양의 신 혹은 달의 신에 걸맞은 속성들을 나타낸다. 중국의 고대 종교에서 태양은 인격적 신이다. 끝으로 그리스 인 자신들에 있어서 가장 오래된 신들 중의 하나는 태양신

헬리오스(Helios)이다. 인도게르만 사람들 일반에 있어서 하늘은 특별한 숭배의 대상이었다. 디야우스(Dyaus), 제우스(Zeus), 주피터(Jupiter), 지오(Ziu)라는 이름 아래 하늘은 베다의 인도인들, 희랍인들, 로마 인들, 튜톤 인들에 공통적인 것이다. — 비록 희랍과 로마에 있어서만 중국에서 몽골 인들의 천신(天神)처럼 하늘은 신들의 왕이었다 하더라도. 여기에서 무엇보다도 원초적으로 모든 물질적 요구들을 책임지고, 시대가 지나면서 도덕적 속성들로 풍부해지려는 매우 오래된 고대의 신들의 경향이 확증된다. 남부 바빌로니아에서 모든 것을 바라보는 태양은 법과 정의의 수호자가 되었다. 그는 '판관'의 명칭을 받는다. 인도의 미트라는 진리와 올바름의 우승자이다. 그는 선(善)한 이유에 승리를 준다. 그리고 이집트의 오시리스(Osiris)는 식물의 신이었다가 태양의 신과 혼합되어, 마침내 죽은 자들의 나라를 지배하는 공정하고 자비로운 위대한 판관이 된다.

이 모든 신들은 사물들에 결부되어 있다. 그러나 그중에는 —다른 관점에서 보면 그들은 종종 같은 것들이다— 사람들 혹은 집단들과 그들의 관계에 의해서 정의되는 신들이 있다. 사람들은 한 개인에게 속하는 정령(精靈) 혹은 악령을 신으로 간주할 수 있을까? 로마의 **수호신(Genius)**은 **힘(numen)**이었지, 신(deus)이 아니었다. 그것은 모습도 이름도 가지지 않았다. 그것은 신성 속에 있는 원초적이고 본질적인 것이라고 보았던 이 '효력 있는 현존'으로 거의 환원될 수 있는 것이었다. 가족을 돌보는 가정의 수호신 라르(lar familiaris)는 더는 인격성을 거의 갖지 않았다. 그러나 집단이 중요할수록, 그 집단은 진정한 신의 권리를 더욱 갖는다. 예를 들면 이집트에서 원시 도시들 각각은 자신의 고유한 수호신을 가졌었다. 이 신들은 그러저러한 공동체와 그들의 관계에 의해서 서로서로 정확히 구별된다. '에드푸(Edfu)의 그', '네켑(Nekkeb)의 그'라고 말하면서, 사람들은 그것들을 충분히 구별했다. 그러나 대체로 집단보다 먼저 있었고, 집단이 채용했었던 신성들이 문제시된다. 이집트에서도 테베의 신인 아몬라(AmonRâ)가 그러했다. 바빌로니아에서도 그러했는데, 거기서 우르(Ur)라는 도시는 달을 여신으로 가졌고, 우르크(Uruk)라는 도시는 행성 금성을 여신으로 가졌다. 마찬가지로 그리스에서 데메테르는 엘레우시스(Eleusis)에서 특별히 자기 집처럼 느꼈고, 아테네는 아크로폴리스 위에서, 아르테미스는 아르카디아에서 자기 집처럼 느꼈다. 또한 종종 수호신들과 보호받는 자들은 연결된 부분을 가졌다. 즉 도시의 신들은 도시의 확장의 혜택을 입었다. 전쟁은 적대적인 신들 사이의 싸움이 되었다. 게다가 적대적인 신들은 화해할 수 있었고, 그때에 정복된 국민의 신들은 정복자의 신전에 들어갈 수 있었다. 그러나 한편으로는 도시 혹은 제국이, 다른 한편으로는 그의 수호신들이 무한히 변함에 틀림없는 성격의 모호한 조합을 형성했다는 것은 사실이다.

우화적 기능과 문학

　그럼에도 불구하고 우리가 우화의 신들을 이처럼 정의하고 분류하는 것은 바로 우리의 편의를 위해서이다. 어떤 법칙도 신들의 탄생을 주재하지 못하고, 마찬가지로 그들의 발전도 주재하지 못한다. 즉 인류는 여기서 우화 작용에 대한 자신의 본능의 자유로운 놀이에 방임되어 있다. 이 본능은 물론 사람들이 그것을 그 자체로 놔두면 그렇게 멀리 가지는 못하지만, 만일 사람들이 그것을 행사하는 것을 기꺼워하면 무한히 진보한다. 이 점에서 보면 다른 민족들의 신화들 사이에는 커다란 차이가 있다. 고전적인 고대는 이 대립에 대한 한 예를 우리에게 제공한다. 로마의 신화는 빈약하나, 그리스 인들의 신화는 매우 풍부하다. 고대 로마의 신들은 그들이 부여받은 기능과 일치하며, 이를테면 거기에서 멈추어 있다. 그들이 하나의 몸을, 말하자면 상상할 수 있는 모습을 가지는 일이란 거의 없다. 반대로 고대 그리스의 각 신은 그의 형상, 그의 성격, 그의 역사를 가진다. 그는 그의 기능들을 수행하는 일 외에도 왔다 갔다 하며, 행동한다. 사람들은 그의 모험들을 이야기하고, 우리 일에 그가 개입하는 것을 묘사한다. 그는 예술가와 시인의 모든 공상에 적합하다. 그는 더 정확히 말해 만일 그가 인간들의 능력보다 우월한 능력과 적어도 어떤 경우들에서 자연법칙들의 규칙성을 파괴할 특권을 가지지 않았다면, 소설의 인물이었을지도 모른다. 요컨대 정신의 우화적 기능은 로마의 경우에서는 멈추어 섰고, 그리스의 경우에는 그의 작업을 계속해나갔다. 그러나 그것은 항상 똑같은 기능이다. 우화 기능은 필요한 경우에는 중단된 작업을 다시 취할 것이다. 그리스 문학의 도입의 결과, 더 일반적으로는 로마에 그리스 이념들의 도입의 결과가 그러한 것이다. 어떻게 로마 인들이 어느 정도의 그들의 신들을 헬라 사람들의 신들과 동일시하고, 이렇게 해서 그들에게 더욱 두드러진 인격성을 부여하고, 그들을 정지에서 운동으로 이행하게 했는지를 사람들은 안다.

이 우화 기능에 대해 우리는 사람들이 그것을 상상력의 한 변양이라 하면서 잘못 정의했다고 말했었다. 이 마지막 말은 오히려 부정적인 의미를 갖는다. 사람들은 지각들도 아니고 기억들도 아닌 구체적인 표상들을 상상적이라 부른다. 이 표상들은 현재적 대상을 그리는 것도 아니고 과거의 사물을 그리는 것도 아니기에 모두가 상식적으로 같은 방식으로 취급되고, 일상 언어에서는 한 유일한 단어에 의해 지칭된다. 그러나 심리학자는 그렇다고 그것들을 같은 범주 속에 모으거나 같은 기능에 관련시켜서는 안 될 것이다. 그러므로 단지 한 단어에 불과한 상상력을 옆으로 제쳐두고, 정신의 잘 정의된 기능, 즉 우리가 우리 자신에게 그 역사를 이야기하는 인물들을 창조하는 기능을 생각해보자. 이 기능은 소설가들이나 극작가들에게 독특한 생명의 강도를 갖는다. 이들 중에는 진정으로 자신들의 주인공들에 사로잡혀 있는 사람들이 있다. 그들이 주인공을 이끌고 가기보다는 그들이 주인공에 의해 이끌려간다. 그들이 그들의 작품이나 소설을 완성했을 때 주인공을 내려놓는 데 고통을 겪기조차 한다. 그들이 반드시 가장 높은 가치를 갖는 작품을 가진 작가들은 아니다. 그러나 그들은 다른 누구보다도 우리로 하여금, 적어도 우리들 중 어떤 사람들에게 의지적 환각의 특수한 기능이 있음을 손으로 만져보게 한다. 사실인즉 사람들은 그것을 모든 사람들에게 있어서 어느 정도로는 발견한다. 이 기능은 어린아이들에 있어서는 매우 살아 움직인다. 그들 중 어떤 사람은 상상적인 인물과 일상적 교류를 유지하여, 당신에게 이 인물의 이름을 일러주고, 이 인물이 갖는 하루의 사건들 각각에 대한 인상을 당신에게 보고할 것이다. 그러나 그들 자신이 가상적 존재들을 창조하지 않고도, 가상들에 흥미를 갖게 되어 그들이 실제에서 그렇게 한 것처럼 생각하는 사람들에 있어서도 똑같은 기능이 작동한다. 극장에서 눈물을 흘리는 관객들을 보는 것보다 더 놀라운 것이 무엇이 있겠는가? 사람들은 연극은 배우들에 의해서 연기된다고, 무대 위에는 살과 뼈를 가진 생생하게 살아 있는 사람들이 있다고 말할 것이다. 그렇다 하자. 그러나 우리는 거의 또한 우리가 읽은 소설에 강렬하게 '사로잡힐' 수도 있으며, 사람들이 우리에게 이야기해주는 인물들과 같은 점에서 공감할 수 있다. 어떻게 심리학자들이 이러한 기능이 가지는 신비스러운 것에 놀라지 않았었겠는가? 우리의 모든 기능들은, 우리가 그것들 중 어떤 것의 내적인 메커니즘을 알지 못한다는 의미에서, 신비스러운 것이라고 사람들은 대답할 것이다. 물론이다. 그러나 만일 여기에서 문제시될 수 있는 것이 기계적인 재구성이 아니라면, 우리는 심리적 설명을 요구할 권리가 있다. 심리학에서 설명은 생물학에서 설명과 같은 것이다. 사람들이 한 기능이 생명에 어떻게, 그리고 왜 필연적인지를 제시했을 때, 사람들은 그 기능의 존재성을 설명한 것이다. 그런데 소설가들과 극작가들이 있었다는 것은 확실히 필연적인 것은 아니다. 우화 기능 일반이 생명적 요구에 부합하는 것은 아니다. 그러나 특별한 어떤 점에 관해서 한 어떤 대상에 사용된 이 기능이 개인들과 사회들의 생존에 없어서는 안 된다고 가정하자. 이 기능이 필요한 일을 하도록 운명 지어진 사람들은 이 기능을 이용한다는 것, 그것을 우리는 어렵지 않게 생각할 수 있을 것인데, 왜냐하면 이 기능은 단지 작동하기 위해 현존해 있는 것이기 때문이다. 사실상 우리는 오늘날의 소설에서부터 다소간 오래된 이야기들로, 전설들에로, 민담에로, 그리고 민담으로부터 같은 것은 아니지만 같은 방식으로 구성되는 신화에로 어렵지 않게 이행한다. 이번에는 신화가 신들의 인격성을 이야기로 단지 발전시키게 하는데, 이 마지막 창조는 단지 다른 더 단순한 창조의 확장, 즉 우리가 믿기에 종교의 기원에 있는 '효력 있는 현존들' 혹은 '준(準)인격적 능력들'의 창조의 확장에 불과하다. 여기서 우리는 우리가 생명의 근본적인 요구라고 제시했던 것을 접하게 된다. 이 요구가 우화 기능을 솟아오르게 했다. 이처럼 우화 기능은 인간 종의 존재 조건들로부터 연역된다. 우리가 이미 길게 설명했던 것으로 되돌아가지 말고, 생명의 영역에서는 분석에 무한히 복잡한 것처럼 나타나는 것이 직관에서는 한 단순 행위처럼 주어진다는 것을 상기하자. 행위는 이루어지지 않을 수 있다. 그러나 만일 행위가 이루어진다면, 행위는 단번에 모든 장애들을 가로질렀기 때문이다. 이 장애들은 각각이 다른 장애를 출현하게 하면서 무한한 다수를 구성한다. 그리고 우리 분석에 나타나는 것이 바로 이 모든 장애들의 연속적인 제거이다. 이 제거들의 각각을 선행하는 제거에 의해 설명하려고 하는 것은 잘못된 길로 들어서는 것일지 모른다. 모든 것들은 그 자체로 단순한 행위 자체인 유일한 작용에 의해서 설명된다. 이렇게 해서 화살의 불가분적 운동은, 우리의 지각이 제논의 추론의 도움을 받아 통과된 선분의 연속된 점들을 부동성 속에서 포착한다고 믿는 수많은 장애들을 단번에 통과하는 것이다. 이처럼 시각의 불가분적 작용은, 그것이 성공한다는 사실만으로, 수많은 장애들을 단번에 돌려놓는다. 이 돌려진 장애들이 우리의 지각과 우리의 과학에는 눈을 구성하는 무한한 세포들 속에, 시각 기관의 복잡성 속에, 결국 작동의 요소적인 메커니즘 속에 나타나는 것이다. 마찬가지로 인간 종을 놓아보아라, 말하자면 진화해온 생명이 개별적이고 사회적인 인간에 도달하게 되는 갑작스러운 도약을 놓아보아라. 그와 동시에 당신은 당신에게 제작적 지성을 부여하고, 이어서 약동 덕분에 자신의 임무인 단순한 제작을 넘어서 위험을 창조하면서 추구하게 될 노력을 당신에게 주어보아라. 만일 인간 종이 존재한다면, 그것은 인간을 제작적 지성과 함께, 지성의 계속된 노력과 함께, 계속된 노력에 의해 창조된 위험과 함께 놓았던 똑같은 작용이 우화 기능을 불러일으켰기 때문이다. 따라서 우화 기능은 자연에 의해 의도된 것은 아니었지만, 그것은 자연스럽게 설명된다. 결국 만일 우리가 이 기능을 모든 다른 심리학적 기능들에 결합시킨다면, 우리는 이 전체가 생명이 인간에까지 이르러 멈추어 섰던 사다리로부터 생명이 도약했던 불가분적 작용을 무수한 형태하에서 표현한 것이라는 것을 발견한다.

그러나 이 우화적 기능이 종교적 영역에서 행하여질 때, 왜 이 우화적 기능은 그의 발명품들에 특별한 힘을 부과하는지를 자세히 살펴보자. 이 우화적 기능은 종교의 영역에서 자기 집에 있는 듯 편안하다는 것은 의심의 여지가 없다. 이 기능은 정령들과 신들을 창출하기 위해 만들어진 것이다. 그러나 이 기능이 다른 곳에서 우화 작용이란 그의 작업을 계속하지만, 왜 똑같이 작동하는데 다른 곳에서는 같은 신뢰를 더는 얻지 못하는지를 자문할 이유가 있다. 사람들은 그 사실에서 두 가지 이유를 발견할지 모른다.

첫 번째 것은 종교적인 영역에서는 각자의 동의는 모든 사람의 동의에 의해 강화된다는 것이다. 이미 극장에서, 극작가의 암시들에 관객이 쉽게 따르는 순응성은 현재하는 사회의 주의와 관심에 의해서 오로지 증가된다. 그러나 극장만큼만 큰 사회, 그리고 작품만큼만 지속하는 사회가 문제이다. 만일 개인적인 믿음이 한 국민 전체에 의해서 지지되고 확증된다면, 그리고 개인적 믿음이 현재에서처럼 과거에서도 그것의 지반을 취한다면 어떻게 될 것인가? 만일 신이 시인들에 의해서 찬송되고, 사원들에 자리 잡고, 예술에 의해 그려진다면 어떻게 될 것인가? 실험 과학이 견고하게 구축되지 않을 것인 한, 보편적 동의보다 진리에 대한 더 확실한 보증은 없을 것이다. 진리는 대체로 이런 동의 자체이다. 지나는 길에 하는 말이지만, 그것이 바로 편협하게 되는 이유들 중의 하나이다. 공통적인 믿음을 받아들이지 않는 사람은 그가 부정하는 동안은 그것이 전적으로 진리가 되지 못하게 한다. 진리는 그가 후퇴하거나 사라질 때에만 그것의 완전성을 회복할 것이다.

우리는 종교적 신앙이 다신교에서조차 개인적인 신앙이 될 수 없었다고 말하려는 것은 아니다. 각 로마 인들은 자신의 인격에 결부된 한 수호신을 가지고 있었다. 그러나 그가 그의 수호신을 그렇게 확고하게 믿었던 것은 바로 다른 로마 인들 각각이 자신의 수호신을 가지고 있었기 때문이고, 이 점에 관해 개인적인 그의 신앙이 보편적 신앙에 의해서 보장되었었기 때문이다. 우리는 종교가 일찍이 개인적이기보다는 오히려 사회적인 본질에 속하는 것이었었다고 말하려는 것 또한 아니다. 우리는 개인이 타고난 우화적 기능이 사회를 공고히 하는 것을 첫 번째 목적으로 한다는 것을 잘 보아왔다. 그러나 우리는 우화적 기능이 마찬가지로 개인 자신을 지탱하도록 예정된 것이고, 게다가 사회적 관심도 거기에 있다는 것을 알고 있다. 사실인즉 개인과 사회는 상호적으로 내포되어 있다. 개인들은 모여서 사회를 구성하고, 사회는 개인들 각각 속에 예시되어 개인들의 한 측면을 전적으로 결정한다. 따라서 개인과 사회는 순환적으로 서로 조건이 된다. 이 순환은 자연이 의도했던 것으로, 인간 본성을 제자리에서 맴돌도록 방임하는 대신에 인간 본성을 앞으로 밀고 나가면서 인간이 창조적 약동 속에 다시 위치할 수 있었을 때, 인간에 의해서 파괴되었다. 바로 이날부터 본질적으로 개인적인 종교가 그 사실에 의해서 더욱 심층적으로 사회적이 되었다. 그러나 우리는 이 점에 관해 다시 돌아올 것이다. 사회에 의해서 개인적인 믿음에 가져온 보장은, 종교적인 소재에 있어서, 이미 우화 기능의 이 발명들을 다른 것들이 견줄 수 없도록 만들기에 충분할지 모른다는 점만을 말하자.

어떤 의미에서 신들은 존재했는가?

그러나 다른 것도 고려해야 한다. 우리는 어떻게 고대인들이 그러저러한 신의 생성을 무감동인 채로 참관했는지를 보았다. 금후 그들은 모든 다른 신들처럼 그 신을 믿을지 모른다. 만일 사람들이 그들의 신들의 존재성이 그들에게 있어서 그들이 보고 만지는 대상들의 존재성과 같은 본성이라고 가정했다면 그것을 받아들일 수 없었을지 모른다. 신들의 존재성은 실재적이었지만, 인간적 의지에 의존하지 않고는 존재하지 못했던 그런 실재성에 속했다.

사실 이교도 문명의 신들은 민중 신앙으로부터 결코 분리되지 않았던 엘프(elfes),[58] 놈(gnomes),[59] 정령들 같은 아주 오래된 실체들과 구별된다. 이 실체들은 자연적인 우화 기능으로부터 거의 직접적으로 생겨났다. 이 실체들은 자연스럽게 발생했었듯이 자연스럽게 받아들여졌다. 이 실체들은 자신들을 발생하게 했던 필요성의 정확한 윤곽을 그리고 있었다. 그러나 원시적 작업의 확장인 신화는 이 필요성을 모든 측면에서 넘어선다. 신화가 자신과 필요성 사이에 놓은 간격은 인간의 변덕이 그 선택에서 큰 몫을 하는 소재에 의해서 채워지고, 사람들이 신화에다 준 집착은 이 소재의 영향을 받는다. 항상 개입하는 것은 동일한 기능인데, 이 기능은 자신의 발명들 전체에 대해서 동일한 신뢰를 얻는다. 그러나 각각의 발명은 따로 취해지면 다른 것이 가능할 수도 있었다는 뒷생각과 함께 받아들여졌다. 신전은 인간으로부터 독립적으로 존재하나, 거기에 신을 들어가게 하거나 이렇게 해서 신에게 존재성을 부여하는 것은 인간에 달려 있다. 우리는 오늘날 이러한 영혼의 상태

---

58) (역주) 스칸디나비아 신화의 바람, 불, 땅의 요정.
59) (역주) 난장이 모습을 한 땅의 신령.

에 대해 놀란다. 그러나 우리는 그것을 우리 안에서 어떤 꿈들 속에서 실험하는데, 거기에서 우리는 한 어떤 주어진 순간에 우리가 바라는 사건을 도입할 수 있다. 즉 이 영혼의 상태는 우리 없이 그 자체로 성립되는 전체적 조화 속에서 우리에 의해 실현된다. 마찬가지로 각 결정된 신은 우연적이나, 신들의 총체, 아니 오히려 신 일반은 필연적이라고 말할 수 있을지 모른다. 이 점을 깊이 파고들고 또한 고대인들이 한 것 이상으로 멀리 논리를 밀고 간다면, 사람들은 정령들에 대한 신앙 이외에 결정적인 다원론은 존재하지 않았으며, 이른바 다신교도 그의 신화와 함께 잠재적인 일신교를 함축하고 있어서, 많은 신들이란 단지 신성의 대리자들로서 이차적으로만 존재하는 것들이라는 것을 발견할지 모른다.

그러나 고대인들은 이런 고찰들을 부차적인 것으로 간주했을지 모른다. 이 고찰들은 단지 종교가 인식 혹은 사변의 영역에 속했을 때에만 중요성을 가질 것이다. 그때에 사람들은 신화적 이야기를 역사적 이야기처럼 다루고, 후자에서처럼 전자에서도 정통성의 문제를 제기할 수 있을 것이다. 그러나 진실은 그들 사이에 비교는 가능하지 않다는 것인데, 이유는 그들은 같은 과(科)에 속하지 않기 때문이다. 역사는 인식이고, 종교는 원리적으로 행위이다. 우리가 여러 번 반복했듯이, 종교는 단지 어떤 지성성의 위험을 대비하기 위해 지적인 표상이 필요한 정도에서만 인식에 관여한다. 이 표상을 따로 고찰하고 그것을 표상인 한에서 비판하는 것은 이 표상이 공속적인 행동과 혼합물을 형성한다는 것을 망각한 것일지 모른다. 어떻게 위대한 영혼들이 그들의 종교였던바 유치함과 부조리의 덩어리를 받아들일 수 있었는지를 물을 때 우리가 범하는 것이 바로 이런 종류의 오류이다. 물이 있고, 이 물이 수영하는 사람을 지탱해주고, 사람의 움직임과 물의 저항, 그리고 강물의 흐름이 모두가 하나의 불가분적 전체로 간주되어야만 한다는 것을 망각했을지 모르는 사람에게 수영하는 사람의 몸짓은 역시 어리석고 우스꽝스럽게 보일지 모른다.

종교는 강화하고 훈련한다. 이를 위해 계속적으로 반복된 훈련이 필요한데, 이는 마치 기계적 훈련이 군인의 신체에다 위험한 날에 그가 필요로 할 정신적 확신을 마침내 고정시키게 하는 것과 같다. 그것은 의식(儀式)과 의례(儀禮)가 없는 종교는 없다는 것을 뜻한다. 이런 종교적 행위들에서 종교 표상이란 무엇보다도 이 행위를 유발하는 기회 원인으로 봉사하는 것이다. 종교적 행위들은 물론 신앙에서 나오지만, 곧바로 신앙에 다시 작용하여 신앙을 공고히 한다. 즉 만일 신들이 있다면, 그들에 대한 예배를 맹세해야 한다. 그래서 예배가 있는 순간부터 신들은 존재한다는 것이다. 신과, 사람들이 신에게 바치는 경배의 이 연대성이 종교적 진리로 하여금 사변적 진리와는 어떤 공통적 척도도 없으며 어느 정도까지는 인간에 달려 있는 별개의 것으로 만든다.

종교적 의식과 의례들은 바로 이 연대성을 긴밀히 하려는 것을 목표로 한다. 이것들에 관해 길게 상술할 필요가 있을지 모른다. 단지 주요한 두 가지, 즉 희생과 기도만을 간단히 말하자.

정태적인 종교의 일반적 기능

우리가 역동적이라 부를 종교에서, 기도는 언어적 표현과는 관련이 없다. 그것은 영혼의 고양인데, 말 없이도 이루어질 수 있는 것이다. 다른 한편, 그것의 가장 낮은 단계에서 기도는 마법적인 주문(呪文)과 관련이 없는 것은 아니었다. 그때에 기도는 신들의 의지, 특히 정령들의 의지를 강화하는 것은 아니라 하더라도, 적어도 그들의 호의를 사로잡으려는 것을 겨냥했었다. 사람들이 다신교에서 이해하는 한에서의 기도는 보통 이 두 극단들 사이의 중간 길에 위치한다. 물론 고대는 영혼이 고양되려는 열망을 표현하는 탄복할 만한 기도의 형태들을 알고 있었다. 그러나 그때에 그것은 예외적인 것들이었고, 보다 순수한 종교적 신앙을 예상케 하는 것들이었다. 다신교에서는 기도가 단지 문구의 의미가 아니라 말과 그것에다 효력을 줄 수 있는 공속적인 몸짓들의 전부와의 인과 관계이기도 하다는 뒷생각을 가지고, 기도에다 판에 박힌 형식을 부과하는 것이 더욱 습관적이 된다. 다신교가 진화할수록, 이 점을 더욱 요구하게 된다고 사람들은 말할 수조차 있을 것이다. 신자의 훈련을 확실히 하기 위해 성직자의 개입이 점점 더 필요했다.

일단 깨어난 신의 관념을 규정된 언술들과 미리 결정된 태도들로 이어가려는 이 습관이 신의 모습에다 탁월한 객관성을 부여한다는 것을 어떻게 알지 못하겠는가? 우리는 예전에 한 지각의 실재성을 만드는 것, 지각을 기억 혹은 상상과 구별하는 것, 그것은 무엇보다도 지각이 신체에다 새겨 넣고 이에 의해 이 자동적으로 시작된 작동에 의해 지각을 완성하는 시발적(始發的) 운동들(mouvements naissants)의 전체임을 제시했었다.[60] 이런 종류의 운동들은 다른 이유를 위해 묘사될 수 있을 것이다. 즉 이 시발적 운동들의 현실화 능력은 그것들을 야기했을 표상을 향해 역류해서, 표상을 실제적으로 사물로 전환시킬 것이다.

희생에 관해 말하자면, 그것은 처음엔 의심할 여지없이 신의 호의를 사도록, 혹은 신의 노여움을 피하도록 운명 지어진 제물이다. 희생이 더 값이 나갈수록, 희생물이 더 큰 가치가 있을수록 그만큼 더 희생은 환영받았음에 틀림없다. 인간을 희생물로 바치는 습관, 즉 사람들이 대부분의 고대 종교에서, 아마도 더 거슬러 올라간다면 모든 종교에서 발견할 수 있을지 모르는 습관은 부분적으로 이렇게 설명된다. 순수 지성의 소관이 아닌 소재들에 적용될 때, 논

---

60) (역주) 『물질과 기억』 참조. 시발적 운동이란 지각적 식별을 위한 행위의 도식을 만들어내는 내적인 운동을 말한다. 지각적 식별이란 지각적 이미지에 의해 촉발된 감각 운동 체계가 시발적 운동으로 대상의 윤곽을 그리면, 이 윤곽 속으로 적합한 기억 표상들이 삽입되어 완성되는 것이다.

리가 인도할 수 있는 곳은 오류도 아니고 공포도 아니다. 그러나 희생 속에는 다른 것도 있다. 그렇지 않다면, 사람들은 제물이 반드시 동물이나 식물, 거의 항상 동물이었다는 것을 자신에게 설명할 수 없을지 모른다. 우선 희생의 기원들을 신과 그의 찬양자들이 함께했다고 간주되었던 식사에서 찾는다는 데 사람들은 일반적으로 일치한다. 그러고 나서 특히 피는 특별한 효력을 가졌다. 생명의 원리인 피는 인간을 더 잘 도울 수 있도록, 그리고 아마도 또한 (그러나 이것은 겨우 의식되는 속마음이었다) 인간의 존재성을 더욱 견고하게 보장하도록 신에게 힘을 가져왔다. 그것은 기도처럼 인간과 신 사이의 유대였다.

이처럼 자신의 신화가 있는 다신교는 인간을 둘러싸고 있는 보이지 않는 힘들을 점점 높이 고양시키고, 인간을 이 힘들과 점점 더 밀접하게 관계 맺게 하는 이중적인 효과를 가지고 있었다. 고대 문명들과 동연적(同延的)인 다신교는 문학과 예술에 영감을 불어넣고, 그것이 고대 문명들에다 주었던 것 이상을 또한 이 문명들로부터 받으면서, 이 고대 문명들이 생산할 수 있는 모든 것으로부터 비대해졌다. 말하자면 고대에서 종교적 감정은 국민에 따라 변화할 수 있는 매우 많은 요소들로 만들어졌지만, 이 요소들은 모두 하나의 원초적인 핵 주위에 와서 모여 쌓이게 되었다는 것이다. 우리는 이 중심핵에 집착하는데, 이유는 우리가 고대 종교들로부터 그것들이 특수하게 가졌던 종교적인 것을 끄집어내려 했기 때문이다. 고대 종교들 중 이런 것들, 즉 인도의 종교 혹은 페르시아의 종교는 철학으로 이중화되어 있다. 그러나 철학과 종교는 항상 구별되어 있다. 사실 대체로 철학은 보다 개화된 정신들에게 만족을 주기 위해서만 존속하고, 종교는 국민들 속에 우리가 그것을 묘사했던 한에서 존속한다. 혼합이 이루어진 곳에서조차 두 요소들은 그들의 개별성을 보존한다. 종교는 사변할 마음을 가져볼 것이고, 철학은 행동하는 데 무관심하지는 않을 것이다. 그러나 종교는 그래도 역시 본질적으로 행동에 머무를 것이고, 철학은 무엇보다도 사유에 머무른다. 종교가 고대인들에 있어서 실제로 철학이 되었을 때, 종교는 오히려 행동하는 것을 그만두게 하고, 종교가 세계 속으로 와서 하려 했던 것을 포기했다. 그것이 아직도 종교에 속하는 것이었나? 우리가 종교를 정의(定義)하는 것으로 시작하기만 한다면, 우리는 종교라는 말에다 우리가 의도했던 의미를 부여할 수 있다. 그러나 우리가 우연히 사물들의 자연적인 굴곡을 지칭하는 어떤 말 앞에 있다면, 종교의 의미를 정의하는 것은 잘못일 것이다. 정의하면서 우리는 용어의 외연으로부터 사람들이 거기에 우연적으로 포함시켰을지 모르는 그러저러한 대상을 기껏해야 배제하고 있음에 틀림없다. 그것이 바로 종교에서 일어났던 것이다. 우리는 사람들이 어떻게 종교라는 말을, 일상적으로 행위로 향해져 있으며 어떤 일정한 관심에서 자연에 의해 야기되었던 표상들에다 부여하는지를 제시했다. 사람들은 예외적으로, 그리고 알아차리기 쉽다는 이유들 때문에, 이 말을 어떤 다른 목적을 가지는 표상들에까지 확장할 수 있었다. 종교는 그래도 역시 우리가 자연의 의도라고 불렀던 것에 따라 정의되어야만 할 것이다.

여기서 의도라는 말로 뜻해야만 하는 것을 우리는 여러 번 설명했다. 그리고 우리는 이 장(章)에서 자연이 종교에 할당했던 기능에 관해 길게 역설했다. 마법, 정령숭배 혹은 동물숭배, 신들에 대한 경배, 신화, 모든 종류의 미신들은 만일 사람들이 그것들을 하나하나 취한다면 매우 복잡한 것으로 보일 것이다. 그러나 전체는 매우 단순하다.

인간은 그의 행위가 안정되어 있지 않고, 주저하고 더듬거리며, 성공에 대한 희망과 실패에 대한 두려움으로 계획들을 세우는 유일한 동물이다. 질병에 걸리기 쉽다고 느끼는 유일한 동물이며, 그가 죽어야 한다는 것을 아는 유일한 동물이기도 하다. 나머지 자연은 완전한 평안함 속에서 개화한다. 식물들과 동물들이 모든 우연들에 맡겨져 있다고 해도 소용이 없다. 그것들은 지나가는 순간에도 마치 그들이 영원 위에서 그 순간을 보내듯이 그래도 역시 휴식한다. 이 변질되지 않는 확신으로부터 우리는 우리가 마음을 달래고 돌아오는 시골의 산보에서 무엇인가를 들이마신다. 그러나 이것이 충분히 말한 것은 아니다. 사회 속에 사는 모든 생명체들 중에 인간만이 공통의 선(善)이 문제가 될 때 이기주의적 관심에 굴복함으로써 사회적 행로에서 이탈할 수 있는 유일한 존재이다. 게다가 어디에서건 개인적인 이익은 불가피하게 일반적인 이익에 맞추어 조정되거나 종속된다. 이 이중적인 불완전성이 지성의 몸값인 것이다. 인간은 사유하는 기능을 행사할 때에는 두려움과 희망을 일깨우는 불확실한 미래를 표상하지 않을 수 없다. 자연이 인간을 사회적 존재로 만드는 한에서, 그가 다른 사람들을 무시하고 단지 자기 자신만을 돌보는 데에서 자주 이점을 발견할 수 있을 것이라고 생각하기에, 자연이 인간에게 요구한 것을 반성할 수 있는 것이다. 이 두 경우에서 자연적이고 정상적인 질서의 균열이 있을지 모른다. 그러나 지성을 의도했던 것도 자연이고, 동물 진화의 두 커다란 노선의 한 극단에 다른 종착점인 가장 완벽한 본능과 짝을 이루기 위해 지성을 놓았던 것도 자연이다. 질서가 지성에 의해 파괴되자마자 자동적으로 복구하도록 자연이 예비하지 않았다는 것은 불가능하다. 사실적으로 우화 기능은, 지성에 속하지만 그러나 순수 지성은 아닌 것으로, 바로 이런 목적을 가진다. 우화 기능의 역할은 지금까지 우리가 다루었던 종교, 즉 우리가 정태적이라고 부르는 종교, 그리고 자연적인 종교라는 표현이 다른 의미를 취하지 않는다면 우리가 자연적인 종교라고 말할 수 있을 종교를 구상하는 것이다. 따라서 우리는 이 종교를 정확한 용어로 정의하기 위해 요약하기만 하면 된다. 지성을 활동하게 함으로써 개인에 대해서는 의기소침하게 하는 것, 사회에 대해서는 와해시키려는 것이 있을 수 있는데, 정태적인 종교는 이런 것에 대항하는 자연의 방어적 반작용이다.

두 가지 오해를 예방하기 위해 두 가지 주의를 하고 끝냅시다. 자연에 의해 의도되었던 한에서 종교의 기능들 중 하나는 사회적 삶을 유지시키는 것이라고 말했을 때, 우리는 이 말로 이 종교와 도덕 사이에 연대성이 있었다는 것을 뜻하는 것은 아니다. 역사는 오히려 그 반대를 증언한다. 종교적 죄를 짓는 것은 항상 신성을 모독하는 것이었다. 그러나 신성은 부도덕성이나 범죄조차도 불경시하지 않았을 뿐만 아니라, 신성이 그것들을 규정하는 일이 일어나게 되었다. 확실히 인류는 신들이 선하기를 일반적으로 바랐다. 종종 인류는 신들의 봉헌에 덕목들을 바쳤다. 초보적이고 원래적인 종교와 도덕 사이에 우리가 강조했던 일치는 아마도 인간 영혼의 심층에다, 정확한 도덕과 조직화된 종교가 서로서로 받침점이 될지 모르는 모호한 이상(理想)을 놓았던 점이다. 그러나 도덕은 따로 명확해졌고, 종교들은 따로 진화했으며, 인간들은 그들의 신들을 전통으로부터, 신들에게 도덕성의 증명서를 제출할 것을 요구하거나 도덕적 질서를 보장하기를 요구하지 않고도 받아들였다는 것은 그래도 역시 사실이다. 따라서 이것들이 없으면 어떤 공통적인 삶도 불가능한 매우 일반적인 성격의 사회적 의무들과, 어떤 한 공동체의 구성원들이 이 사회의 보존에 집착하게 하는 구체적이고 특별한 사회적 유대 사이를 구별해야만 한다. 첫 번째 것들은 우리가 그 기원에서 제시했던 관습들의 혼란된 바탕으로부터 조금씩 해방된 것이다. 그것들은 사회적 도덕을 부여하기 위해 순수화와 단순화, 추상화와 일반화를 통해서 그 바탕으로부터 자유롭게 된 것이다. 그러나 한 일정한 사회의 구성원들을 서로서로 연결하는 것은 다른 집단들에 대항하여 이 집단을 방어하고 이 집단을 모든 것 위에 놓으려는 의지와 필요와 전통인 것이다. 우리가 자연적이라고 생각했던 종교는 이의를 제기할 여지없이 이 유대를 보존하고 공고히 하는 것을 목적으로 한다. 이 종교는 한 집단의 구성원들에게 공통적인 것이고, 이 종교는 구성원들을 의식들과 의례들에 내밀하게 참여시키고, 이 종교는 이 집단을 다른 집단들로부터 구별하고, 공통적인 기획에 성공을 보장하고, 공통의 위험으로부터 안전하게 한다. 자연의 손에서 나온 한에서 종교는 —우리의 현실적 용어를 사용한다면— 도덕적인 기능과 국가적인 기능이란 두 기능을 동시에 수행했다는 사실이 우리에게 의심스럽게 보이지는 않는다. 사실 이 두 기능들은 관습들만이 있었던 초보적인 사회들에서는 필연적으로 혼합되어 있었다. 그러나 사회들은 발전하면서 종교를 두 번째 방향으로 이끌고 갔었고, 이 사실은 만일 사람들이 우리가 방금 설명한 것을 참조한다면 어렵지 않게 이해될 수 있을 것이다. 생물학적 진화의 큰 노선들의 한 극단에 있는 인간 사회들은 다른 큰 노선의 극단에 위치하는 가장 완벽한 동물 사회들과 짝을 이룬다는 것, 우화적 기능은 본능이 되지 않았지만 인간 사회들에서 동물 사회들에서의 본능의 역할과 대칭적인 역할을 한다는 것을 고려함으로써 사람들은 곧바로 그 점을 납득했다.

우리가 몇 번이고 반복했던 터라 생략할 수도 있었을 우리의 두 번째 지적은 우리가 '자연적 종교'에 대해 말하면서 사용했던 표현인 '자연의 의도(intention de la nature)'에다 부여하는 의미에 관련된다. 사실을 말하자면, 문제시되었던 것은 이 종교 자체라기보다는 이 종교에 의해 획득된 결과이다. 물질을 가로지르면서, 도중에 분열될 위험을 무릅쓰고 자신이 할 수 있는 것을 물질로부터 이끌어내는 생명의 약동이 있다. 진화의 이처럼 그려진 주요한 두 노선들의 극단에 지성과 본능이 있다. 다른 노선에서의 본능처럼 바로 지성도 하나의 성공이기에, 지성은 자신의 충만한 결과를 생산하는 것을 방해할지도 모르는 것을 떨쳐버리려는 경향을 수반하지 않고는 놓일 수 없을 것이다. 이 경향은 지성이 전제하는 모든 것과 함께하듯이, 지성과 함께 불가분적 덩어리를 형성하는데, 이 덩어리는 우리의 지각 기능과 분석 기능에 ―이 기능들은 우리 지성 자체에 전적으로 관계하고 있다― 견주어 나누어진다. 다시 한 번 눈과 시각에 대해 언급했었던 것에로 되돌아가자. 보는 행위가 있고, 그것은 단순한 것이다. 그리고 해부학자와 생리학자가 이 단순 행위를 그것들을 가지고 재구성하려는 무한한 요소들과 이 요소들의 서로에 대한 무한한 상호 작용들이 있다. 요소들과 작용들은 분석적으로 표현되고, 저항들에 대립된 저항들이기에 말하자면 부정적으로 표현된다. 반면에 불가분적 행위는 자연이 실제적으로 획득한 것이기에 오로지 긍정적인 것이다. 이처럼 지상에 던져진 인간의 불안들과 개인이 공동체보다 자기 자신을 선호하고 싶어 할 수 있는 유혹들은 ―지성적 존재에 고유한 불안들과 유혹들― 끝없이 열거될 수 있을지 모른다. 이 저항들에 저항하는 미신들의 형태들, 혹은 오히려 정태적 종교들의 형태들은 역시 수적으로 무한하다. 그러나 이 복잡성은 만일 사람들이 인간을 자연의 전체 속에 다시 위치시킨다면, 만일 사람들이 지성이란 사람들이 다른 곳 어디에서나 발견하는 평온함에 장애가 될지 모른다는 것을 생각한다면, 그리고 장애는 극복되고 평온이 다시 세워져야만 한다고 생각한다면, 이 복잡성은 사라진다. 더는 분석의 관점이 아니라 발생의 관점인 이 관점에서 생각하면, 생명에 적용된 지성이 동요와 과오로 지니게 될지 모르는 모든 것은, 종교들이 진정제로 가져오는 모든 것과 함께 하나의 단순한 것이 된다. 높은 곳으로부터 내려다볼지 모르는 신에게는 모든 것이 봄에 피는 꽃들의 확신처럼 불가분적으로 나타날지 모른다.

제3장

역동적 종교

종교란 말의 두 의미

예전에 우리는 종교가 생명으로부터 나와야만 했던 지점에까지 생명의 발전을 추적했었는데, 그 생명에 관해 잠깐 되돌아보자. 창조적 에너지의 거대한 흐름은 물질 속으로 침투하여 거기에서 자신이 얻을 수 있는 것을 얻으려 한다. 그 흐름은 대부분의 지점들 위에서 멈추어 섰다. 이 멈춤들이 우리 눈에는 그만큼의 생명의 종들의 출현들을 뜻한다. 다시 말하자면 본질적으로 분석적이고 종합적인 우리의 시선이 무수한 요소들을 분별하고 이 요소들이 무수한 기능들을 수행하기 위해 서로 정돈되는 것으로 보는 유기체들의 출현을 뜻한다. 그렇지만 유기화 작업은 단지 멈춤 자체, 즉 수많은 모래알들이 순간적으로 발의 윤곽을 그리도록 합의케 하는 발디딤과 유사한 단순 행위인 것이다. 생명이 가장 멀리 가는 데 성공했던 노선 위에서 이 생명적 에너지가 자신이 가진 가장 훌륭한 것을 이끌고서 곧장 앞으로 나아갈 것이라고 사람들은 생각할 수 있을지 모른다. 그러나 생명적 에너지는 구부러지고, 모든 것은 다시 몸을 웅크렸다. 그 활동은 같은 원을 무한히 돌며, 그 기관들은 끝없이 새로워질 수 있는 도구들의 발명에로 길을 열어놓는 대신에 이미 만들어진 도구들에 속했던, 그 의식은 다시 일어서서 반성적 사유로 강화되는 대신에 본능의 몽유병 속으로 빠져들어 갔던, 존재들이 출현하게 된 것이다. 그것의 유기적 조직은 현명하나 완전한 자동 현상이 되어버린 곤충들의 사회들에서의 개체가 그러한 것이다. 창조적 노력은 인간에 이르는 진화의 노선 위에서만 성공으로 나아갔다. 물질을 가로지르면서, 의식은 한 주형(鑄型) 속에서처럼 이번에는 제작적 지성의 형태를 취했다. 그리고 발명은 자신 안에 반성을 품고서 자유로 피어났다.

그러나 지성에게 위험이 없었던 것은 아니다. 거기까지는 모든 생명체들이 생명의 잔을 탐욕스럽게 들이켰었다. 생명체들은 자연이 길가에 놓았던 꿀을 맛보았다. 게다가 그것들은 나머지를 보지도 않고 삼켜버렸다. 지성만이 바닥에까지 바라다보았다. 왜냐하면 지성적 존재는 더는 단지 현재 속에서만 사는 것이 아니었기 때문이다. 예견 없는 반성은 없고, 불안 없는 예견도 없으며, 생명에의 집착에 대한 순간적인 이완 없는 불안도 없다. 무엇보다도 사회

없이는 인류도 없는데, 사회는 개인에게 곤충이 그의 자동주의 속에서 자신에 대한 완전한 망각에까지 밀고 간 무관심을 요구한다. 이 무관심을 유지하기 위해 반성에 기대를 해서는 안 된다. 지성은 섬세한 공리주의 철학의 것이 되기는커녕, 오히려 이기주의를 권장할지 모른다. 따라서 두 측면에서 지성은 평형추가 필요할 것이다. 혹은 오히려 지성은 이미 그것을 갖추고 있었다. 왜냐하면 자연은 또 한 번 말하지만 부분들과 조각들로 존재들을 만들지 않기 때문이다. 현시된 모습에서는 다수인 것처럼 보이는 것도 생성에서는 단순할 수 있다. 한 종(種)이 출현하면, 그 종은 자신과 함께 그것을 존립케 하는 불가분적 작용 속에 그것을 생명적으로 만드는 모든 세부적인 것들을 가져온다. 우리 종의 출현으로 번역되는 창조적 약동의 멈춤 자체도 인간 지성과 함께 인간 지성의 내부에 종교들을 구상하는 우화적 기능을 부여했다. 그러므로 우리가 정태적 혹은 자연적이라고 불렀던 종교의 역할, 의미가 그러한 것이다. 종교는 반성 능력을 타고난 존재들에 있어서 삶에의 집착의 우연적인 결손을 채워야만 하는 바로 그것이다.

사실 사람들은 곧바로 이 문제의 다른 가능한 해결책을 알아챈다. 정태적 종교는 인간을 삶에 밀착시키고, 따라서 어린아이를 달래는 동화에 비교될 수 있는 이야기들을 들려주면서 개인을 사회에 밀착시킨다. 물론 그것은 다른 이야기들과 같은 이야기들은 아니다. 단순한 쾌락을 위해서가 아니라 필요에 의해서 우화적 기능으로부터 나왔기에, 이 이야기들은 지각된 실재를 행동으로 연장되는 지점까지 위조한다. 다른 상상적인 창조들도 이 경향을 가지지만, 이 상상적인 창조들은 우리가 이 경향에 따르기를 요구하지 않는다. 이 창조들은 관념들의 상태에 머무를 수 있을 것이다. 반대로 우화적 기능이 만든 이야기들은 관념 운동적인 것들(ideo-motrices)이다.[61] 그것들은 그래도 역시 우리가 말했듯이 비판적 정신들이 권리적으로는(en droit) 거부했을지 모르지만, 종종 사실적으로는(en fait) 받아들였을 우화들이다. 한 극단적 지점에서 그것의 유일한 정지가 인류로 표현된 이 동적이고 능동적인 원리는 물론 창조된 모든 종(種)들에 대해서 삶에 집착하기를 요구한다. 그러나 우리가 이전에 제시했듯이, 만일 모든 방향으로 가지들의 끝에 싹을 밀어내는 나무의 방식으로 이 원리가 모든 종들을 전체적으로 뻗어낸다면, 그것은 물질 속에 자유로운 창조적 에너지를 저장하는 것이며, 그리고 바로 인간 혹은 같은 의미의 —우리는 같은 형태라고 말하진 않는다— 어떤 존재가 발전 전체의 존재 이유가 된

---

61) (역주) 베르그손 철학에서 감각 운동(sensorimoteur) 체계는 우리 신체의 본질적인 의미이다. 즉 우리의 지각 작용은 이 감각 운동 체계에 기억이 투사됨으로써 형성된다. 감각 운동 체계가 지각 작용을 형성하는 신체의 기본적인 체계라면, 관념 운동적(ideomoteur) 체계란 생활 세계 차원에서 관념이 행동으로 이어지는 체계이다. 이 관념 운동적 체계가 감각 운동적 체계보다 더 고양된 체계이긴 하지만, 이 관념 운동적 체계도 신체의 근원적 의미에 연결되어 있다는 점을 주목해야 한다.

다는 것이다. 이 발전 전체는 현재보다 훨씬 우월할 수 있었고, 그런 일은 아마도 생명의 흐름이 좀 덜 저항적인 물질을 통해서 던져진 세계에서 일어날 것이다. 또한 이 흐름이 자유로운 통로를 결코 찾을 수 없었을 때, 불충분한 정도에서조차도 찾을 수 없었을 때, 이 경우에는 우리 지구 위에 인간적 형태가 나타내는 창조적 에너지의 질과 양은 결코 발산되지 못했을지 모른다. 그러나 어쨌든 간에 삶은 적어도 인간에 있어서 다른 종들에 있어서만큼 바람직하고 더 바람직하기조차 한 것이다. 왜냐하면 다른 종들은 삶을 창조적 에너지의 발전 과정에서 생산된 결과처럼 받아들이지만, 삶은 인간에 있어서 이 노력의 성공 ―이 성공이 아무리 불완전하고 아무리 불안정한 것이라 하더라도― 자체이기 때문이다. 그렇다면 인간은 그에게 결여되었거나 반성 작용이 흔들어놓을 수 있었던 확신을, 약동을 다시 취하기 위해 약동이 왔던 방향으로 거슬러 올라가면서, 왜 다시 발견하지 못하는 것일까? 그 일을 할 수 있을지 모르는 것은 지성이 아니며, 혹은 어쨌든 지성만으로는 아니다. 지성은 오히려 반대 방향으로 갈지 모른다. 지성은 특수한 사용 목적을 가진다. 그리고 지성이 그의 사변 속에서 고양될 때, 지성은 우리에게 기껏해야 가능성들을 생각하게 하는 것이지, 실재를 접촉하는 것이 아니다. 그러나 우리는 지성 주위에 모호하고 사라져가는 직관의 가장자리가 남아 있음을 안다. 우리는 이 직관을 고정하고, 강화하고, 무엇보다도 행동으로 완성할 수는 없는 것인가? 왜냐하면 직관은 단지 자신의 원리를 약화시킴에 의해서만, 그리고 만일 사람들이 이렇게 표현할 수 있다면, 자기 자신에 대해 실행된 사상(捨象)에 의해서만 순수한 시선(視線)이 되기 때문이다.

왜 같은 말을 사용하는가?

이런 노력을 받을 자격이 있고 할 수 있는 영혼은 그가 지금 접촉하고 있는 원리가 모든 사물을 초월하는 원인인지, 혹은 그는 단지 그것의 지상에 보내진 위임자에 불과한 것인지에 대해 자문조차 않을지 모른다. 이 영혼에게는, 마치 철이 그것을 달구는 불에 의해서 침투되듯이, 자신보다 엄청나게 클 수 있는 존재에 의해서 인격성이 흡수되지 않고도 침투될 수 있다고 느끼는 것으로 충분할 것이다. 이제부터 삶에 대한 이 영혼의 애착은 이 원리와 ―이 원리는 환희 속의 환희이며 오직 사랑일 뿐인 것에 대한 사랑이다― 이 영혼의 뗄 수 없는 관계가 될 것이다. 이 영혼은 사회에 초과로 주어질 것인데, 그때 이 사회란 그것의 원리가 되는 것의 사랑 속에서 사랑받는 완전한 인류가 될 사회이다. 정태적인 종교가 인간에게 가져오는 확신은 이 영혼에 의해 변모되어 있을 것이다. 미래에 대한 걱정이 크면 클수록, 자신에 대한 불안은 더 많이 돌아온다. 그래서 정태적 종교의 목적은 더는 물리적으로 고통을 치르지 않겠지만, 도덕적으로 지나치게 높은 의미를 갖게 될 것이다.

이제 생명 일반에 대한 애착은 각 특별한 사물로부터의 초탈에 의해서 이루어질 것이다. 그러나 그때에도 종교에 대해 말해야만 할 것인가? 혹은 그렇다면 앞서 말했던 모든 것에 대해서도 이미 이 말을 사용했어야만 했는가? 이 두 가지는 서로 배척하여 같은 이름으로 불릴 수 없을 정도로 다른 것이 아닌가?

그렇지만 이 두 경우에 종교에 대해 말할 수 있는 많은 이유들이 있다. 우선 신비주의가 —우리가 생각하고 있는 것은 바로 이 신비주의이기 때문이다— 영혼을 다른 차원에 옮겨놓는다 해도 소용이 없는 일이다. 정태적 종교가 안전과 안정을 얻는 기능을 하는 것 못지않게 신비주의는 영혼에다 안전과 안정을 뛰어난 형태로 보장해준다. 그러나 무엇보다도 순수 신비주의는 본질상 드물다는 것, 사람들은 그것을 대체로 희석된 상태에서 만난다는 것, 그때에 그래도 역시 신비주의는 그것이 혼합되어 있는 군중에게 그것의 색채와 그것의 향기를 전달한다는 것, 사람들이 신비주의를 작용하는 상태로 포착하고 싶다면 신비주의가 실천적으로 분리될 수 없는 군중과 함께 신비주의를 놓아야만 한다는 것을 [이렇게 함으로써 신비주의는 세상에 대한 자신의 소명을 마침내 인정하지 않을 수 없기에] 생각해야 한다. 이 관점에 위치하기에 사람들은 일련의 전이들을 실제적으로 본성의 극단적인 차이가 있는 곳에서 정도의 차이들처럼 볼지 모른다. 이 두 가지 점 각각에 대해 간단히 언급하자.

신비주의를 생명의 약동과의 관계에 의해서 정의하면서, 우리

는 진정한 신비주의가 드물다는 것을 암암리에 인정했었다. 우리
는 신비주의의 의미와 가치에 대해서 약간 더 말해야만 할 것이다.
우리는 잠시 앞에서 언급한 것에 따라 신비주의란 물질을 가로질
러 던져진 정신적 흐름이 아마도 의도했을 지점, 정신적 흐름이 갈
수 있었던 지점에 위치한다는 것을 주목하는 것으로 만족하자. 왜
냐하면 신비주의는 자연이 조성했음에 틀림없는 장애들을 쉽게 처
리하기 때문이며, 다른 한편 생명의 진화가 강제로 참여하게 된 측
면 길들을 추상하고 나면 사람들은 생명의 진화를 단지 위대한 신
비가가 도달한 근접할 수 없는 어떤 것을 찾아서 볼 때에만 이해하
기 때문이다. 만일 모든 사람들이, 만일 많은 사람들이 이 특권적
인간만큼 높이 오를 수 있다면, 자연이 멈추어 섰던 것은 인간 종
(種)에서는 아니다. 왜냐하면 이 특권적 인간은 실제로 인간 이상이
기 때문이다. 게다가 다른 형태의 천재들에 대해서도 사람들은 그
렇게 말할지 모른다. 모든 천재들은 마찬가지로 드문 것이다. 따라
서 진정한 신비주의가 예외적이라는 것은 우연적으로가 아니라 그
것의 본질 자체에 의하여 그렇다는 것이다.

그러나 신비가가 말할 때, 대부분의 사람들의 심층에는 지각될
수 없지만 그에게 응답하는 무엇인가가 있다. 신비가는 만일 우리
가 원한다면 우리에게 놀라운 전망을 드러내거나, 아니 오히려 드
러낼 것이다. 그런데 우리는 그것을 원하지 않으며, 대체로 우리는
그것을 원할 수 없을 것이다. 노력해봐야 우리는 파괴될 것이다.

그래도 매력은 역시 작용하고 있다. 그리고 한 천재적인 예술가가 우리를 넘어서는 한 작품을 창작했을 때 일어나듯이, 그 작품의 정신에 우리를 동화시키지 못하지만 자신도 모르게 내뱉는 감탄들에 스스로 천박함을 느끼게 하듯이, 이처럼 정태적인 종교는 존속해 보아야 소용이 없으며, 정태적인 종교는 이미 더는 전혀 그것이었던 것이 아니며, 무엇보다도 진실로 위대한 신비주의가 나타났을 때는 더는 감히 자신을 내세우지 못한다. 그래도 인류가 필요로 하는 버팀목을 요구할 곳은 아직도 이 정태적 종교이며, 아니 적어도 원리적으로는 그렇다. 정태적 종교는 자신을 더 좋게 개혁하면서도 아직도 우화적 기능이 작용하도록 내버려둘 것이다. 간단히 말해 삶에서 정태적 종교의 확신은 자연이 그것을 설정했었던 대로 거의 남아 있을 것이다. 그래서 정태적 종교는 자연의 원리 자체와의 접촉을 진실로 어느 정도로 찾았고 획득한 척할 것인데, 그러나 사실 이 자연의 원리 자체는 삶에 대한 전혀 다른 애착에 의해서, 변모된 확신에 의해서 번역되는 것이다. 정태적 종교는 그렇게 높이 고양될 수 없기에 흉내를 내고, 태도를 취하고, 연설할 때는 어떤 행사에 위대한 인물들을 위해 마련했던 자리들을 비워놓듯이, 그것들의 모든 의미로 채워지지 못하는 형식들에다 가장 좋은 자리를 확보해놓을 것이다. 이렇게 해서 혼합된 종교가 구성될 것인데, 혼합된 종교란 옛 종교의 새로운 방향을 함축할 것이고, 우화적 기능에서 나온 고대의 신에 대해 다소간 언급하지만 실제적으로 계시되는 신, 다시 말해 그의 현존으로부터 특권적 영혼들을 조명하고 다시 뜨겁게 하는 신에 몰두하려는 열망을 함축할 것이다. 이렇게 해서 우리가 언급했듯이 극단적으로 본성이 다르며, 처음엔 같은 방식으로 불리어서는 아니 될 것처럼 보였던 두 가지 것들 사이에 정도의 허울뿐인 차이들과 전이들이 끼어들게 된다. 많은 경우들에서 대비는 뚜렷하다. 예를 들어 전쟁 중에 있는 국가들은 서로가 자신의 국가를 위해 이교의 국가적 신이 되어 있는 신을 가진다고 주장하는데, 반면에 그 국가들이 상상하는 말씀하는 신(Dieu, 하느님)이란 모든 사람들에게 공통적인 신이고, 모든 사람들이 그 신에 대해 갖는 모습이란 전쟁을 즉각적으로 폐지시키는 것일지 모른다. 그러나 신비주의로부터 태어났으나 그것의 정신 전체가 인류 전체에 침투할 수 없어 그것의 형식들의 사용만을 일반화했던 종교들을 평가 절하하기 위해 이 대비를 이용할 필요는 없을 것이다. 그것들은 진정한 마법적인 말씀들과 이 말씀들을 채울 수 있는 정신을 여기저기서 솟아나게 하기에는 거의 공허한 형식들에 이른 것이다. 평범한 교사는 천재적인 인간들이 창조한 과학을 기계적으로 가르치면서 그의 어떤 제자에게 그 교사 자신이 갖지 못했던 소명 의식을 일깨워, 그 제자를 그가 전달하는 메시지 속에 보이지 않게 현재하는 이 위대한 인간들에 필적하는 사람으로 무의식적으로 변환시킬 것이다.

그러나 이 두 경우 사이에는 하나의 차이가 있으며, 만일 사람들이 그것을 고려한다면 종교라는 영역에서 우리가 서로의 특성들을 더 잘 드러내기 위해 방금 전에 강조했던 '정태적인 것'과 '역동적인 것' 사이의 대립이 완화되는 것을 볼 것이다. 대부분의 사람들은 예를 들어 데카르트 또는 뉴턴이라는 천재에 대해 경의를 표하면서도 수학에는 거의 문외한일 수 있을 것이다. 그러나 신비적인 말에 멀리서부터 귀 기울이는 사람들은 그들 자신의 심층에서 그 말에 대한 미약한 반향을 듣고 있기에, 그 신비적인 말이 알리는 것에 무관심하게 있을 수는 없을 것이다. 만일 그들이 이미 신앙들을 가지고 있어 이 신앙들에서 벗어나려고 하지 않거나 할 수 없다면, 그들은 그들이 그 신앙들을 변형시킨다고 확신하고, 그렇게 함으로써 실제로 그 신앙들을 변모시킬 것이다. 그 신앙의 요소들은 존속할 것이지만, 자기(磁氣) 같은 이끄는 힘에 의해 다른 방향으로 향하거나 이끌린다. 어떤 종교사가라도 사람들 사이에 퍼져 있는 모호하게 신비적인 신앙의 물성(物性) 속에서 신화적이고 마법적이기도 한 요소들을 다시 발견하는 데 어려움은 없을 것이다. 이렇게 해서 그는 인간에게 자연적인 정태적 종교가 있다는 것, 그리고 인간 본성은 변할 수 없다는 것을 입증할 것이다. 그러나 그가 거기에 만족한다면, 그는 무엇인가를 아마도 본질적인 것을 게을리한 것일 것이다. 그러나 그는 정확히 그것을 의도한 것은 아니지만 정태적인 것과 역동적인 것 사이에 다리를 놓고, 이처럼 다른 두 경우에 같은 말을 사용하는 것을 정당화할 것이다. 사람들이 아직도 관계하고 있는 것은 물론 하나의 종교이긴 하지만, 하나의 새로운 종교이다.

다른 한편으로 만일 우리가 정태적인 종교를 대치하기 전에 정태적인 종교 속에 자리 잡기 위한 역동적인 종교의 시도들을 고려한다면, 어떻게 이 두 종교들이 대립하고 어떻게 재결합하는지를 보게 될 것이고, 그것을 또한 더 잘 납득할 수 있을 것이다. 사실 이것들을 이런 시도들로 소급해서 전환해보는 것은 바로 우리들이다. 이 시도들이 생산되었을 때, 이 시도들은 자족적인 완전한 행위들이었다. 이 시도들은 단지 현재가 과거 위에 행사하는 신비적 능력 덕분에 마지막으로 성공에 의해서 실패로 변모되었던 날부터만 시작들이거나 준비들이 된다. 이 시도들은 그래도 역시 우리에게 한 간격의 푯대를 세우는 데, 역동적인 종교를 정립하는 불가분적 행위를 그것의 잠재적인 요소들로 분석하는 데, 그리고 그와 동시에 도달되지 못했던 약동들의 명백히 공통적인 방향에 의해서 어떻게 결정적이 아니었던 갑작스러운 도약이 우연적인 어떤 것도 가지지 않은 것인지를 제시하는 데 사용될 것이다.

그리스 신비주의

장래의 신비주의를 대략적으로 묘사함에 있어서 최초의 단계에 우리는 이교의 비전(秘傳)들의 몇몇 측면들을 놓을 것이다. 말이 우리에게 환상을 만들어서는 안 될 것이다. 대부분의 비전들은 신비적인 어떤 것도 가지고 있지 않았다. 이 비전들은 기존의 종교에 부착되어 있는데, 기존의 종교는 자신의 옆에 이 비전들을 가지고 있는 것을 아주 자연스럽게 생각하고 있다. 이 비전들은 똑같은 신들, 혹은 같은 우화적 기능으로부터 나온 신들을 찬양하고 있다. 이 비전들은 비전을 전수받는 사람들에게 단순히 종교적 정신을 강화시켜주는데, 그것은 큰 사회 안에서 작은 사회들을 형성하면서, 그리고 비밀스럽게 전수한다는 사실에 의해 특권자로 간주되면서 사람들이 항상 체험하게 되는 그런 만족감으로 이 종교적 정신을 배가시키면서 그리할 것이다. 이 닫힌사회들의 구성원들이 그들이 구원을 청하는 신에 더 가까이 있다고 느꼈던 것은 단지 신화적인 장면들의 표상이 여기에서 공공의 의식(儀式)들에서보다 더 큰 역할을 했기 때문이다. 어떤 의미에서 신은 존재해왔다. 전수자들은 신의 신성에 어느 정도 참여하고 있다. 그래서 그들은 민족 종교가 기대하게 했던 것보다 더 하고 더 좋은 다른 삶을 희망할 수 있었다. 그러나 거기에는 아마도 이방에서 이미 만들어져 유입된 관념들만이 있었을 뿐이다. 사람들은 어떤 점에서 이집트가 항상 사후의 인간의 운명에 사로잡혀 있었는지 알고 있다. 그리고 사람들은 헤로도토스(Herodotos)의 증언을 떠올리는데, 그에 따르면 엘레우시스 비전들의 테메테르(Demeter)신과 오르페우스교의 디오니소스(Dionysos)신은 이시스(Isis)와 오시리스(Osiris)의 변형들이다. 따라서 비전들의 제전 혹은 적어도 우리가 그것에 대해 알고 있는 것은 공공의 숭배와 절대적으로 뚜렷하게 대조를 이루는 어떤 것도 우리에게 제공하지 않는다. 따라서 사람들은 첫눈에 다른 종교보다 이 종교에서 더 많은 신비성을 발견할 수 없을지 모른다. 그러나 우리는 아마도 대부분의 전수자들의 관심을 사로잡는 유일한 것이었던 측면에 만족해서는 안 된다. 우리는 이 비전들 중의 적어도 어떤 것들이 그들의 정신을 되살리게 할 수 있었던 이러저러한 위대한 인격성의 표식을 지녔는지 물어보아야 한다. 또한 신이 자신을 불러낸 영혼을 실제로 소유하게 되는 열광의 장면들을 대부분의 저자들이 강조했다는 것을 우리는 주목해야만 한다. 사실상 엘레우시스 비전들을 마침내 자신들의 운동 속으로 이끌었던 가장 생명력이 강한 비전들은 디오니소스와 그의 계승자인 오르페우스의 비전들이었다. 트라스(Thrace)에서 온 이방의 신인 디오니소스는 그의 격렬함에 의해서 올림포스 신들의 평온함과 대조를 이루었다. 디오니소스는 처음에 술의 신이 아니었으나, 그가 영혼을 빠지게 하는 도취 상태는 술이 일으키는 도취 상태와 유사성이 없지 않았었기에 어려움 없이 술의 신이 되었다. 사람들은 윌리엄 제임스가 신비 상태를 이산화질소의 흡입으로 일어나는 상태로 칭하거나 그런 것처럼 연구했기에 그가 어떻게 취급받았는지 알고 있다.[62] 사람들은 거기에서 무종교(無宗敎)를 보았다. 그리고 만일 그 철학자가 '내적인 계시'를 이산화질소의 심리학적 등가물로 만들었다면, 이산화질소는 그때에 형이상학자들이 말하듯이 생산된 결과의 충족인(充足因)이었을지 모르기에 사람들은 옳았을지 모른다. 그러나 중독은 제임스가 보기에는 단지 기회 원인에 불과했음에 틀림없다. 영혼의 상태는 거기에 있었지만, 의심할 여지없이 다른 것들과 함께 예시되어 단지 개시되기 위한 신호만을 기다리고 있었다. 영혼의 상태는 그 자신이 정신적 차원에서 수행한 노력에 의해 정신적으로 일깨워질 수도 있었다. 그러나 그 영혼의 상태는 또한 역시 물질적으로 그 상태를 억제하는 것을 억제함으로써, 장애를 제거함으로써 그렇게 할 수도 있었는데, 중독의 전적으로 부정적인 결과가 그러한 것이었다. 심리학자는 되도록이면 이 중독 현상에 조회했는데, 이유는 이 현상이 그에게 마음대로 결과를 얻도록 해주었기 때문이다. 그것은 아마도 포도주를 숭배하기보다는 포도주의 결과를 디오니소스적인 도취 상태에 비교하는 것이었다. 그러나 중요한 점은 거기에 있지 않다. 문제는 이 도취 상태가 한 번 나타난 신비주의에 비추어 어떤 신비적 상태들을 예고하는 것으로서 회고적으로 간주될 수 있는지를 아는 것이다. 문제에 답하기 위해서는 그리스 철학의 발전을 일별해보는 것으로 충분하다.

이 발전은 순수하게 합리적이었다. 그것은 인간 사유를 추상성

---

62) 윌리엄 제임스(William James), 『종교적 경험, 기술심리학 시론』, 10장 '신비주의에 관하여'에서 이 문제를 다루었다.

과 일반성의 가장 높은 단계에까지 끌어올렸다. 그것은 정신의 변증법적 기능들에 그처럼 많은 힘과 유연성을 부여했기에, 오늘날에도 이 기능들을 행사하기 위해 우리가 위치해야 하는 곳은 희랍의 학파이다. 그렇지만 두 가지 점을 주의할 필요가 있다. 첫 번째는 이 위대한 운동의 기원에는 철학적 질서에 속하지 않는 충동 혹은 충격이 있었다는 것이다. 두 번째는 이 운동이 도달한, 그리고 희랍적 사유가 그것의 완성을 찾았던 교설은 순수 이성을 넘어선다고 주장했던 점이다. 사실 디오니소스적 열광은 오르페우스교로 이어졌고, 오르페우스교는 피타고라스학파로 연장되었다는 것은 의심의 여지가 없다. 그런데 플라톤주의의 첫 번째 영감은 후자, 아마도 전자에까지 거슬러 올라간다. 사람들은 플라톤주의의 신화들이 오르페우스라는 단어의 의미에서 신비의 어떤 분위기 속에 잠겨 있었고, 이데아 이론 자체가 은밀한 공감에 의해서 수(數)에 관한 피타고라스 이론에로 어떻게 경도되었는지를 알고 있다. 물론 이런 종류의 어떤 영향도 아리스토텔레스와 그의 계승자들에게는 느껴지지 않는다. 그러나 이 발전이 도달한, 그리고 플라톤만큼 아리스토텔레스에게도 빚을 지고 있는 플로티누스(Plotinus) 철학은 이의를 제기할 수 없을 정도로 신비적이다. 만일 플로티누스의 철학이 알렉산드리아 세계에서 매우 활발했던 동양적 사유에 영향을 받았다면, 그것은 플로티누스 자신도 모르게 이루어진 것이며, 그는 희랍 철학 전체를 응축시켜 그것을 이방의 교설들에 대적시키려 한다고 생각했을 뿐이다. 이처럼 요약건대 기원에는 오르페우스교의 침투가 있었고, 결국에는 변증법이 신비주의로 개화했다. 거기서부터 사람들은 이 합리적인 발전을 야기했고, 그것을 이성 너머에 그 끝까지 인도했던 것이 초이성적인 힘이라고 결론지을 수 있을지 모른다. 이처럼 침전 작용의 느리고 규칙적인 현상들은 단지 표면상 그렇게 보일 뿐이고, 어떤 순간들에 지층을 뚫고 나오면서 침전 활동에다 자신의 방향을 새기는 보이지 않는 분출하는 힘들에 의해서 조건 지어진다. 그러나 다른 해석이 가능한데, 그것은 우리의 생각으로는 더욱 그럴 듯할지 모른다. 사람들은 그리스 사상의 발전은 오직 이성의 작품이었고, 이성 옆에 이성과 독립적으로 소질 있는 몇몇 영혼들에게 드문드문 지성을 넘어 초월적 실재의 모습, 접촉, 계시를 찾으러 가기 위한 노력이 생산되었다고 가정할 수 있다. 이 노력은 결코 목표에 도달하지 못했을지 모른다. 그러나 매번 기진맥진한 순간에 이 노력은 완전히 사라지기보다는 자기 자신에 남아 있는 것을 변증법에 위탁했을 것이다. 이렇게 해서 같은 힘을 쓰는데도 새로운 시도는 더 멀리 가서야 멈출 수 있었고, 그 동안에 더 많은 유연성을 획득했고 더 많은 신비성을 지니게 되었을 철학적 발전의 더욱 앞선 지점에서 지성은 이 노력에 재결합될 수 있었다. 사실 우리는 모호하고 순수하게 디오니소스적인 첫 번째 것이 우월한 지성성에 속했던 오르페우스교 속으로 사라져가는 것을 본다. 사람들이 오르페우스적이라 부를 수 있는 이 두 번째 것은 피타고라스주의에 도달한다. 다시 말해 철학에 도달한 것이다. 이번에는 피타고라스주의가 플라톤주의에 그의 정신의 어떤 것을 전달했다. 그리고 플라톤주의는 그것을 기꺼이 받아들여서 훨씬 후일에 알렉산드리아의 신비주의의 문을 자연스럽게 열었다. 하나는 지성적이고 다른 하나는 초지성적인 이 두 흐름 사이의 관계를 사람들이 어떤 방식으로 표상하든 간에, 사람들은 오로지 그 말단에 위치하게 됨으로써만 이 후자의 흐름을 초지성적 혹은 신비적이라고 특징지을 수 있고, 신비들이 출발한 하나의 충동을 신비적이라 간주할 수 있는 것이다.

그러면 이 운동의 끝이 완전한 신비주의였는지를 아는 문제가 남았을 것이다. 사람들은 우선 의미를 정의하기만 한다면, 단어들에다 원하는 의미를 부여할 수 있다. 우리가 보기에 신비주의의 귀결은 생명이 현시한 창조적 노력과 접촉을 취하기, 따라서 부분적인 일치이다. 이 노력은 신(Dieu) 자체는 아니지만, 신에 속한다. 위대한 신비가는 물질성으로 인하여 인간 종에 부여된 한계들을 뛰어넘었으며, 이렇게 해서 신적인 활동을 계속하고 연장했던 개인일지 모른다. 우리의 정의(定義)가 이러하다. 이 정의가 도대체 적용될 것인지, 그때에 어떠어떠한 정해진 경우에 적용되는지를 우리가 자문하기만 한다면, 우리는 그 정의를 정립하는 데 자유로울 것이다. 플로티누스에 관한 한 그 대답은 의심스럽지 않다. 약속된 땅을 보는 것은 그에게 주어졌지만, 그 땅을 밟아보는 것은 그에게 주어지지 않았다. 플로티누스는 황홀경, 즉 신의 빛으로 비추어졌기에 영혼이 신 앞에 있다고 느끼거나 느낀다고 믿는 상태까지 갔다. 관상(觀想, contemplation)이 행위 속으로 빠져들어 오면서, 인간의 의지가 신적인 의지와 합쳐지는 지점에 도달하기 위한 이 마지막 단계를 그는 뛰어넘지 못했다. 그는 절정에 있다고 믿었고, 더 나아가는 것은 그에게는 하강하는 것이었다. 그는 그것을 탄복할 만한 말로 표현했지만, 충만한 신비주의의 말은 아니었다. "행위는, 그가 말하길, 관상을 약화시키는 것이다."[63] 그렇게 해서 그는 희랍의 지성주의에 충실하게 머물며, 이 지성주의를 감동적인 형식으로조차 요약한다. 그래도 그는 지성주의에다 신비성을 강하게 스며들게 했다. 한마디로 우리가 그것을 취하기로 합의한 절대적 의미에서 보면 신비주의는 헬라 인들의 사유에 의해 도달된 것이 아니었다. 의심할 여지없이 신비주의는 존재하려 했을지 모른다. 그것은 단순한 잠재성으로 있으면서 여러 번 문을 두드렸다. 문은 점점 넓게 열렸지만, 헬라 인들의 사유가 전체로 지나가도록 결코 열리지는 않았다.

---

63) "또한 사람들이 관상하는 일을 허약하게 할 때는 그들은 행위를 관상과 이성의 그림자로 여긴다."(*Enneades*, 3권, 8장, 4행).

그리스 신비주의에서 신비적인 것과 변증법적인 것의 구분은 철저하다. 그것들은 단지 드문드문 다시 결합한다. 다른 곳에서는 반대로 이 둘은 표면상 서로 돕는 듯이 보이지만 아마도 끝까지 가는 것을 서로 억제하면서 항상 혼합되어 있다. 그것이 힌두적인 사유에서 일어난 것이라고 우리는 믿고 있다. 우리는 그 사유를 깊이 파고들거나 요약하려고 시도하지 않을 것이다. 힌두적인 사유의 발전은 상당한 기간들에 걸쳐서 전개된다. 철학이든 종교이든 힌두적인 사유는 시대와 장소에 따라 다양화되었다. 그것은 힌두적인 사유를 가장 잘 아는 사람들에게조차도 잘 포착되지 않는 많은 미묘한 차이를 가진 언어로 표현되었다. 게다가 힌두 어의 낱말들은 그 의미가 항상 정확했다고 가정되는 것이건, 아니면 그렇지 않은 것이건 간에 한 불변적 의미를 보존하고 있는 것과는 거리가 멀다. 그러나 우리를 사로잡은 목적을 위해서는 교설들 전체를 일별하는 것으로 충분할 것이다. 이런 전체적인 시야를 얻기 위해서 우리는 필연적으로 이미 취해진 관점들을 함께 겹쳐놓는 것으로 만족해야만 하듯이, 우리는 되도록이면 일치하는 노선들을 고려함으로써 잘못 생각하는 기회를 갖지 않을 것이다.

우선 인도는 고대 그리스의 종교에 비교될 수 있는 종교를 항상 실천해왔다는 것을 말하자. 신들과 정령들은 인도에서도 다른 곳

어디에서와 마찬가지 역할을 했었다. 의례들과 의식들은 유사했었다. 제물은 극단적인 중요성을 가졌다. 이런 숭배들은 브라만교, 자이나교, 그리고 불교를 통해 존속했었다. 어떻게 이 숭배들이 부처의 가르침 같은 가르침과 양립할 수 있었는가? 인간들에게 해방을 가져왔던 불교는 신들 자체도 해방될 필요가 있는 것으로 간주했다는 것을 주목해야 한다. 따라서 불교는 인간들과 신들을 같은 숙명(필연)의 지배를 받는 같은 종의 존재들로 취급했다. 이런 사실은 우리와 같은 가설에서도 물론 생각할 수 있는 것이다. 인간은 자연히 사회에서 살았고, 우리가 우화적이라 불렀던 자연적 기능의 효력에 의해서 인간은 자신의 주위에 자신과 유사하나 자신보다 지고하며 자신과 연대적인 삶을 사는 환상적 존재들을 투사한다. 우리가 자연적이라고 간주하는 종교가 그러한 것이다. 인도의 사상가들은 어느 때고 사물들을 이처럼 표상했는가? 거의 그럴 것 같지 않다. 그러나 도시 밖에서 신비적인 길에 참여하고 있는 모든 정신은 다소간 혼란스럽긴 하지만 자신의 배후에 인간들과 신들을 놓아둔다는 것을 느낀다. 이 사실 자체에 의해서 그는 이들을 함께 본다.

이제 힌두적인 사유는 이 길에서 어디까지 갔는가? 물론 자신들과만 살았던, 자신들 위에 서양 문명이 영향을 행사하기 이전의 혹은 서양 문명에 반응할 필요 이전의 고대 인도가 문제시된다. 실상 정태적이든 역동적이든 우리는 종교를 그 근원들에서 취한다. 우리는 정태적 종교가 자연 속에 이미 예고된 것이라는 것을 발견했다. 우리는 이제 역동적 종교에서 자연 너머로의 도약을 발견하는데, 우리는 우선 이 도약을 약동이 불충분했거나 저항을 받았던 경우들에서 고찰할 것이다. 힌두적인 영혼은 두 가지 상이한 방식으로 이 약동을 시도했던 것처럼 보인다.

둘 중 하나는 생리학적이고 동시에 심리학적인 것이다. 우리는 그것의 가장 먼 기원을 그들의 분리 이전의 인도인들과 이란 인들에 공통적인 실천에서 발견할 수 있을지 모른다. 즉 그것은 이들이 서로 '소마(soma)'라고 불렀던 음료에 대한 호소 방식이다. 그것은 신적인 도취였고, 디오니소스 신의 열광자들이 포도주에 기대했던 도취에 비교될 수 있는 것이다. 훨씬 후에는 감각을 유보시키고, 정신 활동을 늦추면서 결국 최면 상태에 비교될 수 있는 상태들로 인도하도록 되어 있는 훈련들의 총체가 나타났다. 이것들은 '요가' 속에 체계화되었다. 그것은 우리가 취하는 말의 의미에서 신비주의에 속하는 것이었는가? 최면 상태들은 그 자체로는 신비적인 어떤 것도 가지고 있지 않지만, 그것들은 거기에 삽입된 암시에 의해서 진정한 신비주의가 되거나 어쨌든 예고하고 준비할 수 있을 것이다. 만일 최면 상태들이 지성의 비판적 기능을 정지시키면서 이미 환상들과 황홀경들을 그린다면, 이 최면 상태들은 신비주의가 쉽게 될 수 있을 것이고, 그것들의 형식은 신비주의의 질료로 채워지도록 예비될 것이다. 적어도 한편으로는 마침내 '요가'로 조직화되는 수련들의 의미가 그러한 것임에 틀림없다. 신비주의는 거기에 단지 밑그림 상태에 있었다. 그러나 보다 두드러진 신비주의가, 즉 순전히 정신적인 집중화가 요가가 가진 물질적인 것에서 요가를 도울 수 있었고, 따라서 요가를 정신화할 수 있었다. 사실 요가는 때와 장소에 따라 신비적인 명상의 보다 대중적인 형식이었거나 신비적인 명상을 포괄하는 전체이었던 것처럼 보인다.

이제 이 명상 자체가 무엇이었으며, 그것은 우리가 이해하는 한에서의 신비주의와 어떤 관계를 가질 수 있었는지를 아는 일이 남아 있다. 가장 오래된 시절부터 인도 사람들은 존재 일반에 관해, 자연에 관해, 삶에 관해 명상했었다. 그 노력은 수 세기 동안 계속되었지만, 그리스 철학자들의 노력처럼 이미 그리스적 학문이 되었던 무한히 발전하는 인식에 도달하지 못했다. 그것의 이유는 인식이 그들의 눈에는 항상 목적이기보다는 수단이었기 때문이다. 그들에게 있어서는 특별히 무자비했던 삶으로부터 벗어나는 것이 문제였던 것이다. 그리고 자살에 의해서 도피를 얻을 수 없었을 것이다. 왜냐하면 영혼은 사후에도 다른 신체를 거쳐가야만 했으며, 그것은 삶과 고통의 영원한 되풀이였기 때문이다. 브라만교의 초창기부터 그들은 포기에 의해서 해방에 이른다는 것을 믿었다. 이 포기는 모든 것 속에 흡수되는 것이었고, 또한 자기 자신 안에 흡수되는 것이기도 했다. 불교는 브라만교의 방향을 바꾸면서 온 것이지만, 그것을 본질적으로 변양하지는 못했다. 불교는 브라만교를 특히 더 현명한 어떤 것으로 만들었다. 그때까지는 사람들은 삶이 고통이라고 확증했었다. 부처는 고통의 원인에까지 거슬러 올라갔다. 그는 고통의 원인을 욕망 일반 속에서, 살려는 갈망 속에서 발견했다. 이렇게 해서 해방의 길이 더욱 높은 정확성을 가지고 보일 수 있었다. 따라서 브라만교, 불교, 그리고 자이나교조차 살려는 의지의 불꽃을 소멸시킬 것을 더욱 힘 있게 설파했고, 이런 선교는 처음에는 지성에 호소하는 것처럼 제시되고, 이 세 교설들은 단지 지성성에 대한 그들의 다소간 고양된 정도에 의해서만 다른 것처럼 보였다. 그러나 거기를 자세히 살펴보면, 이 종교들이 심으려고 노력했던 신념은 순수하게 지적인 상태와는 거리가 먼 것이었다는 것을 사람들은 알 수 있다. 이미 고대 브라만교에서 최후의 신념이 획득되는 것은 추론에 의해서가 아니고, 연구에 의해서도 아니다. 그것은 이미 본 사람에 의해서 전달된 환상으로 이루어진다. 불교는 한편으로는 더욱 현명한 것이지만, 다른 편에서는 더욱 신비적이기도 하다. 불교가 영혼에 길을 인도하는 상태는 행복과 고통을 넘어서고, 의식을 넘어선다. 영혼이 생전에는 욕망을 없애고, 사후에는 업보(業報)를 제거하는 것인 열반에 도달하는 것은 일련의 단계들과 전적으로 신비적인 훈련에 의해서이다. 부처의 임무의 근원에는 그의 청년기에 그가 가졌던 영감이 있다는 것을 잊어서는 안 된다. 불교가 말로 표현할 수 있었던 모든 것은 물론 하나의 철학으로 간주될 수 있다. 그러나 본질적인 것은 말과 이성을 초월하는 결정적인 계시이다. 그것은 점진적으로 얻어지건 갑자기 획득되건 간에, 목적이 도달되었다는 확신이다. 즉 실존 속에서 결정되어 있는, 따라서 고유하게 실존하는 모든 것은 고통인데, 이 고통이 끝났다. 우리는 여기서 이론적 관점에 관계하는 것이 아니라, 황홀경을 매우 닮은 한 경험에 관계하는 것이라는 것을 고려한다면, 창조적 약동과 일치하기 위한 노력 속에서 한 영혼이 이처럼 묘사된 길을 취할 수 있을 것이고, 실패했을지 모르는 것은 바로 그 영혼이 인간적 삶에서 벗어났으나 신적인 삶에 도달하지 못하고 허무(虛無)의 현기증으로 두 활동 사이에 걸려 있는 중도에 멈추어 섰을 것이기 때문이라는 것을 고려한다면, 우리는 불교에서 한 신비주의를 보는 데 주저하지 않을 것이다. 그러나 우리는 왜 불교가 완전한 신비주의가 아닌지를 이해할 것이다. 완전한 신비주의는 행동이고, 창조이고, 사랑일지 모른다.

물론 불교가 사랑을 무시했었기 때문이 아니다. 반대로 불교는 지극히 고양된 용어로 자비심을 권장했다. 불교는 계율에다 범례를 결합시켰다. 그러나 불교는 열정이 부족했다. 한 종교사가가[64] 매우 정확하게 말했듯이, 불교는 "자기 자신의 신비스럽고도 완전한 천품"을 알지 못했다. 아마도 근본적으로 같은 것이 되겠지만, 불교는 인간 행위의 효력을 믿지 않았다고 덧붙여 말하자. 불교는

64) 쇠데르블룸(N. Söderblom), 『종교학 연보』(Paris, 1925), 296쪽.

인간 행위에 신뢰를 갖지 않았다. 그러나 이 신뢰만이 힘이 될 수 있고, 산을 들어 올릴 수 있다. 완전한 신비주의는 거기에까지 갔던 것이다. 완전한 신비주의는 아마 인도에서, 그러나 훨씬 후에 만나게 된다. 그것은 사실 열정적인 자비이고, 그것은 기독교 신비주의에 비교될 수 있는 신비주의인데, 우리는 그것을 보다 최근의 것들로 말해서 라마크리슈나[65]나 비베카난다[66]에게서 발견한다. 그러나 정확히 그 간격 사이에 기독교가 출현했었다. 인도에 대한 기독교의 영향은 ―게다가 이슬람에서 왔기에― 매우 피상적이었으나, 미리 성향을 가진 영혼들에게 단순한 암시, 어떤 신호로도 충분했다. 그러나 교의(敎義)로서의 기독교의 직접적 작용은 인도

---

65) 라마크리슈나(Ramakrishna, 1836-1886). 1836년 인도 벵골 지방 브라만 집안에서 태어난 현대의 성자. 그는 현대 물질 문명의 세계에서 신성과의 공감의 이상을 제시했다. 어렸을 때부터 영적인 황홀경을 체험했으며, 우주 영혼 라마(Rama)와 크리슈나(Krishna) 숭배를 통해 신에 대한 인간의 사랑을 체험했고, 1866년 이슬람의 수련을, 1874년에는 크리스천 정신의 수행 방법을 체득해서, 라마, 크리슈나, 시바, 칼리, 알라, 그리고 예수의 환생을 보았다. 그는 "나는 모든 것이 비록 다른 길을 가고 있으나 그들의 발걸음이 향하는 것은 똑같은 신임을 발견했다"고 했다..

66) 비베카난다(Vivekananda, 1863-1902). 캘커타 대학 출신의 종교 지도자이자 성자. 라마크리슈나의 제자로서 신에 대한 직접적인 체험을 가지고서도 그것이 이성과 모순되지 않아야 함을 배웠다. 인도의 물질적 후진성을 서구 과학에 의해 치유해야 할 필요성을, 또 서구는 인도의 영적 통찰을 필요로 함을 주장하며, 동양과 서양의 정신적 융합을 강조했다. 그는 존재의 단일성과 영혼의 신성, 신의 일체성을 설파하며, 종교적 보편성과 관용성을 권고하였다.

에서는 거의 없었다는 것을 인정하자. 기독교는 서구 문명 전체에 침투했기에, 사람들은 이 문명이 자신과 함께 가져온 것 속에서 마치 향수처럼 기독교를 호흡한다. 산업주의 자체가, 우리가 그것을 제시하려고 시도하겠지만, 거기서부터 간접적으로 파생한다. 그런데 라마크리슈나나 비베카난다의 신비주의를 촉발시켰던 것이 바로 산업주의이고, 우리의 서구 문명이다. 열성적이고 활동적인 이 신비주의도 인도 사람들이 자연에 의해서 짓밟혔다고 느꼈을 시절에는, 그리고 인간의 모든 개입이 무용했을 시절에는 결코 나타나지 않았다. 피할 수 없는 기근이 수백만의 불행한 사람들을 굶어 죽게 한다면, 무엇을 할 수 있겠는가? 힌두적인 염세주의는 이 무력감을 주요한 기원으로 했던 것이다. 인도가 그의 신비주의의 끝까지 가는 것을 방해했던 것이 바로 이 염세주의인데, 왜냐하면 완전한 신비주의는 행동이기 때문이다. 그러나 기계들이 들어와서 땅의 생산성을 증가시키고, 특히 생산물들을 유통시키게 했으며, 또한 정치적·사회적 조직화들이 들어와서 민중들이 피할 수 없는 필연처럼 노예와 곤궁의 삶에 처단된 것이 아니라는 것을 실험적으로 입증했다. 즉 해방이 아주 새로운 방향에서 가능하게 된 것이다. 신비적 추진력은, 만일 그것이 어느 부분에서건 충분한 힘으로 수행된다면, 행동의 불가능성 앞에서 더는 갑자기 멈추지는 않을 것이다. 그것은 더는 포기의 교설들이나 황홀경의 실행들로 후퇴하지 않을 것이다. 영혼은 자기 자신에 몰입하는 대신에 우주적인 사랑에로 아주 크게 열릴 것이다. 그런데 이 발명들과 이 조직들은 서구적인 본질에 속한다. 바로 이것들이 여기서 신비주의를 자기 자신의 끝까지 가도록 허용했던 것이다. 따라서 그리스에서도 고대 인도에서도 완전한 신비주의는 없었다고 결론을 내립시다. 왜냐하면 때로는 약동이 불충분했었기 때문에, 때로는 이 약동이 물질적 상황들에 의해서 혹은 너무 협소한 지성성으로 인해서 방해되었기 때문이다. 우리로 하여금 회고적으로 신비주의의 준비를 목격하게 한 것은 바로 한 정확한 순간에 신비주의의 출현이다. 마치 갑자기 폭발하는 화산이 과거에 있었던 오랜 기간 계속된 지진들을 분명하게 설명해주는 것처럼.[67]

기독교 신비주의

완전한 신비주의는 결국 위대한 기독교 신비주의자들의 신비주의이다. 잠깐 그들의 기독교를 제쳐두고, 그들에게 있어서 내용이 없는 형식만을 생각해보자. 그들 대부분은 고대 신비주의의 다양한 도달점들을 닮고 있는 상태들을 통과했다는 것은 의심스럽지

---

67) 우리는 고대에 신플라톤주의나 불교 이외에 다른 신비주의가 있었다는 것을 모르지는 않는다. 그러나 우리를 사로잡고 있는 목적을 위해, 가장 멀리 발전한 것들을 고려하는 것으로 우리에게는 충분하다.

않다. 그러나 그들은 거기를 단지 지나갔을 뿐이다. 전적으로 새로운 노력에 긴장하기 위해 자기 자신에 집중함으로써 그들은 제방을 무너뜨렸다. 생명의 거대한 흐름이 그들을 사로잡았다. 그들의 팽창한 생명력으로 에너지, 대담함, 비범한 착상과 실현의 능력이 자유롭게 되었다. 행위의 영역에서 성자 바울, 성녀 테레사, 성녀 카드린 드 시엔, 성자 프랑스아, 성녀 잔 다르크, 그리고 다른 많은 성자들[68]이 수행했던 것을 생각해보자. 이 모든 충분하고도 남을 행적들은 거의 기독교를 전파하는 데 사용되었다. 그러나 예외들이 있는데, 잔 다르크의 경우는 형식이 그 내용으로부터 분리될 수 있다는 것을 보여주기에 충분할지 모른다.

우리가 이처럼 위대한 신비가들의 내적인 진화를 끝까지 추적할 때, 사람들은 그들이 어떻게 미치광이들과 동일시될 수 있었는지 의문을 갖게 된다. 확실히 우리는 불안정한 평형 상태에 살고 있으

---

[68] 위대한 기독교 신비가들에게 있는 본질적으로 활동적인 것에 관해 앙리 들라크로아(Henri Delacroix)의 고전이 될 자격이 있는 책, 『신비주의의 역사와 심리학에 관한 연구(*Etudes d'histoire et de psychologie du mysticisme*)』(Paris, 1908)가 우리의 주의를 끈다. 사람들은 유사한 관념들을 언더힐(Evelyn Underhill)의 중요한 저작, 『신비주의(*Mysticism*)』(London, 1911)와 『신비의 길 (*The mystic way*)』(London, 1913)에서 발견할 것이다. 이 저자는 자신의 몇몇 관점을 우리가 『창조적 진화』에서 설명하고 이를 연장하여 현재 이 장에서 다시 취급하고 있는 관점들에 결부시키고 있다. 이 점에 관해서는 특히 『신비의 길』을 보시오.

며, 게다가 정신의 중용적인 건강은 신체의 중용적인 건강처럼 정의하기 어려운 일이다. 그렇지만 예외적이며 견고하게 안착된 지적인 건강이 있는데, 이것은 어렵지 않게 확인된다. 이 지적인 건강은 행동하고자 하는 취향, 상황들에 적응하고 재적응하는 능력, 유연함과 결합된 확고함, 가능한 것과 불가능한 것에 대한 예견적인 분별력, 복잡함을 이겨내는 단순성의 정신, 결국 탁월한 양식(bon sens)에 의해서 현시한다. 이것이 정확히 우리가 말한 신비가들에게서 발견하는 것이 아닌가? 그리고 이것들은 지적인 건강함에 대한 정의 자체에 도움이 될 수 있지 않겠는가?

만일 우리가 그들을 달리 판단한다면, 그것은 그들에게 있어서 결정적인 변화에 앞서 나타나는 비정상적 상태들 때문이다. 그들은 그들의 환상들, 그들의 황홀경들, 그들의 법열들에 대해 말한다. 그것들은 바로 정신병자들에 있어서도 일어나는, 그리고 그들의 질환을 구성하는 현상들이다. 최근에 황홀경을 신경 쇠약의 현시처럼 간주한 중요한 저술이 출간되었다.[69] 그러나 건강한 상태들을 모방하고 있는 병적인 상태들이 있다. 그래도 건강한 상태들은 역시 건강하고, 병적인 상태들은 역시 병적인 것이다. 한 미치광이는 자신을 황제라고 믿었다. 그의 몸짓에서, 그의 말에서, 그의 행동에서 그는 체계적으로 나폴레옹과 같은 태도를 취했다. 그것은

---

69) 피에르 자네(Pierre Janet), 『고뇌에서 황홀경까지(De l'angoisse a l'extase)』.

정확히 그의 광증일 것이다. 그가 나폴레옹에 관해 무엇인가 파급할 수 있는가? 사람들은 역시 물론 신비주의를 우습게 흉내 낼 수 있을 것이고, 신비적인 광증이 있을 것이다. 그러나 거기서부터 신비주의가 광증이라고 결론지을 것인가? 그럼에도 불구하고 황홀경들, 환상들, 법열들은 비정상적 상태들이라는 것, 그리고 비정상적인 것과 병적인 것을 구별하기 힘들다는 것은 이론의 여지가 없다. 게다가 위대한 신비가들 자신의 견해도 그러하다. 그들은 그들의 제자들에게 순전히 환각적일 수 있는 환상들을 경계하게 한 최초의 사람들이다. 그리고 그들이 환상들을 가졌을 때, 그들은 그들의 고유한 환상들에다 일반적으로 단지 이차적인 중요성만을 부여했다. 그것들은 도정(道程)의 사건들이었고, 그것들을 넘어서야 했었으며, 하기야 목적지에 도달하기 위해 자신 뒤에 법열들과 황홀경들을 남겨두어야 했었는데, 목적지란 인간적 의지와 신적인 의지가 일치하는 지점이었다. 사실 이 비정상적인 상태들이 병적인 상태들을 닮고 있고 가끔 물론 또한 병적인 상태들에 참여하는 것은, 만일 사람들이 정적인 것에서 역동적인 것으로, 닫힌 것에서 열린 것으로, 습관적 삶에서 신비적인 삶으로의 이행에 있는 혼란을 생각한다면, 어려움 없이 이해될 수 있을 것이다. 영혼의 어두운 심층들이 동요되었을 때, 표면으로 올라와 의식에 도달하는 것은 그 강도가 충분한 경우에는 이미지나 감동의 형태를 취한다. 대부분의 경우에 이미지는 순전히 환각이고, 감동은 단지 헛된 동요에 불과하다. 그러나 이미지나 감동이나 다음과 같은 사실, 즉 혼란이란 우월한 평정의 관점에서 보면 체계적인 재정비라는 사실을 표현한다고 할 수 있다. 이때에 이미지는 준비되고 있는 것을 상징하는 것이고, 감동은 변형을 기대하는 영혼의 집중 현상이다. 이 후자의 경우가 신비주의의 경우인데, 그것은 전자의 성질을 띨 수도 있다. 즉 단순히 비정상적인 것은 분명히 병적인 것으로 이중화될 수 있다. 의식적인 것과 무의식적인 것 사이의 습관적인 관계들을 교란시킴으로써 사람들은 위험을 무릅쓰게 된다. 따라서 신경 장애들이 가끔 신비주의를 동반한다 해서 놀랄 필요는 없다. 사람들은 또한 천재의 다른 형태들에서, 특히 음악가들에게서 물론 그것을 만난다. 거기에서 그것들은 단지 우연적으로 일어난 것들이라고 보아야만 한다. 우연적인 것들이 음악적인 것이 아니듯이, 신경 장애들이 신비적인 것에 속하는 것은 아니다.

영혼이 자신을 이끌어갈 흐름에 의해서 자신의 심층에서 진동하게 되면, 영혼은 종(種)과 개인이 순환적으로 서로 조건 짓기를 바라는 법칙에서 한순간 벗어나면서 자기 자신에로 회귀하기를 멈춘다. 영혼은 마치 그를 부르는 목소리를 듣는 듯이 멈추어 선다. 그리고 영혼은 곧장 앞으로 향하게 된다. 영혼은 그를 움직인 힘을 직접적으로 지각하지 못하지만, 영혼은 그 힘의 정의할 수 없는 현존을 느끼거나 상징적인 환상을 통해 그 힘을 알아챈다. 그때에 엄청난 환희가, 즉 영혼이 몰입되는 황홀경이나 영혼이 받아들이는 법열이 찾아온다. 신(Dieu)이 거기에 있고, 영혼은 신 안에 있다. 그것은 신비 이상이다. 문제들은 사라지고, 어둠은 흩어진다. 그것이 계시이다. 그러나 얼마 동안을 위한 것인가? 황홀경 위를 떠다니던 감지될 수 없는 불안이 내려와 계시의 그늘처럼 계시에 부착된다. 계시는 이에 뒤따라오는 상태들이 없다 하더라도, 완전하고 진정한 신비주의를 이전에 그것의 예기된 모방이나 준비였던 것과 구별하기에 이미 충분할지 모른다. 계시는 실제로 위대한 신비가의 영혼이 한 여행의 종착점처럼 황홀경에 멈추어 서지 않는다는 것을 보여준다. 그것은 사람들이 바란다면 물론 휴식이긴 하지만, 자동차가 제동 아래에서 머물고 있는 정류소에서처럼 새로운 출발을 기대하며 그 자리에서 계속 진동하고 있는 운동이다. 더 정확히 말하자. 신과의 결합이 밀접하다 하더라도 소용없는 일이고, 그 결합은 단지 전적이었을 때만 결정적일 것이다. 의심할 여지없이 사유와 사유의 대상 사이에는 거리가 더욱 크게 되는데, 왜냐하면 간격을 측정하고 구성하기조차 하는 문제들이 사라졌기 때문이다. 사랑하는 것과 사랑받는 것 사이에는 더욱 극단적인 분리가 있게 된다. 왜냐하면 신은 현존하고 기쁨은 무한하기 때문이다. 그러나 영혼이 사유에 의해서, 그리고 감정에 의해서 신에 흡수된다 하더라도, 영혼의 무엇인가가 밖에 남게 된다. 그것은 의지이다. 그의 행동은, 의지가 발동한다면, 단순히 의지로부터 발생했을지 모른다. 따라서 그의 삶은 아직도 신적인 것이 아니다. 영혼은 그 사실을 안다. 영혼은 막연히 불안해 하는데, 휴지 속의 이 동요가 바로 우리가 완전한 신비주의라고 불렀던 것의 특징이다. 약동은 더 멀리 가기 위해 취해졌었고, 황홀경은 물론 보고 감동하는 기능에 관계하고, 그러나 또한 의지가 있고, 의지 자체를 신 안에 다시 위치시켜야만 할 것이라는 것을 이 동요는 표현하고 있다. 이 감정이 모든 자리를 점유할 정도로 커졌을 때, 황홀경은 떨어져 나가고, 영혼은 다시 홀로 있게 되며, 가끔은 비탄에 잠긴다. 잠시 동안 눈부신 빛에 익숙해져서, 영혼은 어둠 속에서 더는 어떤 것도 구별하지 못한다. 영혼은 자신 안에서 모호하게 완수되고 있는 심오한 작업을 이해하지 못한다. 영혼은 그가 많은 것을 잃었다고 느낀다. 영혼은 그것이 모든 것을 얻기 위한 것이라는 것을 아직 알지 못한다. 위대한 신비가들이 말했던 '어두운 밤'이 그러한 것인데, 그것이 아마도 기독교 신비주의에 있는 가장 의미 있고, 어쨌든 가장 교훈적인 것이 될 것이다. 위대한 신비주의를 특징짓는 결정적 국면이 준비되었다. 이 최종 준비 단계를 분석하는 것은 불가능하다. 신비가들 자신들도 그것의 메커니즘을 겨우 들여다보았을 정도이기 때문이다. 특별한 노력을 위해 건설된 엄청나게 강건한 강철로 된 기계가 조립이 이루어진 순간에 자기 자신에 대해 의식을 갖는 것과 유사한 상태에 있을지 모른다는 것을 말하는 것으로 만족하자. 이 기계의 부품들은 하나하나 가장 엄격한 시험을 받았고, 어떤 부품들은 거부되고 다른 부품들로 대치되었기에, 이 기계는 여기저기 결함의 감정과 도처에 고통의 감정을 가질지 모른다. 그러나 전적으로 피상적인 이 고통은 단지 심화하기만 한다면, 탄복할 만한 도구에 대한 기대와 희망 속으로 사라지게 될 것이다. 신비적 영혼은 이러한 도구가 되고자 한다. 이 영혼은 자신의 실체로부터 신이 사용하기에 충분히 순수하고, 충분히 강건하고 유연한 것이 되지 못하는 모든 것을 제거한다. 이미 이 영혼은 신이 현존함을 느꼈고, 이미 이 영혼은 상징적 환상 속에서 신을 본다고 믿었으며, 이미 이 영혼은 황홀경 속에서 신과 하나가 되었다. 그러나 이 모든 사실의 어떤 것도 지속적일 수 없었는데, 이유는 이 모든 사실이 단지 관상에 불과했기 때문이다. 행위가 영혼을 그 자신에게로 되돌아가게 했으며, 이렇게 해서 영혼을 신으로부터 분리시켰다. 이제 영혼에 의해서 영혼 안에서 작용하는 것은 신이다. 합일은 전적이고, 따라서 결정적이다. 따라서 메커니즘과 도구 같은 말들이 일깨우는 이미지들은 제쳐두는 것이 좋을 것이다. 준비 작업의 관념을 우리에게 부여하기 위해서 이 이미지들을 사용할 수 있었다. 그런데 우리는 이에 의해서 최종 결과에 관해 어떤 것도 배우지 못할 것이다. 이제부터는 그것은 영혼에 있어서 생명의 과잉이라고 말하자. 그것은 거대한 약동이다. 바로 저항할 수 없는 충동이 영혼을 가장 광대한 기획 속으로 던진다. 영혼의 모든 기능들의 평온한 고양으로 영혼은 넓게 보게 되며, 이 고양이 아무리 미약하다 하더라도 힘 있게 실천하게 된다. 특히 이 영혼은 단순하게 보는데, 그의 말과 행동에서 눈에 띄는 이 단순성이 이 영혼이 알아채지도 못한 것처럼 보이는 복잡성을 가로질러 이 영혼을 인도한다. 선천적 과학, 아니 오히려 후천적 순수함이 이처럼 단번에 이 영혼에게 유용한 태도, 단호한 행동, 반박할 수 없는 말을 불러일으킨다. 그래도 노력은 필요 불가결한 것으로 있으며, 또한 인내와 끈기도 그러하다. 그러나 이것들은 단독으로 오며, 작용하면서 동시에 '작용되는' 영혼 속에서 스스로 전개되기에, 이 영혼의 자유는 신적인 자유와 일치한다. 이것들은 엄청난 에너지의 소비를 나타내지만, 이 영혼이 요구하는 생명성의 과잉은 생명의 근원 자체에서 흘러오기에, 에너지는 획득되고 동시에 제공된다. 이제 환상들은 멀리 있다. 이제부터 신성으로 채워진 영혼에게 신성은 밖으로부터 현시할 수는 없을 것이다. 그런 인간을 그가 왕래하는 사람들로부터 본질적으로 구별하게 하는 것은 더는 아무것도 없다. 그 자신만이 그를 신을 돕는자(adjutores Dei)의 반열에, 신과의 관계에서 신의 수신자의 반열에, 인간들과의 관계에서는 신의 대리자의 반열에 올려놓는 변화를 이해한다. 게다가 그는 이런 고양으로 인해 조금도 오만해지지 않는다. 반대로 그는 진실로 겸손하다. 그가 그의 영혼이 전적으로 녹아든다고 느꼈던 감동을 가지고 신과 독대하는 조용한 대화 속에서 신적인 겸손이라고 부를 수 있는 것을 확증할 수 있었는데, 어떻게 그가 겸손하지 않을 수 있겠는가?

신비주의와 개혁

황홀경에, 즉 관상에 멈추어선 신비주의 속에는 이미 어떤 행위가 미리 형성되어 있다. 하늘에서부터 땅으로 다시 내려오자마자 인간들에게 가르쳐줄 필요성을 느끼게 된다. 신체의 눈으로 지각된 세계는 물론 실재하나 이와 다른 것도 있다는 것을, 그리고 그것은 추론의 결론처럼 단순히 가능하거나 그럴 듯한 것이 아니라, 하나의 체험처럼 확실하다는 것을 모두에게 알릴 필요가 있었다. 누군가는 보았고, 누군가는 접촉했으며, 누군가는 안다. 그럼에도 불구하고 거기에 포교할 마음이 없었다. 결국 시도는 실망스러운 것이었다. 체험으로부터 얻은 신념을 어떻게 담화에 의해서 전파할 수 있을까? 그리고 특히 표현할 수 없는 것을 어떻게 표현할까? 그러나 이런 문제들은 위대한 신비주의자에게는 제기조차 되지 않는다. 그는 진실이 자신 안에서 활동하는 힘처럼 그의 근원으로부터 흘러나오는 것을 느꼈다. 그는 태양이 빛을 방출하듯이 그 진실을 퍼트리지 않을 수 없을지 모른다. 그가 진실을 전파하는 것은 단지 더는 단순한 설교들에 의해서가 아니다.

왜냐하면 그가 불태우는 사랑은 더는 단순히 신에 대한 한 인간의 사랑이 아니고, 모든 인간에 대한 신의 사랑이기 때문이다. 신을 통해서, 신에 의해서 그는 신적인 사랑으로 모든 인류를 사랑한다. 그것은 모든 인간들은 원래적으로 한 동일한 이성적인 본질에 참여한다고 주장하면서 철학자들이 이성의 이름으로 권장했던 형제애는 아니다. 사람들은 그처럼 고귀한 이상(理想)에 존경심을 가지고 복종하는 것이다. 사람들은 그 이상이 개인과 공동체를 위해 지나치게 거북한 것이 아니라면, 그것을 실현하려고 노력할 것이다. 그러나 사람들은 열정적으로 그것에 집착하지는 않을 것이다. 그렇지 않으면 그때에 사람들은 우리의 문명의 어느 구석에서 신비주의가 거기에 놓았던 열광하게 하는 향기를 맡았을 것이다. 만일 하나의 유일한 불가분적 사랑 속에 인류 전체를 포괄하기 위해 신비주의자들이 있지 않았었다면, 철학자들 자신은 모든 사람들을 한 우월한 본질에 동일하게 참여하게 하지만 일상의 경험과는 거의 일치하지 않는 원리를 그런 정도의 확신을 가지고 설정할 수 있었을까? 따라서 여기서 문제시되는 것은 하나의 이상으로 만들기 위해 사람들이 관념으로 구축한 형제애가 아니다. 또한 인간에 대한 인간의 선천적인 공감을 강화하는 일은 더더욱 아니다. 게다가 그러한 본능에 대해서는 그것의 반대급부가 갖는 이유들 때문에 철학자들의 상상 속에서나 존재했었던 것이 아닌지 의문을 제기할 수 있다. 가족, 국가, 인류는 점점 커지는 동심원처럼 나타나기에, 인간이 그의 국가와 그의 가족을 사랑하듯이 자연스럽게 인류를 사랑해야 한다고 사람들은 생각했지만, 실제로 가족 집단과 사회 집단이 자연에 의해 의도되었었던 유일한 것들, 본능들이 상응하는 유일한 것들이다. 그리고 사회적 본능들은 사회들을 서로 간의 싸움을 위해 지탱하는 것이지 통일을 이루어 실제적으로 인류를 구성하기 위한 것이 아니다. 기껏해야 가족적이고 사회적인 감정이 우연적으로 과잉하여, 사치로 혹은 유희로 그것의 자연적인 경계들 너머로 사용될 수 있을 것이다. 그것은 결코 매우 멀리 가지 못할 것이다. 그러나 인류에 대한 신비적 사랑은 아주 다르다. 그것은 본능을 연장하지 않으며, 관념으로부터 파생되는 것도 아니다. 그것은 감성적인 것에도 이성적인 것에도 속하지 않는다. 그것은 전자와 후자를 함축하고 있으며, 훨씬 더 효율적이다. 왜냐하면 그러한 사랑은 게다가 모든 것들의 뿌리에 있듯이 감성과 이성의 뿌리 자체에 있기 때문이다. 이 사랑은 모든 것을 창조한 사랑, 즉 그의 작품에 대한 신의 사랑과 일치하기에, 그 사랑은 탐문할 줄 아는 자에게 창조의 비밀을 넘겨줄 것이다. 그것은 도덕적인 것 훨씬 이상으로 형이상학적 본질에 속한다. 그 사랑은 하느님의 도움으로 인간 종의 창조를 완성하고, 만일 인류가 인간 자신의 도움 없이도 결정적으로 구성될 수 있었었다면 인류가 곧바로 되었었던 그런 존재로 인류를 만들려고 할지 모른다. 혹은 우리가 보게 되겠지만, 똑같은 것을 다른 용어로 말하는 단어를 사용해보면, 그 사랑의 방향은 생명의 약동 자체의 방향이다. 그 사랑은 특권적 인간들에게 전적으로 전달된 약동 자체인데, 따라서 이 특권적 인간들은 인류 전체에다 그 약동을 새기고, 현실적으로 모순이긴 하지만 하나의 종(種)이 된 이 창조된 것을 창조적 노력으로 전향시키고,

정의(定義)상 정지인 것을 운동으로 만들려 할지 모른다.

그것이 성공할까? 만일 신비주의가 인류를 변형시켜야만 한다면, 그것은 단지 자기 자신의 일부분을 차츰 천천히 전달함으로써 가능할 것이다. 신비가들은 그 점을 잘 알고 있다. 그들이 직면할 커다란 장애는 신적인 인류의 창조를 방해하는 장애이다. 인간은 이마에 땀을 흘려서 빵을 얻어야만 한다. 다른 말로 해서 인류는 동물 종(種)으로서 동물의 세계를 지배하는 법칙에, 그리고 생명체를 먹어야 하는 생명체로 운명 지어진 법칙에 그처럼 따른다. 따라서 인간에 있어서 식량은 자연 일반과 그의 동족들에 의해서 서로 다투어야 하는 것이기에, 그는 필연적으로 식량을 얻는 데 그의 노력을 사용하며, 그의 지성은 바로 이 다툼과 이 작업을 위해 그에게 무기들과 도구들을 제공하도록 만들어진 것이다. 이 조건들 속에서 어떻게 인류는 본질적으로 지상에 고정되었던 주의력을 하늘을 향해 돌릴 수 있었을까? 그것이 가능하다면, 그것은 단지 매우 상이한 두 방법들을 동시적으로 혹은 연속적으로 사용했기에 그렇게 될 수 있을 것이다. 첫 번째 방법은 물론 지적인 작업을 강화하여 자연이 지성에 대해서 의도했었던 것 너머로 지성을 아주 멀리 이끌고 가서 단순한 도구가 인간 활동에 자유를 줄 수 있는 거대한 기계들의 체계로 대치되는 것으로 이루어질지 모르는데, 게다가 이 자유는 기계주의에다 그것의 진정한 목적을 보장하는 정치적·사회적 조직화에 의해서 견고하게 된다. 이것은 위험한 수단이다.

왜냐하면 기계는 발전하면서 신비적인 것에 대항하여 방향을 바꿀 수 있을 것이기 때문이다. 기계가 가장 완전하게 발달할 수 있는 것은 바로 이 신비주의에 대한 뚜렷한 반작용으로 인해서이다. 그러나 위험을 무릅쓸 필요가 있다. 우월한 질서의 활동은 더 저급한 활동을 필요로 하기에 저급한 활동을 야기해야만 하거나 혹은 어쨌든 그것이 필요하다면 자기를 지킬 각오로 저급한 활동을 내버려 두어야 한다. 그러나 경험이 알려주는 바에 따르면, 대립적이지만 상호 보완적인 이 두 경향들 중 하나가 모든 자리를 차지하려 할 정도로 커지면, 다른 경향은 조금이라도 보존될 수 있었기만 하다면 만족스럽게 여기게 될 것이다. 자신의 차례가 다시 올 것인데, 그때에는 그것은 자신이 없이도 이루어졌고 단지 자신에 대항하여 힘 있게 영위되기조차 했었던 모든 것으로부터 혜택을 입을 것이다. 어쨌든 이 수단은 단지 훨씬 더 후에야 사용될 수 있었고, 기다리면서 따라야 할 전혀 다른 방법이 있었다. 그것은 신비적 약동에 대해서 직접적이지만 분명 불가능한 일반적인 전파를 꿈꾸는 것이 아니라, 정신적인 사회를 함께 구성할 수 있을지 모르는 소수의 특권자들에게 신비적 약동을, 비록 이미 약해졌다 하더라도, 전달하는 것이었다. 이런 종류의 사회들은 분봉(分蜂)될 수 있을지 모른다. 즉 이 사회들 각각이 예외적으로 능력을 타고난 구성원들에 의해서 하나 혹은 여러 정신적 사회를 탄생시킬 것이다. 자연에 의해서 인류에게 부과된 물질적 조건들의 심원한 변화가 정신적 측면에서 극단적인 변형을 허락하는 날까지 약동은 이처럼 보존되고, 이처럼 계속될지 모른다. 위대한 신비가들이 따랐던 방법이 이러한 것이다. 그들이 그들의 넘치는 에너지를 수도원들 혹은 종교적 규율들을 세우는 데 소비하는 것은 바로 필연적이기도 하고 그들이 그 이상을 할 수 없었기 때문이기도 하다. 그들은 당장은 더 멀리 바라다볼 필요가 없었다. 그들로 하여금 인류를 신에게까지 고양시키게 하고 신적인 창조를 완성하게 이끌었던 사랑의 약동은 그들이 보기에는 자신들을 도구로 사용했던 신의 도움으로만 도달할 수 있었다. 따라서 그들의 모든 노력은 매우 위대하며 매우 힘든, 그렇지만 한정된 하나의 일에 집중되어야만 했다. 다른 노력들이 시도될지 모르고, 더욱이 다른 노력들은 이미 시도되었을지 모른다. 모든 노력들은 집중될 것인데, 왜냐하면 신은 이 노력들을 통합할 것이기 때문이다.

실상 우리는 사실들을 매우 단순화시켰다. 더욱 명백하게 하기 위해, 그리고 특히 난점들을 계열별로 나누기 위해, 우리는 마치 내적인 계시의 전달자인 기독교 신비가가 이 계시에 관해 어떤 것도 몰랐던 인류 속으로 뜻밖에 왔던 것처럼 추론했었다. 사실상 기독교 신비가가 말을 걸고 있는 사람들은 이미 하나의 종교를 가지고 있고, 그 종교는 게다가 신비가의 종교였었다. 만일 신비가가 환상들을 가졌다면, 이 환상들은 그의 종교가 그에게 관념들의 형태로 주입시켰던 것을 이미지로 그에게 나타낸 것일 것이다. 만일 그가 황홀경들을 가졌다면, 그것들은 그가 하느님, 즉 그가 상상해왔고 그러면서도 아직도 이 종교가 그에게 제공했었던 추상적인 묘사에 부응했던 모든 것들을 의심할 여지없이 넘어섰던 신과 합일한 것일지 모른다. 사람들은 이 추상적인 가르침들이 신비주의의 기원에 있는 것이 아닌지, 그리고 이 신비주의는 교설을 이번에는 불의 활자들로 그리기 위해서 교설의 글자를 복습하는 것 이외에 다른 것을 결코 하지 않았는지를 자문하기조차 할 수 있을 것이다. 그렇다면 신비가들의 역할은 단지 종교를 다시 불타오르게 하기 위해 종교에다 그들에게 생기를 불어넣는 열정의 어떤 것을 가져오게 할 뿐일 것이다. 그리고 확실히 그런 견해를 공언하는 사람은 그 견해를 받아들이게 하는 데에 어려움이 없을 것이다. 종교의 가르침들은 결국 모든 가르침처럼 지성에 호소하고, 지적인 종류에 속하는 것은 모든 사람들에게 접근 가능하게 될 수 있다. 사람들이 종교에 집착하든 하지 않든 간에, 사람들은 종교의 신비들을 신비스러운 것처럼 표상하려는 것과 상관없이 항상 종교에 지적으로 동화하는 데 이를 것이다. 반대로 신비주의는 신비주의에 대해 무엇인가를 체험하지 않은 사람에게는 어떤 것도, 절대로 어떤 것도 말하지 않는다. 따라서 모든 사람들은 신비주의가 원본적이고 말로 표현할 수 없는 것이라 하더라도, 지성의 용어들로 형식화된 기존의 종교 속으로 드문드문 삽입되어간다는 것을 이해할 수 있을 것이다. 반면에 단지 종교는 신비주의에 의해서만 존재할지 모르고, 종교는 신비주의를 지적으로 형식화하고, 따라서 일반화할 수 있는 추출물일지 모른다는 생각을 인정하게 하는 것은 어려울 것이라는 것을 사람들은 이해할 수 있을 것이다. 우리는 이러한 해석들 중 어느 것이 종교의 정통성과 일치하는지를 탐구할 필요는 없다. 단지 심리학적 관점에서 두 번째가 첫 번째보다 훨씬 더 그럴 듯하다는 것을 말하자. 교설에 불과한 한 교설로부터는 불 같은 열광, 계시, 산들을 들어 올리는 믿음이 나오기는 어려울 것이다. 그러나 이 열광을 놓아보아라, 끓고 있는 물질은 한 교설의 틀 속으로 어려움 없이 흘러들어 갈 것이고, 혹은 응고되면서 이 교설이 되기조차 할 것이다. 따라서 우리는 종교를 신비주의가 인류의 영혼 속에서 불타오르면서 저장했던 것을 현명한 냉각 작용에 의해 결정화시켜놓은 것으로 표상한다. 이 종교에 의해 모든 사람들은 몇몇 특권적 인간들이 충만하게 소유했을 것의 조금이나마 얻을 수 있다. 종교가 그 자체로 받아들여지기 위해서는 많은 다른 것들을 받아들여야만 했다는 것은 사실이다. 인류는 새로운 것을 옛것의 계승으로 취할 때에만 잘 이해한다. 그런데 옛것은 한편으로 그리스 철학자들이 구축했었던 것이었고, 다른 편으론 고대 종교들이 상상했었던 것이었다. 기독교는 전자와 후자로부터 많은 것을 받아들였다는 것, 혹은 오히려 많은 것을 이끌어냈다는 사실은 의심스럽지 않다. 기독교는 그리스 철학으로 많이 채워졌고, 기독교는 우리가 정태적 혹은 자연적이라 불렀던 종교의 많은 의례들, 의식들, 믿음들조차 보존했다. 그것들은 기독교에 이익이었다. 왜냐하면 아리스토텔레스적인 신플라톤주의를 부분적으로 수용함으로써 기독교는 자신을 철학적 사유에 가담할 수 있게 하였고, 고대 종교들에서 차용해온 것들은 이 새로운 종교가, 비록 방향은 반대이고 이름 이외에는 예전의 것들과 공통적인 것이 별로 없지만, 대중화되는 것을 도왔음에 틀림없다. 그러나 이런 것들은 모두 결코 본질적인 것이 아니었다. 새로운 종교의 본질은 신비주의의 전파임에 틀림없다. 고귀한 통속화가 있는데, 이것은 과학적 진리의 윤곽을 존중하고, 단순히 문명화된 정신들에 진리를 대략 표상하게 하여, 언젠가 우월한 노력이 그들에게 그 진리를 상세하게 발견하도록 해주고, 특히 그들에게 그 진리의 의미를 깊게 파고들어 가게 해줄 것이다. 종교에 의한 신비성의 전파도 우리에게는 같은 것에 속하는 것처럼 보인다. 이런 의미에서 종교와 신비주의의 관계는 통속화와 과학의 관계와 같다.

따라서 신비가가 자신 앞에서 발견하는 것은 가르쳐지는 종교 속에 보이지 않게 현존하는 다른 신비가들을 통해서 배우도록 준비되었던 인간성이다. 게다가 그의 신비주의조차 이 종교에 물들어 있다. 왜냐하면 그는 이 종교에 의해 시작했기 때문이다. 그의 신학은 일반적으로 신학자들의 것과 일치할 것이다. 그가 체험한 것을 말로 표현하기 위해, 그가 정신적으로 본 것을 물질적 이미지들로 표현하기 위해, 그의 지성과 그의 상상력은 신학자들의 가르침을 이용할 것이다. 그리고 그런 일은 그에게 쉬웠을 것이다. 왜냐하면 신학은 신비성 속에 그 근원을 가지는 흐름을 정확하게 포착했던 것이기 때문이다. 이처럼 신비가의 신비주의는 종교로부터 혜택을 입고, 종교가 그의 신비주의로 풍부해지기를 기대한다. 이렇게 함으로써 그가 처음에 소명을 받았다고 느끼는 역할, 즉 종교적 믿음을 강화하는 사람의 역할이 설명된다. 그는 시급한 일에 착수한다. 실제로 위대한 신비가들에게 있어서 문제시되는 것은 모범을 제공하는 것으로 시작하여 인간성을 극단적으로 개조하는 것이다. 이 목적은 단지 이론상 기원에 존재했어야만 했을지 모르는 것, 즉 신적인 인간성이 결국 있었다면 도달되었을지 모른다.

신비주의와 기독교는, 따라서 무한히 서로서로에 조건이 되고 있다. 그러나 물론 시작이 있었어야만 한다. 사실상 기독교의 기원에는 그리스도가 있다. 우리가 위치하고 있는 관점으로부터, 그리고 모든 인간들의 신성이 나타나는 관점으로부터 보면, 그리스도가 한 인간으로 불리든 불리지 않든 간에, 중요하지 않다. 그가 그리스도라고 불리는 것조차 중요하지 않다. 예수의 존재를 부정하기까지 하려 했던 사람들도 산상 설교가 복음서 속에서 다른 신성한 말씀들과 함께 그려지는 것을 막지 못할 것이다. 복음의 저자에게 사람들은 그들이 원하는 이름을 줄 수 있을 것이지만, 그 저자가 존재하지 않았던 것으로 만들지는 못할 것이다. 그러므로 우리는 여기서 그런 문제들을 제기할 필요는 없다. 단지 이렇게 말하

자. 만일 위대한 신비가들이 우리가 묘사했던 바로 그런 사람들이라면, 그들은 복음서에서 완전히 그리스도였던 분의 불완전하기는 하나 원본적인 모방자들이고 계승자들이 되어 있다는 것이다.

이스라엘의 예언자들

그리스도 자신이 이스라엘의 예언자들의 계승자로 간주될 수 있다. 기독교가 유대교의 근원적 변혁이었다는 것은 의심스럽지 않다. 사람들은 수없이 이렇게 말했었다. 여전히 본질적으로 민족적인 종교였던 것이 보편적이 될 수 있는 종교로 대치되었다. 그의 정의(正義)와 동시에 그의 힘에 의해서 모든 다른 신들보다 의심할 여지없이 뛰어난, 그러나 그의 능력을 그의 백성들을 위해 행사하고, 그의 정의는 무엇보다도 그의 종복들에게 관련되는 하나의 신(神, Dieu)에서 인류 전체를 사랑하는 사랑의 신(Dieu d'amour)이 계승하였다. 그것이 바로 우리가 고대의 신비가들 사이에다 유대의 예언자들을 분류하기를 주저하는 이유이다. 야훼는 매우 엄격한 심판자였고, 이스라엘과 그의 신 사이에는 충분한 친밀감이 없었기에, 유대교는 우리가 정의한 신비주의가 되지 못했다. 그렇지만 어떤 사상이나 감정의 흐름도 유대의 예언적 전통만큼 우리가 완벽하다고 부른 신비주의, 즉 기독교 신비가들의 신비주의를 야기하는 데 기여하지는 못했다. 그 이유는 비록 다른 흐름들이 어떤 영혼들을 명상적 신비주의에로 이끌고 가서, 이 사실로 신비가들로 간주될 자격이 있다 하더라도, 그들이 도달한 것은 순수한 관상이기 때문이다. 사유와 행동 사이의 간격을 뛰어넘기 위해서는 약동이 필요했는데, 바로 그것이 결여되어 있었다. 우리는 이 약동을 예언자들에게서 발견한다. 그들은 정의에 대한 열정을 가졌었고, 그들은 정의를 이스라엘의 신의 이름으로 요구했다. 그리고 유대교의 뒤를 이은 기독교가 세계의 정복에 진군할 수 있는 활동하는 신비주의를 가지게 된 것은 대체로 유대 예언자들의 덕분이었다.

절대적 신(Dieu)의 존재성

만일 신비주의가 물론 우리가 방금 언급한 그런 것이라면, 신의 존재성과 본성의 문제를 말하자면 실험적으로 다루는 수단을 제공해야만 한다. 게다가 우리는 어떻게 철학이 그것을 달리 다룰 것인지를 알지 못한다. 일반적으로 우리는 실존하는 대상은 지각되거나 지각될 수 있는 대상이라고 평가한다. 따라서 그것은 실재적이든 가능적이든 경험으로 주어진 것이다. 기하학자가 기하학적 도형에 대해 하듯이, 당신은 한 대상의 관념 혹은 한 존재의 관념을 자유롭게 구성할 수 있다. 그러나 경험만이 그것이 이렇게 구성된 관념에 불과한 것이 아니라 실제적으로 존재한다는 것을 세울 수 있을 것이다. 당신은 모든 문제가 거기에 있다고 말하려는가? 그리고 만일 어떤 절대적 존재(Être)가 우리의 경험에는 접근할 수 없을지 모르지만 다른 존재들만큼 실재적이라는 점에서 다른 존재들로부터 구별되는 것이 아닌지를 아는 것이 바로 문제라고 당신은 말하겠는가? 비록 이런 종류의 주장과 여기에 덧붙여지는 추론들이 근본적인 환상을 내포하는 것으로 나에게 보이지만, 나는 그것을 잠시 인정하겠다. 그러나 이처럼 정의되고, 이처럼 논증된 절대 존재(Être)가 바로 절대적 신(Dieu)이라는 것을 세우는 일이 남아 있을 것이다. 당신은 그것은 정의(定義)상 신이고, 사람들은 정의하는 낱말들에다 원하는 의미를 부여하는 데 자유롭다고 주장할 것인가? 나는 그것 또한 인정한다. 그러나 만일 당신이 낱말에다 그것이 일상적으로 가지는 의미와 극단적으로 다른 의미를 부여한다면, 그 낱말이 적용되는 것은 새로운 대상이다. 당신의 추론들은 더는 옛 대상에 대한 것이 아닐 것이다. 따라서 당신이 우리에게 다른 대상에 대해 말하고 있는 것으로 이해될 것이다. 일반적으로 철학이 신에 대해 말할 때의 경우가 바로 그러하다. 대부분의 사람들이 생각하는 신은 거의 문제시되지 않으며, 기적에 의해서, 그리고 철학자들의 견해에 반하여 이처럼 정의된 신이 경험의 영역으로 내려온다 할지라도 어떤 사람도 그를 식별하지 못할지 모른다는 것이 문제이다. 결국 정태적 종교이든 역동적인 종교이든 종교는 신을 무엇보다도 우리와의 관계로 들어올 수 있는 한 절대존재로 간주한다. 그것이 바로 아리스토텔레스의 계승자들 대부분에 의해서 약간 변형되어 받아들여진 아리스토텔레스의 신이 할수 없었던 바로 그것이다. 여기서 신성에 관한 아리스토텔레스의 개념 정의를 깊이 있게 고찰하지 않고, 단지 그것이 우리에게 이중적인 문제를 제기하는 것처럼 보인다고 말하자. 1) 왜 아리스토텔레스는 부동의 원동자를 —자기 자신 안에 갇혀서 스스로를 사유하는 사유이며, 단지 자신의 완벽성의 인력에 의해서만 움직이는 사유— 제일 원리로 놓았는가? 2) 왜 아리스토텔레스는 이 원리를 설정하고 나서야 그것을 신이라고 불렀는가? 그러나 전자에 대해서든 후자에 대해서든 대답은 쉽다. 플라톤의 이데아 이론은 모든 고대의 사유를 지배했었고, 그것은 현대 철학 속에도 침투해 있다. 그런데 아리스토텔레스의 제일 원리와 세계의 관계는 플라톤이 이데아와 사물들 사이에 세운 관계 자체이다. 이데아들 속에서 사회적이고 개인적인 지성의 산물들만을 보려는 사람에게는, 불변적인 한정된 수의 이데아들이 우리 경험의 무한히 다양하고 변화하는 사물들에 상응한다는 것에 놀랄 만한 어떤 것도 없다. 우리는 결국 사물들의 다양성에도 불구하고 사물들 사이에 유사성들을 발견하고, 사물들에 대해서 그것들의 불안정성에도 불구하고 안정된 관점들을 취하도록 되어 있다. 우리는 이렇게 해서 사물들이 우리의 손에서 빠져나가는 것을 무릅쓰고 우리가 포착한 이데아(형상)들을 얻는다. 이 모든 것들은 인간의 제작이다. 그러나 사회가 상당히 멀리 자신의 작업을 이미 진행시켰을 때, 철학하게 된 사람, 언어 속에 축적된 이 작업의 결과들을 발견한 사람은 사물들이 따르는 것처럼 보이는 이데아들의 체계에 대해 감탄하며 놀랄 수 있다. 이데아들은 그것들의 불변성 속에 있는데도, 변화하며 운동하는 사물들이 모방하는 것으로 만족하는 모델들이 아니겠는가? 이 이데아들이 진정한 실재가 아닐까? 그리고 변화와 운동은 이데아의 불변성과 일치하기 위해 이데아들을 갈망하는 거의 비존재가 되다시피 한 사물들의 끝없이 무용한 시도가 아니겠는가? 따라서 감각적 세계 위에 이데아들의 이데아인 선(善, 좋음)의 이데아에 의해 지배되는 이데아들의 계층 구조를 놓고서 플라톤은 이데아들 일반과 하물며 선(좋음)이 그것들의 완벽성의 매력에 의해 작용한다고 판단했었다는 것을 사람들은 이해한다. 바로 이것이 아리스토텔레스에 따르면 사유의 사유가 작용하는 방식인데, 이것은 이데아들의 이데아와 관계가 없는 것이 아니다. 플라톤이 선의 이데아를 신과 동일시하지 않은 것은 사실이다.『티마이오스』편에서 세계를 조직화하는 신인 데미우르고스는 선의 이데아와 구별된다.[70] 그러나

---

70) (역주) 우주 속에는 합리적 질서와 비합리적 질서라는 두 가지 질서가 존재하며, 합리적 질서의 존재 방식이 선의 이데아의 지배를 받는 이데아의 세계의 모습이다. 우리의 세계가 바로 합리적 질서의 방향을 따르고 있다는 것을 설명하기 위해 플라톤은 데미우르고스라는 신을 도입한다. 즉 데미우르고스는 합리적 질서의 존재 이유인 선의 이데아가 아니며, 단지 우리의 세계가 합리적 질서를 따르도록 설득하는 신이다.

『티마이오스』는 신화적 대화편이다. 따라서 데미우르고스는 단지 반(半)존재일 따름이다. 그리고 아리스토텔레스는 신화들을 포기했기에, 사유하는 존재라고 하기에는 어려운 것처럼 보이고 사유보다는 오히려 이데아라고 불러야 할지 모르는 사유(Pensée)를 신성과 일치하게 한다. 그 사실로써 아리스토텔레스의 신은 그리스인들이 경배했던 신들과는 어떤 공통점도 없다. 아리스토텔레스의 신은 더욱이 성경의 신, 복음서의 신과 별로 유사하지 않다. 정태적이든 역동적이든, 종교는 철학에다 모든 다른 문제들을 일으키는 신(Dieu)을 제공한다. 그러나 신의 본질과 양립할 수 없는 그러그러한 속성으로 신을 장식하는 것을 무릅쓰고 형이상학이 일반적으로 집착하는 것이 바로 아리스토텔레스적인 신이다. 형이상학이 신을 그 근원에서 포착하지 않다니! 형이상학은 모든 이데아들을 한 유일한 이데아로 압축함에 의해서 신이 형성되는 것을 보았었다. 그런데 형이상학이 이번에도 이 이데아들을 고려하지 않았다니! 형이상학은 이 이데아들이 무엇보다도 사물들에 대한 개인과 사회의 행동을 준비하는 데 사용되고, 사회는 그것을 위해서 개인에게 이데아들을 제공하고, 그리고 이 이데아들의 진수를 신성(神性)으로 삼는 것은 아주 단순히 사회적인 것을 신성시하는 데 있다는 것을 알았어야만 한다. 결국 형이상학이 이 개인적인 행동의 사회적 조건들을, 그리고 개인이 사회의 도움으로 완수하는 일의 본성을 분석하지 않았다니! 만일 일을 단순하게 하기 위해, 그리고 또한 협동을 용이하게 하기 위해 사람들이 사물들을 단어들로 번역될 수 있는 적은 수의 범주들 혹은 관념들로 환원하는 것으로 시작한다면, 이 관념들 각각은 사물들의 생성 과정 중에 수집된 안정된 상태나 속성을 나타낸다는 것을 형이상학은 확증했었다. 실재는 운동하는 것, 혹은 오히려 운동이다. 우리는 단지 변화의 연속성들만을 지각한다. 그러나 실재에 대해 작용하기 위해서는, 그리고 특히 인간 지성의 고유한 목적인 제작의 작업을 잘 이끌고 가기 위해서는, 우리는 마치 우리가 움직이는 목표를 맞추기 위해 잠시 동안 목표물의 지체나 상대적인 정지를 기다리는 것처럼 사유에 의해서 잠시 머무는 곳들을 고정해야만 한다. 그러나 이런 정지(靜止)는 단지 운동의 우연적인 것들에 불과하며 게다가 순수한 외현들로 환원되는 것이고, 또한 성질들은 변화에 대해 취해진 순간적인 것들에 불과한 것들인데도, 우리 눈에는 정지는 실재가 되고 성질들은 본질적인 것이 된다. 왜냐하면 그것들은 바로 사물들에 대한 우리의 행동을 야기하는 것들이기 때문이다. 이렇게 해서 정지는 우리에게 있어서는 운동보다 앞서거나 우월한 것이 되고, 운동은 이 정지에 도달하기 위한 동요에 불과한 것이 될지 모른다. 이처럼 불변성은 변화성의 위에 있게 될 것이고, 변화성은 단지 결핍, 결함, 결정적인 형상을 찾아 헤매는 것에 불과하게 될지 모른다. 더 나아가 운동과 변화는 사물이 있는 지점과 그것이 있어야만 하고 있으려고 하는 지점 사이의 간격에 의해서 정의되거나 측정되기조차 할 것이다. 이렇게 해서 지속은 존재의 타락이 되고, 시간은 영원성의 결핍이 된다. 바로 이 모든 형이상학이 신성에 관한 아리스토텔레스적인 개념 정의에 내포된 것이다. 이 형이상학은 언어에 예비적인 사회화 작업을 신성시하고, 본(本)들이나 모델들을 요구하는 제작의 개인적 작업을 신성시하는 데 있다. 에이도스(eidos, 이데아 혹은 형상)는 이 이중적 작업에 상응하는 것이다. 따라서 이데아들의 이데아 혹은 사유의 사유는 신성 자체이다. 사람들이 이처럼 아리스토텔레스의 신의 기원과 의미를 재구성했을 때, 사람들은 이렇게 자문하게 된다. 즉 사람들이 신을 아리스토텔레스의 관점으로부터 생각할 때에만, 그리고 인간들이 구원을 청할 것이라고 결코 생각하지 못했던 한 존재를 신이란 이름으로 부르는 데 동의할 때에만 단지 제기되는 풀리지 않는 문제들로 곤혹스러워 하면서 어떻게 근대인들이 신의 존재성과 본성을 다룰 수 있는지?

신비주의의 철학적 가치

이러한 문제들을 해결하는 것은 신비 체험이 아닐까? 사람들은 이 신비 체험이 야기하는 반론들을 물론 알고 있다. 우리는 모든 신비적인 것을 정신 이상으로, 모든 신비주의를 병리학적 상태로 만드는 것으로 이루어지는 반론들을 배제했다. 우리를 사로잡앉던 유일한 사람들인 위대한 신비가들은 일반적으로 뛰어난 양식을 가진 행동하는 남자들과 여자들이었다. 그들이 정신적 평형을 잃은 사람들과 유사하게 보였다 하더라도, 혹은 그들 중 누군가는 어떤 순간들에는 지성과 의지에서 이어진 극단적인 긴장감의 영향을 받는다 하더라도 그다지 중요하지 않다. 많은 천재적 인간들도 같은 경우에 있었다. 그러나 일련의 다른 반론들이 있는데, 그것을 고려하지 않는 것은 불가능하다. 사실 사람들은 이 위대한 신비가들의 경험은 개인적이고 예외적인 것이며, 그 경험은 대다수의 사람들에 의해서는 확인될 수 없고, 따라서 그것은 과학적 경험과 양립할 수 없으며, 문제들을 해결할 수도 없을지 모른다고 주장한다. 이 점에 관해 말할 것이 많을지 모른다. 우선 과학적 경험, 혹은 더 일반적으로 과학에 의해 기록된 관찰은 항상 반복 또는 제어될 수 있어야만 한다. 중앙아프리카가 미지의 땅이었을 당시에 지리학은 정직과 능력에 의해 충분한 보증을 받은 한 유일한 탐험가의 이야기에 맡겨졌었다. 리빙스턴의 여행 경로는 우리의 지도 위에 오랫동안 그려졌다. 사람들은 이 지도의 진리 입증은 사실적으로는 아니나 권리적으로 가능했고, 다른 여행자들이 거기에 자유롭게 가볼 수 있었으며, 게다가 한 유일한 여행자의 지시에 따라 그려진 지도는 잠정적이어서 장래의 탐험들이 그것을 결정적으로 만들기를 기대했었다고 답변할 것이다. 나는 그 점에 동의한다. 그런데 신비가 자신도 다른 사람들이 사실적으로가 아니라 권리적으로 다시 할 수 있는 여행을 했다. 실제적으로 그것을 할 수 있는 사람들은 적어도 리빙스턴을 다시 찾으러 간 스탠리의 대담성과 힘을 가졌을지 모르는 사람들 그만큼의 숫자가 될 것이다. 이것으로 충분히 말한 것은 아니다. 신비의 길을 끝까지 따랐던 영혼들 옆에는 적어도 이 노정의 일부분을 실행했을지 모르는 많은 사람들이 있다. 거기에서 얼마나 많은 사람들이 그들의 의지의 노력에 의해서든 그들의 본성의 성향에 의해서이든 몇 발짝을 나갔을까? 윌리엄 제임스는 결코 신비적 상태들을 체험하지 못했다고 선언했다.[71] 그러나 그 상태들을 체험으로 알고 있는 사람이 말하는 것을 들으면 "무엇인가가 자신 안에서 반향을 만든다"고 제임스는 덧붙였다. 우리들 중 대부분은 아마도 같은 경우에 해당된다. 이들에게 신비주의에서 단지 협잡이나 광기만을 보려는 사람들의 분개한 항의들을 대립시켜도 아무 소용이 없을 것이다. 물론 어떤 사람들은 신비적 체험에 닫혀 있어서 그것에 대해서 어떤 것도 느낄 수 없고, 어떤 것도 상상할 수 없다. 그러나 사람들은 마찬가지로 음악이 단지 소음에 불과한 사람들을 만나게 된다. 그리고 그들 중의 누군가는 음악가들에 관해서 같은 어조의 개인적인 원한으로 같은 분노로 자

---

71) 윌리엄 제임스, 「신비주의에 관한 제언」, *Journal of Philosophy, Psychology and Scientific Methods*, 1910. 베르그손은 이 논문에 대한 평을 1910년 3월 31일자 제임스에게 보낸 편지에서 하고 있다.(*Ecrits et paroles*, 2권, 335쪽)

신을 표현한다. 그렇다고 어느 누구도 거기서부터 음악에 반하는 논증을 이끌어내지 못할 것이다. 따라서 이런 부정들은 제쳐놓고, 신비 체험에 대한 가장 피상적인 고찰도 이미 신비 체험의 유효성을 가정하게 하고 있는 것이나 아닌지를 알아보자.

우선 신비가들 사이에 일치점을 주목해야 한다. 이 사실은 기독교 신비가들에 있어서 두드러진다. 결정적인 신격화에 도달하기 위해서 그들은 일련의 상태들을 거친다. 이 상태들은 신비가에 따라 변할 수 있지만, 서로 상당히 유사하다. 정거장들이 다르게 표시되었다고 가정하더라도 어쨌든 통과한 길은 동일하다. 그리고 어쨌든 도달점은 같다. 신비 체험자들이 일반적으로 서로서로 알지 못하는데도, 결정적인 상태의 묘사들에서 같은 표현들, 같은 이미지들, 같은 비교들을 사람들은 발견한다. 사람들은 그들이 때때로 알았고, 게다가 모든 신비가들이 영향을 받을 수 있었던 신비적 전통이 있었다고 반박한다. 우리는 이 점을 인정한다. 그러나 위대한 신비가들은 이런 전통을 그다지 생각하지 않는다는 사실을 주목해야 한다. 그들 각자는 바라지도 않았고 욕구하지도 않았지만 사람들이 그가 본질적으로 속한다고 느끼는 그만의 독창성을 가지고 있다. 이 독창성은 그가 과분하긴 하나 예외적인 호의의 대상이라는 것을 의미한다. 사람들은 종교의 공동체가 유사성을 설명하기에 충분하며, 모든 기독교 신비가들은 복음서에 의해서 양육되었고, 모두가 같은 신학적 가르침을 받았다고 말할 것인가? 이런 말은 만일 환상들 사이에 유사성이 사실 종교적 공동체에 의해서 설명된다면, 이 환상들은 위대한 신비가들의 삶에서 그다지 위치를 차지하지 못할 것이라는 점을 망각한 것일지 모른다. 이 환상들은 쉽게 지양(止揚)되고, 그들 눈에는 단지 상징적 가치만 가지게 된다. 신학적 가르침 일반에 속하는 것에 대해서 그들은 물론 절대적 복종심으로 그것을 받아들이는 것처럼 보이며, 특히 그들의 고해 신부에게 복종하는 것처럼 보인다. 그러나 사람들이 섬세하게 말했듯이, "그들은 그들 자신에만 복종하며, 확실한 본능이 그들이 가고자 하는 길로 정확하게 그들을 인도할 사람에게로 그들을 데리고 간다. 만일 인도자가 그 길에서 벗어나는 일이 일어난다면, 우리의 신비가들은 자신의 자율성을 발휘하는 데 주저하지 않으며, 신성(神性)과 그들의 직접적 관계에 의해 힘을 얻어 우월한 자유를 행사하는 데 주저하지 않을 것이다."[72] 사실 여기에서 인도자와 인도되는 자 사이의 관계들을 자세히 연구하는 것은 흥미로울 것이다. 이 둘 중 인도되는 것을 겸손하게 받아들인 자는 몇 번이고 못지않은 겸손으로 지도자가 된다고 사람들은 생각할지 모른다. 그러나 우리에게 중요한 점은 그것이 아니다. 우리가 단지 말하려고 하는 것은 비록 기독교적 신비가들 사이의 외적인 유사성

---

72) 드 몽모랑(De Montmorand), 『정통 가톨릭 신비가들에 관한 심리학(*Psychologie des mystiques catholiques orthodoxes*)』(Paris, 1920), 17쪽.

들이 전통과 교육의 공동체에 기인할 수 있다 하더라도, 그들의 심원한 일치는 그들이 소통한다고 믿고 있는 존재(l'Être)의 실재적 존재성에 의해서 가장 단순하게 설명될지 모르는 직관의 동일성의 표식이라는 것이다. 고대의 것이든 근대의 것이든 다른 신비주의들이 다소간에 멀리 가서 여기 혹은 저기에서 멈추지만 모두 같은 방향을 표시한다는 것을 고려한다면, 이것은 무엇을 의미할 것인가?

그렇지만 신비 체험이 그 자체로는 철학자에게 결정적인 확신을 가져올 수 없다는 것을 우리는 인정한다. 신비 체험이 완전히 납득이 되는 것은, 단지 감성적 경험과 이 경험 위에 기초한 추론 같은 한 다른 길에 의해서, 인간이 초월적 원리와 소통 속으로 들어가는 특권적 경험의 존재성을 진실임직한 것으로 간주하는 데 이르렀을 경우뿐일 것이다. 그때에 사람들이 신비가들에게 기대하는 이런 경험과의 만남은 획득된 결과들을 증대시키게 하고, 반면에 이 획득된 결과들은 신비적 체험에다 그것들의 고유한 객관성의 무엇인가를 솟아오르게 할지 모른다. 경험 이외에 인식의 다른 근원은 없다. 그러나 사실에 대한 지적인 표기 작업이 야생적 사실을 필연적으로 넘어서듯이, 모든 경험들이 동일하게 결정적인 것도 아니고 같은 확실성을 허용하는 것도 아니다. 많은 것들은 우리를 단순히 개연적인 결론들에로 인도한다. 그럼에도 불구하고 개연성들은 추가될 수 있고, 이 추가는 실천적으로 확실성과 등가적인 결론을 제공할 수 있다. 우리는 예전에 각 노선이 아주 멀리까지 가지 못하기에 단지 진리의 방향만을 제공하는 '사실들의 노선들'에 대해 말했었다. 이 노선들 중 두 노선을 그것들이 교차하는 지점에까지 연장함으로써 진리 자체에 도달할 것이다. 측량사는 접근할 수 없는 한 점의 거리를 그 점이 접근하는 두 점으로부터 차례차례로 그 점을 겨냥함으로써 측정한다. 우리는 이 교차 방법이 형이상학을 결정적으로 진보하게 할 수 있는 유일한 방법이라고 평가한다. 이 방법에 의해서 철학자들 사이에 협동이 이루어질 것이다. 형이상학은 채택할 것이냐 말 것이냐 하는, 항상 이의가 제기되고, 항상 다시 시작해야 하는 한 완전한 체계가 되는 대신에, 과학처럼 획득된 결과들의 점진적인 축적에 의해서 진보할 것이다. 그런데 종교적 문제와 전혀 다른 어떤 종류의 문제들을 깊이 파고들다 보면 우리는 신비 체험 같은 유일하고 특권적인 경험의 존재성을 그럼직하게 만드는 결론들에 이르게 된다. 그리고 다른 한편 그 자체로 연구된 신비 체험은 전혀 다른 방법에 의해서 전혀 다른 영역에서 획득된 가르침들에 덧붙여질 수 있는 지시들을 우리에게 제공한다. 따라서 여기에는 물론 상호적인 강화와 보완이 있다. 첫 번째 점부터 시작하자.

우리가 생명의 약동과 창조적 진화의 견해에 도달하게 되었던 것은 생물학의 소여들을 가능한 한 자세히 추적함으로써이다. 우리는 앞 장의 초입에서 그것을 제시했었다. 이 견해는 형이상학들을 구축하는 가설들과는 어떤 공통점도 갖지 않았다. 그것은 사실들의 압축이었고, 요점들의 요점이었다. 그러면 약동은 어디서부터 왔고, 약동의 원리는 어떤 것이었나? 약동이 그 자체로 충족적이었다면, 약동은 그 자체로 무엇이었으며, 약동이 그것의 발현들 전체에다 어떤 의미를 부여해야만 했는가? 이런 물음들에 대해 고찰된 사실들은 어떤 대답도 제공하지 못할지 모른다. 그러나 사람들은 대답이 얻을 수 있었을 방향을 잘 알고 있었다. 물질을 가로질러 던져진 에너지는 사실 하등 의식(infraconscience) 혹은 고등 의식(supraconscience)처럼, 어쨌든 의식과 같은 종류에 속하는 것처럼 나타났다. 이 에너지는 많은 장애들을 우회하고, 통과하기 위해 축소되고, 특히 다양한 진화의 노선들로 나누어져야만 했음에 틀림없었다. 결국 주요한 두 노선의 극단에서 우리는 에너지가 물질화되기 위해서 분할되었던 인식의 두 양태, 즉 곤충의 본능과 인간의 지성을 발견했다. 본능은 직관적이었고, 지성은 반성하고 추론했었다. 사실 직관은 본능이 되기 위해서는 격을 낮추어야 했음에 틀림없다. 직관은 종(種)의 이익을 위해 최면 상태에 빠졌고, 직관이 의식으로부터 보존했었던 것은 몽유병의 형태를 취하게 되었다. 그러나 동물적 본능 주위에 지성의 여운이 존속했듯이, 이처럼 인간 지성도 직관에 의해서 달무리지어 있다. 직관은 인간에 있어서 충분히 무관심하면서도 의식적인 채로 남아 있었다. 그러나 그것은 단지 어렴풋한 빛이었으며, 아주 멀리 투사되지는 않았다. 그럼에도 불구하고 만일 어느 때고 생의 약동의 내부를, 그것의 의미를, 그것의 목적을 조망해야만 한다면, 빛이 오는 곳은 바로 이 직관으로부터이다. 왜냐하면 이 직관은 내부로 향해져 있었기 때문이다. 그리고 만일 첫 번째 강화에 의해서 직관은 우리에게 우리의 내적인 삶의 연속성을 포착하게 한다면, 만일 우리들 대부분이 더욱 멀리 가지 못한다면, 보다 우월한 강화는 우리를 아마도 우리 존재의 뿌리에까지 인도할지 모르며, 그렇게 함으로써 생명 일반의 원리 자체에까지 인도할지 모른다. 신비적 영혼은 정확히 이 특권을 가진 것이 아니겠는가?

우리는 이렇게 해서 우리가 두 번째 점이라고 방금 말했던 것에 도달했다. 문제는 우선 신비가들이 단순한 정신 이상자들인지 아닌지, 그들의 체험에 관한 이야기가 순수한 환상인지 아닌지 아는 것이었다. 그러나 이 문제는 적어도 위대한 신비가들에 관한 한 빨리 해결되었다. 그 다음으로 문제시되었던 것은 신비주의가 단지 신앙의 가장 큰 열의, 즉 전통적 종교가 열정적인 영혼 안에서 취할 수 있는 상상적 형태에 불과한 것이 아닌지를 아는 것이고, 또는 신비주의는 할 수 있는 한 이 종교에 동화되면서, 종교 안에서 확증을 요구하면서, 종교에서 자신의 언어를 빌리면서, 종교가 전통과 신학과 교회에 빚진 것과는 상관없이 종교의 근원 자체에서 직접적으로 길어온 원본적 내용을 갖는 것이 아닌지를 아는 것이다. 첫 번째 경우에서 신비주의는 필연적으로 철학과 동떨어진 것일지 모른다. 왜냐하면 철학은 어떤 날짜를 갖는 계시, 이 계시를 전달했던 제도들, 계시를 받아들이는 신앙을 제쳐두기 때문이다. 철학은 경험과 추론에 만족해야만 한다. 그러나 두 번째 경우에서는 신비주의를 순수한 상태에서, 즉 신비주의를 철학적 탐구의 강력한 보조자로 만들기 위해 신비주의를 표현하는 환상들과 비유들과 신학적 형식들에서 벗어난 상태에서 취하는 것으로 충분할지 모른다. 신비주의가 종교와 유지하는 관계들에 대한 이 두 견해들 중 두 번째 것이 우리에게 부과되는 것처럼 보인다. 따라서 우리는 신비적 체험이 생의 약동의 교설에로 우리를 인도했던 경험을 어느 정도까지 연장하는지를 알아야만 한다. 신비적 체험이 철학에 정보를 제공했을 모든 것은 철학에 의해서 확증의 형태로 신비적 경험에 되돌려질 것이다.

우선 신비가들은 우리가 '거짓 문제들'이라고 불렀던 것을 제쳐둔다는 사실을 주목하자. 아마도 사람들은 그들이 진실한 것이든 거짓된 것이든 어떤 문제도 제기하지 않는다고 말할 것인데, 사람들 말이 옳을 것이다. 그래도 역시 확실한 것은 신비가들은 철학을 사로잡음에 틀림없는 문제들에 암암리의 답변을 주고, 철학이 그 앞에서 멈추어 서는 잘못을 범했던 난점들이 그들에 의해 암암리에 존재하지 않는 것처럼 생각된다는 것이다. 우리는 예전에[73]

---

73) 「의식과 생명」, 815–816쪽과 『창조적 진화』의 "존재와 무" 등에서 무(無)의 문

일부의 형이상학이 왜 어떤 것이 존재하는지를, 즉 왜 물질은, 혹은 정신들은, 혹은 신은 무(無)가 아니고 오히려 존재인지를 아는 문제 주위를 의식적이든 무의식적이든 맴돌고 있었다는 것을 제시했다.[74] 그러나 이 물음은 실재가 공허(空虛)를 채우고 있고, 존재의 밑에는 무(無)가 있고, 권리적으로 아무것도 없을지 모르며, 따라서 사실적으로 왜 무엇인가가 있는지를 설명해야만 한다는 것을 전제하고 있다. 그런데 이 가정은 순수한 환상이다. 왜냐하면 절대적인 무(無)의 관념은 아주 정확히 둥근 사각형의 관념만큼의 의미를 가지는 것이기 때문이다. 한 사물의 부재는 항상 다른 사물의 현존이기에 —그것이 우리의 관심을 야기하는 것이 아니거나 우리가 기대하는 것이 아니기 때문에 우리가 무시하고자 하는 다른 것의 현존— 제거는 대치 이외에 결코 다른 것이 아니며, 사람들은 두 면을 가진 작용을 단지 한 면에 의해서만 바라보는 데 동의하고 있는 것이다. 따라서 모든 것의 폐지의 관념은 그 자체로 파괴적이고, 생각할 수 없는 것이다. 그것은 사이비(似而非) 관념이고, 표상의 신기루이다. 그러나 우리가 예전에 제시했던 이유들로, 환상은

제를 다루었음.

74) (역주) '공간' 혹은 '무(無)'의 문제는 베르그손이 지성주의 철학의 관점을 비판하기 위해 해명한 근본적인 문제로 그의 초기 저작인 『시론』에서부터 전 저작을 관통하는 주제이다. 우리는 역자 해제에서 베르그손 철학과 서구 지성주의 철학의 연관성을 전체적으로 조망하여 제시했다.

자연적이다. 이 환상은 오성(悟性)[75]의 심층에 그것의 근원을 두고 있다. 그리고 이 환상은 형이상학적 고뇌의 주요한 기원이 되고 있는 문제들을 야기한다. 신비가는 이런 문제들은 제기조차 되지 않는다고 평가할 것이다. 인간 지성의 구조에 기인하는 내적 광학의 환상들은 사람들이 인간적 관점보다 위로 고양됨에 따라 지워지고 사라질 것이다. 유사한 이유들로 해서 신비가는 철학에 의해서 신성(神性)의 '형이상학적' 속성들 주위에 축적된 난점들을 더 이상 불안해 하지 않을 것이다. 그는 결정들을 하기만 하면 되는데, 이 결정들은 부정(否定)들이거나 부정적으로만 표현될 수 있는 것들이다. 그는 신이 존재하는 것을 본다고 믿으며, 그는 신이 존재하지 않는다는 것에 대한 어떤 시각도 갖지 않는다. 따라서 철학자가 물어야만 할 것은 신의 본성이 갖는 긍정적인 것, 말하자면 영혼의 눈에 지각될 수 있는 것에서 직접적으로 포착된 신의 본성에 관해서이다.

---

75) (역주) 우리가 오성(悟性)으로 번역한 l'entendement은 근대 철학자들의 술어로, 특히 칸트에 있어서 전문적으로 사용된다. 베르그손은 철학사적 연관성을 암시해야 하는 특별한 경우가 아니라면 대체로 지성(知性, l'intelligence)이란 용어를 사용한다. 베르그손에 따르면 지성의 모든 활동은 무(無)를 전제하고 있다. 따라서 그는 무(無)는 지성의 운동인이라고 말한다.

절대적 신(Dieu)의 본성

만일 철학자가 신비주의를 형식화하려 했다면 바로 신의 본성을 정의했어야 했을지 모른다. 신은 사랑이고, 신은 사랑의 대상이다. 신비주의가 가져온 것 전부가 거기에 있다. 이 이중적 사랑에 대해서 신비가는 말하는 것을 결코 중단하지 않을 것이다. 그의 묘사는 끝이 없는데, 이유는 묘사될 대상이 표현 불가능하기 때문이다. 그러나 그의 묘사가 명백히 말하는 것, 그것은 신의 사랑은 신의 어떤 것이 아니라, 신 자체라는 것이다. 이런 지적에 철학자는 집착할 것인데, 철학자는 신을 한 인격으로 간주하면서도 조야한 신인동형 동성론(神人同形同性論, anthropomorphisme)에 빠지려 하지 않기에 그렇다. 철학자는 예를 들어 한 영혼을 포용하여 그 영혼 속에 있는 것을 소진하고, 그래서 이제부터 모든 자리를 차지할 수 있는 열광을 생각할 것이다. 그러면 그 인격은 이 감동과 일치한다. 그러나 인격 자체는 결코 그런 지점에 있지 않았다. 인격은 단순화되고, 통일되고, 강화된다. 우리가 말했듯이 두 종류의 감동이 —하나는 지성 이하의 것으로 표상에 뒤따라 일어나는 동요에 불과하고, 다른 하나는 초지성적인 것으로 관념에 선행하며, 관념 이상이지만, 전적으로 순수한 영혼인 이 감동이 자신의 몸을 갖기 바랄 때만 관념들로 피어날지 모른다— 있다는 것이 사실이라면 인격은 또한 사유로 결코 가득 채워지지 않았었다. 베토벤의 교향곡

보다 더 잘 구성되고 더욱 현명한 것이 무엇이 있겠는가? 그러나 지적인 지평에서 추구되는 배열, 재배열, 선택의 작업을 따라가면서, 음악가는 지적인 지평 밖에 위치한 한 지점을 향해, 거기에서 승인이나 거부, 방향과 영감을 찾기 위해, 거슬러 올라간다. 이 지점에 나누어질 수 없는 감동이 자리 잡고 있으며, 지성은 물론 이 감동을 음악으로 명시되는 것을 돕기는 하나, 이 감동은 그 자체가 음악 이상이고 지성 이상이다. 이 감동은 지성 이하의 감동에 대립하여 의지의 의존 아래에 머물지 모른다. 이 감동에 의거하기 위해 예술가는 마치 어둠 속으로 곧 사라지는 별을 다시 나타나게 하려고 노력하는 시선(視線)처럼 매 순간 노력을 해야만 했다. 이런 종류의 감동은, 비록 멀리 떨어져 있기는 하지만, 신비가에 있어서는 신의 본질 자체인 숭고한 사랑을 닮았다. 어쨌든 철학자가 신비적 직관을 점점 더 압박하여 그것을 지성의 용어로 표현하려 할 때 이 감동을 생각해야만 할 것이다.

창조와 사랑

철학자는 음악가일 수는 없고, 그러나 일반적으로 저술가이다. 그리고 그가 저술할 때 자신의 영혼의 고유한 상태에 대한 분석은 그로 하여금 어떻게 신비가들이 신성의 본질 자체로 여기는 사랑이 한 인격인 동시에 한 창조의 능력이 될 수 있는지를 이해하

도록 도울 것이다. 글을 쓸 때 그는 보통 개념들과 단어들의 영역
에 있다. 사회는 그에게 그의 선조들에 의해 정교화되고 언어 속
에 축적된 관념들을 제공하는데, 그는 이 관념들을 결합 속으로 들
어갈 수 있도록 그것들 자체를 어느 정도까지 개조한 후 새로운 방
식으로 결합한다. 이 방법이 다소간에 만족스러운 하나의 결과를
줄 것이지만, 그것은 항상 하나의 결과에, 그리고 제한된 시간 안
에서 도달할 것이다. 하지만 생산된 작품이 독창적이고 힘 있는 것
일 수 있을 것이다. 종종 인간의 사유는 그것으로 풍요롭게 되어
있을 것이다. 그러나 이런 일은 단지 연소득의 증가에 불과할지 모
른다. 왜냐하면 사회적 지성은 동일한 기금 위에서 동일한 가치 위
에서 계속해서 살아갈 것이기 때문이다. 이제 더 야심적이지만 덜
확실하고, 언제 도달할 것인지 도달할 수 있을 것인지조차 말할 수
없는 하나의 다른 구성 방법이 있다. 이 방법은 지성적이고 사회
적인 지평으로부터, 창조의 요구가 출발하는 영혼의 한 지점에까
지 거슬러 올라가는 것으로 이루어진다. 이 창조의 요구가 자리 잡
은 정신은 이 요구를 그의 삶에서 오직 단 한번 충만하게 느낄 수
있었지만, 이 창조의 요구는 거기에 사물들의 심층 자체로부터 받
은 진동 혹은 약동, 독특한 감동으로 언제나 있다. 이 요구에 완전
히 따르기 위해서는 단어들을 주조하고 관념들을 창조해야 할 것
이지만, 그것은 더는 전달될 수 없을지 모르며, 따라서 글로 표현
할 수 없을지 모른다. 그럼에도 불구하고 저술가는 실현할 수 없는

것을 실현하려고 시도할 것이다. 그는 그것의 질료를 창조하려는 형식인 단순한 감동을 찾으러 갈 것이고, 이 단순한 감동을 가지고 기성의 관념들과 기성의 단어들과 결국 실재의 사회적 재단(裁斷, découpure)들을 맞아들이려고 행동할 것이다. 이 과정에서 그는 이 감동이 이 감동으로부터 나온 상징들로, 말하자면 그 감동의 고유한 물화(物化)의 단편들로 명시되는 것을 느낄 것이다. 이 물화된 요소들은 각각이 그것의 종류에서 유일한 것인데 어떻게 그것들을 이미 사물들을 표현하고 있는 낱말들과 일치하도록 이끌 것인가? 낱말들을 강제하고, 요소들을 왜곡해야만 할 것이다. 또한 성공은 결코 보장될 수 없을 것이다. 저술가는 끝까지 가는 능력이 그에게 주어졌을 것인지를 매 순간 자문한다. 말놀이 제작자가 그의 놀이 도중에 적합하게 위치하고 있는 낱말들에 감사할 수 있듯이, 부분적인 성공에 대해 우연에 감사한다. 그러나 그가 목표에 도달한다면, 각 새로운 세대를 위해 새로운 측면을 취할 수 있는 사유에 의해서, 곧바로 소모할 거금이 아니라 이익을 무한히 산출하는 자본에 의해서, 그는 인간성을 풍부하게 했을 것이다. 문학의 두 저작 방법이 그러한 것이다. 이 방법들이 서로를 절대적으로 배제하지 않는다 해도 소용이 없으며, 그것들은 극단적으로 구별된다. 신비가가 신의 본질 자체로 본 사랑을 창조적 에너지로 표상하기 위해서는 철학자는 두 번째 방법, 즉 형식에 의해 질료를 창조할 수 있다는 이미지를 생각해야만 할 것이다.

이 사랑은 대상을 가졌을까? 우월한 질서의 감동은 그 자체로 충분하다는 것을 주목하자. 그런 숭고한 음악은 사랑을 표현한다. 그러나 그것은 어떤 사람에 대한 사랑이 아니다. 다른 음악은 다른 사랑일 것이다. 거기에 감정의 두 구별되는 분위기, 두 상이한 향기가 있을 것이다. 그리고 두 경우에 사랑은 그것의 대상에 의해서가 아니라 그것의 본질에 의해서 성격 지어질 것이다. 그럼에도 불구하고 어떤 것에도 말을 걸지 않지만, 작용하고 있는 사랑을 생각한다는 것은 어려운 일이다. 그 사실에 의해서 신비가들은 우리가 신을 필요로 하듯이 신은 우리를 필요로 한다는 것을 만장일치로 증언한다. 우리를 사랑하기 위해서가 아니라면 신은 우리를 왜 필요로 하는 것일까? 신비적 체험에 집착하는 철학자의 결론이 그러할 것이다. 창조는 피조물들을 창조하기 위한, 그의 사랑을 받을 만한 존재들을 얻기 위한 신의 기획처럼 철학자들에게 보일 것이다.

지구라고 불리는 우주의 한 모퉁이의 보잘것없는 거주자들만이 문제가 되었다면, 사람들은 그것을 인정하는 데 주저할지 모른다. 그러나 우리가 예전에 말했듯이, 생명은 모든 별들에 매달려 있는 모든 행성들에 생기를 불어넣는 것 같다. 물론 생명은 거기서 그에게 만들어진 조건들의 다양성의 이유로, 아주 변화가 많고 우리가 상상할 수 없는 형태들을 취한다. 그러나 생명은 어디에서나 동일한 본질을 갖는데, 그것은 잠재적 에너지를 점진적으로 축적했다 그 에너지를 자유 행동으로 갑작스럽게 소비하는 것이다. 지구를 가득 채우는 동물들과 식물들 사이에 인간과 같은 사랑을 할 수 있고 사랑받을 수 있는 생명적 존재의 출현을 우연적인 것으로 간주한다면, 사람들은 아직도 그것을 인정하기를 주저할지 모른다. 그러나 우리는 이 출현이 비록 미리 결정된 것은 아니었다 하더라도 또한 우연적인 것도 아니라는 것을 제시했다. 비록 인간에 이르는 진화의 노선 옆에 다른 노선들이 있었다 하더라도, 인간 자체 안에 불완전한 것이 있다 하더라도, 사람들은 경험을 자세히 관찰함으로써 인간이 우리 행성 위에 생명의 존재 이유라고 말할 수 있다. 마지막으로 만일 사람들이 우주는 본질적으로 자연 그대로의 물질이고, 생명은 물질에 덧붙여진 것이라고 믿었다면, 아직도 주저할 여지가 있을지 모른다. 반대로 우리는 물질과 생명이 우리가 정의하는 한에서 함께, 그리고 연대적으로 주어진 것이라는 것을 제시했다. 이런 조건들 속에서 신비주의가 철학자에게 제시했던 관념을 —이 창조적 감동이 이끄는 모든 귀결들과 함께, 다시 말해 이 감동이 자신의 보충을 발견하는 생명적 존재들의 출현과 함께, 이 생명적 존재들을 나타나게 할 수 있었을 무한한 다른 생명적 존재들과 함께, 그리고 결국 생명을 가능하게 했던 광대한 물질성의 출현과 함께, 우주는 단지 사랑과 사랑의 필요성의 가시적이고 만질 수 있는 측면일지 모른다는 관념— 끝까지 밀고 가는 것을 방해하는 것은 어떤 것도 없다.

이렇게 해서 우리는 의심할 여지없이 『창조적 진화』의 결론들을 넘어선다. 우리는 사실들에 가능한 한 가까이 머물려고 했었다. 우리는 언젠가는 생물학에 의해서 확증될 수 없는 어떤 것도 말하지 않았다. 이 확증을 기다리면서 우리는 우리가 이해하는 한에서 철학적 방법이 우리로 하여금 진실이라 간주하도록 허락하는 결과들을 가졌다. 여기서 우리는 개연성의 영역 이상에 있는 것은 아니다. 그러나 철학적 확실성은 정도를 지니고, 그것은 추론과 동시에 직관에 호소하며, 만일 과학에 기대고 있는 직관이 연장될 수 있다면 그것은 단지 신비적 직관에 의해서일 것이라는 것을 아무리 반복해도 지나치지 않을 것이다. 사실 우리가 방금 제시한 결론들은 우리의 선행한 작업들의 결론들을 비록 필연적으로는 아니나 자연스럽게 보충한다. 그 자체가 사랑일지 모르며, 스스로 사랑받을 만한 존재들을 이끌어낼지 모르는 창조적 에너지는 이처럼 세상들에 씨를 뿌릴지 모르는데, 이 세상들의 물질성은 신적인 정신성에 대립하는 것으로서 창조된 것과 창조하는 것 사이에, 교향곡의 병치된 음(音)들과 자신 밖으로 이 음들을 떨어뜨려놓는 불가분적 감동 사이에 구별을 단순히 표현할지 모른다. 이러한 각각의 세계에서 생의 약동과 자연 그대로의 물질은 창조의 상보적인 두 측면일지 모르며, 생명은 그것이 관통하는 물질로부터 구별되는 존재들로 분할 작용을 받으며, 생명이 자신 안에 지니는 힘들은 그것들을 나타나게 하는 물질의 공간성이 허용하는 정도에서 함께 혼합되어 머물고 있다. 이러한 상호 침투는 우리의 행성에서는 가능하지 않앗다. 모든 것은 여기 우리 행성에서는 생명에 보충적으로 있었던 물질이 생명의 약동에 호의적으로 만들어지지는 않았다고 믿도록 인도한다. 그래서 원래적인 충동은 끝까지 불가분적인 채로 유지되기보다는 다양한 진화적인 진보들을 주었다. 이 충동의 본질적인 것이 지나온 노선 위에서조차 충동은 그것의 효과를 마침내 고갈시켰고, 아니 오히려 운동은 곧은 순환적 운동으로 전향되었다. 이 노선의 끝에 있는 인류는 이 순환 속에서 돌고 있다. 이러한 것이 우리의 결론이었다. 자의적인 가정들에 의한 것과는 달리 이 결론을 연장하기 위해서는 우리는 신비가의 지시를 따라야만 했을지 모른다. 물질을 관통하며, 물론 물질의 존재 이유가 되는 생명적 흐름을 우리는 단순히 주어진 것으로 간주했었다. 주요한 방향의 끝에 있는 인류에 대해서 우리는 인류가 그 자체 이외에 다른 존재 이유를 가졌는지 묻지 않았다. 이 이중적인 물음을 신비적 직관은 제기하고 그것에 답하고 있다. 존재들은 사랑하고 사랑받도록 운명 지어진 존재로 불리었으며, 창조적 에너지는 사랑으로 정의되어야만 했다. 이 창조적 에너지 자체인 신과 구별되는 이 존재들은 단지 우주 속에 출현할 수 있었고, 그리고 그것이 우주가 출현했던 이유이다. 우리의 행성인 우주의 한 부분에서, 아마도 우리의 태양계 전체에서, 이러한 존재들이 생산되기 위해서는 하나의 종(種)을 구성했어야만 했으며, 이 종은 그것의 준비이고 지반이거나 찌꺼기인 다른 많은 종들을 필요로 했다. 게다가 이 개체들이 또한 다

양하고 또한 죽음을 면할 수 없다는 것을 가정한다면, 아마도 극단
적으로 구별되는 개체들만이 있을 뿐이다. 아마도 역시 그 개체들
은 그때에 단번에, 그리고 충만하게 실현되었을 것이다. 어쨌든 지
구 위에서 모든 다른 존재들의 존재 이유인 이 종(種)은 단지 부분
적으로만 그 자신이다. 만일 이 종의 대표자들의 몇몇이 생명의 일
반적 작업에 덧붙여진 개인적 노력에 의해서 도구가 대립시켜놓은
저항을 파괴하고, 물질성을 극복하고, 결국 신을 찾는 데 성공하지
않았다면, 그것[다른 종들의 존재 이유가 된다는 것]을 완전히 생각조
차 못했을지 모른다. 이 인간들이 신비가들이다. 그들은 다른 인간
들이 걸어갈 수 있을 길을 열었다. 그들은 그 사실 자체에 의해서
철학자에게 생명은 어디서 와서 어디로 가는지를 일러주었다.

　사람들은 지구상에서 인간은 물론 보잘것없는 것이고, 이 우주
에서 지구는 보잘것없는 것이라고 지치지 않고 반복한다. 그러나
인간은 그의 신체에 의해서조차 사람들이 그 신체에다 보통 부여
하는, 그리고 파스칼이 '생각하는 갈대'를 물질적으로 단지 하나의
갈대에 불과한 것으로 환원했을 때 파스칼 자신이 만족했던, 최소
한의 자리만을 점유하는 것과는 거리가 멀다. 왜냐하면 만일 우리
의 신체가 우리의 의식이 적용된 물질이라면, 그것은 우리의 의식
과 동연적이고, 그것은 우리가 지각하는 모든 것을 포함하고, 별
에까지 이르기 때문이다. 그러나 이 거대한 신체[76]는 매 순간 변하
고, 그것의 중심을 점유하고 최소한의 공간 속에 있는 그 자신의

일부분의 가벼운 이동만으로도 가끔 극단적으로 변한다. 이 내적이고 중심적이고 상대적으로 불변적인 신체는 항상 현재한다. 그것은 단순히 현재하는 것이 아니라, 작용하고 있다. 단지 이 신체에 의해서, 그리고 이 신체에 의해서만 거대한 신체의 다른 부분들을 움직일 수 있다. 행동이 고려되는 것이고, 우리가 행동하는 거기에 우리가 있다고 이해되기에, 사람들은 의식을 최소한의 신체 속에 가두고, 거대한 신체를 무시하려는 습관을 가지고 있다. 게다가 그것은 과학에 의해서 허가된 것처럼 보인다. 과학은 외적 지각을 그것에 상응하는 뇌의 내부 과정의 부대 현상으로 간주한다. 따라서 가장 큰 신체에 대해 지각된 모든 것은 단지 가장 작은 신체에 의해서 밖에 투사된 환영일 것이다. 형이상학이 함축하고 있는 이 환상을 우리는 벗겨냈었다.[77] 우리의 매우 작은 유기화된(바로 직접적 행동을 위해서 유기화된) 신체의 표면이 우리의 현실적 운동의 장소라면, 우리의 매우 커다란 비유기화된 신체는 우리의 일어날 수 있거나 이론적으로 가능한 행동의 장소이다. 뇌의 지각 중추

---

76) (역주) 우리 자신의 고유한 신체도 감각이나 지각에 의해서 인식되는 것이라면, 우리 지각 기능이 세계와 관계하며 작용하고 있는 것 전체가 우리 지각 기능의 범위에 속한다. 이런 의미에서 그것을 거대한 신체라 한 것이다. 우리 신체의 본질적 의미는 공간을 점유하는 물리적 신체가 아니라 감각 운동 기능이다. 이 기능을 통해 관계 맺는 모든 범위가 우리 존재의 의식적 부분이 된다.

77) 『물질과 기억』 1장 전체를 보아라.

들이 이 일어날 수 있는 행동들의 정찰병들이고 예비자들이기에, 그리고 이 행동들의 장(場)을 내적으로 그리는 것이기에, 모든 것은 마치 우리의 외적 지각들이 우리의 뇌에 의해서 구성되어, 뇌에 의해서 공간 속으로 투사되었던 것처럼 일어난다. 그러나 진실은 전혀 다르다. 비록 끊임없이 변화하며 단지 잠재적 행동들이 자리하고 있는 우리 자신의 부분들에 의해서라 하더라도, 우리는 실제로 우리가 지각하는 모든 것 속에 있다. 이런 관점에서 사물들을 취하자. 그리고 우리의 신체에 대해서 그것이 우주의 거대함 속에서 사라졌다고 말조차 하지 말자.

사람들이 인간의 미약함과 우주의 광대함에 대해 말할 때 사람들이 생각하는 것은 우주의 차원만큼 우주의 복잡함이다. 한 인간은 단순한 존재라는 인상을 준다. 그리고 물질적 세계는 모든 상상을 불허하는 복잡한 것이다. 눈에 보이는 물질의 가장 작은 조각도 이미 그 자체가 하나의 세계이다. 이것이 저것과는 다른 존재 이유를 갖는다는 것을 어떻게 인정할까? 겁먹지 말자. 우리가 끝없이 열거해야 하는 그것의 부분들 앞에 있을 때, 그 전체는 단순한데 우리가 그것을 잘못된 단초에 의해서 바라보는 것일 수 있다. 손을 한 지점에서 다른 지점으로 움직여보아라. 그것을 내부로부터 지각하고 있는 당신에 있어서 그것은 불가분적 동작이다. 그러나 그것을 밖으로부터 지각하고, 통과된 선분 위에 주의를 고정시키는 나는 자신에게 말한다. 나는 우선 간격의 처음 절반을 건너뛰어야만 했고, 이어 나머지 절반의 절반을 건너뛰어야만 하고, 그리고 그 나머지의 또 절반을 건너뛰어야만 하고, 이렇게 계속해서 해야만 했다. 당신이 불가분적이라고 느끼는 운동을 내 시각에 작용들로 해체하면, 내가 이 작용들의 열거를 수억의 세기 동안 계속할 수 있을지 모르며, 나는 결코 이 작용들의 열거를 끝낼 수 없을 것이다. 이처럼 인간 종을 생기게 하는 또는 더 일반적으로 창조자에 있어서 사랑의 대상들을 생기게 하는 몸짓은 그야 물론 조건들을 요구할지 모르고, 이 조건들은 다른 조건들을 요구하고, 이 다른 조건들은 점점 무한한 조건들을 이끌어낼지 모른다. 현기증에 사로잡히지 않고는 이 다양성을 생각한다는 것은 불가능하다. 그러나 그것은 하나의 불가분적인 것의 이면일 뿐이다. 사실 우리가 손의 동작을 분해한 무한히 많은 작용들은 순수하게 잠재적이고, 반드시 동작의 현실화에 의해서 작용들의 잠재적 상태로 결정된 것이다. 반면에 우주의 구성적 부분들. 그리고 이 부분들의 부분들은 실재적인 것들이다. 이 부분들이 살아 있는 것일 때, 그것들은 자유 활동으로까지 나아갈 수 있는 자발성을 갖는다. 또한 우리는 복잡한 것과 단순한 것의 관계가 두 경우에서 같은 관계라고 주장하지는 않는다. 우리는 단지 이런 접근에 의해서 복잡성이, 한계가 없는 복잡성이라도, 중요함의 표식은 아니라는 것을, 그리고 단순한 실존이 끝없는 사슬의 조건들을 요구할 수 있다는 것을 제시하려고 했을 뿐이다.

악의 문제

우리의 결론은 이렇다. 인간에게 그러한 위치를 부여하고, 생명에다 그러한 의미를 부여한다면, 우리의 결론은 물론 낙관주의적으로 보일 것이다. 곧바로 의식의 가장 낮은 단계에서부터 인간까지의 생명의 영역을 덮고 있는 고통들의 목록이 나타날 것이다. 동물 계열에서는 이 고통은 사람들이 생각하는 것과는 거리가 멀다는 것을 관찰하게 해도 소용없는 일이다. 데카르트의 동물 기계론에까지 갈 필요 없이, 적극적 기억을 갖지 않는, 그들의 과거가 그들의 현재 속으로 연장되지 않는, 완전히 인간들이 아닌 존재들에 있어서는 고통이 유달리 감소한다는 것을 사람들은 추정할 수 있다. 그 존재들의 의식은 몽유병적 본성에 속한다. 그들의 쾌락들도 그들의 고통들도 우리들의 것들이 갖는 깊고 지속적인 반향들을 갖지 않는다. 우리는 꿈에서 체험했던 고통들을 실재적 고통들처럼 생각할까? 인간 자신에 있어서 신체적 괴로움은 빈번히 경솔과 부주의에 기인하거나 지나치게 세련된 취향들 혹은 인위적인 필요들에 기인하는 것이 아닌가? 도덕적 괴로움에 관해서 말하면, 그것은 적어도 그만큼 빈번히 우리의 잘못에 의해서 초래된다. 그리고 만일 우리가 우리의 감수성을 병적으로 만들 정도로 지나치게 자극하지 않는다면, 그 괴로움은 어떤 방식으로도 그렇게 날카롭게 되지는 않을지 모른다. 우리의 고통은 우리가 그것에 대해

한 반성에 의해서 무한히 길어지고 증대된다. 요컨대 라이프니츠의『변신론(*Théodicée*)』의 몇 구절을 곁들이는 것이 쉬울 것이다. 그러나 우리는 결코 그러고 싶지 않다. 철학자는 그의 연구실의 고독 속에서 이런 종류의 사색들을 기꺼이 할 수 있다. 방금 그의 아들이 죽어가는 것을 본 어머니 앞에서 이 철학자는 그것에 대해 무엇을 생각할까? 아니다. 괴로움은 무서운 현실이고, 비록 악(惡)이 실제로 그렇게 환원된다 하더라도, 악을 **선천적으로** 최소한의 선(善)처럼 정의하는 것은 견딜 수 없는 낙관주의이다. 그러나 경험적 낙관주의가 있는데, 그것은 단순히 두 사실을 확증하는 것으로 이루어진다. 우선 인간은 삶에 집착하기에 삶을 전체적으로 좋다고 판단한다. 다음으로 쾌락과 고통을 넘어서 위치하는 혼합되지 않은 환희가 존재하는데, 이것이 신비가의 결정적인 영혼의 상태이다. 이 이중적 의미에서, 그리고 이 이중적 관점으로부터, 철학자가 신을 원인으로 변론할 필요 없이, 낙관주의가 부과된다. 삶이 그 전체에 있어서 좋다 하더라도, 고통이 없다면 더 좋았을 것이었고, 고통은 사랑의 하느님에 의해서 의욕될 수는 없었다고 사람들은 말할 것인가? 그러나 어떤 것도 고통이 의도되었다는 것을 증명하는 것은 없다. 사실 고통의 수효가 그러하지만, 한 측면에서 무한히 다양한 사물들처럼 나타나는 것이 다른 편으론 하나의 불가분적 행동처럼 드러날 수 있다는 것을 우리는 제시했다. 따라서 한 부분을 제거하는 것이 전체를 억제하는 것이 될 수 있다. 사람들은 전체는 다르게 될 수 있었고, 그것도 고통이 그것의 일부분을 이루지 않았던 한에서 그러하다고 주장할 것이다. 따라서 삶이란 비록 그것이 좋다 하더라도 더 좋게 될 수 있었다고 주장할 것이다. 거기서부터 사람들은 이렇게 결론지을 것이다. 만일 실제로 한 원리가 있다면, 그리고 만일 이 원리가 사랑이라면, 그것은 전체일 수 없고, 따라서 그것은 신이 아니다. 그러나 정확히 거기에 문제가 있다. 정확히 '전능(全能)함(toutepuissance)'은 무엇을 의미하는가? 우리는 '무(無)'의 관념이 둥근 사각형의 관념과 같은 것이라고, 그 관념은 분석에서 자신 뒤에 한 단어만 남겨놓고 사라진다고, 결국 그것은 사이비(似而非) 관념이라고 제시했었다. '전체'란 관념도, 만일 사람들이 이 단어에 의해서 실재하는 것의 총체뿐만 아니라 가능한 것의 총체를 지칭하는 것으로 주장한다면, 마찬가지가 아니겠는가? 엄밀히 말해 사람들이 존재자의 총체에 대해 말할 때 나는 무엇인가를 표상하지만, 비존재자의 총체에서는 나는 단지 단어들의 집합만을 본다. 따라서 사람들이 여기서 반론을 이끌어내는 것도 또다시 사이비 관념으로부터, 언어적 실재로부터이다. 그러나 사람들은 더 멀리 나아갈 수 있다. 반론은 방법상의 극단적인 결함을 내포하는 일련의 논증들 전체에 관련된다. 사람들은 어떤 표상을 **선천적으로** 구성하고, 그것이 신의 관념이라고 말하는 데 합의한다. 그리고 나서 거기서부터 세상 사람들이 제시해야만 할 성격들을 연역한다. 그리고 만일 세상 사람들이 그 성격들을 제시하지 못하면 거기서부터 신은 존재하지 않는다고 결론을 내린다. 만일 철학이 경험과 추론의 작업이라면, 철학은 역전된 방법을 따라야만 하며, 경험이 인간 의식에도 감성적 실재에도 초월해 있는 한 존재를 우리에게 가르쳐줄 수 있는지에 관해 경험에 탐문해야 하며, 그러고는 경험이 그에게 말했을 것에 따라 추론하면서 신의 본성을 규정해야 한다는 것을 어떻게 알지 못하는가? 이처럼 신의 본성은 사람들이 신의 존재성을 믿어야만 할 이유들 속에서 나타날 것이다. 사람들은 신의 본성에 관한 임의적인 개념 정의로부터 신의 존재성 혹은 신의 비존재성을 연역하기를 포기할 것이다. 사람들이 이 점에 관해 합의한다면, 사람들은 불편 없이 신적인 전능함에 대해 말할 수 있을 것이다. 우리는 이런 종류의 표현들을 우리가 바로 신적인 것의 체험에 대해서 문의해야 하는 신비주의자들에 있어서 발견한다. 신비가들이 이 표현을 통해서 한없이 충당할 수 있는 에너지, 모든 상상을 넘어서는 창조하고 사랑하는 능력을 뜻한다는 것은 명백하다. 신비가들은 확실히 닫힌 개념을 일깨우지 않으며, 더욱이 이 세상 것 혹은 이 세상의 것임에 틀림없는 것으로 결론짓도록 허락하는 신에 관한 정의를 일깨우지 않았다.

사후(死後)의 존속

같은 방법이 내세의 모든 문제들에 적용된다. 사람들은 플라톤과 함께 영혼을 선험적으로 정의할 수 있다. 즉 영혼은 단순하기에 분할할 수 없고, 불가분적이기에 부패할 수 없고, 그것의 본질에 의해 불멸하다고 정의할 수 있다. 거기서부터 사람들은 연역을 통해 시간 속에서 영혼의 타락의 관념에로, 그리고 영원으로의 귀환이란 관념에로 이행할 것이다. 이렇게 정의된 영혼의 존재성에 대해 이의를 제기하는 사람에게 무어라고 답할 것인가? 어떻게 실재적인 영혼에, 그것의 실재적인 기원에, 그것의 실재적인 운명에 관한 문제들이 실재성에 따라 해결될 수 있을 것이며, 혹은 실재성의 용어로 제기될 수조차 있을 것인가? — 반면에 사람들은 단순히 아마도 정신이 결여된 개념 정의에 관해 사변하거나, 혹은 더 좋게 말해서 사회가 대화의 편의를 위해 실행한 실재에 대한 재단(裁斷) 위에서 새겨놓은 단어의 의미를 인습적으로 정확하게 하고 있는데 말이다. 정의(定義)가 자의적이었던 만큼 주장 역시 결실이 없을 것이다. 플라톤의 개념 정의는 비록 그것에 관해 이천 년을 명상하게 했다 하더라도 영혼에 관한 우리의 인식을 한 발짝도 진전하게 하지 못했다. 그 정의는 삼각형의 정의처럼, 그리고 똑같은 이유들로, 결정적인 것이었다. 그러나 실제적으로 영혼의 문제가 있다면, 그것은 바로 경험의 용어들로 제기되어야만 할 것이고, 단지 경험의 용어들로만 그 문제는 점진적으로, 그리고 항상 부분적으로 해결될 것이라는 것을 어떻게 알지 못하는가? 우리는 다른 곳에서 다루었던 주제에로 되돌아가지 않을 것이다. 정상적 상태들과 병적인 상태들에 대한 감각들과 의식에 의한 관찰은 우리에게 기억에 관한 생리학적 설명들의 불충분성을, 뇌에다 기억들의 보존을 부여하는 것의 불가능성을 드러내주었고, 다른 한편으로 기억이 현재적 행동에 엄격하게 필요한 것만을 내어주기 위해 조여지는 꼭짓점[행동의 장, 즉 두뇌][78]으로부터 기억이 파괴될 수 없는 과거를 전체로 펼치는 다른 극단의 장[순수 기억의 장, 즉 영혼]에까지 기억의 연속적인 확장들을 추적하는 것의 가능성을 드러내준다는 것을 단지 상기하자. 즉 우리는 비유적으로 우리가 이처럼 [거꾸로 놓은] 원뿔꼴의 정상으로부터 밑면으로 나아간다고 말했었다. 원뿔꼴은 단지 그것의 꼭짓점에 의해서만 물질 속에 삽입된다. 우리가 꼭짓점을 떠나고부터는 우리는 새로운 영역 속으로 들어간다. 그

---

78) (역주) 행동의 장을 나타내는 원뿔꼴의 꼭짓점을 표현한 것이다. 베르그손이 사용한 원뿔꼴의 모형은 뇌의 단면을 절단했을 때 보이는 모양을 표현한 것이다. 뇌 생리학에서는 대뇌 피질에 보존된 기억들이 뇌 중심에 있는 중추를 통해 감각 운동 기능을 하는 신경 체계에 연결되는 것으로 설명하고 있다. 베르그손은 뇌를 포함한 신경 체계 전체를 감각 운동 체계로 이해한다. 비록 베르그손은 기억들이 대뇌 피질에 보존되는 것이 아니라는 생각을 가지고 있지만, 자신의 견해를 설명하기 위해서 이 원뿔꼴의 모형을 이용하고 있다. 『물질과 기억』 260쪽 참조(『대우고전총서』 017).

것은 어떤 영역인가? 그것은 정신이라고, 또다시 당신이 원한다면 영혼의 영역이라고 말하자. 그러나 그때엔 언어의 작용을 개조하고, 낱말에다 임의적인 정의가 아니라 경험들의 총체를 놓음으로써 그렇게 하는 것이다. 우리는 이 실험적인 심층 탐구로부터 영혼의 사후 존속의 가능성과 개연성조차 결론지을 것이다. 왜냐하면 우리는 이 세상에서부터 신체와의 관계에서 영혼이 독립해 있다는 무언가를 명확하게 관찰했을 것이기 때문이다. 그것은 단지 이 독립성의 한 측면에 불과할 것이다. 우리는 사후 존속의 조건들에 대해서, 그리고 특히 그것의 지속에 대해서 물론 불완전하게 알고 있을 것이다. 사후 존속은 어느 시간 동안인가, 항상적인가? 그러나 우리는 적어도 경험이 취한 한 점을 발견했을 것이고, 역시 우리의 인식의 일어날 수 있는 진보처럼 논란의 여지가 없는 주장이 가능하게 될 것이다. 바로 이것이 우리가 아래로부터의 경험이라고 부를 수 있는 것에 대한 것이다. 그러면 위로 이동하자. 우리는 한 다른 종류의 경험, 신비적 직관을 가질 것이다. 그것은 신적인 본질에 참여하는 것일지 모른다. 이제 두 경험들이 서로 결합할 것인가? 이 세상에서는 영혼들의 활동의 상당한 부분이 신체로부터 독립적이라는 사실에 의해서 모든 영혼들에 보장되는 것처럼 보이는 사후 존속이, 이 세상에 특권적 영혼들이 삽입되는 사후 존속과 혼동되는 것인가? 두 경험들의 연장과 심층 탐구만이 우리에게 그것을 가르쳐줄 것이다. 문제는 열려져 있어야만 한다. 그러나 본질적인 점들에 관해서 확실성으로 변형될 수 있는 어떤 개연성의 결과를 획득했으며, 그리고 게다가 영혼과 영혼의 운명에 대한 인식에 대해서 끝없는 진보의 가능성을 획득했다는 것은 상당한 것이다. 이 해결은 우선 영혼에 관한 선천적 정의(定義)의 주변에서 범주적으로 긍정하거나 부정하면서 논쟁에 몰두하고 있는 두 학파의 어느 쪽도 만족시키지 못할 것이라는 것은 사실이다. 부정하는 사람들은, 정신이 결여된 구성을 실재로 삼기를 거부하기에, 그들에게 제시한 경험 앞에서조차 아직도 같은 것이 문제라고 믿으면서 부정(否定) 속에 있기를 고집할 것이다. 긍정하는 사람들은 그 자체로 잠정적이지만 완성될 수 있다고 선언되는 관념들에 대해서 단지 경멸만을 가질 것이다. 그들은 거기에서 감소되고 빈약해진 그들의 고유한 주장만을 보게 될 것이다. 그들은 그들의 주장이 통속적인 언어로부터 그대로 추출되었다는 것을 이해하는 데 많은 시간이 걸릴 것이다. 사회가 영혼에 대해 말할 때, 사회는 의심할 여지없이 내적 경험의 몇몇 제안들을 따른다. 그러나 사회는 자신의 편리만을 위해 모든 다른 단어들처럼 이 단어를 주조했다. 사회는 영혼이란 말로 신체로부터 뚜렷이 구별되는 어떤 것을 지칭했다. 구별이 극단적일수록 그 낱말은 그것의 용도에 더 잘 응답할 것이다. 그런데 구별이 더욱 극단적으로 될수록 사람들은 영혼의 속성들을 순수하고 단순하게 물질의 속성들의 부정(否定)들로 만들 것이다. 철학자가 언어를 매개로 해서 사회에 의해 이미 만들어진 채로 지나치게 자주 받아들이곤 했던 관념이 그러한 것이다. 이 관념은 바로 어떤 것의 끝까지 가기에 가장 완전한 정신성을 표상하는 듯이 보인다. 그러나 이 어떤 것은 단지 부정(否定)에 불과하다. 사람들은 빈 것으로부터는 어떤 것도 끌어내지 못하며, 그러한 영혼의 인식이란 본래 진보할 수 없다. — 적대적인 철학이 그것에 타격을 가하면 그 관념은 공허한 소리를 울린다는 것을 고려하지 않고도. 사람들이 출발했던 의식의 모호한 암시들을 참조하고, 그것들을 심화하면서, 그것들을 명백한 직관에까지 인도하는 것이 얼마나 더욱 가치가 있지 않겠는가! 우리가 권장하는 방법이 그런 것이다. 한 번 더 말하지만 이 방법은 어느 쪽도 만족시키지 않을 것이다. 이 방법을 적용하면서 사람들은 나무와 껍질 사이에 끼일 위험이 있다. 그러나 상관없다. 만일 고목이 원기의 새로운 충동으로 부풀게 되면, 껍질은 파열되며 떨어져나갈 것이다.

제4장

마지막 언급: 기계와 신비

　우리의 분석 결과 중의 하나는 사회적 영역에서 닫힘과 열림을 깊이 있게 구별하는 것이었다. 닫힌사회는 그것의 구성원들이 나머지 사람들에는 무관심한 채, 그들 사이에 공격하거나 방어할 준비를 항상 유지하고 있는, 결국 전투태세를 강요당하고 있는 사회이다. 자연의 손에서 나왔을 때 인간 사회가 그러한 것이다. 인간은 개미가 개미 집단을 위해 만들어졌듯이 인간 사회를 위해 만들어졌다. 이 유추를 강요할 필요는 없을 것이다. 그러나 막시류들의 공동체들은 동물 진화의 두 주요한 노선들 중의 한 극단에 위치하고, 인간 사회들은 다른 극단에 위치하기에 이런 의미에서 이 두 사회들은 서로 짝을 이룬다는 것을 주목해야만 한다. 의심할 여지 없이 막시류들의 사회들은 틀에 박힌 듯한 형태를 취하고, 인간 사회들은 변화한다. 전자들은 본능에 복종하고, 후자들은 지성에 따른다. 그러나 자연은 바로 우리를 지성적으로 만들었기에, 비록 사회에서 살아야만 하는 것을 자연이 우리에게 부과했다 하더라도 자연은 어느 정도까지는 우리의 사회적 조직화의 유형을 선택하는 데 우리에게 자유를 부여했다. 신체에 중력이 작용하듯이 영혼에 작용하는 항상적인 방향의 힘은 개인들의 의지들을 한 동일한 방향으로 기울어지게 하면서 집단의 응집력을 보장한다. 도덕적 의무가 그러한 것이다. 도덕적 의무는 열려지고 있는 사회에서 확장될 수 있지만, 그것은 닫힌사회를 위해 만들어진 것이었다는 것을 우리는 제시했었다. 그리고 우리는 또한 어떻게 닫힌사회가, 단지 우화적 기능으로부터 발생하는 종교에 의해서만, 지성의 해체 작용에 살면서 저항할 수 있고, 그의 구성원들 각각에게 필요 불가결한 신뢰를 보존하고 전달할 수 있는지를 제시했다. 우리가 정태적이라고 불렀던 이 종교, 그리고 강압으로 이루어지는 이 의무가 바로 닫힌사회를 구성한다.

닫힌사회로부터 열린사회에로, 국가로부터 인류에로의 이행은 확장의 길을 통해서는 결코 이루어질 수 없을 것이다. 이것들은 동일한 본질에 속하지 않는다. 열린사회란 원리상 인류 전체를 포용할 수 있을 사회이다. 특권적 영혼들에 의해서 드문드문 꿈꾸어진 열린사회는 창조들 속에서 매번 자기 자신의 어떤 것을 실현하는데, 이 창조들 각각은 인간의 다소간 심원한 변형에 의해 그때까지 극복할 수 없을 난관들을 극복하게 해준다. 그러나 각각의 창조 후에 역시 순간적으로 열려진 원이 다시 닫힌다. 새로운 것의 한 부분은 옛것의 틀에 박힌 형식 속으로 흘러든다. 개인적인 열망은 사회적 압력으로 되고, 의무가 모든 것을 덮어버린다. 이런 진행이 같은 방향 속에서 이루어지는 것인가? 사람들이 그것이 진보들이라고 말하는 데 합의한 순간부터 방향이 같다고 이해될 것이다. 따라서 결국 이 진보들 각각은 일보 전진으로 정의될 것이다. 그러나 그것은 단지 은유에 불과할 것이다. 그리고 만일 실제로 사람들이 만족해서 나아가는 미리 존재하는 방향이 있었다면, 도덕적 개혁들은 예측될 수 있을지 모른다. 이 개혁들 각각은 창조적 노력을 전혀 필요로 하지 않을 것이다. 진실로 사람들은 항상 이 마지막 개혁을 취할 수 있고, 그것을 한 개념에 의해서 정의하고, 다른 것들은 그 개혁의 개념이 포괄하는 것의 다소간 크기의 양(量)을 포함한다고, 따라서 모든 것들은 그 개혁에로의 도정들이었다고 말할 수 있다. 그러나 사태들은 단지 회고적으로만 이런 형식을 취한다. 왜냐하면 변화들은 질적인 것이었지 양적인 것이 아니었으며, 변화들은 모두 예측을 거부했기 때문이다. 그렇지만 한편으로 변화들은 단지 그것들의 개념적인 번역 속에서가 아니라 그 자체로 공통적인 어떤 것을 나타냈었다. 모든 변화들은 닫혀졌던 것을 열려고 했었다. 앞선 열림 이래로 자기 자신을 성찰했던 집단은 매번 인류에로 되돌아갔다. 더 멀리 가보자. 이 연속된 노력들은 정확히 한 이상(理想)의 점진적인 실현이 아니었다. 왜냐하면 예상에 의해서 만들어진 어떤 관념도, 각각이 창조되면서 자신의 고유한 관념을 창조할지 모르는 획득물들의 총체를 표상할 수 없기 때문이다. 그러나 다양한 노력들은 물론 유일한 어떤 것으로, 즉 하나의 약동으로 요약될 것이다. 이 약동이란 그것이 더는 물질을 이끌 수 없었기에 닫힌사회들을 산출했지만, 곧이어 종(種) 대신에 그러그러한 특권적인 개인을 찾고 다시 취하러 가는 약동이다. 이처럼 이 약동은 몇몇 인간들을 매개로 하여 계속되는데, 이 인간들의 각각은 한 유일한 개인으로 구성된 종(種)을 형성하고 있다. 만일 개인이 그것을 충분히 의식한다면, 만일 지성을 두르고 있는 직관의 달무리가 그의 대상들을 따라 적용되기에 충분할 정도로 확장된다면, 그것이 바로 신비적 삶이다. 이렇게 출현하는 역동적 종교는 우화적 기능에서 발생한 정태적 종교와, 마치 열린사회가 닫힌사회와 대립하듯이, 대립한다. 그러나 새로운 도덕적 열망이 닫힌사회에서 그것의 자연적 형식, 즉 의무를 빌려옴으로써만 형체를 갖듯이, 역동적 종교는 단지 우화적 기능이 제공하는 이미지들과 상징들에 의해서만 전파된다. 이들의 상이한 점들을 다시 돌아보는 것은 불필요하다. 우리는 단지 우리가 열린사회와 닫힌사회 사이에 만들었던 구별을 강조하려 했던 것이다.

사람들이 이 구별에 집중한다면, 커다란 문제들이 사라지고, 다른 문제들이 새로운 용어들로 제기됨을 보게 될 것이다. 사람들은 종교를 비판하거나 변호할 때, 종교가 가지는 특수하게 종교적인 것을 항상 고려하는가? 사람들은 전파되는 영혼의 상태를 얻기 위해 종교가 아마도 필요로 하는 이야기들에 집착하거나 공격한다. 그러나 종교는 본질적으로 이 영혼의 상태 자체이다. 사람들은 종교가 제기하는 정의(定義)들과 종교가 제시하는 이론들에 대해 논란을 벌인다. 사실 종교는 자신에게 몸체를 부여하기 위해 형이상학을 사용했다. 그러나 종교는 엄밀히 말해서 다른 형이상학을 취할 수 있었을지 모르며, 어떤 것조차 취하지 않았을 수도 있었다. 사람들이 증가 혹은 완성에 의해서 정태적인 것에서 역동적인 것으로, 진실하기조차 한 논증 혹은 우화 작용으로부터 직관으로 이행한다고 믿는 것은 오류이다. 이처럼 사람들은 사물을 그것의 표현 혹은 그것의 상징과 혼동한다. 극단적인 지성주의의 일상적 오류가 그러한 것이다. 우리는 종교로부터 도덕으로 나아갈 때 이런 오류를 다시 발견한다. 어떤 주어진 사회에서 어떤 주어진 순간에 사실적으로 존재하는 정태적인 도덕이 있는데, 이 도덕은 관습들, 이념들, 제도들 속에 고정되어 있다. 그 도덕의 의무적인 성격은 최종적 분석에서 공통적 삶에 대한 자연의 요구에로 귀결된다. 다른 한편 역동적 도덕이 있는데, 그것은 생명 일반에 관련되는 것으로, 사회적 요구를 창조했던 자연의 창조적 약동이다. 압력인 한에서 첫 번째 의무는 지성 이하의 것이다. 열망인 한에서 두 번째 의무는 지성 이상의 것이다. 그러나 지성이 도래했다. 지성은 각 도덕적 규정들의 동기를, 다시 말하면 그것의 지적 내용을 찾는다.

지성은 체계화하는 기능이기에 모든 도덕적 동기들을 한 유일한 동기에로 이르게 하는 것이 문제라고 믿는다. 하지만 지성은 단지 선택의 곤경에 처한다. 일반적 이익, 개인적 이익, 자존심, 공감, 동정, 합리적 일관성 등은 일반적으로 인정된 도덕을 거의 연역할 수 있을 어떠한 행동 원리가 아니다. 지성이 주는 조작(操作) 작용의 용이성, 그리고 결과의 단순히 개연적인 성격은 우리에게 지성을 경계하도록 함에 틀림없을 것이라는 것은 사실이다. 만일 거의 동일한 행동의 규칙들이 좋든 싫든 그처럼 상이한 원리들로부터 이끌어진다면, 그것은 아마도 이 원리들의 어떤 것도 그것이 특수하게 가지고 있는 것에서 취해지지 않았기 때문이다. 철학자는 사회적 환경 속에서 그 원리를 주워 모은 것인데, 이 사회적 환경이란 모든 것이 상호 침투하고, 이기주의와 허영심이 사회성의 균형을 잡고 있는 곳이다. 따라서 철학자가 이 원리들 각각에서 그가 거기에 놓았거나 방치했던 도덕을 다시 발견한다는 것에 놀랄 만한 어떤 것도 없다. 그러나 도덕 자체는 설명되지 않은 채로 있는데, 왜냐하면 자연에 의해서 요구된 규율인 한에서의 사회적 삶을 깊이 연구하고, 생명 일반에 의해서 창조된 한에서의 자연 자체를 깊이 연구해야만 했을지 모르기 때문이다. 이렇게 해서 사람들은 순수한 지성주의가 헛되이 추구하였던 도덕의 뿌리 자체에 도달했을지 모른다. 지성주의는 충고들을 하고, 이유들을 주장할 수 있을 뿐이며, 우리가 다른 이유들에 의해서 싸우는 것을 막을 수 있는 어떤 것도 없다. 사실 지성주의는 항상 그것에 의해 내세워진 동기가 다른 동기들보다 '선호할 만하고', 동기들 사이에는 가치의 차이들이 있으며, 실재적인 것이 관계하는 일반적인 이상(理想)이 존재한다는 것을 암시한다. 따라서 지성주의는 모든 다른 이데아(형성)들을 지배하는 선(善, 좋음)의 이데아를 가지는 플라톤 이론 속에 피난처를 꾸린다. 행동의 이유들이 선의 이데아 아래서 계층을 이룰 것이고, 행동의 최선의 이유들은 선의 이데아에 가장 접근해 있는 이데아들일 것이다. 선의 매력이 의무의 원리가 될 것이다. 그러나 그때에 우리는 한 행동이 이상적인 선(善)에 더 접근했는지 덜 접근했는지를 어떤 표시로 식별하는가를 말하는 데 매우 곤란해진다. 만일 사람들이 그것을 안다면, 표시가 본질적인 것이 될 것이고, 선의 이데아는 무용한 것이 될 것이다. 사람들은 어떻게 이 이상(理想)이 명령법적 의무를 창조하는지, 특히 모든 의무들 중에 가장 엄격한 의무, 즉 본질적으로 닫힌 원시 사회들에서 관습에 결부되어 있는 의무를 창조하는지를 설명하는 데 그만큼의 어려움을 가질 것이다. 사실 하나의 이상은 그것이 이미 작용하고 있는 것이 아니라면 의무적이 될 수 없다. 그리고 그때에 의무를 부과하는 것은 그것의 관념이 아니라 그것의 작용이다. 혹은 오히려 이상(理想)은 우리가 계속되는 것으로 느껴진 이 행동의 최종의 결과, 이미 우리를 불러일으키는 운동의 가설적인 한계점을 지칭하는 단어에 불과할 것이다. 따라서 우리는 모든 이론들의 기저에서 우리가 여러 번 드러냈던 두 가지 환상들을 다시 발견한다. 첫 번째 환상은 매우 일반적인 것으로 운동을 운동자의 출발점(이것은 부동성이다)과 그것의 도달점(이것 또한 부동성이다) 사이의 간격의 점진적인 감소처럼 표상하는 데 있다. 사실 이 위치들은 불가분적인 운동 위에 취한 정신의 관점에 불과한데 말이다. 이 환상에서부터 진정한 운동성을 복원하는 것의 불가능성이, 다시 말해서 여기서는 간접적으로든 혹은 직접적으로든 의무를 구성하는 열망들과 압력들을 복원하는 것의 불가능성이 비롯된다. 두 번째 환상은 더욱 특별하게 생명의 진화와 관련된다. 한 진화적 과정이 한 어떤 지점으로부터 관찰되었기에 사람들은 이 지점도 같은 진화적 과정에 의해서 도달되었기를 바라는데, 사실 이전의 진화는 다를 수 있었으며, 그 지점까지 진화가 있지 않을 수조차 있었다. 우리는 도덕의 점진적인 풍요로움을 확인하기에, 우리는 인간과 함께 출현한 환원할 수 없는 원시적 도덕이 없었기를 바란다. 그러나 인간 종족과 동시에 이 원래적인 도덕을 놓아야만 하며, 시초에다 닫힌사회를 부여해야만 한다.

자연적인 것의 존속

이제 이론적 문제들을 해결하거나 제거하는 데 필요한 닫힘과 열림의 구별이 실제적으로 우리에게 도움이 될 수 있을까? 만일 닫힌사회가 순간적으로 열린 후에 다시 닫히도록 구성되었다면 이 구별은 커다란 유용성이 없을지 모른다. 그때에는 과거로 무한히 거슬러 올라가 보아야 소용이 없을 것이고, 원초적인 것에 결코 도달하지 못할 것이다. 자연적인 것이란 획득된 것을 공고히 한 것에 불과할 것이다. 그러나 우리가 방금 전에 말했듯이 진실은 아주 다르다. 기본적인 자연이 있으며, 자연과 겹쳐지면서 자연과 혼합됨이 없이 자연을 모방하는 획득물들이 있다. 사람들은 점점 더 가까이 이 원본적인 닫힌사회로 옮겨갈 것인데, 이 원본적인 닫힌사회의 일반적인 계획은 마치 개미 집단이 개미에 관계하듯이 우리 인간 종의 계획에 집착하는 것이었다. 그렇지만 물론 개미 집단에서는 미리 주어진 것은 사회적 조직화의 세부 사항이고, 인간 사회에서는 개인들에게 적합한 사회 환경을 곧바로 보장하기에 충분한 자연적인 예시, 몇몇 방향들, 커다란 노선들만이 있다는 차이가 있다. 이 계획에 대한 인식은, 만일 그것의 성향들이 다른 성향들에 의해서 배제되었다면, 물론 오늘날 단지 역사적인 관심만을 제공할지 모른다. 그러나 본성은 파괴될 수 없다. 사람들이 "자연적인 것을 쫓아보내라, 그러면 그것은 전속력으로 되돌아온다"고 말하는 것은 잘못이었다. 왜냐하면 자연적인 것은 쫓아내지지 않기 때문이다. 그것은 항상 거기에 있다. 우리는 획득 형질들의 전달 가능성에 대해서 생각해야만 한다는 것을 안다. 하나의 습관이 언젠가 유전된다는 것은 거의 있을 법하지 않다. 만약 그 사태가 발생한다면, 그것은 너무나 많은 우호적인 조건들의 우연적인 조우에 기인하는 것이기에, 그것이 아무리 충분히 반복된다 하더라도 종(種)에게 습관을 새겨 넣을 수는 없을 것이다. 도덕적 획득물들은 바로 관습들 속에, 제도들 속에, 언어 자체 속에 저장된다. 그리고 나서 이 획득물들은 매 순간 교육에 의해서 전달된다. 사람들이 마침내 유전적이라고 믿게 된 습관들은 이렇게 해서 세대에서 세대에로 전승되는 것이다. 그러나 모든 것은 잘못된 해석을 부추기도록 공모하는데, 잘못된 자존심, 피상적인 낙관주의, 진보의 진정한 본성에 대한 몰이해, 결국 그리고 무엇보다도 실제로 부모로부터 자식에게 전달될 수 있는 선천적 경향과 종종 자연적 경향 위에 덧붙여지는 획득된 습관 사이에 매우 널리 퍼진 혼동 등이 그런 것이다. 이 믿음은 실증 과학 자체에 압력을 가했고, 실증 과학은 상식으로부터, 이 상식이 제한된 수이며 증거로 제시된 사실들이 논란될 만한 성격임에도 불구하고, 이 믿음을 받아들였고, 그것을 실증 과학의 논란의 여지가 없는 권위로 강화하여 상식에게로 되돌려보냈다는 사실은 의심스럽지 않다. 이 점에 관해서 허버트 스펜서의 생물학적이며 심리학적인 저술보다 더 교훈적인 것은 없다.[79] 그

---

79) (역주) 스펜서는 진화론에 의해서 공리주의를 존재론적으로 정초하려 했던 철학자이다. 벤담의 양적인 공리주의와 밀의 질적인 공리주의는 결국 도덕론의 문제를 '이기주의'와 '공감(사회적 감정)' 사이에, 즉 '개인 안에 있는 본성적 욕구'와 '개인 안에 내재하는 종에 대한 공감적 정서' 사이에 관련성을 천착하는

의 저술은 거의 완전히 획득 형질의 유전적 전이의 이념 위에 근거한다. 그리고 그의 저술은 그가 대중적으로 알려진 시기에 지식인들의 진화론에 영향을 받았다. 그런데 그 저술은 스펜서에 있어서는 그의 최초의 저작들에서 제시되었던 사회적 진보에 관한 주장을 단지 일반화한 것에 불과했다. 처음에 그를 오로지 사로잡았던 것은 사회들에 관한 연구였으며, 그는 훨씬 후에야 생명 현상들에로 나아갔음에 틀림없다. 따라서 획득된 것의 유전적 전이에 대한 이념을 생물학에서 빌려온 것으로 생각되는 사회학은 단지 자신이 빌려주었던 것을 다시 찾아오게 한 것에 불과하다. 증명되지 않은 철학적 주장은 과학을 거치면서 과학적 확신이라는 거짓된 태도를

일을 남겨놓게 된다. 바로 스펜서는 그의 진화론에 의해서 이 문제를 해결하려 시도한다. 벤담이 개인적 이익과 일반적 이익의 일치를 주장한 후, 밀은 이 일치는 선천적으로 주어진 것이 아니라 습관화된 관념 연합과 교육에 의해서 강화되어간다고 주장한다. 그러나 습관과 교육은 필연적인 것이 아니며, 따라서 도덕학의 필연성도 도출할 수 없다. 그렇다면 문제는 벤담이나 밀의 주장의 근거가 될 수 있는 '공감의 정서'가 인류 안에 내재하는가? 내재한다면 어떤 방식으로 내재하며, 그것은 어떤 존재론적 근거를 가지고 있는가? 하는 것이다. 스펜서가 이 문제를 해결하는 방식은 진화론이다. 진화론은 존재가 시간 속에서 발전된다는 견해이다. 그러나 스펜서의 진화론은 기계론적 진화론이다. 스펜서의 진화론적 공리주의에서는 양이 질을 생산한다는 물리주의적 논리가 전제되어 있다. 동질성이 이질성을 산출하며, 물질에서 생명과 의식 존재와 사회적 조직화가 차례로 발전되어 나온다고 말한다. 그리고 이기주의와 이타주의는 진화의 최초의 상태에 혼합되어 있는데, 진화가 진행됨에 따라 이타주의는 점점 증가하고, 이기주의는 점점 감소하여, 결국 이타주의에 도달한다고 말한다.

취했지만, 이 주장은 여전히 철학이며, 그것은 이전보다 증명되는 데에서 더욱 멀리 있다. 따라서 사람들이 확증하는 사실들과 이 사실들이 제시하는 개연성들에 만족하자. 만일 사람들이 현재의 인간으로부터 교육이 그 사람 안에 매 순간 놓았던 것을 배제한다면, 사람들은 그 사람이 그의 가장 오랜 조상들과 동일하거나 거의 동일하다고 생각할 수 있을 것이라고 우리는 평가한다.[80]

그 사실로부터 어떤 결론이 도출될까? 종의 성향들은 우리 각각의 기저에 불변인 채로 존속하기에, 도덕론자와 사회학자는 그것을 고려하지 않는다는 것은 불가능하다. 획득된 것 아래를 우선 파고들어 가보고, 이어 자연 아래를 파고들어 가서 생명의 약동 자체 속에 다시 자리 잡는 일은 확실히 소수의 사람들에게만 주어졌었다. 만일 그러한 노력이 일반화될 수 있었다면, 약동이 난관에 봉착하듯이 멈추어 섰던 곳은 인간 종이 아니고, 따라서 닫힌사회도

---

80) 우리는 '거의'라고 말했는데, 왜냐하면 생명체가 말하자면 그의 자손들에 의해서 제공된 그 주제에 대해 수행하는 변이들을 고려해야만 하기 때문이다. 그러나 이 변이들은 우연적이고, 아무 방향에서나 일어나기에, 시간이 경과함에 따라 종(種)을 변화시키기 위해 첨가될 수 없을 것이다. 획득 형질들의 유전의 주제에 관해서, 그리고 그것에 기초한 진화론에 관해서는 『창조적 진화』 1장을 보아라.

우리가 이미 주목하게 했지만, 인간 종을 탄생시킨 갑작스런 도약은 불완전한 성공으로 시간과 공간의 한 지점 이상 위에서 시도될 수 있었고, 이렇게 해서 원한다면 '인간들'이란 이름으로 불릴 수 있으나 반드시 우리 조상들일 필요가 없는 '인간들'에 이르렀을 수 있다고 첨부하자.

아니다. 이 특권적 인간들이 자신들과 함께 인류를 이끌려고 했었다는 것은 그래도 역시 사실이다. 그들의 영혼의 상태가 가지는 깊은 내용을 모든 사람에게 전달할 수 없기에, 그들은 그것을 피상적으로 전해준다. 그들은 역동적인 것을 정태적인 것으로의 번역, 즉 사회가 받아들일 수 있고 교육에 의해서 결정적인 것으로 될 수 있는 것을 찾는다. 그런데 그들은 본성을 고려할 수 있었을 정도에서만 단지 그것에 성공할 수 있을지 모른다. 인류는 인류 전체에로 이런 본성을 강요할 수는 없을 것이다. 그러나 인류는 그 본성을 돌려놓을 수 있다. 그리고 인류가 그 본성의 윤곽을 알 때에만 그것을 돌려놓을 수 있을 것이다. 만일 이 일을 위해 심리학 일반의 연구에로 투신해야만 한다면, 일은 어려울 것이다. 그러나 특별한 한 가지 점만이 문제시된다. 즉 일정한 사회적 형태에의 성향을 지닌 한에서의 인간 본성이 문제시된다. 우리는 우리 안에 희미하게 예시된 자연적인 인간 사회가 있고, 자연은 그것의 도식을 우리에게 미리 제공하는 배려를 했기에, 이 지시를 따르게 하기 위해 우리의 지성과 우리의 의지에다 자유를 놓았다고 말하자. 합리적이고 자유로운 활동 영역에서 이 모호하고 불완전한 도식은 진화의 다른 정점에 본능의 영역에서 개미 집단이나 벌 집단의 이번에는 명확한 도식이 되는 바의 것에 상응할 것이다. 따라서 오직 다시 발견할 단순 도식만이 있을지 모른다.

그러나 획득된 것이 자연적인 것을 덮고 있는데, 어떻게 단순한 도식을 다시 발견할 수 있는가? 만일 우리가 기계적으로 적용할 수 있는 탐구 방법을 제공해야만 했다면, 우리는 대답하기 곤란했을 것이다. 사실 더듬거리고 여러 정보들을 엇갈리게 하면서 진행해야 하며, 가능성들 혹은 개연성들에만 이르게 할 뿐인 상이한 여러 방법들을 동시에 따라야만 한다. 그 방법들을 서로 간섭케 하면서 결과들은 중화되거나 상호적으로 강화될 것이다. 상호적인 검증과 수정이 있을 것이다. 이렇게 해서 사람들은 '원시인들'을 고려할 것인데, 획득된 것들의 층이 원시인들에 있어서, 비록 그 층이 우리에게서보다 덜 두꺼울 수 있다 하더라도, 역시 본성을 은폐하고 있다는 것을 잊지 않은 채 그렇게 할 것이다. 사람들은 어린아이들을 관찰할 것인데, 자연은 나이의 차이들에 대비하였으며, 어린이의 자연적인 것이 반드시 인간의 자연적인 것은 아니라는 것을 잊지 않은 채 그렇게 할 것이다. 무엇보다도 어린이는 모방자이며, 어린이에 있어서 자발적인 것처럼 우리에게 보이는 것은 자주 우리가 유의하지 않고 그에게 준 교육의 결과이다. 탁월한 정보의 원천은 내적 성찰일 것이다. 만일 이미 구성된 사회가 거기에 우리를 적응시키려는 습관들과 성향들을 우리 안에 놓지 않았다면, 우리는 우리 의식에 출현하는 사회성과 비사회성의 근거를 탐구하러 갔음에 틀림없을 것이다. 우리는 불빛 속에서 점점 더 멀어지기만 하는 그것에 대한 계시를 가질 뿐이다. 그 계시를 상기하고 고정시킬 필요가 있을지 모른다.

자연적인 사회의 성격들

우선 인간은 매우 작은 사회들을 위해 만들어졌었다고 말하자. 원시적 사회들이 그러했었다는 것을 사람들은 일반적으로 인정한다. 그러나 영혼의 옛 상태는 존속하며, 문명을 존재케 했을 습관들 아래에 숨겨져 있다고 덧붙여야 한다. 그러나 그것은 억압되어 무력한 채 의식의 심층 속에 머물러 있다. 이 영혼의 옛 상태가 현실적 작용들에 이르지 못한다 하더라도, 그것은 말들을 통해서 현시한다. 큰 나라에서 작은 지방들은 일반적으로 만족스럽게 통치될 수 있다. 그러나 피지배자들이 좋은 정부라고 선언하기로 결심할 수 있는 정부는 어떤 정부인가? 그들이 이 정부는 모든 정부들 중에서 가장 덜 나쁘고, 이런 의미에서 가장 좋은 정부라고 말할 때, 그들은 이 정부를 충분히 칭찬한 것이라고 믿을 것이다. 여기에서 정부에 대한 불만은 타고난 것이기 때문이다. 거대한 국민을 다스리는 방법에는, 특히 이 방법이 너무 빈번하게 사용되는 것은 문제가 되지만, 예비적인 기술도 없고 효과적인 교육도 없다는 것을 주목하자. 어느 정도 역량 있는 정치인들이 매우 드문 것은 사회들에 의해서 취해진 외연이 아마도 해결할 수 없게 만든 문제를 정치인들은 항상 상세하게 해결해야만 한다는 사실에 기인한다. 현대의 강대국들의 역사를 연구해보라. 당신은 거기에서 많은 수의 위대한 학자들, 위대한 예술가들, 위대한 군인들, 모든 분야에서 위대한 전문가들을 발견할 것인데, 그러나 국가의 위인들은 얼마나 되는가?

작은 사회들을 원했던 자연은 그럼에도 불구하고 이 사회들이 거대해지는 것에 문을 열었다. 왜냐하면 자연은 또한 전쟁을 원했거나 적어도 자연은 전쟁을 불가피하게 만드는 삶의 조건들을 인간에게 만들었기 때문이다. 그런데 전쟁의 위협들은 여러 작은 사회들이 공통의 위험에 대비하기 위해 통일하게끔 할 수 있었다. 이 결합들이 지속된다는 것은 드문 일이라는 것은 사실이다. 이 결합들은 어쨌든 이 작은 사회들 각각과 같은 종류의 규모에 속하는 사회들의 집합에 이르렀다. 전쟁이 제국들의 기원에 있다는 것은 오히려 다른 의미에서이다. 제국들은 정복으로부터 탄생했다. 비록 전쟁이 처음에 정복을 목표로 한 것은 아니라 하더라도, 정복자가 정복된 땅을 자기 소유로 하고, 정복된 국민들조차 그들의 노동력을 이용하기 위해 자기 소유로 하는 것이 편리하다고 판단하는 한, 전쟁이 도달한 것은 정복이다. 옛적의 아시아의 위대한 제국들이 이렇게 해서 형성되었다. 모든 제국들이 다양한 영향하에서 붕괴되었는데, 실제로는 그 제국들이 살기에 지나치게 컸었기에 분할되었다. 정복자가 복속된 국민들에게 외견상 독립성을 인정했을 때, 집합체는 더욱 오랫동안 지속한다. 로마 제국이 그 증거이다. 그러나 원시적 본능은 존속하고, 그것은 파괴적 활동을 행사한다는 것은 의심스럽지 않다. 사람들은 그 본능을 그대로 놔두기만

하면 되며, 그러면 정치적 구성물은 와르르 무너진다. 바로 이렇게 해서 봉건 제도가 다양한 나라들에서, 다양한 사건들에 이어서, 다양한 조건들 속에서 출현하게 된다. 사회의 붕괴를 막은 것은 힘에 의한 억압뿐이었다는 공통점만이 있다. 따라서 붕괴는 스스로 이루어지는 것이다. 만일 현대에 커다란 국가들이 견고하게 구성될 수 있었다면, 그것은 전체에 대해 밖으로부터, 그리고 위로부터 행사되고 있는 응집력인 강제력이, 집합된 요소적인 사회들 각각의 심층으로부터 올라오는 결합 원리에다 조금씩 자리를 내주었기 때문이다. 그런데 요소적인 사회들은 예전에는 큰 국가가 끊임없는 저지력으로 누르려고 했던 파괴적인 힘들의 영역 자체였다. 붕괴에의 경향을 중화시킬 수 있는 유일한 원리가 애국심이다. 고대인들도 그것을 물론 알았다. 그들은 조국을 찬양했고, 그들의 한 시인은 조국을 위해 죽는 것이 흐뭇하다고 말했었다. 전쟁에서 함께할 신의 부름 아래 아직도 위치하는 집단인 도시 국가에 대한 이 애착으로부터 전쟁의 덕인 만큼 평화의 덕이기도 한 애국심까지는 거리가 멀다. 애국심은 신비성으로 채색될 수 있지만, 자신의 종교에 어떤 타산도 혼합하지 않으며, 하나의 커다란 나라를 보호하여 한 국가를 일으키며, 그 나라에서 영혼들 속에 있는 가장 훌륭한 것을 열망하고, 결국 애국심은 추억들과 희망들을 가지고, 시와 사랑을 가지고, 꽃들과 함께하고 있는 꿀처럼 하늘 아래 있는 모든 도덕적 아름다움들을 어느 정도 가지고, 천천히 경건하게 구성되는 것이다. 종족 이기주의와 같은 뿌리 깊은 감정을 극복하기 위해서는 신비 상태를 모방하는 고양된 감정이 필요했다.

이제 자연의 손에서 나온 한 사회의 정체(政體)는 어떤 것인가? 사실 인류는 흩어지고 고립된 씨족 집단에 의해서 시작한 것 같다. 그러나 그것은 단지 태아와 같은 사회들에 불과했었다. 자연주의자가 단지 태아에만 조회하면서 한 종(種)의 습관들에 관해서 알려고 하는 것 이상으로, 철학자는 이 태아적인 사회들에서 사회적 삶의 본질적 경향들을 찾으려 해서는 안 된다. 사회가 완전하게 된 때에, 즉 방어할 수 있고, 따라서 그 사회가 아무리 작은 사회라 하더라도 전쟁을 위해 조직화된 때에 사회를 취해야 한다. 도대체 이런 정확한 의미에서 사회의 자연적 정체(政體)는 어떤 것인가? 이 그리스 말들을 야만 사회에 적용함으로써 그리스 말을 더럽히는 것이 아니었다면, 우리는 그것은 군주 정치이거나 과두 정치, 아마도 동시에 이 둘일 것이라고 말할 것이다. 이 정체들은 기초적인 상태에서는 섞여진다. 한 우두머리가 필요하고, 우두머리로부터 그의 위세의 무엇인가를 빌리거나, 그에게 그 위세를 부여하고, 혹은 오히려 초자연적인 어떤 권능으로 우두머리와 함께 그 위세를 취하는 특권자들이 없는 공동체는 없다. 한편에서는 명령이 절대적이고, 다른 편에서는 복종이 절대적이다. 우리는 인간 사회들과 막시류들의 사회들은 생물학적 진화의 주요한 두 노선의 극단을 점유한다고 여러 번 말했었다. 신이 이 둘을 동일시하지 않도록 지켜주시길! 인간은 지성적이고 자유롭다. 그러나 인간 종의 구조의 계획 속에, 벌의 계획 속에서처럼, 사회적 삶이 포함되어 있었다는 것을, 사회적 삶은 필연적이었다는 것을, 자연은 우리의 자유 의지들에다 그것을 전적으로 일임할 수 없었다는 것을, 그때부터 한 명 혹은 몇 명이 명령하고 다른 사람들은 복종하는 식으로 만들어야만 했었다는 것을 항상 상기해야 한다. 곤충들 세계에서는 다양한 사회적 기능들은 유기적 조직의 차이에 연결되어 있다. 즉 '동종 다형 현상(polymorphisme)'이 있다. 그런데 인간 사회들에서는 더는 곤충처럼 물리적이며 동시에 심리적인 것이 아니라 오로지 심리적인 '동종 이형 현상(dimorphisme)'이 있다고 우리는 말할 것인가? 그럼에도 불구하고 우리는 이 동종 이형 현상이 인간들을 환원될 수 없는 두 범주로, 일군은 우두머리를 탄생시키고 다른 군은 종복들을 탄생시킨다는 식으로 분리하지 않는다는 조건에서만, 그렇게 생각한다. 니체의 오류는 이런 종류의 분리를 믿은 데 있었다. 즉 한쪽에는 '노예들', 다른 쪽에는 '주인들'. 진실은 동종 이형 현상은 대체로 우리 각각을 명령하는 본능을 가진 우두머리와 동시에 복종할 준비가 된 종복으로 만든다는 것이다. ― 비록 두 번째 경향이 대부분의 인간들에 있어서 눈에 띄는 유일한 것이 될 정도로 인간을 이끌고 간다 하더라도. 이 동종 이형 현상이 두 조직화를, 성질들을 분리할 수 없는 두 체계를(이것들의 어떤 것들은 도덕가가 보기에는 결함들일지 모른다) 내포한다는 점에서 곤충들의 것과 비교될 수 있다. 습관들을 붙이는 것이 문제시되었을 때 일어나듯이 상세히는 아니지만 단번에 만화경과 같은 방식으로 우리는 한 체계 혹은 다른 체계를 선택한다. 이렇게 해서 두 성(姓) 사이에 선택을 하는 태아의 것과 완전히 비교될 수 있는 자연적인 동종 이형 현상이 귀결됨에 틀림없다. 이것이 우리가 혁명기에 분명한 모습을 보게 되는 그런 것이다. 그때까지 겸손하고 공손하고 복종하는 시민들이 하루아침에 인간들의 지도자가 되는 야망을 가진 듯이 깨어난다. 고정되어 유지되었던 만화경이 방향을 돌려버리게 되고, 변신이 일어난다. 때로는 결과가 좋다. 즉 스스로 자신들을 잘 알지 못했던 위대한 행동가들이 드러난다. 그러나 일반적으로 그 결과는 유감스러운 것이다. 정직하고 온순한 사람들에 있어서 갑자기 밑바닥에 잠재해 있던, 결함 있는 우두머리의 성격인 잔인한 인격이 솟아오른다. 그리고 여기서 인간인 바의 '정치적 동물'이란 특성이 나타난다.

우리는 우리의 심층에 잠들어 있는 우두머리의 속성들 중 하나가 잔인성이라고 말하는 데까지 가지는 않을 것이다. 종(種)들의 생산자임과 동시에 개체들의 대량 학살자인 자연은, 만일 우두머리들을 예견할 수 있었다면, 무자비한 우두머리를 원했음에 틀림없다. 역사 전체가 그것을 증언한다. 가장 지독한 형벌을 능가하는 전대미문의 대학살이 인간들에 의해서 완벽하게 태연히 명령되었으며, 이 인간들은 그들 스스로가 그 이야기를 돌에 새겨서 우리에게 전해주었다. 사람들은 이 일들은 먼 고대에 일어났었다고 말할 것이다. 그러나 형식은 변화되었다 하더라도, 기독교가 어떤 죄악들에 종말을 고하게 했거나 혹은 적어도 이러한 죄악들을 자랑하지 못하게 했다 하더라도, 살인은 너무 자주 정치의, 최고의(prima) 수단이 아닐 때에도, 최후의 수단(ratio ultima)으로 남아 있다. 극악무도함도 의심의 여지가 없이 그러한데, 그러나 그것에 대해 인간만큼 자연도 책임이 있다. 사실 자연은 감옥도 추방도 사용하지 못하며, 자연은 단지 죽음으로의 처단만을 안다. 허용된다면 하나의 기억을 상기해보자. 멀리서 왔으나 우리처럼 차려입었으며, 우리처럼 프랑스 말을 하는 고상한 외국인들이 우리들 가운데서 상냥하고 다정하게 산보하는 것을 우리는 본 적이 있다. 얼마 후에 우리는 어떤 신문을 통해서 그들이 고국으로 돌아가서 서로 다른 정당에 가입했고, 둘 중의 한 사람이 다른 사람을 교수형에 처하게 했다는 것을 알게 되었다. 정의의 모든 제도를 가지고. 단순히 거북한 적수를 제거하기 위해서. 그 이야기에 교수대의 사진이 첨부되어 있었다. 세상의 정직한 인간이 반쯤 벌거벗겨진 채 군중들 앞에 매달려 흔들거리고 있었다. 공포의 광경이다! 사람들은 '문명화된 사람들' 사이에 있었지만, 원본적인 정치적 본능은 문명을 파열시키게 하여 자연을 나타나게 했던 것이다. 죄과에 형벌을 비례하도록 해야만 한다고 믿고 있었던 사람들도, 만일 그들이 한 죄인에 관계하게 되었다면, 그런데 정치가 그에 대해 말하고 있었을 때에는 무고한 사람을 곧바로 사형에 처하는 데까지 간다. 일벌들은 여왕벌이 수벌들을 더는 필요로 하지 않는다고 판단할 때는 수벌들을 침으로 쏘아 죽이는 것처럼.

그러나 '우두머리'의 기질의 문제는 제쳐놓고, 지도자들과 지도되는 자들의 상호적인 감정들을 생각해보자. 이 감정들은 구획선이 보다 선명한 곳에서 더욱 명백할 것인데, 이미 거대해졌으나 '자연적 사회'의 극단적인 변양 없이 비대해졌을 사회에서 그러하다. 만일 왕이 있다면 왕을 포함시킨 지도자 계급은 도중에 상이한 방법들에 의해서 충원될 수 있다. 그러나 이 계급은 자신을 우월한 종족에 속한다고 믿는다. 그 사실은 놀랄 것이 없다. 우리에게 더욱 놀라운 것이 될 수 있는 것은, 우리가 사회적 인간의 동종 이형 현상에 대해 알렸는데도 불구하고, 국민들 자신이 이 타고난 우월성을 납득한다는 것이다. 물론 과두 정체는 이런 감정을 배양하는 데 적용된다. 만일 과두 정체의 기원이 전쟁에서 비롯된 것이라면, 과두 정체는 과두 정체와 함께 태어나서 유전적으로 전승될지 모르는 전쟁의 덕들을 믿을 것이고 믿게 할 것이다. 게다가 이 과두 정체는 그 자신이 부과하는 규율 덕분에, 그리고 열등한 계급이 스스로 조직화하는 것을 막기 위해 취하는 조처 덕분에 힘의 실재적 우월성을 간직한다. 그러나 이와 같은 경우에도 경험이 복종하는 자들에게 알려줌에 틀림없는 것은 지도자들도 그들과 같은 사람들이라는 것이다. 그런데 본능이 저항을 한다. 본능이 양보하기 시작하는 것은 단지 우월한 계급 자신이 본능을 거기에로 인도했을 때이다. 때로는 이 우월한 계급은 본의 아니게 명백한 무능에 의해서, 이 계급이 자신 안에 놓았던 믿음을 약화시킬 정도의 그렇게 심한 남용에 의해서 그 일을 한다. 때로는 양보가 기꺼이 이루어지는데, 그 계급의 그러저러한 사람이 종종 개인적인 야심에 의해서, 가끔 정의감에 의해서 그 계급에 등을 돌릴 때이다. 그때에 그들은 열등한 계급의 편이 되면서 거리를 유지하고 있었던 환상을 없애버리는 것이다. 이렇게 해서 귀족들은 1789년 대혁명에 협조했으며, 혁명은 출생의 특권을 폐지시켰다. 일반적으로 불평등에 대항하여 이끈 공격들의 주도권은 ―정당화된 것이든 부당한 것이든― 오히려 위로부터, 즉 더 잘 타고난 자들의 환경으로부터 오는 것이지, 아래로부터 면전에 계급의 이익들이 있었기만 하다면 그것을 기다릴 수 있었을지 모르는 것처럼 오는 것은 아니다. 이처럼 부자들의 특권에 대항하여 이끌어진 1830년과 1848년의 혁명들(특히 두 번째 혁명)에서 우세한 역할을 했던 것은 부르주아들이지 노동자들이 아니다. 훨씬 후에 모든 사람들을 위한 교육을 요구했던 것도 교육받은 계층의 사람들이었다. 진실로 만일 귀족 정체가 자연적으로 종교적으로 그것의 타고난 우월성을 믿는다면, 귀족 정체가 고취시켰던 존경심은 못지않게 종교적이고 못지않게 자연적이다.

자연적인 사회와 민주주의

따라서 사람들은 인류가 훨씬 후에야 민주주의에 이르렀다는 것을 이해한다(왜냐하면 노예 제도 위에 세워진 고대 도시 국가들은 보다 크고 보다 고통스러운 문제들을 근본적인 불평등에 의해 제거했기에 거짓된 민주주의에 속하기 때문이다). 사실 모든 정치적 개념들 중에 민주주의는 자연에서 가장 멀리 있고, '닫힌사회'의 조건들을, 적어도 의도에 있어서는, 넘어서는 유일한 것이다. 민주주의는 인간에게 침해할 수 없는 권리들을 부여한다. 이 권리들은 침해되지 않기 위해 모든 사람에게 의무에 변치 않고 충실하기를 요구한다. 따라서 민주주의는 자신을 존중하듯 타인들을 존중하며, 그가 절대적인 것으로 간주하는 의무들에 충실하며, 권리를 부여하는 것이 의무인지 아니면 의무를 부과하는 것이 권리인지 더는 말할 수 없을 정도로 이 절대적인 것과 일치하는 한 이상적인 인간을 내용으로 한다. 이렇게 정의된 시민은 칸트처럼 말하자면 동시에 '입법자이며 종복'이다. 시민들의 전체, 즉 국민이 최고의 주권자이다. 이론적으로 민주주의는 이렇다. 민주주의는 자유를 선언하고, 평등을 요구하며, 이 두 적대적인 자매를 그들에게 자매라는 것을 상기시키면서 형제애를 모든 것 위에 놓으면서 화해시킨다. 사람들이 공화제의 모토를 이런 측면에서 취한다면, 형제애가 자유와 평등 사이에서 너무 자주 강조된 모순을 제거한다는 것을, 그리고 형제애가 본질적이라는 것을 발견할 것인데, 이 사실이 민주주의가 복음주의적 본질에 속하고 사랑을 원동력으로 한다는 것을 말하도록 허용할지 모른다. 사람들은 루소(Rousseau)의 영혼에서 그것의 감정적 기원을, 칸트의 저작에서 철학적 원리들을, 칸트와 루소에 있어서 함께 종교적 기초를 발견할 것이다. 즉 사람들은 칸트가 그의 경건주의의 덕을 입은 것을, 루소가 함께 겹쳐지는 개신교와 가톨릭교에 은혜를 입은 것을 안다. 게다가 미국의 독립 선언(1776)은 청교도의 반향을 가지는 것으로 1791년 인간 권리 선언의 모델로 사용되었다. "우리는 모든 인간들이 그들의 창조주에 의해 부여된 어떤 양도할 수 없는 권리들을 갖는다는 것을 … 자명한 것으로 간주한다 …, 등등." 민주주의적 형식의 모호함으로부터 이끌어진 반론들은 사람들이 민주주의의 근원적으로 종교적인 성격을 잘못 이해한 데서 비롯된 것이다. 미래는 모든 진보들에 열려 있고, 특히 오늘날 실현될 수 없고 아마 상상할 수 없는 자유와 평등의 형식들이 가능하게 될 새로운 조건들의 창조에 열려 있어야만 하는데, 어떻게 자유와 평등의 정확한 정의를 요구할 수 있는가? 사람들은 단지 윤곽들만을 그릴 수 있는데, 이 윤곽들은 형제애가 이 윤곽들에 필요한 것을 공급한다면 점점 더 잘 채워질 것이다. **사랑하라, 그리고 원하는 일을 하라**(Ama, et fac quod vis). 자신의 모토가 민주주의의 모토에 한마디 한마디 상응하기를 바라는 비민주주의적 사회의 형식은 '권위, 계급, 확고부동'일 것이다. 따라서 바로 이것이 그것의 본질에서 본 민주주의이다. 거기에서 단순히 한 이상(理想) 혹은 오히려 인류가 가야 하는 한 방향만을 보아야 한다는 것은 당연하다. 우선 민주주의가 세상에 도입된 것은 무엇보다도 항의로써이다. 인간의 권리 선언의 각 구절은 악습에 던져진 도전이다. 견딜 수 없는 고통을 갖는 악습들을 끝내는 것이 문제시되었던 것이다. 삼부회[혁명 전 프랑스 의회]의 문서들에 나타난 청원서들을 요약하여, 에밀 파게(Emile Faguet)는 혁명은 자유와 평등을 위해 이루어진 것이 아니라, 단지 "사람들이 배가 고파 죽을 지경이었기 때문에" 이루어진 것이라고 어느 곳엔가 썼다. 이 말이 정확하다면, 왜 어떤 순간부터 사람들은 '배고파 죽을 것 같은 것'을 더 이상 원하지 않았는지를 설명해야 할지 모른다. 그래도 대혁명이 당연히 있어야만 했던 것을 형식화했다면, 그것은 있었던 것을 물리치기 위한 것이었다는 것도 역시 사실이다. 그런데 화살의 방향이 화살에 부착되듯이, 이념과 함께 던져진 의도는 이 이념에 보이지 않게 부착되어 있다. 민주주의적 형식들은 처음엔 항의의 생각 속에서 진술되었지만 그것들의 기원의 영향을 받는다. 사람들은 이 민주주의적 형식들이 방해하고, 거부하고, 전복시키기 위해 편리하다고 생각한다. 그런데 해야만 하는 것의 적극적인 지시를 이 형식으로부터 끄집어내는 것은 그다지 용이하지 않다. 무엇보다도 이 형식들이 적용 가능한 것은 단지 사람들이 절대적이고 거의 복음적인 이 형식들을 순수하게 상대적인 도덕성의 용어 혹은 오히려 일반적인 이익의 용어로 바꾸어놓을 경우뿐이다. 그리고 이런 전환은 개별적인 이익들의 방향으로 왜곡시킬 위험이 항상 있다. 그러나 민주주의에 반대하여 제기된 반론들과 이에 대한 답변들을 열거하는 것은 쓸모없는 일이다. 우리는 단순히 민주주의적 영혼의 상태 속에는 자연과 역전된 방향으로의 엄청난 노력이 있음을 제시하려고 했었다.

자연적 사회와 전쟁

사실 우리는 방금 자연적 사회의 몇몇 특징들을 지적했다. 이 특징들은 서로 결합되어 사람들이 어렵지 않게 해석할 그 사회의 모습을 구성한다. 자기 편애, 단결, 계급, 우두머리의 절대적 권위, 이 모든 것들이 규율, 전쟁의 정신을 의미한다. 자연은 전쟁을 원했는가? 한 번 더 반복하지만, 만일 의지로써 특별한 결정을 취할 능력을 뜻한다면, 자연은 어떤 것도 의지하지 않았다. 그러나 자연은 하나의 동물 종을, 그것의 구조로부터 귀결되고 이 구조를 연장한 것들인 태도들과 운동들의 윤곽을 암암리에 그리지 않고는, 탄생시킬 수 없다. 자연이 그것들을 의도했다는 것은 바로 이런 의미에서이다. 자연은 인간에게 제작적 지성을 부여했다. 자연이 많은 동물 종들을 위해 했듯이 인간에게 도구들을 제공하는 대신에, 자연은 인간 자신이 도구들을 제작하기를 선호했다. 그런데 인간은 적어도 그가 도구들을 사용하는 동안은 필연적으로 도구들의 특성을 갖는다. 그러나 도구들은 인간으로부터 분리되어 있기에, 도구들은 인간에 의해 취해질 수 있다. 이미 만들어진 도구들을 취하는 것이 도구들을 만드는 것보다 더 쉽다. 무엇보다도 도구들은 물질에 작용해야 하며, 예를 들어 사냥 혹은 낚시의 무기들로 사용되어야만 한다. 그가 속한 집단이 어떤 숲, 어떤 호수, 어떤 강에 눈독을 들였을 것이고, 그리고 이 장소를 이번에는 다른 집단이 다른 곳을 찾느니 거기에 정착하는 것이 더욱 편리하다고 판단할 수 있을 것이다. 그때부터 싸워야 할 것이다. 우리는 사냥할 수 있는 숲, 고기를 잡을 수 있는 호수에 대해 말하고 있는 것이다. 또한 경작할 땅, 탈취할 여인들, 데려갈 노예들이 문제가 될 수 있을 것이다. 역시 또한 여러 가지 이유들로 사람들은 그들이 한 것을 정당화할 것이다. 그러나 사람들이 취한 것이 무엇이든, 사람들이 자신에게 부여한 동기가 어떤 것이든 중요하지 않다. 전쟁의 기원은 개인적이든 집단적이든 소유권이다. 인류는 그의 구조에 의해서 속성이 미리 정해져 있기에 전쟁은 자연적이다. 전쟁의 본능은 너무 강렬하여 자연을 회복하기 위해 문명을 긁어낼 때 가장 먼저 나타나는 것이다. 어린 소년들이 얼마나 싸우기를 좋아하는지 사람들은 잘 안다. 그들은 얻어맞을 것이고, 그들은 때려줘야 만족할 것이다. 어린이의 놀이는 성인에게 부과된 일을 위해 자연이 어린이에게 권하는 예비적인 훈련들이라고 말한 것은 옳다. 그러나 더 멀리 나가서, 역사에 기록된 대부분의 전쟁들에서 예비적인 훈련들 혹은 놀이들을 볼 수 있다. 사람들이 많은 전쟁들을 일으킨 하찮은 동기들을 고려할 때, 사람들은 '아무 이유 없이, 즐기기 위해' 서로를 죽인 『마리옹 델로름(Marion Delorme)』[81]의 결투하기 좋아하는 사람들을 생각하거나, 아니면 또한 브라이스 경(Lord Bryce)에 의해 인용된 아일랜드 사람들을 생각하는데, 이 아일랜드 사람들은 길에서 싸움질하고 있는 두 사람을 보면 이런 물음을 제기한다는 것이다. 즉 "이것이 개인적인 일일까? 아니면 한몫 낄 수 있는 일일까?"[82] 반면에 만일 사람들이 우연적인 싸움들 옆에 한 국민을 전멸에 이르게 할 결정적 전쟁들을 놓는다면, 사람들은 이 후자들이 전자들의 존재 이유가 된다는 것을 이해한다. 즉 전쟁의 본능이 필요했었고, 이 본능은 사람들이 자연적이라고 부를 수 있을지 모르는 잔인한 전쟁들을 위해 존재하기에 수많은 우연적인 전쟁들이 단순히 무기들이 녹스는 것을 막기 위해 일어났었다. 이제 전쟁의 발발 시기에 국민들의 흥분을 생각해보라! 물론 여기에 공포에 대한 방어적 반작용, 용기들의 자동적인 자극이 있다. 그러나 또한 마치 평화가 두 전쟁 사이에 단지 휴식에 불과하기나 한 듯이 위험과 모험의 삶을 위해 만들어졌던 감정이 있다. 흥분은 곧 가라앉는다. 왜

---

81) 위고(V. Hugo)의 희곡 작품, 2막 1장.
82) 브라이스(James Bryce), 『재판관과 역사가』.

냐하면 고통이 크기 때문이다. 그러나 만일 사람들이 그것의 공포가 사람들이 가능하다고 생각한 모든 것을 넘어선 마지막 세계 대전을 옆으로 제쳐놓는다면, 전쟁의 고통들이 평화 시기에 곧 망각되는 것을 보는 것은 신기하다. 사람들은 여자에 있어서는 분만의 고통들을 망각하게 하는 특수한 메커니즘이 존재한다고 주장한다. 너무나도 완벽한 고통의 기억은 여자로 하여금 다시 시작하려는 것을 막을지 모른다. 이런 종류의 어떤 메커니즘이 전쟁의 공포들에 대해서 진실로 작용하는 것처럼 보인다. 특히 젊은이들에 있어서는 그러하다. 자연은 이런 측면으로부터 또 다른 예비들을 취하고 있었다. 자연은 이방인들과 우리 사이에 능란하게 짜인 무지와 편견과 선입견의 장막을 가로놓았다. 사람들이 결코 가보지 못한 나라를 알지 못한다는 것은 놀라운 것이 아니다. 그러나 그 나라를 알지 못하면서도 그 나라를 판단하고, 그것도 거의 항상 비우호적으로 판단한다는 것은 바로 설명을 요하는 사실이다. 자신의 나라 밖에 체류해본 적이 있고, 그러고 나서 그의 동포들에게 우리가 이국적 '정신성'이라고 부르는 것을 깨우쳐주려는 사람은 누구나 그의 동포들에게서 본능적인 저항을 확인할 수 있다. 만일 문제시되는 나라가 매우 멀리 있다면 저항은 그다지 강하지 않다. 물론 반대로 오히려 저항은 거리에 반비례하여 변화한다. 사람들이 만날 기회를 가장 많이 가진 사람들은 사람들이 가장 알고 싶지 않은 사람들이다. 자연은 모든 이방인을 잠재적 적으로 만들기 위해 달리

방도를 취하지 않았다. 왜냐하면 상호 간의 완벽한 이해가 필연적으로 공감인 것은 아니지만, 적어도 증오를 배제하기 때문이다. 우리는 이 사실을 지난 전쟁 동안 확증할 수 있었다. 독일의 어떤 교수는 어느 다른 프랑스 교수만큼 훌륭한 애국자였고, 자신의 삶을 바칠 준비가 되어 있었고, 독일에 대해 그만큼 '격분하기'조차 했다. 그러나 그것은 같은 것이 아니었다. 한 구석은 유보된 채로 남아 있다. 한 국민의 언어와 문학을 깊이 알고 있는 사람은 그 국민의 적이 완벽하게 될 수 없다. 사람들이 교육으로 국가들 간에 화합을 준비시키고자 한다면, 사람들은 이 사실을 생각해야만 할 것이다. 한 외국 언어를 숙지하는 것은 상응하는 문학과 문명에 의해 정신의 수태를 가능하게 만드는 것으로 자연에 의해 의도된 외국인 일반에 대한 악감을 단번에 사라지게 할 수 있다. 그러나 우리는 숨겨진 선입견의 눈에 보이는 모든 외적인 결과들을 열거할 필요는 없다. 단지 대립된 두 격률인 "인간은 인간에게 신이다(Homo homini deus)"와 "인간은 인간에게 이리이다(Homo homini lupus)"는 서로 쉽게 화해한다고 말하자. 사람들이 첫 번째 격률을 형식화할 때는 사람들은 어떤 동포를 생각한다. 다른 격률은 이방인들에 관련된다.

우리는 방금 우발적인 전쟁들 옆에 본질적인 전쟁들이 있고, 전쟁 본능은 그것을 위해 만들어졌던 것처럼 보인다고 말했다. 오늘날의 전쟁들은 헤아릴 수 있다. 사람들은 정복을 위한 정복을 점점 덜 추구한다. 사람들은 더는 상처받은 자존심에 의해서, 위엄을 위해, 영광을 위해 싸우지는 않는다. 사람들은 굶주리지 않기 위해 싸운다고 말한다. — 실제로 어떤 수준의 삶을 유지하기 위해서 싸우는데, 이 수준 밑으로는 더는 살 가치가 없다고 사람들은 생각한다. 제한된 수의 군인들에게 국가를 대표하는 책임을 지게 하는 위임은 더는 없다. 결투를 닮은 어떤 것도 더는 없다. 초기의 유목민들이 했듯이 모두는 모두에 대해서 싸워야 한다. 단지 사람들은 우리의 문명에 의해서 주조된 무기들을 가지고 서로 싸우는데, 대량 학살은 고대인들이 상상조차 할 수 없었을 공포에 속한다. 과학이 이런 식으로 달려가면, 적수들의 누군가 하나가 과학의 저장소에 보관된 비밀을 소유한다면, 다른 사람을 제거하는 수단을 가질 날이 도래한다. 아마도 지구상에 패한 자의 흔적은 더는 남아 있지 않을 것이다.

이런 사실들이 순조롭게 진행될까? 우리가 주저 없이 인류의 은인들의 반열에 올리는 사람들이 다행스럽게도 길을 가로막고 있다. 모든 위대한 낙관주의자들처럼 그들은 해결할 문제가 해결된 것으로 가정하며 시작한다. 그들이 국제 연맹을 세웠다. 우리는 획득된 결과들이 사람들이 바랄 수 있었던 것을 이미 넘어선다고 평가한다. 왜냐하면 전쟁들을 없애는 어려움은, 전쟁들을 없애는 것을 믿지 않는 사람들이 일반적으로 상상한 것보다도, 훨씬 더 크기 때문이다. 비관주의자들인 그들은 서로 싸우고 있는 두 국민의 경우를 서로 싸우고 있는 두 개인의 경우와 유사한 것처럼 생각하는데 낙관주의자들과 일치하고 있다. 그들은 단지 두 국민들의 경우는 두 개인의 경우처럼 재판관들 앞에 분쟁을 가져와 판결을 받아들이도록 결코 강제될 수 없을 것이라고 평가한다. 그러나 차이는 극단적이다. 비록 국제 연맹이 필경 충분히 무장된 힘을 소유한다 하더라도(하지만 완강히 반항하는 세력은 국제 연맹보다 항상 선제공격의 유리한 점을 가질 것이고, 또한 과학적 발견의 불가 예측성은 국제 연맹이 대비해야만 하는 저항의 본성을 점점 더 예측 불가능하게 만들 것이다), 국제 연맹은 문명이 덮고 있는 전쟁의 심층적 본능에 봉착할지 모른다. 반면에 분쟁을 해결하는 수고를 재판관들에게 맡긴 개인들은 모호하게나마 닫힌사회에 내재하는 규율의 본능에 의해 용기를 얻게 된다. 논쟁은 그들을 사회에 정확히 삽입되어 있던 정상적인 위치로부터 우연적으로 떼어놓는다. 그들은 수직 선상으로 되돌아오는 시계추처럼 그 위치로 되돌아온다. 따라서 [두 국가 간의 분쟁에 있어서] 난점은 훨씬 더 심각하다. 그렇다고 이 난점을 극복하려고 추구하는 것이 소용없는 일일까?

우리는 그렇게 생각하지 않는다. 현재의 작업은 도덕과 종교의 근원들을 탐구하려는 목적을 가졌다. 우리는 몇몇 결론들에 도달했다. 우리는 거기에 머무를 수 있을 것이다. 그러나 우리의 결론들의 기저에는 닫힌사회와 열린사회의 극단적인 구별이 있었기에, 닫힌사회의 경향들은 뿌리째 뽑을 수 없어서 열려진 사회에 존속하는 것처럼 우리에게 보였기에, 이런 규율의 모든 본능들이 원초적으로 전쟁의 본능으로 집중되었기에, 우리는 근원적인 본능이 어느 정도로 억제되거나 전향될 수 있는지, 그리고 몇몇 부가된 고찰들에 의해서 우리에게 아주 자연스럽게 제기된 물음에 응답할 수 있는지를 물어야만 한다.

전쟁과 산업 시대

전쟁 본능이 그 자체로 존재한다고 해봐야 소용이 없으며, 그것은 그래도 역시 합리적 동기들에 매달려 있다. 역사는 우리에게 이 동기들이 매우 변화되어왔다는 것을 가르쳐준다. 이 동기들은 전쟁들이 더욱 무시무시해짐에 따라 점점 줄어든다. 만일 우리가 불행하게도 또다시 전쟁들을 가져야만 한다면, 사람들이 엿볼 수 있는 미래의 전쟁들과 더불어 지난 세계 대전은 우리 문명의 산업적 성격에 관련되어 있다. 만일 사람들이 오늘날의 갈등들에 대한 도식적이고 단순화되고 양식화된 모습을 알고자 한다면, 사람들은 우선 국가들을 순전히 농업 인구들처럼 표상해야만 할 것이다. 이들은 그들의 땅에서 수확한 것으로 산다. 그들이 겨우 먹고살 것을 가졌다고 가정하자. 농업 인구들은 그들이 땅에서 최고의 수확고를 얻을 수 있을 한도 내에서 증가할 것이다. 거기까지 모든 일은 잘 되어간다. 그러나 만일 인구 과잉이 있다면, 그리고 만일 인구 과잉분이 밖으로 흘러가기를 바라지 않는다면, 혹은 외국이 문호를 닫았기에 흘러들어 갈 수 없다면, 과잉된 인구는 그들의 양식을 어디에서 찾아야 할 것인가? 산업이 이 일들을 해결할 것이다. 과잉된 인구는 노동자가 될 것이다. 만일 나라가 기계들을 작동하기 위한 동력을, 그것들을 건설할 철강을, 제조업을 위한 원자재들을 소유하지 못했다면, 그 인구는 그것들을 외국에서 빌려오려고 노력할 것이다. 그 인구는 자신의 부채를 지불할 것이고, 더욱이 외국에다 수공품들을 보냄으로써 자신의 나라에서 찾지 못한 양식을 얻을 것이다. 이렇게 해서 노동자들은 '자국 내의 이민자들'이 되어 있을 것이다. 외국은 마치 자국에서 사용하기나 하듯이 이들을 사용한다. 외국은 이 노동자들을 그들이 있는 곳에 놔두기를 선호한다. — 아니면 아마 이 노동자들이 그대로 머물러 있기를 선호했다. 그러나 이 노동자들이 의존하는 것은 바로 외국이다. 외국이 그들의 생산품들을 더는 받지 않는다면, 혹은 외국이 그들에게 제조할 수단들을 더는 제공하지 않는다면, 그들은 바로 굶어 죽도록 처단되는 것이다. 그들이 그들과 함께 자신의 나라를 이끌고 그들에게 거절했던 것을 탈취하러 가기로 결심하지 않는다면 그렇다. 그것은 전쟁이 될 것이다. 사태들이 결코 그렇게 단순하게 일어나지는 않는다는 것은 당연하다. 바로 굶어 죽을 위협이 없을 때는 사람들은 안락, 오락, 사치를 가지지 못한다면 삶이란 재미가 없다고 평가한다. 만일 국가 산업이 생존의 필요들에 만족하고 부를 가져다주지 못한다면, 사람들은 국가 산업을 불충분한 것으로 간주한다. 한 나라는 좋은 항구들과 식민지들 등을 가지지 못했다면 불완전하다고 판단된다. 이 모든 사실로부터 전쟁은 시작될 수 있다. 그러나 우리가 방금 그린 도식은 본질적인 원인, 즉 인구의 증가, 판로의 상실, 연료의 결핍, 그리고 원자재의 결핍을 충분히 나타내고 있다.

이 원인들을 제거하거나 그것의 결과들을 완화시키는 것, 바로 이것이 전쟁의 폐지를 목표로 하는 국제 연맹이 그야말로 더할 나위 없이 할 일이다. 이 원인들 중 가장 심각한 것이 인구 과잉이다. 프랑스같이 출산율이 너무 낮은 나라에서는 의심할 여지없이 국가가 인구 증가를 권장해야만 한다. 즉 '국가주의'를 가장 적대시했던 어떤 경제학자도 가족은 세 번째 자녀부터는 신생아 장려금의 권리를 가져야 한다고 주장했다. 그러나 그러면 반대로 인구 과잉인 나라에서는 초과된 아이에게 다소간에 중과세를 부과할 수는 없을 것인가? 국가는 개입할 권리, 부친 수색의 권리, 결국 다른 경우들에서 성가실 수 있을지 모르는 조치들을 취할 권리를 가져야 될지 모른다. 왜냐하면 한 나라의 생존과, 따라서 탄생한 어린이의 생존을 보장하기 위해 암암리에 기대를 거는 곳이 바로 국가이기 때문이다. 설혹 사람들이 숫자에다 어떤 신축성을 부여할 때조차 행정적으로 인구에다 어떤 한계를 할당하기가 힘들다는 것을 우리는 인정한다. 만일 우리가 어떤 해결의 윤곽을 그린다면, 그것은 단지 문제가 우리에게 해결될 수 없는 것처럼 보이지 않는다는 것을 지적하기 위한 것이다. 우리는 바로 가장 정통한 사람으로부터 그 문제의 최선의 것을 찾을 것이다. 그러나 확실한 것은 유럽이 인구 과잉이고, 세계가 곧 그렇게 될 것이고, 사람들이 일을 합리적으로 처리하기 시작했듯이, 인간 자신의 출산도 '합리화하지' 않는다면, 사람들은 전쟁을 가지게 될 것이다. 어느 곳에서도 본능에 맡기는 것이 위험스럽지 않은 곳은 없다. 고대의 신화는 사랑의 여신을 전쟁의 신에 연결시켰을 때, 이 사실을 잘 알고 있었다. 사랑의 여신 비너스를 놔두어 보아라, 그녀는 당신을 전쟁의 신 마르스에게로 이끌 것이다. 당신은 산아 제한(고약한 낱말이지만, 이 낱말은 규칙과 규정에다 명령법적으로 부가어를 놓는다는 점에서 뜻하고자 하는 것을 잘 말하고 있다)을 피하지 못할 것이다. 거의 마찬가지로 심각한 문제, 즉 원자재 분배의 문제, 생산물의 다소간 자유로운 유통의 문제, 더 일반적으로 쌍방에서 사활이 걸린 적대적인 요구를 들어주는 문제가 발생할 때, 어떻게 되겠는가? 국제기구가 다양한 나라의 입법에, 그리고 아마도 그들의 행정에조차 권위로 개입하지 않고도 결정적 평화를 얻을 수 있을 것이라고 믿는 것은 위험한 오류일 것이다. 만일 바란다면, 국가의 통치권의 원리를 유지해보자. 그 원리는 특별한 경우들에 적용되는 데 있어서 반드시 왜곡될 것이다. 다시 한 번 더 말해서 이 난점들의 어떤 것도 대다수의 사람들이 그것들을 극복하려고 결심한다면, 극복할 수 없는 것은 아니다. 그러나 이 난점들을 정면에 마주해서, 사람들이 전쟁들의 억제를 요구할 때 동의하는 것이 무엇인지를 알아야만 한다.

이제 통과해야 할 길을 단축하고, 아마 난점들을 하나하나 처리하는 대신에 단번에 제거조차 할 수는 없는 것인가? 주요한 문제, 즉 인구 문제처럼 무엇이 일어나든 그 자체로 해결해야만 하는 문제는 제쳐놓자. 다른 문제들은 우리의 생활 방식이 산업의 커다란 발전 이래로 취했던 방향에 무엇보다도 기인한다. 우리는 안락, 행복, 사치를 요구한다. 우리는 즐기고 싶어 한다. 우리의 삶이 더욱 엄격하게 된다면, 무슨 일이 일어날 수 있을까? 신비주의는 이론의 여지없이 커다란 도덕적 변형들의 기원에 있다. 물론 인류는 신비주의로부터 예전만큼 멀리 있는 것처럼 보인다. 그러나 누가 알겠는가? 지난 장(章) 중에 우리는 서양의 신비주의와 산업 문명 사이의 관계를 엿보았다고 믿었었다. 사실들을 더욱 주의 깊게 고찰해야만 할 것이다. 세상 사람들은 가까운 미래가 대체로 산업의 조직화에, 그것이 부과하거나 받아들일 조건들에 달려 있을 것이라고 느낀다. 우리는 방금 국가들 간의 평화의 문제가 이 문제에 걸려 있는 것을 보았다. 국가 안의 내부적인 평화의 문제도 적어도 그만큼은 그것에 달려 있다. 두려워해야 하나, 희망을 가져야 하나? 오랫동안 산업의 발달과 기계의 발달이 인류의 행복을 만들어 줄 수 있을 것이라고 믿어왔다. 오늘날에는 사람들은 우리가 고통을 겪는 해악들을 기꺼이 고려할 것이다. 인류가 쾌락과 사치와 부를 이처럼 갈망한 적은 예전엔 없었다고 사람들은 말한다. 저항할 수 없는 힘이 인류를 가장 조잡한 욕구들의 만족으로 점점 더 격렬하게 밀고 가는 것처럼 보인다. 가능한 일이다. 그러나 기원에 있었던 충동으로 거슬러 올라가자. 만일 이 충동이 힘이 있었다면, 겨냥한 목표와 도달된 대상 사이에 점점 더 상당한 간격을 만들기 위해서는 초기의 가벼운 벗어남으로도 충분할 수 있었다. 이 경우에 충동보다 간격에 마음이 사로잡힐 필요는 없을 것이다. 물론 일들이 전적으로 단독으로 이루어지지는 않는다. 인류는 단지 인류가 변모되기를 바랄 때에만 변모될 것이다. 그러나 아마도 인류는 그렇게 할 수단들을 이미 마련하고 있다. 아마도 인류는 자신이 생각한 것보다 목적에 더 가까이 있다. 그러면 그것이 무엇인지 보자. 우리는 산업적인 노력을 원인으로 놓았기에, 그것의 의미를 거의 잡고 있다. 그것이 이 저작의 결론이 될 것이다.

경향들의 진화

사람들은 종종 역사에서 관찰되는 밀물과 썰물의 교대들에 대해 말해왔다. 한 방향으로 진행된 모든 작용은 반대 방향으로의 반작용을 이끌고 올 것이다. 그리고 이 반작용은 다시 그렇게 할 것이고, 시계추는 무한히 왔다 갔다 할 것이다. 여기에서의 시계추는 기억을 타고났으며, 중간의 경험으로 비대해졌기에 갈 때와 되돌아올 때가 더는 같지 않다는 것은 사실이다. 따라서 사람들이 가끔 일깨워주었던 나선 운동의 이미지가 시계추의 흔들거림의 이미지보다 더 정확할 것이다. 사실 이런 종류의 결과들을 생산할 것이라는 것을 **선험적으로** 알려줄 수 있을 심리적이고 사회적인 원인들이 있다. 사람들이 추구했었던 이점(利點)들에 대한 부단한 향락은 권태와 무관심을 생산한다. 그래서 향락은 그것이 기대하게 했던 모든 것을 충족시키기 어렵다. 향락은 예견할 수 없었던 불편함을 수반한다. 향락은 사람들이 떠나왔던 것의 이로운 측면을 마침내 부각시키고, 거기에로 되돌아가고 싶은 욕망을 일게 한다. 향락은 무엇보다도 새로운 세대들에게 부러움을 살 것인데, 새로운 세대들은 옛날의 악들을 경험하지 못했을 것이고, 이 악들로부터 빠져나오기 위해 고생할 필요도 없었을 것이다. 부모들은 비싼 대가를 지불하고 획득했던 것으로 상기하고 현재의 상태를 향유하는 데 반해, 자녀들은 그것을 그들이 숨 쉬는 공기 이상으로 생각하지 않는다. 그 반면에 그들은 단지 그들에게 있어서는 고통스럽게 정복된 이점의 이면에 불과한 불쾌한 것들에 매우 예민할 것이다. 이렇게 해서 과거로의 회귀할 마음이 생겨날 것이다. 이런 왕복 운동들이 근대 국가의 특성들인데, 어떤 역사적 운명에 의해서가 아니라 의회 제도가 대부분 불만을 배출하는 통로로 정확히 간주되었기에 그렇다. 행정가들은 그들을 좋게 만들기에 적합한 칭찬들만을 수집한다. 그들은 잘하기 위해 거기에 있다. 그러나 그들의 조그마한 잘못들도 계산된다. 그것들은 보존되어 그것들의 축적된 무게들이 정부의 추락을 이끌기까지 한다. 만일 현존하고 있는 것이 바로 두 대립된 정당, 이 두 정당뿐이라면, 놀이는 완벽한 규칙을 가지고 추구될 것이다. 이 두 팀의 각각은 취할 책임이 없었을 시기 동안 외견상 손상되지 않은 채로 있는 원칙들이 부여하는 위세를 가지고 권력에로 복귀할 것이다. 왜냐하면 정당의 원칙들은 서로 반대 입장에 자리 잡고 있기 때문이다. 실제로 만일 한 입장이 지성적이라면, 이 입장은 다른 입장에 의해 방임되었을 경험으로부터 혜택을 입게 될 것이다. 이 입장은 자신의 이념들의 내용을 다소간 변경했을 것이고, 따라서 자신의 원칙들의 의미를 변경했을 것이다. 이렇게 해서 이런 왕복 운동에도 불구하고 혹은 오히려 사람들이 배려하기만 한다면 이런 왕복 운동에 의해 진보가 가능하게 된다. 그러나 이런 종류의 경우에서 두 대립자들 사이의 왕복 운동은 사회적 인간에 의해서 세워진 아주 단순한 몇몇 장치들로부터 혹은 개별적 인간의 매우 눈에 띄는 몇몇 기질들로부터 기인한다. 이 왕복 운동들은, 교대의 특별한 원인들을 지배하며 인간사에 일반적으로 부과될지 모르는 필연성을 나타내지는 않는다. 그럴까?

이분법과 이중적 열광

우리는 역사에서 운명론을 믿지 않는다. 충분히 긴장된 의지들이, 만일 때에 맞추어 행동한다면, 부수지 못할 장애물은 없다. 따라서 불가피한 역사적 법칙도 없다. 그러나 생물학적 법칙들은 있다. 어떤 측면에서 자연에 의해 의도된 한에서 인간 사회들은 이 특별한 점에서 생물학에 속한다. 만일 유기적인 세계의 진화가 어떤 법칙들에 따라, 다시 말해 어떤 힘에 의해 수행된다면, 개별적이고 사회적인 인간의 심리학적 진화가 생명의 습관들을 완전히 버리기란 불가능하다. 그런데 우리는 예전에 생명적 경향의 본질은 배아(胚芽)의 형태로 발전하고, 그것이 성장한다는 단순한 사실에 의해서 약동을 나누어 가질 다양한 방향들을 창조한다는 것을 제시했었다. 우리는 이 법칙이 하등 신비스러운 것이 아니라고 덧붙여 말했다. 이 법칙은 하나의 경향이 구별할 수 없는 다양성을 지닌 충동이라는 사실을 단순히 표현하는데, 이 충동은 게다가 단지 사람들이 회고적으로 고려할 때에만 구별할 수 없고, 다양성이 되는 것이다. 즉 충동의 과거의 미분할 상태에 관해 사후에 취해진 다양한 관점들이 충동의 발전에 의해서 실제로 창조되었던 요소들을 가지고 충동을 구성할 때 그렇게 되는 것이다. 오렌지색이 세상에 그때까지 나타났던 유일한 색이라고 가정해보자. 오렌지색이 이미 노란색과 붉은색으로 구성된 것이었을까? 분명히 아니다. 그러나 이번에는 이 두 색깔이 존재할 때 오렌지색은 노란색과 붉은색으로 구성되었을 것이다. 그때에 최초의 오렌지색은 붉은색과 노란색의 이중적 관점으로부터 생각될 수 있을 것이다. 그리고 만일 사람들이 상상의 놀이로 노란색과 붉은색은 오렌지색의 강도를 높임으로써 출현했다고 가정해본다면, 사람들은 우리가 배아의 형태로 성장이라고 부른 것의 매우 단순한 예를 가질 수 있을 것이다. 그러나 환상이든 비교이든 전혀 필요하지 않다. 인위적인 종합에 대한 뒷생각 없이 생명을 주시하는 것으로 충분하다. 어떤 사람들[83]은 의지적인 행동을 복합된 반사 작용으로 간주하고, 다른 사람들은 반사 작용을 의지적인 것의 약화로 보려 할지 모른다. 진실은 반사적인 것과 의지적인 것은 불가분적인 원초적인 하나의 활동에 대한 가능한 두 관점을 구체화한 것인데, 이것은 전자도 아니고 후자도 아니지만, 회고적으로 이 둘에 의해서 동시에 둘이 되는 것이다. 우리는 본능과 지성에 대해서, 동물적 삶과 식물적 삶에 대해서, 수많은 다른 짝을 이루는 다르면서도 보충적인 경향들에 대해서 그렇게 말할 수 있을 것이다. 오로지 생명의 일반적인 진화에 있어서 이분법을 통해서 이렇게 창조된 경향들은 대체로 구별되는 종(種)들로 발전했다. 이 경향들은 각각이 그의 측면에서 세상 속으로 행운을 찾으러 간다. 이 경향들이 갖게 되는 물질성이 이 경향들을 다시 결합하지 못하게 함으로써 본래의 경향

---

83) 리보(Th. Ribot), 『의지의 병』, 178-179쪽. 제임스(W. James)는 헉슬리의 "우리는 의식을 지닌 자동 기계이다. …"를 그의 『심리학 원리』에서 인용하고 있다. 벵(A. Bain)의 『의지의 정서』(Paris: Alcan, 1885), 스펜서(H. Spencer), 『심리학 원리』1권, 4부, 4장과 9장.

을 더욱 강하고, 더욱 복잡하고, 더욱 진화된 것으로 이끈다. 그런데 심리학적이고 사회적인 삶의 진화에서도 이와 같은 것은 아니다. 여기에서 분화에 의해서 구성되었던 경향들이 진화하는 것은 바로 동일한 개인이거나 동일한 사회 안에서이다. 이 경향들은 보통은 단지 차례차례로 발전될 수 있다. 대체로 일어나듯이 만일 이 경향들이 둘이라면, 사람들이 우선 집착하는 것은 특히 이들 중의 하나이다. 사람들은 이것을 가지고 다소간 멀리, 일반적으로 가능한 한 멀리 갈 것이다. 그리고 이 발전 동안에 얻었을 것을 가지고 사람들은 뒤에 남겨놓았던 두 번째 것을 찾으러 다시 올 것이다. 사람들은 이번에는 그것을, 이제는 첫 번째 것을 무시하고, 발전시킬 것이다. 그리고 이 새로운 노력은 새로운 획득물들에 의해 강화되어 첫 번째 것을 다시 취하고 그것을 또다시 더 멀리 밀고 갈 수 있을 때까지 연장할 것이다. 이런 작업 동안 두 경향 중 하나에 전적으로 매달리듯이, 그 경향이 고려되는 유일한 것인 듯이, 기꺼이 사람들은 그 경향만이 긍정적인 것이고, 다른 경향은 단지 부정에 불과하다고 말할 것이다. 만일 사실을 이런 형태하에 놓는 것이 마음에 든다면, 다른 것은 실제적으로 반대의 것이 된다. 게다가 시계추가 그것의 출발점에 되돌아올 때, 상황이 동일하지 않고 어떤 취득이 실현되었는데도 사람들은 진보는 두 대립자들 사이의 왕복운동에 의해서 만들어진다고 ―그리고 그것은 경우에 따라 다소간 사실일 것이다― 확인할 것이다. 그러나 표현은 엄격히 정확하게 될 수 있고, 왕복 운동이 있었던 것도 바로 대립자들 사이에서일 수 있다. 이는 그 자체로 유리한 한 경향이, 마찬가지로 유리한 것으로 있는 대립되는 한 경향의 작용에 의해서만 오로지 조정될 수 있는 경우이다. 그때엔 두 경향들의 협동을 권고하는 것이, 즉 상황들이 첫 번째 경향을 요구할 때는 그것을 개입시키고 첫 번째 경향이 한도를 넘어서려는 순간에는 다른 경향이 그것을 억제하면서 협동하는 식으로 권고하는 것이 현명할 것이다. 불행하게도 어디에서 과장과 위험이 시작하는지를 말하기란 어렵다. 가끔 합리적인 것처럼 보이는 것 이상으로 멀리 밀고 나간 사실만이 새로운 주변 환경에 이르고, 이점(利點)을 강조함과 동시에 위험을 제거하는 새로운 상황을 창조한다. 한 사회의 방향을 결정하는 매우 일반적인 경향들이 이와 같은데, 이 경향들의 발전은 필연적으로 다소 상당한 수 세대에 걸쳐 분산된다. 지성은 초인간적일 때조차 사람들이 어디로 인도될지를 말할 수 없을지 모른다. 왜냐하면 전진하는 행위는 자신의 고유한 길을 창조하고, 상당한 부분에 대해 자신이 수행할 조건들을 창조하며, 이렇게 해서 계산을 거부하는 것이다. 그때에 사람들은 더욱더 멀리 밀고 나갈 것이다. 사람들은 아주 자주 재앙에 임박해서야만 멈출 것이다. 그때에 대립적 경향이 비어 있는 자리를 차지한다. 이번에는 이 경향만이 갈 수 있는 만큼 멀리 갈 것이다. 다른 경향이 작용이라고 불린다면 이 경향은 반작용이 될 것이다. 이 두 경향은 길을 함께 간다면 서로서로 조정될 것이듯이, 하나의 나눠지지 않은 원초적인 경향 속에서 이들의 상호 침투가 조정(調整)이 정의되어야 하는 바로 그것이듯이, 자리 전체를 차지하고 있다는 바로 그 사실은 이 경향들 각각에다 장애물들이 제거됨에 따라 열광에까지 갈 수 있을 약동을 전달한다. 이 경향은 열광적인 어떤 것을 가지고 있다. 자유의 영역에서 '법칙'이란 말을 남용하지 말자. 그러나 충분한 규칙성을 나타내는 큰 사실들 앞에 우리가 있을 때는 이 편리한 단어를 사용하자. 처음에는 단지 하나의 단순한 경향에 대해 취해진 상이한 관점들에 불과했던 경향들을 오로지 분화에 의해서만 실현하는 것처럼 보이는 법칙을 우리는 **이분법**(Loi de dichotomie)이라 부를 것이다. 그리고 우리는 그때에 그것의 분리에 의해 일단 실현된 두 경향들의 각각에 내재하는 끝까지 —만일 끝이 있다면— 추구되려는 요구를 **이중적인 열광의 법칙**(loi de double frénésie)이라 부를 것을 제안할 것이다. 한 번 더 말하자. 단순한 경향은 이중화되지 않고는, 즉 이 충동의 힘과 당시에는 잠재적으로만 하나의 다른 충동의 힘이었던 정체된 힘과의 동시적인 발현 자체에 의해서 정확한 척도에서 유지되지 않고는, 더 잘 성장하지 못했던 것이 아닌가 묻지 않을 수 없다. 사람들은 부조리 속으로 떨어질 위험이 없을 것이고, 파국에 대해 자신을 지킬 수 있을 것이다. 물론, 그러나 사람들은 양(量)과 질(質)에 있어서 창조의 최대치를 획득하지 못했다. 이 방향들 중 하나에 깊이 참여하여 그것이 줄 수 있는 것을 알아야만 한다. 사람들이 더는 앞으로 나아갈 수 없을 때, 사람들은 획득된 것 모두를 가지고 포기했거나 게을리했던 방향으로 투신하려고 되돌아올 것이다. 물론 이 왕복 운동을 밖에서 바라본다면, 사람들은 단지 두 경향들의 적대 관계만을, 다른 경향의 진보를 방해하기 위한 한 경향의 헛된 시도들만을, 이 경향의 결국의 실패와 다른 경향의 복수만을 볼 뿐이다. 인류는 드라마를 사랑한다. 기꺼이 인류는 다소 긴 역사의 전체에서 두 당파, 혹은 두 사회, 혹은 두 원리 사이에 투쟁의 형태로 그에게 인상을 주는 특성들을 끌어모은다. 그들 각각은 차례차례로 승리를 가져갔을 것이다. 그러나 여기서 투쟁은 진보의 피상적인 양상에 불과하다. 사실 두 상이한 관점이 가능한 하나의 경향이 있는데, 이 경향은 단지 그것이 이 두 가능성들을, 하나가 앞으로 몸을 던져 자리를 독점하면 다른 하나는 그 자리를 끊임없이 노리며 자기 차례가 왔는지를 알려 하는 운동하는 실재들로 구체화할 때에만 양과 질에서 자신의 최대치를 제공할 수 있다. 경향 자체도 의식되지 않았기에, 어느 누구도 이 경향으로부터 나올 것을 말할 수 없을 것인데, 그럼에도 불구하고 사람들이 내용에 대해 말할 수 있다면, 원래적인 경향의 내용은 이처럼 전개될 것이다. 이 경향은 노력을 기울이고, 결과는 놀라운 것이다. 자연의 작용이 그러하다. 자연이 우리에게 제공하는 투쟁의 모습은 적대 행위로 귀착되기보다는 관심 행위로 귀착된다. 인류의 진보가 어떤 규칙성을 취하고, 게다가 매우 불완전하게나마 우리가 진술했던 것과 같은 법칙들을 따르는 것은, 바로 그 경향이 자연을 모방할 때, 그 경향이 원초적으로 받은 충동을 되는 대로 내버려둘 때이다. 우리의 지나치게 긴 괄호를 닫을 때가 되었다. 단지 우리의 두 법칙이 우리에게 괄호를 열게 했었던 경우에서는 어떻게 적용될 수 있을 것인지를 제시하자.

문제는 인류의 주요 관심사가 된 것처럼 보이는 안락과 사치에 대한 염려였다. 어떻게 이 염려가 발명의 정신을 발전시켰고, 어떻게 많은 발명들이 우리의 과학의 응용들이며, 어떻게 과학은 끝없이 성장하도록 되어 있는지를 안다면, 사람들은 같은 방향에서 무한한 진보가 있을 것이라고 믿고 싶은 생각이 들지 모른다. 사실 새로운 발명들이 옛날의 필요들에 가져다준 만족들로 해서 인류는 결코 그것으로 머물려고 하지 않았다. 새로운 필요들이 긴급한 듯이 점점 더 많이 출현한다. 사람들은 점점 더 밀집한 군중들이 서둘러 가는 활주로 위에서 행복에의 경주에 가속도로 달려가는 것을 보았다. 오늘날 그것은 쇄도하는 군중이다. 그러나 이런 열광 자체가 우리의 눈을 열게 해주어야만 하지 않을까? 이 열광에 앞서서 있었으며, 이 열광의 보충이 되는 활동을 대립된 방향에서 발전시켰을 어떤 다른 열광이 있지 않을까? 사실상 인간들이 물질적 생활의 확장을 열망한 것처럼 보이는 것은 15세기 혹은 16세기부터이다. 중세 전체 동안 금욕주의의 이상이 지배했었다. 금욕주의가 인도했었던 과도한 점들을 상기할 필요는 없다. 이미 열광이 있었다. 사람들은 이 금욕주의가 어떤 소수의 사실이었다고 말할 것이고, 사람들이 옳을지 모른다. 그러나 몇몇 사람의 특권인 신비주의가 종교에 의해서 세속화되었듯이, 이처럼 의심할 여지없이 예외적이었던 진지한 금욕주의도 보통 사람들에 있어서는 일상적 생활의 조건들에 일반적으로 무관심한 정도로 희석되었다. 우리를 놀라게 했던 것은 모든 사람들에게 안락이 없었다는 것이다. 부자들도, 가난한 사람들도 우리가 필수품으로 간주하는 것들을 쓸데없는 것이라 하여 없이 지냈다. 만일 영주가 농부보다 잘 살았다면, 그 말은 그가 더욱 풍부하게 먹고살았다는 것을 뜻해야만 한다고 사람들은 주목하게 했다.[84] 나머지에 대해서는 차이가 가벼웠다. 따라서 여기서 우리는 서로 계승되고 서로가 열광적으로 행동했던 두 상이한 경향들 앞에 있게 된다. 이 경향들이 하나의 원초적인 경향에 대해 취해진 대립된 두 관점들에 상응한다고, 원초적 경향은 이렇게 해서 그것이 두 길 위에 차례차례 참여하면서, 한 방향을 따르면서 끌어모았던 모든 것을 가지고 다른 한 방향에 다시 위치하면서, 자기 자신으로부터 양적으로나 질적으로 그것이 할 수 있었던 모든 것을, 그리고 그것이 가졌던 것 이상조차 이끌어내는 수단을 발견했을 것이라고 추정하는 것이 허용된다. 따라

---

84) 지나 롬브로조(Gina Lombroso)의 흥미로운 저작 『기계주의의 몸값(*La Rançon du machinism*)』(Paris, 1930)을 보아라.

서 왕복 운동과 진보가, 왕복 운동에 의한 진보가 있을지 모른다. 그래서 생명의 끊임없이 증가하는 복잡성 이후에 단순성에로의 회귀를 예견해야만 할지 모른다. 이 회귀가 분명 확실한 것은 아니다. 인류의 미래는 결정되지 않은 채 있다. 왜냐하면 미래는 인류에게 달려 있기 때문이다. 그러나 미래의 측면에서는 우리가 조금 후에 고찰할 가능성들과 개연성들만 있다 하더라도, 과거에 대해서도 마찬가지인 것은 아니다. 즉 우리가 방금 강조했던 대립된 두 발전들은 물론 하나의 유일한 원본적인 경향의 발전들이다.

이미 사상의 역사가 그것을 증언하고 있다. 소크라테스에 있어서 보충적이었던 대립된 두 방향에서 추구된 소크라테스의 사상으로부터 키레네학파와 키닉학파의 교설들이 흘러나왔다.[85] 전자는 사람들이 인생에서 가능한 한 가장 많은 만족을 요구하기를 바랐고, 후자는 만족이 없이 지낼 것을 가르쳤다. 이 학파들은 이완과 긴장이라는 두 대립된 원리들을 가진 에피쿠로스학파와 스토아학파로 이어졌다. 만일 사람들이 이 원리들이 상응하는 영혼의 두 상태들 사이에 본질의 공통성을 의심한다면, 에피쿠로스학파 자체 안에는 쾌락에 대한 종종 도가 지나친 추구였던 대중적인 에

---

85) (역주) 키닉학파와 키레네학파는 메가라학파, 그리고 플라톤학파와 더불어 소크라테스 사상에서 유래한 학파들인데, 키닉학파는 욕망의 절제를 통해 현명하게 사는 방법을 가르치며 스토아학파로 발전하고, 키레네학파는 욕망의 충족을 통해 현명하게 사는 방법을 가르치며 에피쿠로스학파로 발전한다.

피쿠로스주의 옆에 최고의 쾌락은 쾌락들을 더는 필요로 하지 않는 것이었다는 에피쿠로스의 에피쿠로스주의가 있다는 것을 주목하는 것으로 충분할 것이다.[86] 진실은 이 두 원리가 사람들이 언제

---

86) (역주) 고대의 쾌락적 이기주의의 원리는 아리스티포스에 의해 최초로 진술되어 에피쿠로스에 의해 발전되었다. 주지하다시피 쾌락주의는 소크라테스 이후에 나타난 것으로 소크라테스의 운명과 그 시대의 사회 현실과 무관하지 않다. 아리스티포스에 따르면 인간의 삶의 원리란 쾌락만을 추구해야 하며 다른 것을 찾거나 찾으려고 해서는 안 된다는 것이다. 그러나 이 주장에는 이면을 가지고 있는데, 그것은 키레네학파와 키닉학파처럼 사회적 구속으로부터 벗어나려는 동일한 사회 인식을 전제하고 있다는 것이다. 키닉학파가 욕망의 억제를 통하여 현명하게 사는 방법을 가르친다면, 키레네학파는 욕망의 즉각적인 충족을 통하여 현명하게 사는 방법을 가르치고 있다. 아리스티포스가 말한 것으로 전해진 것에 의하면, "최선의 것은 금욕과 절제가 아니라 바로 쾌락에 의해 꺾이지 않도록 쾌락을 지배하는 것이다." 그래서 아리스티포스의 원리는 사실 쾌락의 충족만이 육체적 욕망을 충족시키며, 욕망이 충족되었을 때 나는 나의 주인이 될 수 있다는 것을 뜻한다. 아리스티포스의 쾌락주의는 현명하게 사는 방법에 대한 원리이지만, 자아를 가장 축소된 소극적인 의미로 이해한 극단적인 원리이다. 자아의 삶의 쾌적함을 쾌락의 즉각적인 충족과 동일시했을 때, 자아를 자신의 육체에 한정하는 이 극단적 환원주의는 결국 염세주의에로 타락하게 된다. 즉각적인 육체적 쾌락은 고통을 수반할 수밖에 없는데, 고통 없는 쾌락이란 죽음밖에 없기 때문이다. 에피쿠로스주의는 키레네학파의 쾌락주의를 발전시키면서 형성된다. 에피쿠로스는 키레네학파처럼 자아를 자신의 육체에 한정된 것으로 이해하진 않는다. 비록 그도 자아가 사회의 불평등한 현실로부터 벗어나야 한다고 생각하지만 그는 자아를 사회로부터 분리될 수 있는 독립적인 단위로 생각하지 않는다. 그러면서도 그는 개인이 개인의 자아와 필연적인 연관성을 이루는 조건들, 즉 가족이나 국가로부터 벗어나 모든 사람을 같은 동포로 생각하는 '세계 동포주의'를 주장한다. 물론 에피쿠로스에 있어서도 개인의 행동 원리는 쾌락이다. 그러나 에피쿠로스주의에는 쾌락을 육체적인 것에 한정하

나 행복에 대해서 만들었던 관념의 근저에 있다는 것이다. 사람들은 이 행복이란 단어에 의해 복잡하고 혼란된 어떤 것을 지칭하는데, 이 개념은 각자가 자기 방식대로 그것을 결정하도록 인류가 모호한 상태에 놓아두기를 원했던 개념들 중의 하나이다. 사람들이 이해하는 어떤 의미에서는 안전 없는 행복은 없는데, 말하자면 사람들이 만족했던 한 상태가 지속하리라는 전망이 없는 행복은 없다. 사람들은 이런 보장을 사물들에 관한 지배에서 혹은 사물들로부터 독립적으로 만드는 자아의 통제에서 발견할 수 있다. 이 두 경우에서 사람들은 자신의 힘을 밖으로 펼치든 내부에서 지각하든 향유한다. 즉 사람들은 오만의 길 위에 있거나 덧없음의 길 위에 있는 것이다. 그러나 생명의 단순화와 복잡화는 물론 '이분법(dichotomie)'으로부터 귀결되는 것이고, 물론 '이중적 열광'으로 전개될 수 있으며, 결국 주기적으로 서로 계승하기 위해 필요한 것을 물론 보존하고 있다.

지 않는 감수성의 고양이 있다. 이제 쾌락은 육체적인 쾌락뿐만 아니라 정신적인 쾌락으로 확장된다. 그는 쾌락에 우정, 만족, 평화, 미적 쾌락, 정의로움 등을 포함시킨다. 추구할 만한 쾌락은 순간적인 쾌락이 아니라 오래 지속되는 쾌락, 영원한 쾌락이다.

단순한 삶으로의 가능한 귀환

훨씬 앞에서 언급했듯이, 이 조건들 안에서 단순성으로의 회귀는 분명 있을 법한 일이다. 과학 자체가 우리에게 그것의 길을 잘 제시할 수 있을 것이다. 물리학과 화학은 우리를 만족시키는 데 조력하고 이렇게 해서 우리가 우리의 필요들을 증가시키도록 권유하는 반면, 생리학과 의학은 이런 증식에 위험스러운 것이 있다는 것, 대부분의 우리의 만족들 속에 기만적인 것이 있다는 것을 우리에게 점점 더 잘 드러내줄 것이라고 사람들은 예견할 수 있다. 나는 맛 좋은 고기 한 접시를 음미한다. 예전에 나만큼 고기를 좋아했던 채식주의자가 오늘날에는 소고기를 바라보면서 혐오감을 느끼지 않을 수 없다. 사람들은 우리가 서로 옳으며, 색깔들과 마찬가지로 맛들도 더는 논란할 필요가 없다고 말할 것이다. 아마도. 그러나 채식주의자인 그가 그의 옛 기질로 결코 되돌아가지 않을 것이라는 흔들릴 수 없는 확신을 확인하지 않을 수 없었으며, 반면에 나는 나의 기질을 항상 보존하리라는 확신을 훨씬 덜 느낀다. 그는 두 가지 경험을 했으나, 나는 한 가지 경험을 했을 뿐이다. 그의 혐오감은 그의 주의가 고기에 고정될 때 강화되는 반면에, 나의 만족은 방심의 성질을 띠고, 오히려 밝은 빛에서는 창백해진다. 사람들은 특별히 고기를 먹는 데 서서히 중독된다는 것을 ─그것은 불가능한 것은 아니다─ 결정적인 경험들이 증명하게 되었다면, 나는 이 만족이 사라질 것이라고 생각한다.[87] 영양소들의 구성이 알려져 있고, 우리 유기체의 필수 대사가 마찬가지로 알려져 있고, 이로부터 신체 유지에 필요한 일일 섭취량으로써 필요한 것과 충분한 것을 연역할 수 있다고 우리는 대학에서 배웠다. 우리의 건강에 필수 불가결한 우리의 식품 속에 있는 '비타민들'이 화학적 분석에는 포착되지 않는다는 것을 배우고 사람들은 매우 놀랐을 것이다. 오늘날 의학의 노력들에 거역하고 있는 적지 않은 질병들이 그것의 먼 기원을 의심할 바 없이 '영양실조'에 두고 있다는 것을 사람들은 물론 알아챘을 것이다. 우리가 필요로 하는 것 모두를 확실하게 흡수하는 유일한 방법은 양식을 어떤 가공도 하지 않는 것이고, 아마도 그것들을 요리조차 않는 (누가 알랴?) 것일지 모른다. 여기서도 획득 형질에 대한 믿음이 많은 잘못을 만들었다. 사람들은 인간의 위는 습관을 벗어났기에 우리는 더는 원시인처럼 양식을 섭취할 수 없다고 말하고 싶어 한다. 만일 사람들이 이 말로 우리는 우리의 유년기 이래로 자연적인 성향들을 잠들게 했고, 그것들을 어떤 나이에 일깨운다는 것은 우리에게 힘들지 모른다는 것을 뜻한다면, 사람들이 옳다. 그러나 우리가 변화되어 태어났다고 하는 것은 별로 그럴 듯하지 않다. 우리의 위장이 선사 시대의 우

---

87) 이 점에 관해 우리는 어떤 특별한 통찰도 가지지 않았다고 서둘러 말합시다. 우리는 모든 다른 습관적인 양식의 예를 취하듯이 소고기의 예를 선택했다.

리 조상들의 위장과 다르다고 가정한다면, 차이는 시간이 경과함에 따라 붙은 단순한 습관들에 기인하는 것이 아니다. 과학은 머지 않아 이 점들 전체에 관해 정확하게 알려줄 것이다. 과학이 이 일을 우리가 예견한 방향에서 한다고 가정해보자. 우리의 영양 섭취의 개혁만으로도 상당히 단순화될지 모르는 우리의 산업, 우리의 상업, 우리의 농업에 수없는 반향들을 가져올 것이다. 우리의 다른 필요들에 대해서 무엇을 말할 것인가? 생식욕(성욕)의 요구들은 거역할 수 없는 것이지만, 만일 사람들이 자연에 만족한다면 이 요구들을 곧 해결할 수 있을 것이다. 단지 기본음처럼 취해진 강력하지만 빈약한 감각 주위에 인류는 끊임없이 증가하는 많은 화음들을 솟아오르게 했다. 인류는 기본음으로부터 하나의 아주 풍부한 다양성의 음색들을 이끌어내는데, 아무 대상이건 어떤 측면에서 두드려지면 이제 강박 관념이 되어버린 소리를 낸다. 그것은 상상력을 매개로 하여 감관에 항상적으로 호소하는 것이다. 우리의 모든 문명은 최음제이다. 여기서도 과학은 할 말이 있고, 과학은 그것을 어느 날 아주 분명하게 말할 것이기에 그것을 잘 경청해야만 할 것이다. 즉 쾌락을 그렇게 사랑하는 기쁨은 더는 존재하지 않게 될 것이라고. 여성은 음악가의 활 아래서 진동하기를 기다리며 여전히 있는 악기로 머물기보다는 실제로 진지하게 남성과 동등하게 되기를 바라는 정도에서 이 순간의 도래를 서두를 것이다. 변형이 이루어진다고 해보자. 즉 우리의 삶은 더욱 진지하고 동시에 더욱 단순하게 될 것이다. 여성이 남성을 기쁘게 하기 위해, 그리고 간접적으로 자기 자신을 기쁘게 하기 위해 사치를 요구한다는 것은 대부분 쓸모없게 될 것이다. 낭비는 줄어들 것이고, 또한 시기심도 줄어들 것이다. 게다가 사치, 쾌락, 안락은 더욱 가까이 유지되지만, 그럼에도 불구하고 그들 사이에 사람들이 일반적으로 그려보는 관계는 없을 것이다. 사람들은 그것들을 하나의 계열로 배열한다. 즉 사람들은 상승하는 단계를 통해 안락에서 사치에로 나아갈 것이다. 우리가 안락을 확보했을 때, 우리는 거기에다 쾌락을 겹쳐놓으려 할 것이다. 그러고서 사치에 대한 사랑이 올지 모른다. 그러나 우리의 영혼의 상태들을 그것들의 대상들을 본떠서 만들 수 있다고 믿는 것은 바로 순전히 지성주의적 심리학이다. 사치는 단순한 흥미보다 더 돈이 들고, 쾌락은 안락보다 돈이 더 들기에, 사람들은 이에 상응하는 무엇인지 모를 욕망의 점진적인 증가를 표상한다. 사실 사람들이 안락을 욕구하는 것은 대체로 사치에 대한 사랑에 의해서이다. 왜냐하면 사람들이 가지지 못한 안락은 사치처럼 보이고, 사람들은 그것을 가진 상태에 있는 사람들을 모방하고 같아지려 하기 때문이다. 시작에 허영이 있었다. 얼마나 많은 요리가 단지 비싸기에 주문되었던가! 여러 해 동안 문명화된 사람들이 그들의 외적 노력의 상당한 부분을 향료를 얻는 데 소비했었다. 매우 위험한데도 항해의 최고의 목적이 그러한 것이었다는 것을 알고 어리둥절했을 것이다. 수많은 사람들이 거기에 그들의 삶을 걸다니! 우연히 아메리카를 발견하게 된 모험의 정신과 에너지와 용기는 본질적으로 생강과 정향, 후추와 계피를 찾는 데 사용되었을 것이었다. 모퉁이 식료품점에서 몇 푼의 돈으로 가질 수 있게 된 이래로 그렇게 오랫동안 감미로웠던 향료들을 개의하기나 하겠는가? 이러한 확증들은 도덕론자를 슬프게 하는 무엇인가를 가지고 있다. 그러나 그것을 반성해보면, 사람들은 거기에서도 희망할 만한 동기들을 발견할 수 있을 것이다. 안락에 대한 항상 증가하는 필요, 향락에 대한 갈증, 사치에 대한 도를 지나친 취향, 이 모든 것은 우리에게 인류의 미래에 대해 아주 큰 불안을 일으키는데 —왜냐하면 인류가 그것에서 변하지 않는 만족들을 발견하는 듯이 보이기에— 이 모든 것들은 격렬하게 공기를 불어넣어 부풀었다 갑자기 공기가 빠져버린 공처럼 보일 것이다. 우리는 하나의 열광이 적대적 열광을 불러온다는 것을 안다. 더욱 특별하게 현재의 사실들을 이전의 사실들과 비교해보면 결정적인 것처럼 보였던 취향들이 일시적인 것들이었다는 것을 우리는 알게 된다. 그리고 오늘날 자동차를 소유하는 것이 많은 사람들에게 최고의 야심이기에, 자동차가 주는 비교할 수 없는 편리함을 인정하고, 이 놀랄 만한 기계를 탄복하자. 그것이 많아져서 그것이 필요한 어디에나 보급되길 바라자. 그러나 우리는 단순한 즐거움을 위해 혹은 사치를 하는 기쁨을 위해 이 세상에 짧은 시간 안에 그렇게 욕구된 것은 더는 없을지 모른다고 말하자. — 그럼에도 불구하고 오늘날 사람들이 정향과 계피에 무관심하듯이 이 놀랄 만한 기계가 그렇게 소홀히 되지 않기를 우리는 정말 바란다.

기계적인 것과 신비적인 것

우리는 우리의 논의의 본질적인 점에 다다랐다. 우리는 방금 기계적 발명으로부터 나온 사치에 대한 만족을 인용했다. 게다가 단순한 안락에 대한 취향처럼, 사치에 대한 취향을 발전시켰던 것은 바로 기계적 발명 일반이라고 많은 사람들은 평가한다. 만일 사람들이 보통 우리의 물질적 필요들은 항상 증가해가고 극심해져 갈 것이라는 것을 인정한다면, 그것은 인류가 기계적 발명의 길에 한 번 들어서면 그 길을 포기하기 위한 이유들을 알지 못하기 때문이라는 것이다. 과학이 더욱 진보할수록 과학의 발견들이 발명들을 더욱 제안할 것이라는 것을 덧붙이자. 종종 이론과 적용은 단지 한 걸음일 뿐이다. 과학이 멈출 수 없을 것이듯이, 사실 우리의 옛 필요들의 만족에, 새로운 필요들의 창조에 끝이 있을 필요는 없는 듯이 보인다. 그러나 우선 발명의 정신이 필연적으로 인위적인 필요들을 야기하는지, 혹은 여기서 발명의 정신을 이끌었을 것이 바로 인위적인 필요가 아니었는지를 자문해야만 한다.

두 번째 가설이 훨씬 더 그럴 듯하다. 이 가설은 기계주의의 기원들에 관한 최근의 탐구들에 의해 확증되었다.[88] 인간은 항상 기계들을 발명했었고, 고대에도 주목할 만한 기계들을 알고 있었고, 교묘한 장치들이 근대 과학의 개화 전에도 물론 상상되었고, 그리고 아주 종종 근대 과학과 독립적으로 상상되었다는 것을 사람들은 상기시켰다. 오늘날에도 과학적 지식이 없는 단순 노동자들이 독창적인 학자들이 생각하지 못했던 개량품들을 찾아낸다. 기계적 발명은 자연적 재능이다. 물론 이 발명은 현실적인, 말하자면 가시적인 에너지들, 즉 근육의 노력, 바람의 힘 또는 물의 낙하의 힘 등을 이용하는 데 한정된다는 한에서, 결과들에서 제한되어 있다. 기계가 그것의 전 생산성을 발휘하게 된 것은 태양에서 가져와 석탄과 석유 등에 저장된 수만 년 동안 축적된 잠재적 에너지들을 단순한 촉발 장치에 의해서 사용할 수 있게 된 그날부터이다. 그날이란 증기 기관을 발명한 날이었고, 이 발명은 이론적 숙고로부터 나온 것이 아니라는 것을 사람들은 안다. 서둘러 덧붙이자면 처음에는 느렸던 진보가 과학이 한몫을 하게 되었을 때 거보를 내딛게 되었다. 기계적 발명의 정신은 그 자체로 놓아두는 한, 좁은 지층을 흐를 것인데, 그것이 과학과 만났을 때 무한히 확장되었다 하더라도, 과학과 구별되어 있고 엄밀히 말해 과학과 분리될 수 있을 것이라

---

88) 우리는 지나 롬브로조의 훌륭한 책을 한번 더 참조한다. 망투(Mantoux)의 『18세기 산업혁명(*La Révolution industrielle au dixhuitième siècle*)』 비교, 참조.

는 것은 그래도 역시 사실이다. 론(Rhône) 강이 제네바 호수로 흘러들어 거기에서 자신의 물을 섞는 것처럼 보이지만, 거기서 나올 때에는 자신의 독립성을 보존했다는 것을 보여주듯이 그렇다.

따라서 사람들이 자연히 믿게 될 것이듯이, 단지 발전한다는 사실만으로 인간들에게 점점 더 인위적인 필요들을 부과하는 과학의 요구는 없었다. 만일 있었다면, 인류는 증가하는 물질성에 헌신했을지 모른다. 왜냐하면 과학의 진보는 멈추지 않을 것이기 때문이다. 그러나 진실은 과학은 사람들이 과학에 요구하는 것을 주었고, 여기에서 주도권을 취하지 않았다. 발명의 정신이 인류의 이익들에 항상 최선의 상태로 작용을 했던 것은 아니다. 발명의 정신은 많은 새로운 필요들을 창조했다. 그 정신은 대부분의 사람들에게, 가능했다면 모든 사람들에게 옛 필요들의 만족을 보장하는 데 충분히 전념하지 않았다. 더욱 단순하게 말하면 발명의 정신은 필수적인 것을 게을리하지 않았지만, 피상적인 것을 너무 생각했었다. 사람들은 이 두 용어들(필수적과 피상적)이 정의하기 불편하다고, 일군의 사람들에게 사치인 것이 다른 사람들에게는 필수적인 것이라고 말할 것이다. 물론이다. 사람들은 여기 미묘한 구분들에서 쉽게 길을 잃을지 모른다. 그러나 크게 보아야만 하는 경우들이 있다. 수백만의 사람들은 배고파서 밥을 먹는 것은 아니다. 그리고 배고파 죽는 사람들이 있다. 만일 땅이 훨씬 더 생산할 수 있다면, 배고파 굶주리거나[89] 배고파 죽는 기회는 훨씬 줄어들 것이다. 사람들은 땅에 일손이 모자란다고 주장한다. 그것은 가능하다. 그러나 왜 땅이 일손에게 그가 해야만 했던 노력 이상을 요구하겠는가? 만일 기계주의에 잘못이 있다면, 그것은 이 힘든 노동에서 인간을 돕는 데 충분히 사용되지 않았다는 것이다. 사람들은 농업 기계들이 있으며, 그것의 사용은 이제 널리 퍼져 있다고 대답할 것이다. 나는 그 말에 동의하지만, 기계가 인간의 무거운 짐을 경감하기 위해 여기서 했던 것, 과학이 그의 측면에서 땅의 생산성을 증가시키기 위해 했던 것은 비교적 제한되어 있다. 우리는 인간에게 양식을 주는 농업이 나머지 산업에 지배적이 되어야 하고, 어쨌든 산업 자체의 첫 번째 관심사가 되어야 한다는 것을 잘 알고 있다. 일반적으로 산업은 필요들에 만족하는 것이 다소간에 상당히 중요하다는 것을 충분히 생각하지 않았다. 산업은 판매할 생각 이외에 다른 생각 없이 제조하면서 기꺼이 유행을 따랐다. 다른 곳에서처럼 여기에서도 사람들은 농업에다 산업을 조정하고, 기계들에다 그것들의 합리적인 위치, 즉 기계들이 인류에게 가장 봉사하게 만들 수 있는 위치를 할당한다는 조직적인 중심 사상을 원할지 모른다. 사람들이 기계주의를 비난할 때, 사람들은 본질적인 불만을

---

89) 물론 농업 생산에까지 확산된 '과잉 생산'의 위기들이 있으며, 이 과잉 생산은 농산물로부터 시작될 수도 있다. 그러나 이 위기들은 분명 인류에게 지나치게 많은 식량이 있다는 사실에 기인하는 것이 아니다. 그것은 단지 생산 일반이 충분히 조직화되지 않았기에 생산물들이 교환될 방도가 없다는 것을 뜻한다.

소홀히 한다. 사람들은 우선 기계주의가 노동자를 기계의 상태로 환원하고, 그러고 나서는 예술적 감각을 질식시키는 생산의 획일화에 이르게 한다고 비난한다. 그러나 만일 기계가 노동자에게 상당히 많은 휴식 시간을 얻게 한다면, 그리고 만일 노동자가 이 여분의 여가를, 잘못 이끌어진 산업주의가 모든 사람의 능력 범위에 놓았던 이른바 향락들과는 다른 것에 사용한다면, 노동자는 기계를 제거한 후에 항상 제한된 한계들 안에서 도구로의 회귀가(하기야 불가능하긴 한데) 그에게 가져올지 모르는 발전에 만족하는 대신에, 자신의 지성에다 그가 선택했을 발전을 주었을 것이다. 생산품의 획일화에 관해서는 국가 전체에서 이처럼 실현된 시간과 노동의 절약이 지적인 문화를 더욱 멀리 밀고 가서 진정한 독창성들을 발전시키도록 해준다면, 그 불편함이란 무시할 수 있을지 모른다. 사람들은 미국인들이 모두 똑같은 모자를 가졌다고 비난했었다. 그러나 머리가 모자에 우선해야 한다. 내가 내 고유한 취향에 따라 내 머리를 장식하게 해주시라. 그러면 나는 내 머리에다 모든 세상의 모자를 받아들일 것이다. 기계주의에 대한 우리의 불만이 거기에 있는 것이 아니다. 실재적 필요들을 만족시키는 수단들을 폭넓게 발전시키면서 기계주의가 인간들에게 했던 봉사들에 이의를 제기하지 않고서도, 우리는 기계주의에 대해 인위적인 것들을 지나치게 고무했다고, 사치를 충동질했다고, 농촌들을 해치고 도시들을 장려했다고, 결국 고용주와 노동자 사이에, 자본과 노동 사이에 거리를 확대하고 관계들을 변형시켰다고 비난할 수 있을 것이다. 그런데 이 모든 결과들은 수정될 수 있을 것이다. 그때에 기계는 커다란 해택을 주는 것 그 이상은 아닐 것이다. 인류는 기계가 인류의 생활을 복잡하게 하는 데 기울인 그만큼의 열광으로 인류의 생활을 단순화하도록 시도해야만 할 것이다. 주도권은 단지 이 열광에서만 나올 수 있다. 왜냐하면 발명의 정신을 어떤 궤도 위에 올려놓은 것은 바로 이 열광이지, 이른바 사물들의 힘도 아니고, 기계에 내재하는 숙명은 더더욱 아니기 때문이다.

그러나 열광이 주도권을 완전히 원했을까? 열광이 시초에 부여했던 충동은 산업주의가 취했던 방향으로 정확히 간 것일까? 출발점에서 단지 느낄 수 없을 정도의 이탈에 불과했던 것이, 만일 사람들이 똑바로 걸어갔고 주행 거리가 길었다면, 도착점에서는 상당한 간격이 된다. 그런데 훨씬 후에 기계주의가 되어야만 했던 것의 최초의 밑그림들이 민주주의에 대한 최초의 열망들과 동시에 그려졌다는 것은 의심의 여지가 없다. 두 경향들 사이의 친족성은 18세기에 충분히 눈에 띄게 된다. 이 친족성은 백과전서학파들에 있어서 뚜렷하다. 그래서 인류만큼 오래되었지만 사람들이 충분한 자리를 만들어주지 않는 한 충분히 활동적이지 않은 발명의 정신을 앞으로 밀고 나가게 했던 것이 민주주의의 입김이었다고 가정해서는 안 되는가? 사람들은 확실히 모든 사람을 위한 사치를 생각하지 않으며, 모든 사람을 위한 안락조차 생각하지 않았었다. 그러나 모든 사람을 위해 안정된 물질적 생존을, 안정 속에서의 존엄을 바랄 수 있었다. 그 소망이 의식적이었을까? 우리는 역사에서 무의식을 믿지 않는다. 사람들이 자주 말하는 사상의 거대한 지하수란 군중들이 그들 중 하나 혹은 몇 사람에 의해서 이끌려졌다는 사실에 기인한다. 그들은 그들이 한 것을 알았지만, 그것의 모든 귀결들을 예견하지는 못했다. 결과를 아는 우리는 그것의 이미지를 기원에까지 거슬러 올라가게 하지 않을 수 없다. 따라서 신기루 효과에 의해서 과거 속에서 통찰된 현재가 우리가 옛날의 무의식이라 부르는 것이다. 그런데 현재에 대한 회고적 행위는 많은 철학적 환상의 기원을 이룬다. 따라서 15세기, 16세기, 그리고 18세기(17세기는 훨씬 덜한데, 17세기는 아주 달라 사람들은 숭고한 예외처럼 간주했다)에다 우리 시대의 것들과 비교할 수 있는 민주주의적 관심들을 부여하지 않도록 조심할 것이다. 우리는 더욱 이 세기들에다 발명의 정신이 자신 안에 숨기고 있는 힘의 모습을 부여하지 않을 것이다. 그럼에도 불구하고 종교 개혁과 르네상스와 발명적인 충동의 최초의 전조들 혹은 전징(前徵)이 같은 시기에 속한다는 것은 그래도 역시 사실이다. 그때까지 기독교적 이상(理想)이 취했었던 형태에 대항하는, 그들 사이에 친족성이 있는 세 가지 반작용들이 거기에 있었다는 것이 불가능하지 않다. 그래도 이 이상은 역시 존속했으며, 그것은 인류를 향해 항상 같은 면을 보이며 돌고 있었을 성좌처럼 보였다. 즉 사람들은 다른 성좌를 엿보기 시작했는데,

같은 성좌가 문제가 되고 있었는지를 언제나 알아채지 못하면서 그리했다. 신비주의가 금욕주의를 불러온다는 것은 의심스럽지 않다. 전자나 후자나 항상 소수인의 소유물일 것이다. 그러나 진정하고 완전하고 활동적인 신비주의는 그것의 본질인 사랑 덕분에 확산되기를 열망한다는 것도 못지않게 확실하다. 신비주의가, 필연적으로 그렇게 될 만큼 희석되고 완화조차 되어서, 먹지 못해 굶주림의 걱정에 빠진 인류 속으로 어떻게 전파될 것인가? 인간은 단지 강력한 기구가 인간에게 발판을 제공할 때에만 땅 위로 올려질 것이다. 인간이 물질로부터 벗어나기 바란다면, 물질을 힘주어 딛고 일어서야 한다. 다른 말로 해서 신비적인 것은 기계적인 것을 부른다. 사람들은 그 사실을 충분히 주목하지 못했는데, 이유는 기계적인 것이 기차 선로를 바꾸는 전절기의 사고로 모든 사람들을 위한 자유보다는 일정한 사람들을 위한 지나친 안락과 사치가 있는 길로 들어섰기 때문이다. 우리는 우연적인 결과에 충격을 받아, 기계주의를 그것이 되어야만 하는 것 속에서, 그것의 본질을 형성하는 것에서 보지 못하고 있다. 더 멀리 가보자. 만일 우리의 신체 기관들이 자연적 도구들이라면, 우리의 도구들은 그 사실 자체로 인위적인 기관들이 된다. 노동자의 도구는 그의 손을 연장시킨 것이다. 따라서 인류의 도구는 그의 신체의 연장이다. 자연은 우리에게 본질적으로 제작적인 지성을 부여하면서, 우리를 위해 어떤 확장을 이처럼 준비했었다. 그러나 석유, 석탄, '수력'으로 움직이고 수만 년 동안 축적된 잠재적 에너지들을 운동으로 변환시킨 기계들은, 우리 인간 종의 구조의 계획 속에서 결코 어떤 것도 예측될 수 없었을 정도로, 그렇게 거대한 확장과 그것의 차원과 그것의 힘에서 그렇게 불균형적이고 그렇게 무시무시한 능력을 우리의 유기체에다 부여하러 왔던 것이다. 즉 그것은 유일한 기회였고, 행성 위에서 인간의 가장 위대한 물질적 성공이었다. 정신적인 충동이 아마도 시초에 새겨졌었을 것이다. 확장은 석탄이란 기적적인 보물[90]을 땅 아래서 만나게 된 우연적인 곡괭이질에 의해서 자동적으로 이루어졌었다. 그런데 측정할 수 없을 정도로 커져버린 이 신체 속에 영혼은 그것이 있었던 대로 머물러 있기에, 이제는 신체를 채우기에 너무 작고, 신체를 이끌기에 너무 약하다. 거기에서부터 신체와 영혼 사이의 간격이 비롯되고, 거기서부터 사회적 · 정치적 · 국제적인 가공할 문제들이 비롯되는데, 이 문제들은 이 간격에 대한 그만큼의 정의(定義)들이며, 오늘날 이 간격을 채우기 위해 그렇게 많은 무질서하고 효과 없는 노력들을 야기하고 있다. 즉 거기에 이번에는 도덕적인 잠재적 에너지의 새로운 저장이 필요할지 모른다. 따라서 우리가 앞에서 말했던 것처럼 신비적인 것이 기계적인 것을 부른다고 말하는 것으로 만족하지 말자. 거대해진 신체가 영

---

90) 우리가 비유적인 뜻으로 말하고 있다는 것은 말할 필요도 없다. 석탄은 증기 기관이 그것을 보물로 바꾸기 훨씬 전에 알려져 있었다.

혼의 보충을 기다리고, 기계적인 것은 신비적인 것을 요구할지 모른다고 덧붙이자. 이 기계적인 것의 기원들은 아마도 사람들이 생각하는 것보다 훨씬 신비적이다. 기계적인 것은 자신의 진정한 방향을 다시 발견할 것이고, 만일 기계주의가 땅을 향해 더욱더 구부려놓았던 인류를 기계주의에 의해서 다시 일어서 하늘을 바라보게 하는 데 이른다면, 바로 그때에는 기계주의는 자신의 능력에 비례하는 공헌들을 할 수 있을 것이다.

　그 깊이와 힘을 아무리 찬미해도 지나칠 수 없을 한 저술에서, 에르네스트 셀리에(M. Ernest Seillière)는 어떻게 국가적 야심들이 신적인 임무들을 자신들에 부여하는지를 제시한다. 즉 '제국주의'는 보통 '신비주의'가 된다. 만일 사람들이 이 마지막 말에다 그것이 에르네스트 셀리에에 있어서 가지는 의미, 즉 긴 일련의 저술들이 충분히 정의했던 의미를 부여한다면,[91] 그 사실에 이의를 제기할 수 없을 것이다. 그 사실을 확인하면서, 그 사실을 그것의 원인들에다 연결하고 그것의 결과들에까지 따르면서, 저자는 역사 철학에 평가 불가능할 정도의 기여를 했다. 그러나 그 자신은 이렇게 알려진 신비주의가, 게다가 그가 제시하는 한에서 '제국주의'에 의해서 이렇게 이해된 신비주의는 아마도 진정한 신비주의의, 즉 우

---

91) 게다가 우리는 여기서 그 의미의 일부분만을 고려한다. — 우리가 '제국주의' 낱말에 대해 그렇게 했듯이.

리가 이 책의 마지막 장에서 연구했던 '역동적 종교'의 위조품에 불과하다고 판단할 것이다. 우리는 이 위조품의 메커니즘을 통찰한다고 믿는다. 사람들이 정체를 폭로했던 바에 따르면 그것은 옛 사람들의 '정태적 종교'에서 차용한 것이었는데, 그것을 역동적 종교가 제공했던 새로운 명칭하에서 자신의 정태적 형태에다 놓아둔 것이다. 게다가 이 위조가 어떤 위법적인 의도를 가졌던 것은 아니다. 그것은 거의 의도되지 않았었다. 사실 '정태적 종교'는 인간에게 자연적인 것이고, 인간의 본성은 변하지 않는다는 것을 상기하자. 우리 조상들에게 내재한 신앙들은 우리 자신들의 가장 심층에 존속한다. 이 신앙들은 대립적인 힘들에 의해서 더는 뒤로 물러날 수 없게 되자마자 다시 나타난다. 그런데 고대 종교들의 본질적인 특징 중 하나는 인간 집단들과 이 집단들 각각에 부착된 신성들 사이의 연관성에 관한 관념이었다. 도시의 신들은 도시를 위해, 도시와 함께 싸웠다. 이 신앙은 진정한 신비주의와 양립할 수 없는데, 다시 말해 똑같은 사랑으로 모든 인간들을 사랑하며, 인간들에게 서로 사랑하기를 요구하는 하느님의 도구들이 되는 어떤 영혼들이 가지는 감정과 양립할 수 없다. 영혼의 어두운 심층으로부터 의식의 표면으로 올라오면서, 거기에서 현대적인 신비가들이 세상에다 제시했던 한에서의 진정한 신비주의의 이미지를 만남으로써, 이 신앙은 본능적으로 이 이미지와 늘 같이 있게 된다. 이 신앙은 현대적인 신비가의 신에게 고대의 신들의 국가주의를 부여한다. 제국주의가 신비주의가 되는 것은 바로 이런 의미에서이다. 만일 사람들이 진정한 신비주의에 만족한다면, 사람들은 신비주의가 제국주의와 양립할 수 없다고 판단할 것이다. 기껏해야 사람들은 우리가 방금 했듯이, 신비주의는 아주 특별한 '힘의 의지'를 고무하지 않고는 확산될 수 없을 것이라고 말할 것이다. 바로 인간이 인간에 대해서 더는 그렇게 영향력을 갖지 않기 위해서, 인간들에 대해서가 아니라 사물들에 대해서 영향력을 행사하는 제국이 문제 될 것이다.

신비적인 천재가 출현했다고 하자. 그는 자신 뒤에다 이미 무한히 커져버린 신체와 그 신체에 의해서 변형된 영혼을 가진 인류를 이끌 것이다. 그는 인류를 새로운 종(種)으로 만들려고 할 것이고, 혹은 오히려 인류를 한 종(種)이 되는 필연성으로부터 해방시키려고 할 것이다. 종을 말하는 사람은 집단적인 정체(停滯)를 말하는데, 완전한 존재성이란 개체성 안에 있는 운동성이다. 우리의 행성 위로 지나간 생명의 숨결은 순응하면서도 반발하는 자연이 허락했던 것만큼 유기체를 만드는 일을 추진했었다. 사람들은 우리가 순응하면서도 반발하는 자연이란 말로 생명이 거친 물질 속에서 만나는 친절들과 저항들의 전체를, 즉 생물학자를 본받아서 **마치** 물질로부터 의도들을 빌릴 수 있는 **듯**이 취급하는 전체를 지칭한다는 것을 안다. 제작적인 지성과 그것 주위에 직관의 달무리를 지녔던 한 신체는 자연이 가장 완벽한 것으로 만들 수 있었던 것이었다. 인간의 신체가 그러하다. 거기에서 생명의 진화는 멈췄다. 그러나 여기에서 지성은 (기계적 구성에는 그렇게 적성이 없는) 자연이 예상조차 못했던 복잡성과 완벽성의 수준으로 자신의 도구들의 제작 능력을 올림으로써, (경제에 이처럼 무지한) 자연이 생각조차 못했던 저장된 에너지들을 이 기계들 속에 쏟아 넣음으로써 우리에게 우리 신체의 능력과 비교할 수 없는 거대한 능력들을 부여했다. 무게를 달 수 있는 조그만 조각의 물질도 압축된 힘으로 표상되는데, 이 힘을 과학이 해방시킬 수 있을 때, 이 능력들은 무제한이 될 것이다. 물질적 장애물은 거의 없어졌다. 생명이 멈춰서야만 했었던 지점으로 생명을 인도했었던 숨결의 방향 자체에서 미래에 길이 자유롭게 열릴 것이다. 그때 영웅의 부름이 들린다. 우리 모두가 그를 따르지는 않을 것이지만, 우리 모두는 그렇게 해야만 할 것이라고 느낄 것이고, 우리는 그 길을 알 것이고, 만일 우리가 그 길을 지나간다면 그 길은 확장될 것이다. 모든 철학에서 지고한 의무의 신비가 갑자기 해명될 것이다. 즉 하나의 여행은 시작되었었고, 그것을 중단해야만 했었다. 그 길을 다시 취하면서 사람들은 사람들이 이미 원했던 것을 단지 또다시 원하게 하면 된다. 설명을 요하는 것은 항상 멈춤이지 운동이 아니다.

그러나 위대한 특권적 영혼의 출현을 너무 기대하지 말자. 이 위대한 영혼이 없다 하더라도, 다른 영향들이 우리를 즐겁게 한 장난감들로부터, 그리고 우리가 그것을 둘러싸고 서로 싸운 신기루로부터 우리의 주의를 돌려놓을 수 있을지 모른다.

실상 사람들은 발명의 재능이 과학의 도움을 받아 상상하지 않았던 에너지들을 어떻게 인간 마음대로 사용하게 했었는지를 보았다. 문제 되었던 것은 물리화학적 에너지들과 물질에 관한 과학이었다. 그러면 정신은? 정신은 그것이 탐구될 수 있었을 만큼 과학적으로 깊이 탐구되었나? 그러한 깊은 탐구가 제공할 수 있었을 것을 사람들은 알고 있는가? 과학은 우선 물질에 전념했다. 3세기 동안 과학은 다른 대상을 갖고 있지 않았다. 오늘날에도 이 단어에다 형용사를 붙이지 않으면 물질과학에 대해서 말하는 것으로 이해된다. 우리는 예전에 그것의 이유들을 말했다. 우리는 왜 물질에 관한 과학적 연구가 정신에 관한 연구에 앞서 진행되었는지를 지적했다. 가장 긴급한 일부터 먼저 해야만 했다. 기하학은 이미 존재했었다. 기하학은 고대인들에 의해서 충분히 멀리까지 밀고 나아갔었다. 사람들은 우리가 사는 세계에 대한 설명을 위해 수학이 제공할 수 있었던 모든 것을 수학으로부터 이끌어내는 것으로 시작했음에 틀림없다. 게다가 사람들이 정신과학에 의해서 시작한다는 것은 바람직하지 않았었다. 정신과학은 그 스스로는 정확성에, 엄밀성에, 증명에 대한 배려에 이르지 못했었다. 이 성격들[정확성, 엄밀성, 증명]은 기하학에서 물리학으로, 화학으로, 그리고 생물학으로, 정신과학이 자신에 대해 갑자기 새로운 전개를 보일 때까지 퍼져나갔다. 그러나 다른 한편으로 정신과학은 그렇게 늦게 출현하는 것에 고통이 없을 수는 없었다. 인간 지성은 사실 그 시간적 간격 동안 모든 것을 공간 속에서 보고 모든 것을 물질에 의해 설명하는 자신의 습관을 과학에 의해 합법화하고, 따라서 이의가 제기되지 못하는 권위를 부여받을 수 있었다. 그러면 인간 지성이 영혼에로 향한다면? 지성은 내적인 삶에 대해서도 공간화된 표상을 자신에게 부여한다. 지성은 자신이 옛것에 대해 지녔던 이미지를 새로운 대상에다 펼친다. 거기에서부터 의식의 상태들의 상호 침투성을 고려하지 않는 원자론적 심리학의 오류들이 비롯된다.[92] 거기에서부터 정신을 지속 속에서 찾지 않고도 정신에 도달한다고 주장하는 철학의 무익한 노력들이 비롯된다. 영혼과 신체의 관계가 문제된다면?[93] 혼란은 훨씬 더 심각하다. 이 혼란은 형이상학을 잘못된 선로 위에 오르게 했을 뿐만 아니라, 관찰 과학을 어떤 사실들로부터 눈을 돌리게 하고, 또는 오히려 내가 알지 못하는 어떤 독단의 이름으로 미리 추방시킴으로써 어떤 과학들이 발생하지 못하게 했다. 사실 정신적 활동에 동반하는 뇌의 물질적 작용은 정신적 활동과 등가적이라고 이해되었었다. 모든 실재

---

92) (역주) 베르그손은 『시론』에서 지속과 공간 표상의 정체를 해명한 후, 바로 다루고 있다.

93) (역주) 이 점은 『물질과 기억』에서 다루어지고 있다. 베르그손이 여기에 요약한 『물질과 기억』의 내용과 『시론』의 내용을 우리는 역자 해제에서 전 철학의 역사와 관련시켜 전체적으로 이해할 수 있도록 조망해놓았다.

는 공간적 기초를 가지는 것으로 간주되기에, 사람들은 정신 속에서 초인적인 생리학자가 그 정신에 상응하는 뇌 속에서 읽을 수 있는 것 그 이상의 어떤 것을 발견해서는 안 된다. 이 주장은 사실들에 대한 자의적인 해석인 순전히 형이상학적 가설이라는 것을 주목하자. 그러나 이 주장에 대립하는 유심론적 형이상학도 못지않게 자의적인데, 이 형이상학에 따르면 영혼의 각 상태는 영혼에 단순히 도구로 사용되는 뇌의 하나의 상태를 이용할 것이라는 것이다. 이 유심론적 형이상학에서도 정신적 활동은 뇌의 활동들과 동연적일 것이고, 현재의 삶 속에서 뇌의 활동들에 하나씩 상응할 것이다. 게다가 두 번째 이론은 첫 번째 이론에 항상 매혹된 듯이 첫 번째 이론에 영향을 받았다. 우리는 사람들이 두 측면으로부터 받은 선입관들을 버리고, 사실들의 윤곽을 가능한 한 가까이 포착함으로써, 신체의 역할은 아주 다르다는 것을 정립하려고 시도했었다. 정신의 활동은 물론 물질적인 동반자를 갖지만, 이 물질적 동반자는 정신 활동의 단지 한 부분만을 그릴 뿐이다. 나머지는 무의식 속에 머문다. 물론 신체는 우리에게 있어서 행동의 수단이지만, 그것은 또한 지각의 방해물이다. 신체의 역할은 어떠한 경우에도 유용한 태도를 수행하는 것이다. 바로 그렇게 하기 위해 신체는 의식으로부터, 현재 상황을 조명하지 못하는 기억들과 함께 우리가 어떤 영향력을 행사할 수 없을지 모르는 대상들의 지각을 떼어놓아야만 한다.[94] 신체란 말하자면 여과기 혹은 영사막이다. 신체는 현실화하는 작용을 방해할 수 있는 모든 것을 잠재적 상태로 유지한다. 신체는 우리가 해야만 하는 것의 관심으로 우리가 앞만 보도록 돕는다. 그 대신에 신체는 우리가 우리의 즐거움만을 위해 이쪽저쪽을 바라보지 못하게 한다. 신체는 꿈의 거대한 영역에서 현실적인 심리적 삶을 우리에게 주워 모으게 한다. 간단히 말해 우리의 뇌는 우리의 표상의 창조자도 아니고 저장소도 아니다. 우리의 뇌는 표상을 활동적으로 만들 수 있도록 표상을 단지 제한하는 것이다. 뇌는 **삶에 주의 집중**하는 기관이다. 그러나 거기서부터 신체 속이든 신체가 제한하는 의식 속이든, 인간 지각으로부터 인간 행동에서 본성상 벗어나는 대상들을 배제하는 것을 기능으로 하는 특수한 장치들이 있어야만 한다는 것이 귀결된다. 이 메커니즘들이 혼란되었을 때, 그것들이 닫은 채로 유지시켰던 문이 방긋이 열린다. 즉 무엇인가가 '밖으로'부터 빠져나가는데, 이 '밖으로'란 아마도 '저 세상(audelà)'일지 모른다. '심령 과학'이 몰두하는 것이 바로 이런 비정상적인 지각들이다. 심령 과학이 직면하게 되는 저항들이 어느 정도로는 설명된다. 심령 과학은 항상 신용할 수 없

---

94) 우리는 위에서 시각과 같은 감관이 어떻게 더 멀리 나갈 수 있는지를 제시했다. 왜냐하면 시각의 도구가 이 연장을 불가피하게 만들기 때문이다(『물질과 기억』, 1장 전부 참조).

는 인간의 증언에서 자신의 지반을 취하고 있다. 우리들에게 있어서 학자의 전형은 물리학자이다. 분명히 속이는 것을 즐겨 하지 않는 물질에 대한 합법적 신뢰의 태도는 우리에게 있어서는 모든 과학의 특성이 되었다. 탐구자들에게 어디에서나 신비화를 감지하도록 요구하는 탐구를 또한 과학적으로 다루는 데 어려움이 있다. 탐구자들의 불신은 우리에게 불편함을 주며, 그들의 신뢰 또한 더욱 그러하다. 우리는 사람들이 자신의 조심스러움을 빨리 벗어버린다는 것을 안다. 호기심으로부터 경솔함으로는 쉽게 진행된다. 한 번 더 말하자면, 심령 과학에 대한 어떤 혐오감들은 이렇게 설명된다. 그러나 진정한 학자들이 '심적 탐구'에 반대하는 받아들일 수 없음의 목적이, 만일 단지 무엇보다도 관계된 사실들을 '그럴 것 같지 않다'고 그들이 간주한 때문이라면, 사람들은 그들의 태도를 이해할 수 없을 것이다. 비록 그들이 한 사실의 불가능성을 정립할 어떤 생각할 수 있는 수단도 존재하지 않는다는 것을 아는데도 불구하고, 그들은 '불가능하다'고 말할지 모른다. 그럼에도 불구하고 그들은 결국에는 이 불가능성을 납득한다. 그리고 그들이 이것을 납득하는 것은 그들이 유기체와 의식 사이, 신체와 정신 사이에 일정한 관계를 결정적으로 입증하여 이의를 제기할 수 없다고 판단했기 때문이라는 것이다. 우리는 방금 이 관계가 순전히 가설적이며, 과학에 의해서 논증된 것이 아니라 형이상학에 의해서 요구된 것이라는 것을 보았다. 사실들은 아주 다른 가설을 제시한다. 그리고 만일 이 가설이 인정되면, '심령 과학'에 의해서 강조된 현상들은 혹은 적어도 이 현상들 중의 어떤 것들은 그것들에 대한 연구가 기획되는 것을 보기 위해 기다려야만 하는 시간에 오히려 놀랄 정도로 그렇게 사실임직하다. 우리는 여기서 우리가 다른 곳에서 논의했던 점으로 다시 돌아가지 않을 것이다. 우리에게 가장 잘 정립된 것으로 보이는 것에 대해서만 말하기 위해, 예를 들어 텔레파시 현상들에 관해 수집된 수많은 일치하는 진술들 후에도 '텔레파시 현상들'의 실재성을 의심에 놓는다면, 과학의 눈에 존재하지 않는다고 선언해야 할 것은 바로 인간의 증언 일반일 것이라고 말하는 것으로 만족하자. 역사는 무엇이 될 것인가? 심령 과학이 우리에게 제시하는 결과들 중에 해야 할 선택이 있다는 것은 진실이다. 심령 과학 자체는 이 결과들 모두를 조금도 같은 수준에 놓지 않는다. 심령 과학은 그것에 확실한 것처럼 보이는 것과 단순히 그럴 듯한 것 혹은 적어도 가능한 것 사이를 구별한다. 그러나 사람들이 심령 과학이 확실하다고 주장한 것의 일부만을 고려한다 하더라도, 심령 과학이 단지 개척하기 시작한 **미지의 땅**(terra incognita)의 광대함을 알아채기에 충분하다. 이 미지의 세계의 어떤 빛이 우리에게 도달해, 신체의 눈에 보인다고 가정하자. 심령 과학이 무엇을 말하든, 보고 만지는 것만을 존재하는 것으로 받아들이는 데 일반적으로 익숙해진 인류에 있어서 어떤 변화가 있겠는가! 우리에게 이처럼 오는 정보는 아마도 영혼들 속에서 열등한 것, 영성(靈性)의 가장 낮은 단계에만 관계하는 것일지 모른다. 그러나 대부분의 사람들에 있어서 마주쳐지는 것 같으나, 대체로 말로, 추상적으로, 효력 없이 머무는, 내세(l'audelà)에 대한 믿음을 생생하고 작용하는 실재로 전환시키기 위해 더 많은 빛이 필요하지 않을지 모른다. 이 빛이 어느 정도로 중요한지를 알기 위해서는 어떻게 사람들이 쾌락에 몸을 던지는지를 주시하는 것으로 충분하다. 사람들이 쾌락에서 허무(虛無)에 관한 그만큼의 영향력을, 죽음을 경멸하는 수단을 보지 않았다면, 사람들은 이 정도로 쾌락에 집착하지 않을 것이다. 진실로 만일 우리가 사후 존속을 확신했고, 절대적으로 확신한다면, 우리는 더는 다른 것을 생각할 수 없을 것이다. 쾌락들은 존속할 것이지만, 생기를 잃고 퇴색하는데, 왜냐하면 쾌락들의 강도는 단지 우리가 그것들에다 고정시킨 주의 집중에 불과했기 때문이다. 쾌락들은 아침 햇빛을 받은 전등불처럼 창백해질 것이다. 쾌락은 환희에 의해 빛을 잃게 될 것이다.

사실 환희는 확산(擴散)된 신비적 직관이 세계 속에 전파하는 생의 단순성일 것이며, 또한 환희는 확장된 과학적 경험 속에서 내세에 대한 영상을 자동적으로 뒤따르는 것일지 모른다. 이처럼 완벽한 도덕적 개혁이 없는 경우에는 방편들에 호소하고, 점점 더 침범하는 '법규 제정'에 따르며, 우리의 본성이 우리의 문명에 대항하여 세운 장애물들을 하나하나 돌려놓아야만 할 것이다. 그러나 사람들이 위대한 수단들을 선택하든 소박한 수단들을 선택하든 결단이 필요하다. 인류는 자신이 이룩한 진보들의 무게에 반은 짓눌려 신음하고 있다. 인류는 자신의 미래가 자신에게 달려 있다는 것을 충분히 알지 못하고 있다. 우선 인류는 계속 살기를 원하는지를 알아야 한다. 그리고 나서는 인류가 단지 살기 원하는지, 아니면 게다가 우리의 저항하는 행성 위에까지 신들을 만들어내는 기계인 우주의 본질적 기능을 수행하기 위해 필요한 노력을 기울이길 원하는지를 스스로에게 물어야 한다.

역자 해제

I. 『도덕과 종교의 두 원천』의 철학사적 의미

『두 원천』은 『의식에 직접 주어진 것에 관한 시론』, 『물질과 기억』, 『창조적 진화』와 더불어 베르그손의 4대 주저를 이루는 책이다. 그의 형이상학이 완성된 『창조적 진화』(1907) 이후에 인간 사회에 관해 실증적 자료들을 분석하고 거시적으로 통찰하는 20여 년간의 사색을 통해 출판된 책이다. 이 책은 제목이 암시하듯이 인간 윤리를 지배하는 도덕과 종교라는 두 분야를 근원적으로 해명하려는 의도를 가지고 있다.

베르그손의 가장 탁월한 연구가인 철학자 양켈레비치는 이 저술의 출현에 대해 "결국 베르그손주의는 그것이 내린 것과 다르게 결론지을 수는 없었을 것처럼 보인다. 그러나 누구도 일어날 일을 예측할 수는 없었을 것이다"고 말한다. '예견된 예견되지 않음'처럼 전개되면서, 회고적으로만 현재가 과거에 의해서 설명되는 생명체처럼 진화하는 철학이 베르그손 철학의 특징이라 하더라도, 이 특징은 『두 원천』의 출현과 더불어 갖는 의미가 사뭇 다르다. 이전 저작들이 자연에 관한 인식론과 존재론과 형이상학에 관한 것이라면, 이 저작은 사회 속에서 인간 행위를 지배하는 원리들을 다루는 윤리에 관한 것이기 때문이다. 그런데도 『시론』에서 『물질과 기억』을 거쳐 『창조적 진화』에 이르러 완성된 자연에 관한 형이상학적 관점이 윤리 문제에 적용될 때 나타날 수 있는 윤리 이론을 그려본다면, 『두 원천』이 취한 위상이 될 것이다. 무엇보다도 베르그손이 윤리 문제를 해명하기 위해 수집한 자료들을 해석하여 도덕과 종교의 근원을 파헤치는 근본적인 정신은 생명 이론에 근거해 있다. 인간 지성의 좁은 한계 속에서 조망한 정적인 형이상학을 넘어 생명 이론에 근거한 동적인 형이상학을 세운 철학자가 동일한 정신적 태도 속에서 윤리의 문제들을 다루고 있는 저작이 바로 『두 원천』이다.

물론 그는 『두 원천』이 『창조적 진화』의 결론을 넘어서고 있다고 말함으로써 그의 도덕론을 그가 '신비주의'라는 용어를 사용한 이상으로 신비주의적으로 해석하려는 오해를 불러일으킨 것이 사실이다. 그러나 인간을 자연 전체에 통합시켜 보편적으로 이해하려는 넓은 의미의 합리적인 정신에 베르그손은 충실하며, 그의 신비주의의 실증적 근거를 『창조적 진화』와 『물질과 기억』에서 예시한 방향에서 찾을 것을 권고하고 있다. 이처럼 생명체처럼 진화하는 철학에서는 현재의 저술은 이전 저술들의 의미를 회고적으로 확충하며, 동시에 현재의 저술은 이전 저술들에 근거해서만 제대로 이해될 수 있다. 바로 베르그손 자신이 『두 원천』에서 자신의 이론이 생명 이론에 근거한다는 것을 거듭 되풀이하여 말하며, 자신의 입장을 이해시키기 위해 지성적 관점에서 운동을 이해하는 제논의 역설과 철학적 방법으로 '사실의 선을 따른 분할 방법'을 강조하고 있다.

베르그손은 자신의 철학을 한마디로 요약해달라는 한 찬미가에게 이렇게 말했다고 한다. "지속은 존재한다. 그것은 공간이 아니다." 이 간략한 말은 그의 첫 저서인 『시론』의 핵심적 주제이며, 그의 전 철학을 관통하는 지침이다. '공간 표상'의 정체의 해명과 '지속'의 발견이 베르그손 철학의 가장 독창적인 측면이다. 공간 표상은 인간 지성이 외적 세계를 바라보는 지적 프리즘이며, '지속'은 실재이다. 지속은 공간이 아니라는 것을 발견하는 시점이 『시론』의 주제라면, 지속, 즉 실재를 사실의 선에 따라 분할하는 것이 『물질과 기억』과 『창조적 진화』의 주제라고 말할 수 있다. 따라서 우리는 『두 원천』 이전의 베르그손 철학을 '엘레아(Elea)학파의 궤변'과 '사실의 선을 따른 분할'이란 핵심적 관점으로 설명하겠다.

베르그손은 근대인들이 ―근대 과학자이든 근대 철학자이든―

고대의 초기 자연 철학자들처럼 자연을 그 자체로 인식하기보다는 인간 지성이 외적 세계를 바라보는 지적 프리즘인 '공간 표상'을 통해서 이해하고 설명하려 했다고 평가한다. 이 지적 관점하에서 자연은 결정론적으로 인식될 수밖에 없다. 왜냐하면 공간은 실제적 운동을 지성이 재구성할 수 있도록 이질적인 것을 동질화하고, 운동성을 부동성으로 환원할 수 있는 '동질적 장'이기 때문이다. 즉 그것은 모든 것들을 동질화하여 부동적 항들의 집합인 수(數)를 가능하게 하는 동질적 장이다. 베르그손은 자신의 철학을 정적(靜的)인 철학에 대비되는 동적(動的)인 철학이라고 주장한다. 정적인 철학이란 존재의 지반을 부동성과 영원성에 근거하는 철학을 말한다. 반면에 동적인 철학이란 운동성에 근거하는 철학이다. 고대 이래로 철학은 변화 속에서 불변적이고, 영원한 것을 찾고자 하는 욕구에서 비롯되었으니, 서양 철학의 본류는 정적인 철학 전통 속에 있다고 규정하는 것은 그다지 틀린 말이 아닐 것이다. 사실상 고대 철학은 학문(에피스테메, science)을 잉태시키기 위한 철학이었고, 학문의 운명이 그러한 것이 아닌가! 변화 속에 있는 불변적인 것, 그것을 우리는 본질이라고 한다. 자연 속에서 본질을 찾는 방식은, '형상'에서 찾느냐, '법칙'에서 찾느냐에 따라 두 가지로 나뉠 수 있다. 고대의 플라톤에 의해서 완성된 '형상적 본질주의'와 근대 과학자들에 의해서 탐구된 '법칙적 본질주의'가 그것이다. 그런데 본질주의의 시작을 알린 것은, 비록 그것이 소크라테스 이전 철학자들의 종합적 노력 속에 형태가 갖춰진 것이긴 하지만, 엘레아학파이다.

II. 엘레아학파의 궤변

엘레아학파에서 우리는 이 학파를 창시한 파르메니데스와 그의 교설을 전파하려고 노력한 제논이 자연과 운동을 이해하는 데 투영한 지적 유형을 드러내려 한다. 베르그손은 이 학파에 대해 운동을 부정하려고 역설을 제시한 제논을 주로 언급하지만, 파르메니데스가 서양의 본질주의 철학(또는 정적인 철학)의 시조라는 것을 누구보다도 잘 알고 있다. 그 이유는 베르그손이 정적인 관점에 위치하는 서양의 지성주의 태도가 바로 '공간 표상'이라는 프리즘을 통해 세계를 인식하는 태도라는 것을 드러내는 데 많은 노력을 기울이는데, 공간 표상 위에 투영된 세계를 모델로 실제적 세계의 모습을 규정하기 시작한 철학자가 파르메니데스이기 때문이다. 희랍의 초기 자연 철학은 인간 지성이 자연(physis)을 이해하고 설명하면서 자연을 공간화해가는 방식의 전형을 보여주기에, 파르메니데스와 초기 희랍 철학자들의 연관성을 간략하게 설명하지 않을 수 없다.

서양에서 자연 철학이 생겨나기 이전에도 자연을 이해하는 데 희랍인들을 사로잡던 두 가지 관념이 있었다. 그것은 '생성'과 '필연'이다. 그들은 자연의 생성을 인간이 종족을 번식하는 모습과 유사하게 표현하고, '필연'을 '운명적인 것'으로 생각하였는데, 이 세계관은 '인간자연 동형론(anthropomorphisme)'이라 할 수 있을 것이다. 이 세계관은 자연을 그 자체의 원리에 의해서 합리적으로 이해하지 않고, 인간의 행태를 자연에 투영한 것이니, 우리는 그것을 자연 철학이라고 하지는 않는다. 초기 자연 철학은 '생성'과 '필연'을 물질적 활력과 자연 순환의 연관성으로 이해한 이오니아학파의 탈레스부터 시작되어, 오랜 지적인 투쟁을 거쳐, 원자론자인 데모크리토스에 의해서 한 시기를 완결한다. 이 시기의 자연 철학은 이오니아학파의 물활론(物活論)에서부터 데모크리토스의 유물론(唯物論)으로 전개되는데, 이 발전은 '생성'과 '필연'을 인간 지성이 공간화하는 정도를 반영한다. '생성'은 점진적으로 '제작적인 것'으로 이해되어가고, '운명적 필연'은 '수학적 필연', '물리적 필연'으로 변모되어간다. 이와 같은 변형은 이 시기의 각 학파들에서 단계적으로 진행되지만, 이 변형을 매개한 철학자는 피타고라스와 파르메니데스라 할 수 있다. 데모크리토스에 이르러 '수학적 원자론'과 '물리적 원자론'이 동일한 이념 속에 수렴되는 이유가 여기에 있다. 전자는 '수적인 다(多)'의 이미지를, 후자는 '본질의 동일성'의 이미지를 데모크리토스에게 전달하였기 때문이다.

인간 지성이 자연을 이해하려는 노력은 '동일화의 원리'와 '차별화의 원리'라는 인간 지성의 근본적인 태도에 의해 '일(一)'과 '다(多)'를 조화시키는 유형을 산출하는 방식으로 이루어진다. 탈레스 시대에 희랍인들은 이미 자연을 4원소로 분류하여 이해하고 있었고, 따라서 탈레스가 자연을 생성의 관점에서 합리적으로 설명하고자 할 때, 그가 취할 수 있는 태도는 4원소를 한 원질(즉 '물')로 환원할 수 있다고 가정해보는 것이다. 즉 다양한 원질들의 원인을 한 근원적 원질에서 찾는 것이다. '생성'을 '원인'과 동근원적으로 이해하는 이 '환원주의'가 인간 지성의 '동질화 원리'의 가장 기본적인 형태일 것이다. 탈레스를 비판함으로써 비판적 합리주의 전통을 서양 철학에 남긴 아낙시만드로스는 자연의 생성의 원리로 '대립의 원리'를 주장한다. 그가 자연의 생성을 대립의 원리에 의해서 설명하고자 한 것은 자연을 이루는 원질들이 모두 하나의 원질로 환원된다면 자연에 다양한 원질들이 존재하게 될 이유가 없게 된다는 데에 근거한다. 즉 자연의 생성에는 '차별화의 원리'가 있어야만 한다. 그리고 '차별화의 원리'가 자연 속에 어떤 방식으로 내재하던 우리 지성이 이해하는 한에선 그것은 '대립'에 의해서 세워진다. 그러면 '대립'이란 무엇인가? 그것은 한 존재자의 본성이 다른 존재자의 본성으로 환원될 수 없도록 그 본성 자체의 고유성이 다른 본성을 거부하는 것을 말한다. 대립 개념은 그 이후의 희랍 철학사에서 플라톤에 의해서 '본질(형상)'을 규정하는 이중적인 형태로 인식되고, 아리스토텔레스에 의해서 판단 형식을 규정하는 네 가지 종류로 구분되지만, 인간 지성이 대립을 이해하는 가장 원본적인 형태는 아낙시만드로스의 '물'과 '불' 같은 대립이다. 원질들이 인간 지성에 차이성을 가지는 요소들로 인식된다는 것은 그들이 대립자들로 파악된다는 것을 의미한다. 이처럼 '대립의 원리'는 자연의 다양성을 산출하는 원리로 우리 지성에 인식된다. 따라서 자연을 생성의 관점에서 볼 때 '동일화의 원리'와 '대립의 원리'는 인간 지성이 '일(一)'과 '다(多)'를 이해하는 근본적인 원리이다.

그러나 아낙시만드로스는 '대립의 원리'가 작용하여 대립자들을 산출하게 되는 자연의 최초의 상태를 대립자들이 서로 융합되어 아직 분화되지 않은 잠재적 상태의 덩어리인 '무한정자(to apeiron)'라고 모호하게 언명하였다. 이를 비판하면서 아낙시메네스는 이전의 두 철학자의 견해를 조화시키는, 자연을 이해하는 새로운 사고 유형을 제시한다. 그것은 4원소들 중에서 '공기'를 가장 근원적인 원질로 간주하고, 그것의 희박화(稀薄化)와 농축화(濃縮化)에 의해서 다른 원질들이 산출된다고 설명하는 것이다. 즉 아낙시메네스의 견해는 '대립의 원리'를 완화시켜 '동일화의 원리'와 통합을 시도한 것이다. 왜냐하면 아낙시만드로스에 있어서 '물'과 '불'은 서로 배척하는 대립자들이기에 질적으로 극단적으로 다른 것들인 반면에, 아낙시메네스에 있어서 '물', '불', '흙', '공기'는 서로 구별된다 하더라도 근본적으로는 다르지 않다는 생각이 놓여 있기 때문이다. 이런 사유의 발전 과정에서 우리는 인간 지성이 자연을 공간화하는 두 가지 점을 목격할 수 있다. 첫째는 질적인 것을 양적인 것으로 환원하려는 지성적 사고의 단초가 있다. 왜냐하면 희박화와 농축화는 '정도'를 인정하는 개념이기 때문이다. '정도'는 완전한 양인 수는 아니지만 수를 가능적으로 내포하는 가능적 양이다. 둘째는 생성을 그것의 본질인 시간을 배제하고 공간적으로 이해하려는 지성적 사고의 단초가 있다. 왜냐하면 아낙시메네스에 있어서 생성이란 양태의 변형으로 인식되기 때문이다. 그리고 이런 양태의 변형이란 인식에는 지성이 변화를 이해하는 틀인 '가역성(可逆性)의 원리'가 잠재적 상태로 놓여 있다. 따라서 아낙시메네스는 '동일화의 원리'와 '대립의 원리'를 통합하려고 하면서 질을 양으로 전환시키고, 생성을 상태의 변화로 전환시키게 되는데, 거기에서 생성을 양화(量化)시키는 지성적 사고의 두 양식 —공간 선상에서는 질의 양으로의 전환과 시간 선상에서는 가역성— 이 형성된다.

피타고라스에 있어서 자연은 생성의 관점이 아니라 정적인 관점에서 이해된다. 즉 자연은 근본적인 원소들의 생성에 의해 설명되는 것이 아니라 정적인 관점에서 내면적 구조에 의해서 이해된다. 왜냐하면 자연은 통괄적으로 '수적인 비율'과 '질료적 요소'의 결합으로 설명되기 때문이다. 따라서 그에게 있어서는 수적인 요소가 자연 전체를 동질화하는 원리가 된다. 자연을 수적인 비율에 의해서 동질화하는 것은 자연 전체를 공간 표상화하는 것이다. 왜냐하면 수(數)는 '동질적 장'인 공간 표상 위에서만 형성된다고 말할 수 있기 때문이다. 피타고라스가 자연 전체를 수적인 비율을 이루고 있는 것으로 이해하게 된 단초는 천체들에 대한 인식에서 비롯된 것이다. 여기에서 도형(별자리)은 수로 표현된다는 이념이 형성되는데, 그는 수와 도형의 이 관계를 자연의 모든 대상들에로 일반화한다. 왜냐하면 자연물들은 우리의 눈에 언제나 '형태'로 지각되기 때문이다. 이때부터 수적인 비율은 모든 존재자들을 형상화하는 원리가 된다. 즉 수는 대상들의 형성의 본질적인 조건일 뿐만 아니라 대상의 인식 조건이 된다. 수학과 기하학(도형)의 일치, 바로 이것이 학문의 역사에서 가장 영향력을 행사한 피타고라스의 이념이다. 피타고라스가 바라본 자연은 인간 지성이 자연을 정적인 질서로 이해하고자 할 때, '동일화의 원리'와 '양화의 원리'가 가장 단순한 형태로 표현된 자연이다. 이 이념하에서는 질료적인 것은 그다지 의미를 가지지 못한다. 그것은 만듦의 문제(즉 제작의 문제)의 —피타고라스부터 생성은 만듦(제작)의 문제로 변형된다— 설명을 위해 요구된 보조적 요건으로 평가 절하된다. 이처럼 피타고라스는 자연을 새로운 방식으로 이분화하는 길을 준비한다.

헤라클레이토스의 철학은 피타고라스의 '동일화의 원리'에 대한 '대립의 원리'의 반발이고, '정적인 철학'에 대한 '동적인 철학'의 반발이다. 자연의 정적인(수적인) 질서가 시원적인 것일 수 있는가? 아리스토텔레스가 후에 지적하듯이 "정지란 운동의 결핍"이라면, 정적인 질서의 세계는 자족적인 세계일 수가 없지 않겠는가! 헤라클레이토스의 관점에서는 피타고라스가 본 질서 있고 조화로운 자연이란 끊임없이 투쟁하는 대립자들의 균형에 불과하다. 그에게 있어서 질서(정지)는 그 자체적으로 존재할 수 있는 본성이 아니기 때문이다. 물론 헤라클레이토스가 본 대립자들의 투쟁이란 아낙시만드로스가 얘기한 대립이 아니고, 질서의 세계를 형성하게 한 존재의 내면적 원리이고, 또한 그것은 시작도 끝도 없이 과거도 미래도 없는, '영원히 타고 있는 불'처럼 존재하는 시간 속의 초월적 존재성이다. 그러나 그가 말하는 대립자들의 투쟁의 로고스는 서양 사상을 주도한 본질주의적 관점에 포착될 수 없는 것이다.

피타고라스, 헤라클레이토스, 피르메니데스의 철학적 교설을 이오니아의 세 철학자들(탈레스, 아낙시만드로스, 아낙시메네스)처럼 인간 지성의 사고 유형의 변형 과정인 '동질화의 원리', '대립의 원리', '공간화의 과정'이란 도식으로 이해하는 데에는 무리가 있다. 그러나 이 지성적 사고 유형은 이오니아학파의 수평적 진행과는 달리 자연의 내적인 구조와 깊이를 향한 수직적 방향으로 전개되고 있는 것을 피타고라스와 헤라클레이토스에게서 목격할 수 있고, 파르메니데스의 견해는 어떤 의미에서 피타고라스주의에로의 회귀로 볼 수 있다. 물론 이 회귀는 직선적 회귀가 아니라 인간 지성이 로고스(logos)에 부여한 의미 내용에 상응하는 나선적 회귀이다. 피타고라스의 로고스가 정적인 질서적 세계를 형성하는 원리인 '수적인 비율'을 뜻하고, 헤라클레이토스의 로고스가 질서적 자연의 이면에서 그것을 산출하는 동적인 '대립적 투쟁의 이법(理法)'이라면, 파르메니데스에 있어서 로고스는 '말'이란 의미로 표현되는 진리성이다. 사실상 인간 정신이 자연을 이해하기 위해 지적 유형을 투영시킬 때, 헤라클레이토스가 한 것 이상으로 밀고 나갈 수는 없다. 이 한계에서 로고스 개념에 대한 자기 반성이 일어난 것이, 다시 말해 인간 지성이 생각하는 진리성의 의미를 묻게 된 것이 자연스러운 일이 아닐까? 이렇게 해서 엘레아학파의 파르메니데스에 이르게 된다.

파르메니데스는 영원성의 관점에 위치하여 자연의 참다운 존재성을 불변, 부동, 불가분적이라 규정하게 된다. 이런 규정은 인간 지성이 요구하는 진리성을 반영한 것인데, 그것은 피타고라스의 정적이며, 수적인 세계 속에 암시된 지적인 요구를 자기 파악한 것이라 할 수 있다. 고대의 본질주의인 '형상적 본질주의'가 완성된 것은 플라톤에 의해서이지만, 본질주의의 시작을 알린 것은 파르메니데스이다. 파르메니데스의 관점에서는 이오니아학파의 생성 이론을 가능하게 했던 대립자들뿐만 아니라 헤라클레이토스의 대립자들도 자연의 진정한 실재성이 아니다. 왜냐하면 자연의 다양성이란 대립의 원리에서 비롯되고, 운동(변화)은 대립자들이 있기 때문에 가능한 것인데, 우리 지성의 요구에 따르자면, 이 다양성과 변화는 감각적 사실일 뿐이고 진실된 세계는 불변, 부동, 불가분적인 영원한 존재성이어야 하기 때문이다. 여기에서 우리는 인간 지성의 '동일화의 원리'가 작용하고 있는 것을 본다. 그런데 이제 이 동일화의 원리는 우리 지성의 '요구적 실재성'의 성격 규정과 관련하여 자기 반성적으로 인식된다. 그러면 진정한 실재, 즉 본질의 세계는 파르메니데스에 의해서 어떻게 규정되는가?

자연을 분할하는 원리인 '대립의 원리'의 극단적인 유형인 '모순'에 의해서 규정된다. '대립'이란 아낙시만드로스의 '물'과 '불'의 대립처럼 대립자들의 본성이 서로 환원될 수 없다는 데 근거하지만, 한 대립자의 존재성이 그것에 대립하는 대립자의 존재성을 부정하지 못한다. 반면에 모순적 대립의 경우에는 대립자들 간에 서로 환원될 수 없을 뿐만 아니라, 한 대립자의 존재성이 그것에 대립하는 대립자의 존재성을 배제하는 경우를 말한다. 예를 들어 '존재'와 '무(無)'의 대립이 모순적 대립이다. 파르메니데스는 진정으로 변화하지 않는 영원한 존재의 세계(즉 본질의 세계)를 '무(無)'와의 대립으로 존재하는, 따라서 '무'와 '존재' 사이에 정도의 차이를 인정하지 않는 '모순적 대립'에 의해서 규정한다. 즉 파르메니데스에 의해서 자연은 더는 생성의 관점이 아니라 정적인 관점에서 '진정한 실재'와 '감각적 실재'로 이분화되는데, 이 이분화는 모순적 대립에 의해서 '감각적 세계'를 비실재화하는 데 이른다. 파르메니데스의 진정한 세계는 본질의 세계이다. 본질의 세계란 '정도(이번에는 존재와 비존재의 중간적인 형태인 변화)'를 인정하지 않는 세계이다. 파르메니데스가 "있는 것은 있고, 없는 것은 없다"고 했을 때, 그가 의도한 것이 이것이 아니겠는가? 본질의 세계는 불변적 세계이고 정도를 인정하지 않는 세계이기 때문에, 그 세계는 '무(無)'와의 대립에 의해서만 존재성이 규정된다. 이런 의미에서 그가 '진정한 세계'

를 규정하기 위해서 사용한 "있는 것은 있고, 없는 것은 없다"는 규정은 "있는 것은 있고, 있는 것은 있지 않은 것이 아니다"라는 규정을 함의한다. 그렇다면 본질의 세계는 '동일률(있는 것은 있다)'과 '모순율(있는 것은 있지 않은 것이 아니다)'의 이중적 규정에 의해서 표현되는 세계이다. 여기서 우리는 파르메니데스로부터 시작된 본질주의가 피타고라스의 수적인 세계 구성과 동일한 지향점을 가진다는 것을 알 수 있다. 왜냐하면 수가 형성되는 장이 '공간 표상'이고, '공간 표상'이란 '동일률'과 '모순율'이 만나는 장에 대한 표상이기 때문이다. 자연에 관한 본질주의와 수학주의의 수렴화 현상은 고대에 시작되어 근대 과학을 거쳐 현대에까지 이어지는 학적 태도이지만, 고대에서는 데모크리토스에 의해서 이루어진다.

파르메니데스 이후에 자연을 이해하는 인간 지성의 태도는 두가지 방향으로 나타난다. 하나는 물질을 설명하는 방향으로 엠페도클레스에서 시작되어 아낙사고라스를 거쳐 데모크리토스에 이르러 완성되는 다원론적 해석이고, 다른 하나는 운동을 지성적으로 표현하는 방식에 관련된 방향으로 제논에 의해서 역설의 형태로 표현되고 있다.

파르메니데스는 인간 지성의 진리 이념에 부합하는 세계의 존재성이 무엇인지를 드러내었지만, 그는 우리가 감관을 통해 지각하는 자연을 비실재적인 것으로 간주함으로써 자연에 관한 학(學)을 불가능하게 만들었다. 왜냐하면 그의 견해는 생성 소멸하는 자연의 다양성들의 원인을 제시하는 것이 아니라, 오히려 '감각 세계'와 '본질 세계'를 모순적 대립에 의해서 단절시키는 것이기 때문이다. 이 두 세계를 화해시키려는 노력이 최초의 다원론자인 엠페도클레스에 의해서 시도된다. 이 시도는 파르메니데스의 진리관을 받아들이되 그것을 일자적(一者的)인 것이 아니라, 그것을 분할하여 다자적(多者的)인 것으로 인정하고, 이렇게 분할된 불변적인 몇 가지 요소들의 결합과 해체에 의해서 감각 세계의 생성 소멸이 이루어진다고 설명하는 것이다. 엠페도클레스의 시도에는 인간 지성의 '가분성의 원리'가 작용하고 있다. '가분성의 원리'는 생성의 관점에 위치했던 이오니아학파에서는 '대립'에 의해서 작용했지만, 파르메니데스가 정적인 관점에서 본질 세계를 규정한 후에는 이 본질 세계를 분할하는 방식으로 작용한다. 따라서 엠페도클레스의 근본적인 실체들인 '뿌리 실체'는 대립자들이라기보다는 서로 본질을 달리하여 존재하는 '타자'들이 된다. 그리고 대립자들의 '환원 불가능성'은 타자적 본질 규정과 함께 '침투 불가능성'으로 고착화된다. 엠페도클레스의 견해에서 데모크리토스의 원자론에 도달하기 위해서는 인간 지성의 '가분성의 원리'를 극단적으로 밀고 가기만 하면 되는데, 이와 같은 이행을 매개한 철학자가 아낙사고라스이다. 물론 이 이행이 직선적으로 이루어진 것은 아니다. 여기에도 변증법적인 과정이 있다. 아낙사고라스는 '감각 세계'와 '본질 세계'의 조화를 보다 밀착시키기 위해서 감각 세계의 다양성을 설명하는

데 적합할 정도로 근본적인 실체들의 수를 많게 하였으며, 더욱이 감각적 대상들이 가지는 성질은 근본적인 실체들인 '종자'들 중 어떤 것이 가지는 성질이라고 설명한다. 아낙사고라스의 이 견해는 감각 세계를 구제하려는 노력을 더욱 밀고 나아간 것이라 하더라도, 파르메니데스의 본질주의 정신을 위태롭게 하는 것이었다. 따라서 데모크리토스는 근본적인 실체들의 수를 무한히 많게 한 아낙사고라스의 정신을 받아들이면서도 이 근본적인 실체들을 우리 감관에 의해 지각할 수 있는 것과는 전적으로 다른 것으로, 파르메니데스의 본질 규정에 가장 근접한 것으로 만들었다. 마치 파르메니데스의 일자적 본질 규정이 수적으로 무한히 분할된 것처럼 말이다. 크기와 형태만 다르고 모두가 동일한 성질을 가지는 불가분적인 단자인 '원자(atom)'의 개념은 이렇게 형성된 것이다. 이렇게 해서 피타고라스의 '수학적 원자론'이 파르메니데스의 본질 규정을 거쳐 데모크리토스의 '물리적 원자론'의 형태로 다시 만나게 된다. 그리고 '수학적 원자론'이나 '물리적 원자론'이, 비록 전자는 수의 영역에, 후자는 물질의 영역에 관계된 것이라 하더라도, 모두 인간 지성의 틀인 '공간 표상'에 투영된 것이라면, '물리적 원자론'은 '수학적 원자론' 못지않게 자연을 실제적으로 분할한 것이 아니라 인간 지성이 요구하는 실재성에 의해서 구성된 것이 아니겠는가?

제논은 파르메니데스의 주장을 전파할 목적으로 역설을 만들어낸 것으로 알려져 있다. 그가 제시한 역설은 여러 가지가 있는데 그중에서 '다(多)'를 부정하는 역설과 '운동'을 부정하기 위해 창안된 아킬레스와 거북의 역설이 대표적이다. 이 역설들은 '일(一)'과 '다(多)'의 문제를 공간 분할의 문제로, 실제적인 운동(경주)을 공간 표상인 선분의 분할 문제로 인식한 데에서 발생한 것들이다. 따라서 이 역설들은 실재적 다(多)나 실재적 운동을 지성의 논리에 따라 부당하게 구성함으로써 생겨난 것이다. 우선 '다(多)'의 부정에 관해서, 우리가 '다(多)'의 존재성을 말할 때, 우리는 전체와 부분의 관계를 상정한다. 그런데 '전체'와 '부분'의 관계는 두 가지 측면에서 생각할 수 있다. 하나는 '전체'를 서로 질이 다른 요소적 부분들로 나누는 것이고, 다른 하나는 '공간'을 분할하듯이 '전체'가 그것과 동질적인 '부분'들로 나뉜다고 생각하는 경우이다. 사실상 다원론자인 엠페도클레스가 파르메니데스의 일자적 존재성을 네 가지 근본 실체로 나누었을 때, 이 근본 실체들 각각은 전체와 동일한 본질이 아니며, 그들 서로에 관해서도 동일한 본질이 아니다. '물'이란 요소는 '불', '공기', '흙'이란 요소들과 다르고, 다른 요소들 간에도 그러하다. 그런데 전체와 부분의 관계를 동일한 본질인 것으로 개념상 생각했을 경우에는 부분이란 그 내용을 규정할 수 없는 개념이 된다. 마치 유클리드 기하학에서 점에 관한 모순적 정의('크기를 가지지 않은 최소 단위')처럼, 부분이란 크기를 가졌다면, 그것을 전체로 하는 부분들로 나누어질 것이고, 이렇게 무한히 진행될 것이다. 따라서 부분을 단지 개념적으로 정의한다면, 최초의 전체

안에서 무한히 크게 되고 무한히 작게 될 것이다. 이처럼 이 역설은 전체를 그것을 구성하는 다양한 요소들로 나누는 것이 아니라, 부분들과 전체가 동일한 본질을 이루는 '공간 표상'의 분할 문제로 인식한 데에서 비롯된 것이다.

아킬레스와 거북의 경주의 역설도 운동을 '운동자가 이동한 거리(즉 線分)'로 표현할 수 있다는 생각에서 비롯된다. 아리스토텔레스가 전하는 바에 따르면, 아킬레스의 역설은 이렇다: "달리기 경주에서 가장 빨리 달리는 사람은 가장 느린 사람을 결코 따라잡지 못할 것이다. 왜냐하면 쫓아가는 자는 앞에 달려가는 자가 출발했던 지점에 우선 도달해야 하므로 앞서 출발한 더 느린 자가 항상 어느 정도 앞서 있을 것임에 틀림없기 때문이다."(Phys., Z 9 239b 14) 제논은 서로 질(質)이 다른 두 운동을 각각이 선분 위에서 표현될 수 있다는 가정하에 두 고유한 운동을 교대로 잴 수 있는 경주 형태를 만들었다. 그런데 그가 구성한 이 경주 형태는 몇 가지 점에서 오류를 포함하고 있다. 우선 설명의 편의상 아킬레스의 속도가 거북의 속도의 두 배라고 하고, 아킬레스는 1분에 1미터를 가고 거북은 1분에 1/2미터를 가는데, 거북이 1미터 앞에서 출발한다고 하자. 그러면 실제적으로 출발 후 2분에는 아킬레스와 거북은 같은 지점을 통과하고, 2분 후부터는 아킬레스가 거북을 앞지를 것이다. 그러나 제논이 이 둘의 경주를 구성한 방식에 따르면 아킬레스는 거북을 결코 따라잡지 못한다. 왜냐하면 1+1/2+1/4 …라는 순열로 표현되는 시간 안에서는 아킬레스는 거북을 따라잡을 수 없기 때문이다. 제논의 논리에 따르자면 전혀 하자가 없는 듯이 보이는데, 그렇다면 어디에 문제가 있는 것인가? 아킬레스와 거북의 경주가 실제로는 제논이 만든 논증 형태로 표현될 수 없다는 데 있다. 그 이유는 아킬레스와 거북의 운동의 질(質)이 다르므로 아킬레스의 발걸음으로 거북의 발걸음을 잴 수 없으며, 또한 거북의 발걸음으로 아킬레스의 발걸음을 잴 수 없기 때문이다. 이 사실을 좀 더 잘 이해하기 위해 아킬레스가 거북을 쫓아가는 경주가 아니라, 아킬레스와 거북 각각의 운동을 속도로 표현한다고 하자. 그 경우에 아킬레스가 일정한 거리를 일정한 속도로 연속적으로 갔을 것이다. 사실상 아킬레스의 운동은 연속적이고 불가분적이므로 선분을 분할하듯이 분할하여 그 합으로 계산할 수는 없다. 그러나 실용적인 측면에서 아킬레스의 위치를 알기 위해 $1+1/2+1/4+1/8$ … 등으로 분할하여 측정한다고 하자. 연속적인 운동은 사실상 분할이 불가능하지만 실용적인 측면에서 분할하여 측정하는 것이 허용되는 것은 아킬레스의 운동의 질(이 등속도 운동의 질을 P라 하자)을 전제로 해서만 의미를 갖는다. 마찬가지로 거북의 운동도 그 자체로 고려하여 $1/2+1/4+1/8$ … 식으로 선분으로 분할하여 상징화할 수 있는 것은 거북 운동의 질(Q라 하자)을 전제하고서이다. 따라서 각 운동을 상징화한 선분들은, 비록 그것들이 선분이라는 의미에서는 동일한 것이지만, 서로 다른 질의 운동을 상징화하고 있는 것이다. 따라서 운동을 재기 위해 사용한 선분들이 공간적이라는 이유로 질이 다른 두 선분을 매개할 근거는 없는 것이다. 즉 제논의 역설은 두 독립적인 운동 각각을 측정의 필요성에 의해 공간(즉 선분) 위에 임의로 분할하여 표상할 수 있다는 사실로부터 각 운동을 표상한 선분들이 동일한 선분일 것이라는 착각에서 만들어진 잘못 구성된 역설이다.

베르그손은 제논의 아킬레스 역설에 관해서 우리가 방금 제시한 내용을 "거북의 발걸음으로 아킬레스의 발걸음을 잴 수 없으며, 아킬레스의 발걸음으로 거북의 발걸음을 잴 수 없다"고 했을 뿐만 아니라, 아킬레스의 거북의 운동이 '타성적 운동'이 아니라 '자발적 운동'이라고 지적하고 있다. 이 지적은 관찰자의 관점에서 운동처럼 보이는 '현상적 운동'과 진정한 의미에서 운동이라고 불릴 수 있는 '존재론적 운동'을 구별할 필요성을 부각시키고 있다. 사실상 '자발적 운동'이란 운동인(運動因)이 그 운동 안에 내재하는 운동이므로 '타성적 운동'과 달리, 실용적인 차원에서조차도, 선분(線分)으로 상징화되는 것이 불가능하다. '타성적 운동'의 경우에는 운동인이 그 운동체 밖에 있는, 부동체의 위치의 이동이므로 그것을 운동의 궤적(통과된 공간)으로 상징화하는 것이 실용적인 측면에서나마 가능하지만, '자발적 운동'은 운동인이 그 운동 자체에 내재하며, 따라서 그 운동을 구성하는 부분적인 계기들이 고유한 질을 가지면서 전체와 하나를 이루고 있기에 동질적 공간(선분)인 운동의 궤적으로 표상화할 수 없다. 관찰자에게 나타나는 현상적 관점이 아니라 존재론적 관점에서 볼 때 '타성적 운동'은 부동성의 상징이고, '자발적 운동'은 운동성의 상징이다. 왜냐하면 '타성적 운동'은 포탄의 운동이나 낙하 운동처럼 부동체들을 이동시킨 운동인으로서의 힘이 이 운동체(부동체)의 밖에 있거나 천체의 운동처럼 '이미 이루어진 운동' 속에서 질량이 갖는 인력의 관계일 뿐인 데 반해, '자발적 운동'은 현상적으로 '타성적 운동'과 유사한 모양새를 갖는다 해도 존재론적으로 볼 때는 운동인(운동성)의 직접적인 현시이며, 따라서 '이미 생성된 운동'이 아니라 '생성하는 운동'이기 때문이다. 이런 이유로 우리가 자연 속에서 존재론적 운동을 언급할 때 우리는 외적인 관점에서 '위치의 이동'이 아니라, 내적인 관점에서 '생성'과 관련하여 인식하여야 한다. 이 생성은 자발적 운동자로서의 생명체인 우리 자신 안에서 그 의미가 가장 잘 포착되기 때문에 베르그손은 행동의 필요성에 따라 외적 세계를 조망하는 '공간 표상'으로부터 벗어나 우리의 생명성을 내적으로 통찰할 것을 권고하고 있다.

그러면 존재론적으로 '부동체'인 '타성적 운동'이 어떻게 현상적으로는 우리에게 운동처럼 나타나는가? 그리고 이 운동체의 이동을 과학자들이 측정한다고 할 때 나타나는 '시간'은 무엇인가? 베르그손의 '지속'의 발견은 존재론적 차원에서 시간(즉 변화)을 고려함으로써 이루어진 것이다. 이러한 관점에서 과학적 시간이 지속하지 않는다는 사실을 통찰하고 그는 이 과학적 시간의 존재론적 지반이 무엇인지 묻는다. 베르그손이 '지속'을 발견한 것은 생명체에서도 생명성이 가장 잘 현시하는 '의식'에서이다. 주지하다시피 데카르트는 그의 코기토(cogito)에 의해서 물질을 의식에 대해 존재하는 것으로 인식하게 하는 길을 열었을 뿐만 아니라, 물질(연장 실체)을 '가분성', '순간성'으로 규정하고 그것에 대립적으로 '의식(사유 실체)'을 '불가분성', '영원성'으로 규정함으로써,[95] '의식'과 '물질'의 관계를 이해하는 방식의 틀을 근대 철학자들에게 제공하고 있다. 그러나 이 규정 속에는 운동 현상을 만드는 연속성이 존재하지 않으며, 따라서 그의 후예들은 데카르트가 신의 존재성에 호소한 것과는 다른 방식으로 연속성의 근거를 제공하려고 시도한다. 우선적으로 그들은 의식 존재를 시간 개념이 존재하지 않는 데카르트식의 '영원성'이 아니라 '지속하는 존재'로 규정한다. 로크는 인간 존재를 두 종류의 상기(想起)로 설명하려 하고,[96] 라이프니츠는 데카르트의 코기토의 관점(세계는 나에 대해 존재한다)의 정신을 살

---

95) 의식(영혼)의 성격을 '불가분성', '영원성'으로 규정하기 시작한 것은 플라톤이다. 여기에서 우리의 표현 방식은 데카르트가 cogito의 발견에 의해서 물질을 영혼에 대립적으로 정의했다는 점을 강조하기 위한 것이다.

96) 두 종류의 상기(想起)란 시간 속에서 자아의 동일성과 대상의 동일성을 설명하는 방식이다. 전자는 내가 시간 속에서 '동일한 나'라는 것을 인식하게 하는 '개인적 상기'이고, 후자는 대상에 대해 '이미 보았다' 또는 '이미 안다'는 식별을 가능하게 하는 '객관적 상기'이다.

려, 물질보다는 정신(의식)에로 중심점을 전향하여 '물질'을 '순간적 정신'으로, '정신(의식)'을 '외적 인상과 노력이 기억 속에 지속적으로 보존되는 존재성'으로 규정한다. 그러나 베르그손은 의식의 본성으로서의 '지속'의 의미를 극단적으로 발전시킨다. 그것은 단순한 연속성이 아니라 눈덩이처럼 과거를 현재 속에 축적하며, 그 부분들이 전체에 상호 침투하며 반영되는, 매 순간 질적인 변화를 하며, 진보하고 생성되는 유기적 전체이다. 이처럼 '의식'에 관한 베르그손의 규정에는 '전체성'과 '두께'와 '이질적 진보'란 의미와 함께 '생성(창조)'의 의미가 포함되어 있다. 그리고 이 규정들은 의식뿐만 아니라, 생명체와 물질[97]에까지 적용되며, 따라서 그는 자연 전체를 지속의 지평으로 보게 된다. 이런 이유로 베르그손은 '의식(지속)'을 '물질'에 대비시키는 것이 아니라, 정적(靜的)인 철학과 과학이 실재를 규정하는 데 투영시켰던 '공간 표상'에 대비시키고 있다. '공간 표상'이 '동질성', '가분성', '침투 불가능성', '가역성', '양적(量的) 복수성'으로 규정된다면, 의식의 지속은 '이질성', '불가분성', '상호 침투성', '비가역성', '질적(質的) 복수성'으로 규정된다.

그러면 존재론적으로 부동체의 위치 변화가 우리에게 어떻게 현상적 운동으로 지각되고, 이 현상적 운동을 과학이 측정한다고 하

---

97) 물질은 운동성이 완전히 결핍된 공간이 아니므로, 베르그손은 물질을 약한 지속으로 규정한다.

는 '과학적 시간'의 지반이 무엇인가? 존재론적으로 부동체의 위치 변화가 우리에게 운동으로 지각되는 것은 바로 우리 의식의 역할 때문이다. 사실상 이 우주에 의식 존재(혹은 생명적 존재)가 존재하지 않는다면 '타성적 운동'은 운동으로 현시하지 않는다. 데카르트가 정확히 통찰했듯이 물질은 순간적 위치로만 존재하며 거기에는 운동이란 현상을 만드는 연속성이 존재하지 않는다. 예를 들어 한 물체가 A, B, C, D에로 차례로 위치 변환을 했다고 하자. 이 물체가 A의 위치에서 B의 위치로 변환되었을 때 이 물체에는 A는 더는 존재하지 않으며, C의 위치로 변화되었을 때는 A와 B의 위치는 더는 존재하지 않는다. 단지 이 위치들은 지속하는 의식 존재에 '동시적'으로 존재성을 가질 뿐이다. 현상적 운동이 나타내는 연속성은 시간 속에서 선행하는 위치들과 현재의 위치를 연속적으로 연결하여 그 위치들을 연속적 관계로 구성할 때에만 존재하게 된다. 그런데 단지 위치만을 변화하는 순간적 계기들을, 이 계기들이 우리 의식에 '동시적으로' 현시한다는 것에 근거하여, 연속적인 관계로 구성하는 것은 과거의 순간들을 현재 속에 보존하는 의식적 지속의 역할이다. 우리에게 운동 현상처럼 지각되는 외적 물체들의 이동이 사실상 관찰자로서의 의식 존재의 존재론적 지반(즉 지속)에 의해서만 가능하다는 사실의 발견이 베르그손의 첫 저작인 『시론』의 가장 중요한 업적 중의 하나이다.

근대 과학은 이 현상적 운동을 공간 표상 위에서 측정하는 방법을 세움으로써 시작되었는데, 그러면 '과학적 시간'의 존재론적 지반은 무엇인가? 존재론적으로 실재적인 시간이란 변화를, 더 정확하게 생성을 의미한다. 그런데 이 변화 혹은 생성이 시간으로 인식되기 위해서는 변화하면서도 과거를 현재 속에 보존하고 자기 자신을 의식하는 지속하는 의식 존재가 전제된다. 이처럼 베르그손은 의식의 본성을 '지속'으로 규정함으로써 '동질적 시간(과학적 시간)'이란 의식적 지속을 공간 표상 위에 투영시켜 형성한, 공간의 한 다른 양태에 불과하다고 설명한다. 그에 따르면, '공간'이나 '시간'이나 그것들을 '동질적인 것'으로 이해하는 한, 그것들은 실재적 공간이나 실재적 시간과는 관련이 없는, 오히려 이 실재적인 것들을 인간 지성이 행동의 필요에 따라 이해하는 '공간 표상'의 성격을 표현할 따름이다. 따라서 그는 "만일 공간이 동질적인 것으로 정의되어야 한다면, 역으로 모든 동질적이고 비규정적인 장(場)은 공간이 될 것이다"고 말한다. 이처럼 공간에는 두 양태가 있다. '공존(coexistence)'과 '연속(sucession)'. 이는 외연적인 장 속에 살며, 변화 속에 지속하는 의식 존재가 공간을 표상하는 두 방식이다. 여기서도 베르그손이 우리에게 숙고하도록 요구하는 것은 '동질적 시간'이란 실재적 시간인 '지속'의 지반 위에서만 만들어질 수 있는 현상이라고 한 점이다.

사실상 운동의 본성에 관한 오해가 바로 '동질적 시간'을 실재적 시간인 것처럼 간주하게 하는 데 기여했다. 왜냐하면 "운동은 외견상 동질적 지속의 생생한 상징"처럼 우리에게 표상되기 때문이다. 그러나 사람들이 한 운동을 동질적이고 가분적인 것으로 간주하면서, 그것이 공간 속에서 일어났다고 말할 때 그들이 생각하는 것이 '운동 자체'가 아니라 '통과된 공간(병치된 선분)'이듯이, 그들이 생각하는 시간이란 '실재적 시간(지속 자체)'이 아니라 '연속적 공간(연속된 선분)'이다. 그들이 생각하는 '통과된 공간(선분)'과 '연속적 공간(연속)'의 차이란 수에 있어서 '기수'와 '서수'의 차이와 다를 것이 없는 것이다. 이처럼 과학자들은 운동을 측정하기 위해 '운동' 대신에 '통과된 공간'을, '시간' 대신에 '연속적 공간'을 대입시키는데, 여기서 우리는 운동을 그것 아래에 놓여 있는 동질적 공간과 동일시함으로써 운동이 결국 정지가 되는 엘레아학파의 환상과 동일한 환상을 발견하게 된다.

베르그손이 『시론』에서 '공간 표상'의 성격을 해명한 것은 서양의 지성주의를 비판하기 위한 근거를 마련하기 위한 것이다. 철학의 역사는 자연을 그 자체적으로 이해하기보다는 지성에 의해서 주조된 대로 이해하고 해석하였는데, 이 해석의 근거에는 제작적 지성이 전제하는 '공간 표상'이 놓여 있다고 그는 진단한다. 바로 지성주의의 성격을 상징적으로 드러내준 것이 초기 자연 철학, 특히 엘레아학파이다. 그는 그의 첫 저술에서 우선 '공간 표상'으로부터 실재(자연 자체)를 분리한다. 지성은 자연 속에서 행동할 필요성에서 발생한 것이기에, 지성에 의해서 표상되는 세계는 인간 존재의 행동의 한계에서 그려지는 세계이지, 자연 자체를 순수하게 표상한 세계가 아니다. 우리의 시야에서 지성이 세계를 바라보는 프리즘인 '공간 표상'을 벗겨냄으로써 자연을 본래의 동적인 모습으로 회복시키려는 것이 『시론』의 주목적이었다면, 이제 본래의 모습으로 회복된 동적인 자연을 '사실의 선에 따라' 분할하여 세계에 대한 진정한 인식을 획득하는 것이 문제시된다.

III. 사실의 선을 따른 분할

우리는 고대 희랍의 자연 철학자들의 자연에 대한 이해와 설명 방식이 어떤 분할 방식 위에 기초하는지, 그리고 근대 과학의 자연 이해 방식이 어떤 점에서 고대 자연 철학자들과 연장 선상에 있는지를 보았다. 고대 자연 철학자들이나 근대 과학자들이 자연을 설명하기 위해 전제한 것은 바로 인간 지성이 행동의 필요성에 따라 자연을 측정하는 데 사용하는 틀인 '공간 표상'이다. 사실 '공간성'을 말하지 않고 분할을 말한다는 것은 불가능하다. 왜냐하면 분할의 작업과 공간성은 동연적으로 발생하기 때문이다. 그렇더라도 분할의 작업이 '공간'을 전제하고 이루어지느냐, 아니면 '공간'이 분할의 작업과 동시에 발생하느냐 하는 것은 큰 차이가 있다. 바로 여기에 '공간'을 전제하는 과학이나 그것을 정당화하려는 철학과, '차이성'을 우선으로 하는 철학이 구분된다. 전자가 논증의 철학, 구성의 철학이라면, 후자는 직관의 철학 또는 사실의 선을 따르는 철학이다. 이 후자의 철학에서 우리는 플라톤과 베르그손을 만나게 된다. 이 둘은 차이성에 의한 분할을 자연을 이해하는 철학적 방법으로 생각한 점에서 철학사에서 아주 독특한 인식론적·존재론적 관점에 위치한다. 우선 이 두 철학자는 각각이 공간 표상을 전제로 하여 자연을 인위적으로 분할하는 작업을 한 고대 자연 철학과 근대 과학을 비판하며, 그들과 대립하고 있다. 이런 인위적인 분할을 경계하기 위해서 플라톤은 '실재의 관절을 따른 분할'을 강조하고, 베르그손은 '사실의 선(線)을 따른 분할'을 말한다.

우선 우리는 이 두 철학자의 유사성을 조망하는 관점에 위치하여, 철학의 역사에서 '논증(또는 증명)의 방법'에 의해 그 가치가 은폐된 '차이성의 철학'이 철학적 방법으로 어떤 가치를 지니고 있는지를 제시하고자 한다. 철학의 방법의 주류로 자리 잡아왔던 '논증의 방법'은 수학이나 논리학 또는 수학적 물리학을 학문의 전형으로 채택한 방법이다. 이 방법의 근본 정신은 양적인 관점에 서 있으며, 따라서 수적인 양이 형성되는 '공간'을 전제로 하는 철학이다. 반면에 차이성의 철학은 질의 철학이고 직관의 철학이다. 철학의 방법으로서의 '차이성의 철학'의 중요성이 인식된다면, 이제 정적인 관점에서 차이성을 설명하느냐, 아니면 동적인 관점에서 설명하느냐의 태도 앞에 서게 된다. 바로 이 태도의 차이가 학문성과 철학의 의미를 다시 묻게 되는 계기가 될 것이다.

1. 플라톤의 나눔의 방법

플라톤이 자연을 분할하는 데 다원론자들의 영향이 있다 하더라도, 플라톤의 분할 방법은 다원론자들의 분할 방법과 사뭇 다르다. 우선 그 차이를 간략하게 요약하면 이렇다. 다원론자의 분할 방법은 자연을 실재적으로 분할하는 방법이 아니다. 그것은 인간 지성이 요구하는 대로 수를 분할하듯이 분할하는 방법이다. 즉 거기에서는 지성이 요구한 본질이 여러 요소들로 나뉜다고 가정한 후, 이 나누어진 궁극적 실체들의 결합에 의해서 감각적인 세계가 형성된다고 주장하는 것이다. 따라서 이 방법은 자연을 가정된 실체들로 나누고, 구성하는 '가설적인 분할 방법'이거나 '구성적 방법'이지, 자연을 실제적인 선을 따라 분할하는 방법이 아니다. 반면에 플라톤은 파르메니데스의 '본질 세계'와 '감각 세계'의 구분을 실재와 비실재로 설명하는 것이 아니라, '실재성'과 '유사적 실재성'으로 설명하며, 이념적 실재성인 형상(본질)들의 세계가 유(類)와 종(種)의 계층적 구조로 이루어져 있으므로, 한 유적 형상을 구성하는 종적 형상들의 필연적 관계를 밝히는 진정한 방법은 '나눔의 방법'이라고 주장한다. 따라서 같은 분할 방식을 취한다 하더라도 다원론자의 방법과 플라톤의 방법은 서로 다른 방법이다. 그러면 플라톤이 다원론자를 극복하고 피타고라스와 헤라클레이토스를 포괄하는, 자연에 관한 존재론과 학문 이론을 어떻게 정립하는지를 보자.

파르메니데스는 인간 지성이 요구하는 실재성, 즉 본질의 세계를 처음으로 규정한 철학자이다. 본질의 세계란 바로 '동일률'과 '모순율'이란 이중적 성격에 의해서 규정되는 '공간' 위에 세워진 세계이다. 따라서 세계는 이 '공간' 위에서만 성립하는 수학이나 기하학처럼 불변적이고 부동적이다. 파르메니데스는 자연의 '참다운 실재성'을 이와 같은 지적 공간에 투영시킴으로써 변화 속에 있으며 서로 대립적이기까지 한 감각적 세계를 비실재화하게 된다. 생성의 관점에서 출발했던 고대 자연 철학은 피타고라스부터 시작하여 파르메니데스의 존재 규정을 거쳐 본격적으로 제작(만듦)의 관점으로 바뀐다. 이것은 이제 자연을 어떤 원질들의 시간적 생성의 측면에서 설명하는 것이 아니라, 정적이고 영원한 관점에서 바라본다는 것을 의미한다. 파르메니데스 이후에 제작의 관점, 구성의 관점에서 자연을 분할하기 시작한 것이 다원론자들이다.

　다원론자인 엠페도클레스는 자연의 변화(즉 생성과 소멸)를 이렇게 설명한다. 불변적이고 영원한 '물', '불', '흙', '공기'라는 네 가지 뿌리 실체들이 있는데, 이들의 결합과 해체에 의해서 감각적 세계의 생성 소멸이 일어난다. 엠페도클레스의 이 설명 방식은 한편으론 파르메니데스가 생각한 진정한 실재성의 요구를 충족시키면서, 다른 한편으로는 변화하는 경험 세계를 설명하는 방안으로 제시된 것이다. 이 설명 방식에서 우리는 이오니아학파의 철학자들의 견해와 다른 두 가지 점을 주목할 수 있다. 우선 엠페도클레스의 4원소는 이오니아학파의 4원소와 다른 의미를 갖는다. '뿌리 실체'들은 이오니아학파의 원질들처럼 자기 원인적이거나 서로 대립적이거나, 아니면 다른 원질들로 변화될 수 있는 성질의 것이 아니다. 그것들은 자기 동일적이고, 다른 실체들로 변형되거나 상호 대립할 수도 없는 '본질'들이다. 즉 '뿌리 실체'들은 파르메니데스의 일자적 본질 규정을 분할하여 나누어진 '본질'의 형태를 띠는 '타자'들이다. 두 번째로 엠페도클레스는 파르메니데스의 일자적 존재 규정을 네 가지 요소들로 나누고, 그것들의 결합에 의해서 감각 세계의 생성 소멸을 설명하는데, 왜 파르메니데스의 일자적 존재 규정이 네 가지 요소로 나누어져야 하는지, 그리고 네 가지 뿌리 실체들이 그것들의 결합으로 만들어졌다고 가정한 경험적 대상들과 어떤 관련이 있는지가 설명되어 있지 않다. 따라서 엠페도클레스의 분할 방법(더불어 결합 방법)은 실재적 근거를 갖지 않은, 이런 이유로 실재성 밖에서 부과된 '우연적이고 인위적인 방법'이다.

아낙사고라스는 엠페도클레스의 나눔과 결합의 방식의 이념을 따르면서 위의 난점을 극복하려고 시도한다. 그것은 감각적 대상들이 나타내는 다양한 성질들의 수에 일치하도록 근본적인 실체들의 수를 증가시키며, 감각적 대상이 가지는 성질을 근본적인 실체들인 '종자'들 중 어떤 것이 가지는 성질이라고 설명하는 것이다. 그러나 아낙사고라스의 설명 방식은 파르메니데스의 본질 규정을 위태롭게 하는 측면이 있다. 왜냐하면 그의 설명 방식으로는 감관에 의해 지각하는 성질들이 궁극적인 실체들인 '종자'들의 성질이

되어야 하는데, 그렇다면 본질 세계는 불변적이고 부동이고 영원해야 하며, 따라서 변화를 겪는 감각적 세계와는 전적으로 다르다는 파르메니데스의 이념은 퇴색하게 되기 때문이다. 그러나 본질 세계의 이념은 우리 지성의 본성에 그 근원을 갖는 근본적인 요구이기에, 데모크리토스는 감각 세계와 본질 세계에 대한 아낙사고라스의 접근을 다시 파르메니데스의 정신에 충실한 방식으로 전환시킨다. 즉 근본 실체들은 우리 감관에 의해서 지각할 수 있는 것과는 전적으로 다른 것으로 크기와 형태만 차이가 있고 모두가 동일한 성질을 지니는 요소들이다. 바로 이것이 데모크리토스가 근본적인 실체들로 가정한 '원자(atom)'들이다. 사실 이 원자론은 파르메니데스의 일자적 존재 규정을 수적으로 무한히 분할한 것과 다를 것이 없다. 따라서 피타고라스의 수학적 원자론이 파르메니데스의 자연에 대한 존재 규정을 거쳐 데모크리토스의 '물리적 원자론'의 형태로 다시 나타나게 된 것이다. 수학적 원자론은 바로 인간 지성의 틀인 '공간 표상' 위에 세워지는 것이기 때문에, 우리는 데모크리토스의 '물리적 원자론'을 통해 우리가 자연을 이해하기 위해 지성의 틀인 '공간 표상'을 어떻게 투영시키는지를 엿볼 수 있다. 더욱이 데모크리토스에 와서 '공간 표상'과 동일한 의미 내용을 갖는 '빈 공간'의 존재성을 주장한다는 사실은 주목할 만하다. 이 '빈 공간'의 주장은 우리 지성의 틀인 '공간 표상'의 요구를 자연에 드러낸 것이다. 따라서 엠페도클레스에서 데모크리토스까지의 다원론자의 분할 방법은 실재의 요구에 따라 이루어진 분할 방법이라기보다는 우리 지성의 요구에 따라 이루어진 분할 방법이다. 그리고 공간 표상이란 우리가 생성의 관점이 아니라 제작의 관점(또는 구성의 관점)에 설 때 전제하는 것이므로, 우리는 다원론자의 분할 방법이 인위적이라고 말할 수 있다.

플라톤은 감각 세계를 구제하려는 다원론자들의 노력을 수용한다. 그러나 다원론자들과는 다른 방식으로 자연을 이해하고 분할한다. 플라톤의 분할 방법을 이해하기 위해 우선적으로 고려해야 하는 것이 '감각 세계(可視界)'와 '이념적 세계(可知界)'의 구분이다. 그는 파르메니데스의 이념을 따르면서 감각 세계를 구제하려 했던 다원론자들과는 달리 감각 세계 속에 불변적인 근본적인 실체들을 가정하지 않는다. 왜냐하면 감각 세계는 변화 속에 있기 때문이다. 변화란 다원론자들이 생각하듯이 감각 세계를 형성하는 근본적인 실체들을 침범할 수 없는 외적 요인에 불과한 것이 아니라, 헤라클레이토스가 예시했듯이 감각 세계를 관통하는 근본적 요인이다. 따라서 감각 세계를 구성하는 어떤 요소들도 변화로부터 벗어날 수 없다. 그러면서도 감각 세계는 우리 정신이 거기에서 파르메니데스가 지향했던 존재성을, 즉 본질을 엿볼 수 있는 어떤 질서를 내포하고 있다. 물론 우리 정신(nous)이 지적 직관을 통해 감각 세계에서 엿볼 수 있는 형상(본질)이란 자연 철학자들이 자연의 근본적 실체들로 간주한 물질적 요소뿐만 아니라, 이 요소로 구성된 자연적 대상들, 그리고 '정의'와 '덕'과 같은 이념적 대상들을 모두 포괄한다. 감각 세계에서 그것들의 불변적이고 영원하고, 순수한 형태를 엿볼 수 있는 '형상'들로 구성된 세계가 바로 가지계이다. 이처럼 플라톤은 형상들(본질들)로 구성되어 있는 이념적 세계와 이 형상들이 변화 속에 있고, 혼합되어 있는 감각 세계를 구분한다. 이 구분에 따르면 형상들은 '자기 동일적'이고, '순수하고', '단일하고', '불가분적'인 성격을 갖는다. 반면에 '경험적 대상'들은 변화 속에 있기에 자기 동일적이지 않고, 형상들을 닮은 것들이 혼합되어 있으므로 혼탁하고, 가분적이라는 성격을 갖는다. 따라서 경험적 세계는 그 존재성이 인정된다 하더라도, 순수하고 완전한 형태로 존재하는 이념적 세계(형상들의 세계)를 모방하거나 분유하거나 참여하는 방식으로 존재할 뿐이어서 '형상들의 세계'와 유사한 존재성만을 지닌다. 오늘날 용어로 말하자면, 그것은 '존재(l'être)'와 '실존(l'existence)'의 차이와 같다. '실존'은 변화 속에 있으므로 '자기 동일적'이지 않으며, 따라서 우리가 '실존'을 이해하고 인식하기 위해서는 자기 동일적인 존재에 비추어 통찰해야 한다.

이념적 대상들(형상들)의 존재성에 대한 믿음은 학적(學的) 인식의 근본적인 전제이다. 학적 인식은, 그것이 자연을 이해하는 방식에 따라 어떤 양태로 발전하건 간에, 이 전제 위에서 성립한다. 학문적 인식의 조건들에 대한 탐구는 구체적인 학적 인식들 ─오늘날 우리가 과학이라고 명명하는 분과적 인식들─ 보다 더 근원적이다. 이런 의미에서 플라톤의 형상 이론은 구체적 학문들에 비해 '메타적' 성격을 갖는 '학문 이론'이다. 철학이 곧 '학문 이론'이라는, 오늘날까지 이어져온 성격 규정은 바로 플라톤에서 시작된다. 또한 플라톤의 '이념적(형상적) 본질주의'는 각 학문의 발전 양태를 포괄할 수 있는 지적 태도를 표현한다. 예를 들어 우리가 삼각형에 대한 학적 인식을 가지게 되는 것은 '삼각형'의 '형상(본질)'을 통찰함에서 시작된다. 그리고 이 형상의 구체적인 의미화는 여러 단계에서 전개될 수 있다. 삼각형을 평면적 공간에다 투영함으로써 유클리드 기하학적 방식으로 의미화할 수 있고, 아니면 곡면적 공간에다 투영함으로써 비유클리드 기하학의 방식으로 의미화할 수 있다. 그러나 우리가 서로 다른 공간적 차원에서 전개된 의미화를 삼각형에 관한 정의로 포괄할 수 있는 것은 우리가 삼각형의 형상을 이념적으로 지향하기 때문이다. 이런 의미에서 플라톤의 학문 이론은 한 차원의 세계가 아니라 모든 차원의 가능 세계를 포괄할 수 있는 이념학 또는 본질학이라고 규정할 수 있을지 모른다.

플라톤의 학문 이론인 '디알렉티케(dialektikē)'는 형상들이 결합되어 있는 관계를 밝힘으로써 실재에 대한 학적 인식(epistēmē)에 도달하는 방식이다. 형상들의 결합에 대한 인식은 실재를 그것을 구성하는 형상들로 나누는 작업을 전제한다. 그러나 형상들이 결합되어 있는 관계를 밝히기 이전에 우선 형상들의 결합 가능성을 설명해야 한다. 그것은 학문 이론으로서의 철학에 부과되는 임무이다. 또한 플라톤 입장에서 그것은 '진정한 실재'의 존재 조건을 언급했지만 이 실재를 불가분적 일자로 간주함으로써 학(學, 인식)을 불가능하게 했던 파르메니데스를 극복하는 방안의 제시이기도 하다. 형상들의 결합 관계의 가능성을 보여주는 플라톤의 가장 대표적인 견해는 대화편 『소피스테스』에 나오는 다섯 가지 최고류(最高類)의 형상들에 ―'존재 자체(to on auto)', '운동(kinesis)', '정지(stasis)', '동일성(tauton)', '타자성(thateron)'― 관한 설명에 나타나 있다(*Sophistēs*, 254d-256d). '운동'이라는 형상과 '정지'라는 형상은 서로 결합이 불가능하다. 그러나 '운동'도 '정지'도 모두 있는 것이기에 '존재'란 형상과 결합한다. '동일성'이라는 형상과 '타자성'이라는 형상은 결합할 수 없지만, 모든 형상들은 자기 동일적이어야 하기에 '동일성'은 모든 형상들에 관계한다. 모든 형상들은 '자기 동일적'이고, 따라서 다른 형상들에 대해서는 '타자적' 관계에 있기에 '타자성'도 모든 형상들에 관계한다. 그런데 플라톤이 이 최고류의 형상들의 관계를 통해 실재성을 표현하는 형상들의 결합 관계를 예시하려고 했다 하더라도, 이 형상들은 실재를 표현하는 일반적 형상들과는 전적으로 다른 형상들이다. 그것들은 실재성의 어떤 단위나 어떤 관계를 표현하는 형상들과는 달리, 실재적인 모든 형상들에 적용되는 '메타적' 성격의 형상들이기 때문이다. 따라서 우리는 이 형상들을 앎(인식)의 구성의 측면이 아니라 학문 이론의 측면에서 바라보아야 할 것이다. 학문 이론이란 구체적 앎(인식)에 관한 것이 아니라 학(앎)이 성립하기 위한 조건들에 관한 이론이듯이, 이 최고류의 형상들(Megista genē)은 일반 형상들의 존립 방식이나 성격에 관한 규정일 수 있다.

우선 '존재 자체', '운동', '정지'는 자연을 우리가 이념적으로 표상할 수 있는 가장 큰 틀이다. 피타고라스는 만물은 수학적 질서를 이루고 있다고 생각한다. 반면에 헤라클레이토스는 만물은 영원히 운동 속에 있다고 주장한다. 플라톤은 이 실존적 세계에 변화(생성과 소멸)가 존재하므로 '운동'을 인정하지 않을 수 없으며, 또한 거기서 우리가 질서를 읽어낼 수 있는 방식으로 규칙성을 볼 수 있으므로 '정지(질서)'를 인정하지 않을 수 없다고 생각한다. 그러면 이 실존적 세계를 이념적으로 이해하는 방식은 무엇인가? 그것은 '존재 자체'의 형상이 '운동'이라는 형상과 '정지'라는 형상과 관계하는 식으로 규정하는 것이다. 이것이 질서를 이루면서 변화 속에 있는 실존적 세계를 이념적으로 표상하는 방식이다. 형상들은, 그것이 일반적 형상들뿐만 아니라 최고류(最高類)의 형상들일지라도, '자기 동일성'과 '순수성'을 가지기 때문에, 우리 정신(nous)은 변화와 질서가 혼합된 형태를 이념적으로 표상할 수 없고, '운동(변화)'과 '정지(질서)'를 그 순수한 상태로 분리하여 표상하고, 그것들이 '존재 자체'에 관계하는 것으로 규정할 수밖에 없다. 플라톤의 생각을 이와 같이 해석할 수 있다면, 플라톤은 근대인들 —근대 과학자나 근대 철학자들— 보다 훨씬 깊이 있는 자연 이해와 이념화 작용에 대한 이해를 하고 있었다고 말할 수 있다.[98] 사실 플라톤은 실존적 세계인 우주의 생성을 다루고 있는 『티마이오스』에서 우주를 질서와 변화라는 두 원인에 의해서 이끌리는 세계로 설명하고 있다.

'동일성'과 '타자성'은 모든 형상들의 성격 규정과 다른 형상들과의 관계성을 표현하는 최고류의 형상들이다. 이념적 대상들은 각각이 한 성질이나 본질의 자기 동일적인 성격을 가지며, 서로 혼합되지 않고 분리되어 있다. 따라서 각 형상은 다른 형상에 대해서는 타자적이다. 이미 다원론자들에 의해서 본질들 ―그들에 있어서는 '뿌리 실체'나 '종자'들 같은 궁극적 실체들― 의 타자적 성격이 의식되었지만, 플라톤은 학문 이론을 정립하기 위해 형상들의 타자적 성격을 정확히 지적한다. 바로 이 타자적 성격은, 우리가 다원론자들에게도 보았지만, 파르메니데스를 극복하고 본질(형상)들의

---

98) 플라톤은 실존적 세계를 '운동(변화)'과 '정지(질서)'가 혼합된 존재 방식으로 보지만, 근대 과학이나 근대 철학자들은 우주를 '정지(질서)'의 측면에서만 본다. '운동량 보존 법칙', '힘의 보존 법칙', '에너지 보존 법칙'은 우주가 근본적으로 수학적 질서를 이루고 있다고 가정하는 것이다. 그러나 현대 과학은 자연의 근원적인 질서 체계가 확률적으로만 사실이라는 것을 드러냈다. 즉 우주 속에는 수학적 질서로 표현되지 않는 수학적 질서를 이탈하는 운동이 존재한다는 것이다. 다시 말해 현대 과학은 '에너지 보존 체계(열역학 제1법칙)'와 '에너지 이산의 법칙(열역학 제2법칙)'을 모두 인정한다. 이 우주에 이 두 체계가 따로 존재하는 것이 아니라 함께 존재하지만, 이 혼합된 것을 표현할 수 있는 방식이 없으므로, 플라톤이 '운동'과 '정지'를 '존재 자체'에 관련시켜 설명하듯이, 그렇게 설명하는 것이다.

결합 관계를 말하기 위한 조건이다. 각 형상들은 타자적이지만 서로 결합 관계가 형성되어 있는 형상들이 있고, 그렇지 못한 형상들이 있다. 이와 같은 형상들의 결합 관계를 통해 실재의 구조를 드러내는 것이 바로 'dialektikē'이다. 그런데 형상들의 결합 관계를 밝히는데, 왜 형상들의 타자적 성격을 지적해야 하는가? 타자성은 형상들이 서로 다르다는 것을 뜻한다. 즉 '물'이란 형상은 '불'이 아니다. 즉 한 형상은 다른 형상과 '이다' 또는 '이지 않다'의 관계에 있다. 그런데 파르메니데스는 본질의 세계를 불가분적 일자적 세계로 인식했기에 그에게 있어서는 '이다'와 '이지 않다'의 구분이 없으며, 단지 '있다'와 '있지 않다'의 구분만이 있을 뿐이다. 즉 본질의 세계가 일자적이 아니라, 여러 본질들로 다자적으로 분할될 때에만 '이다'와 '이지 않다'라는 관계가 성립하며, 이때에만 우리는 앎에 관해서 말할 수 있다. 왜냐하면 앎이란 관계(본질들의 관계)에 관한 인식이기 때문이다. '타자성'에 대한 인식은 파르메니데스의 '허위(虛僞)'는 불가능하다는 주장을 논파하게 한다. 즉 허위는 파르메니데스가 생각하듯이 '있는 것'을 '있지 않다'고 하거나, '있지 않은 것'을 '있다'고 할 때 생기는 것이 아니라 ―그런데 파르메니데스에 따르면 '있는 것'은 '있고', '있지 않은 것'은 '없기' 때문에 허위는 존재하지 않는다는 것이다― '이지 않은 것'을 '이다'고 하거나 '인 것'을 '이지 않다'고 했을 때 생기는 것이다. 형상들 사이에는 결합 관계를 형성하는 것이 있고, 결합 관계를 형성하지 않는 것이 있는데, 결합 관계를 형성하는 형상들의 관계를 진술 —진술의 가장 근본적인 형태는 '이다'에 의한 관계 설정이다— 하면, 그것은 진실된 진술이고, 결합 관계가 없는 형상들을 결합 관계가 있는 것처럼 진술하면, 그 진술은 거짓된 진술이다.

그렇다면 우리는 어떻게 진실된 앎(진술)에로 나아갈 수 있는가? 그것은 정의하고자 하는 형상을 찾아 그것의 유(類)가 되는 형상으로부터 분리해나가는 것이다. 이 나눔의 방법이 어떻게 진행되는지를 말하기 전에, 플라톤이 존재를 어떤 구조로 이해하고 있는지 알아보자. 그의 정신에 따르면, 존재는 유적 형상과 종적 형상들의 계층적 구조를 이루고 있으며, 한 유적 형상은 종적 형상들의 필연적 관계로 형성되어 있다는 것이다. 이처럼 종의 관점, 내포적 관점에 위치하는 플라톤에 있어서는 '동물'이란 형상은 '인간'이란 형상보다 유적인 형상이며, 외연적으로뿐만 아니라 내포적으로도 더 많은 내용을 가진다. 바로 이 점이 개체적 관점에서 보편 개념에 의해서 정의를 시도하는 아리스토텔레스의 관점 —그의 정의 기준에 따르면, 인간은 외연적으로는 동물보다 더 적은 개념이지만, 내포적으로는 더 많은 내용을 가지는 개념이다. 따라서 인간은 '이성적 동물'로 정의된다— 과 다른 점이다. 플라톤에 있어서 외연적으로 가장 넓을 뿐만 아니라 내포적으로도 가장 많은 내용을 가지는 것은 '존재 자체'이다.

형상들의 관계가 이처럼 계층적 구조를 이루고 있다면, 이제 문제시되는 것은 어떻게 정의하고자 하는 형상의 정확한 지식에 도달할 것인가 하는 점이다. 우리의 출발점은 형상들이 혼합되어 있고 분유되어 있는 경험적 세계이다. 이 세계 속에서 우선 원리가되는 형상을 찾는 과정이 '모음의 과정'이다. '모음의 과정'이란 "여러 갈래로 퍼진 것들을 하나의 형상으로 모아보는 것"이다. 이 과정은 구체적인 경우들에서 공통적인 것을 추출하는 소크라테스의귀납적 수렴화의 과정과 다르다. 오히려 여러 갈래로 나타나는 모습들을 한꺼번에 모아서 그것들이 어떤 원리 또는 본질에서 비롯되는지를 비추어봄으로써 그 본질적 형상을 불현듯 통찰하는 것이다. 둘째 과정은 나눔의 과정인데, 이 과정은 포착된 "원리(또는 원리가 되는 형상)를 종적 형상들에 따라, 더 이상 나눌 수 없는 종적 형상들에까지 나누어가는" 과정이다(*Phaidros*, 265c, 277b; *Sophistēs*, 253d). 이 과정에 의해, 정의하고자 하는 형상은 그것이처음 출발한 원리에서부터 계층을 이루고 있는 형상들의 결합 관계 속에서 드러나게 되는데, 바로 이러한 과정을 인식하는 것이 학적 인식이다. 그런데 플라톤이 『소피스테스』 편에서 '소피스테스'를정의하기 위해서 진행시킨 분할이 정확한 의미에서 실재를 분할하는 방법을 보여준 것은 아니다. 왜냐하면 '소피스테스'는 자연적 대상이나 자연적 종이 아니라, 인간 사회에서 어떤 기능을 하는 일군의 부류이기 때문이다. 거기서 소피스테스가 어떤 기능을 하는 부류인가를 밝히기 위해 소피스테스의 기능이 포함됨직한 가장 일반적인 기술(즉 어떤 것을 획득하는 기술)의 나눔에 의해 시작하여 대체로 이분법적 절차에 의해 항상 올바른 쪽을 표현하는 오른쪽을 선택함으로써 최종의 기술인 '낚시꾼'의 기술을 이끌어낸다. 따라서 '소피스테스'는 아래로부터 위로 후려치는 낚시꾼의 기술에 의해 어떤 것을 획득하는 기술에 종사하는 사람으로 정의된다.

그러나 플라톤이 『소피스테스』 편에서 '소피스테스'라는 일군의 부류를 찾기 위해서 진행시킨 분할이 정확히 자연적 종을 찾는 분할 방법은 아니라 하더라도, 분할하는 방식은 자연적 종에도 정확히 적용될 수 있다. 예를 들어 인간이 무엇인가를 정의하기 위해, 생명체에서 식물을 왼쪽으로 하고 동물을 오른쪽으로 해서 나누어 동물을 택한 후, 다시 동물을 무척추동물을 왼쪽으로 척추동물을 오른쪽으로 하여 척추동물을 취하고, 다시 척추동물에서 본능에 의존하는 척추동물과 지성에 의존하는 척추동물을 나눈 후 지성에 의존하는 동물을 취하면, 그것이 인간에 적용되는 최후의 종차이고, 중간 계층의 유(類)들과 최초의 유는 이 종차를 포섭하는 형상들의 계층적 관계로 인간의 정의(定義)를 규정하는 내용들이 된다. 우리는 이 나눔을 대략적으로 진행시켰지만, 만일 엄밀하고 자세하게 중간 계층들을 단계적으로 진행시킨다면, 아마도 플라톤이 기대하듯이 생명체에서 인간에 이르는 길은 대략적으로 이분법적 방법에 의해서 진행될지 모른다. 더욱이 플라톤이 '디알렉티케'의 방법의 예로서 '소피스테스'나 '정치가'같이 사회에서 어떤 기능을 하는 부류를 택한 것은, 비록 소크라테스의 과업을 이어 완수하려는 시대 상황의 필연적 귀결이라 하더라도, 학문 이론으로서 기대 이상의 효과를 생산할 수 있는 가능성을 내포하고 있다. 그것은 이 분할 방법이 실체적인 방식보다는 '기능적인 방식'에 의존하고 있기 때문이다. 즉 이 분할 방법은 형상들을 '기능(ergon)'의 측면에서 이해하도록 시사하는데, 학문의 발전과 더불어 오늘날 드러나듯이, 모든 학문적 분야에서 본질은 기능에 의해서 정의된다. 즉 어떤 대상의 표상이나 형태적 분류는 학적인 분류나 인식이 아니다. 그 대상의 기능이 인식의 대상이 되며, 학적 분류의 근거로 작용한다. 우리에게 기능적 분류에서 가장 벗어나 있는 것처럼 보이는 물질적 대상들에서도 실상 대상에 대한 인식은 기능에 대한 인식이다. 예를 들어 철이나 아연은 우리에게 어떤 색이나 모양새로 표상되기 때문이 아니라 그것이 갖는 기능(작용)을 앎으로써 그 물질에 대한 학적 인식에 도달하는 것이다. 더욱이 우리에게 보이지 않는 '수소'나 '산소'는, 이런 기능(작용)을 하는 것은 '수소'라고 하고, 저런 기능(작용)을 하는 것은 '산소'라고 하자고 함으로써 분류가 되는 것이다. 그리고 산소나 수소는 물이란 형상을 나눔으로써 얻어진다.

플라톤의 자연 철학은, 부정적으로 본다면 그가 세우고자 하는 학적 인식(형상 이론)을 정당화하는 방식으로, 긍정적으로 본다면 이런 학적 인식을 예상할 수 있는 존재론적 통찰 속에서 전개된 것처럼 보인다. 실존적 세계(즉 우주)가 어떤 방식으로 구성되어 있기에 우리에게 학적 인식이 가능한가 하는 문제는 플라톤의 후기 대화편 『티마이오스』에서 다루어지고 있다. 관찰자를 포함시킴이 없이 관찰자의 관점에서 물질의 운동을 측정한 근대 과학보다 물질에 대한 측정에 관찰자를 한 변수로 포함시킨 현대 과학이 물질에 대한 존재론적 이해에 더 접근할 수 있었듯이, 제작적 관점에서 자연을 이해하려 한 초기의 자연 철학자들보다 플라톤은 오히려 제작자(데미우르고스)를 포함시켜 자연을 제작적 관점에서 설명하려 함으로써 자연의 실재적 원리에 더 접근된 이해에 도달하고 있다. 플라톤의 우주 생성론은 다원론자들의 자연에 관한 불완전한 설명을 보완하는 차원뿐만 아니라, 피타고라스부터 파르메니데스를 거쳐 그들에게 이어진 자연에 대한 수직적 공간화를 넘어서고, 거기에다 헤라클레이토스적인 관점까지도 종합하려는 노력의 결실이다.

우선 플라톤은 파르메니데스를 극복하고 불변적이고 단순한 궁극적인 요소들로부터 그것들의 결합에 의해서 실존적 세계를 설명하려는 다원론자들의 시도의 일반적인 틀을 받아들인다. 그러나 플라톤은 이들의 견해에서 자신들이 위치한 제작적 관점을 의식하지 못함으로 해서 설명 없이 가정되거나 아니면 잘못 설명된 원리들을 보충하고 수정함으로써 다원론자들의 견해를 개선하고 있다. 이들이 자연을 설명하는 방식에는 두 가지 커다란 문제점이 있다. 하나는 실존적 세계를 그들이 가정한 궁극적 요소들의 '단순한' 결합으로 간주한 것이고, 다른 하나는 그 결합 방식을 '우연적인' 것으로 설명한 것이다. 플라톤이 보기에는 실존적 세계의 자연물들은 근본적인 요소들의 '단순한' 결합으로 이루어지지 않는다. 왜냐하면 자연은 그것의 가장 낮은 단계에서부터 높은 단계에 이르기까지 단순한 요소들로부터 종(種)과 유(類)라는 계층적 관계 구조를 가진 것처럼 보이기 때문이다. 우선 자연물들은(그것이 생물이든 아니든), 엠페도클레스가 생각하듯이, 물, 불, 흙, 공기라는 4원소의 결합으로 형성되는 듯이 보인다. 왜냐하면 자연물들을 분해하면 결국 이 4원소에 도달하기 때문이다. 그러나 문제는 이 4원소들이 엠페도클레스가 생각하듯이, 불변적이고 궁극적인 실체(요소)가 아니라는 점이다. 플라톤은 이 요소들을 생성 변화하는 생성물로 파악한다. 그렇다면 이 4원소들은 무엇으로 구성되는 것인가? 이 점에 관해서 데모크리토스로부터 시사를 받을 수 있을까? 우리가 이미 보았듯이 아낙사고라스나 데모크리토스도 자연물과 궁극적 실체들의 관계를 일차적 관계로 설명하고 있다. 분명히 이런 설명은 자연의 계층적 구조를 설명하기에는 적합하지 않다. 그럼에도 불구하고 데모크리토스의 견해에는 4원소의 설명과 관련하여 플라톤에게 영감을 주었을지도 모르는 한 측면이 있다. 그것은 그가 궁극적 실체인 원자(atom)를 경험적으로 볼 수 있는 요소들과는 전적으로 다른 것으로, 즉 크기와 형태만 다르고 모든 것이 동일한 단자로 만듦으로써, 경험적 요소들이 겪게 되는 생성 변화로부터 벗어나게 할 수 있다는 생각이다. 그렇다면 데모크리토스의 원자와 같은 것으로 4원소를 설명할 수 있는 것일까? 그런데 여기에는 적지 않은 문제점이 있는 것처럼 생각된다. 데모크리토스의 원자들이 그 형태와 수가 너무 다양하기 때문에, 그것들로 4원소를 설명하는 것은 구성된 것보다 구성하는 것을 더 많게 함으로써 '단순성의 원리'에 위반되고, 게다가 데모크리토스의 원자론은 피타고라스의 수학적 원자론을 물질적 세계에 적용시킨 것과 같은 내용을 갖고 있다는 점이다. 그런데 이 수학적 분할은 피타고라스의 자연수론에서 드러났듯이,[99] 그리고 제논의 '일'과 '다'의 역설에서 드러났듯이, 자연의 실제적인 분할에는 적합하지 않은 가설적 분할일 뿐이다. 이미 피타고라스의 자연수론의 문제점을 기하학적 도형에 의해 해결할 줄 알았던 플라톤에게 그의 젊은 친구 테아이테토스의 기하학적 입체들의 구성은 그가 4원소들을 기하학적 도형으로 설명하는 데 한 계기로 작용한다. 플라톤은 4원소를 구성하는 요소를, 즉 자연의 최후의 궁극적인 요소를 '이등변 삼각형'과 '부등변 삼각형'이라는 형태의 요소라고 말한다.

이 요소들은 그들의 결합을 통해 플라톤이 입체로 가정한 4원소

---

99) 피타고라스의 자연수론의 문제점이란 그가 발견한 피타고라스 정리(직각 삼각형에서 밑변의 제곱과 높이의 제곱의 합은 빗변의 제곱과 같다)에 의해서 밑변과 높이가 모두 '1'일 경우, 빗변이 1보다는 크고 2보다는 작은 수(즉 무리수)가 되어야 하는 경우가 발생하게 된다.

들 — '불(정4면체)', '공기(정8면체)', '물(정20면체)', '흙(정6면체)'을 설명할 수 있을 뿐만 아니라, 이 원소들이 상호 간에 변형되는 것을 설명할 수 있다. 그리고 이 기하학적 형태는 최소 단위를 수적인 단위처럼 간주함으로써 발생하는 모든 종류의 모순들로부터 벗어나게 해준다. 사실상 선(線)을 구성하는 것으로 가정된 점(點)에 대한 정의(크기를 가지지 않은 최소 단위)는 그 자체적으로 모순을 함축한다. 그것은 선이 면을 구성하는 실제적 단위가 아니고, 점은 선을 구성하는 실제적인 단위가 아니라는 사실에서 비롯된다. 입체의 최소 단위는 입체이어야 한다. 플라톤이 자연의 궁극적 요소로 간주한 '이등변 삼각형'과 '부등변 삼각형'이라는 요소는 그것들을 각각 분할했을 때 그것의 본성을 그대로 유지하는 '이등변 삼각형'과 '부등변 삼각형'으로 나뉜다. 따라서 이것들은 선이나 점 같은 불필요한 요소를 도입하지 않고도, 따라서 불필요한 모순적 논쟁에 휩싸이지 않고도, 근원적 요소로 가정될 수 있다. 이처럼 근원적 요소는 어떤 본성에서 찾아야지 크기의 최소 단위에서 찾아서는 안 된다는 것을 플라톤은 보여주고 있다. 이렇게 해서 플라톤은 자연을 '이등변 삼각형'과 '부등변 삼각형'의 형태의 근원적 요소들의 수적인 결합에 의해서 4원소들의 형성을 설명하고, 이 4원소들의 수적인 결합에 의해서 자연물들의 생성을 설명한다.

다원론자들의 실존적 세계의 형성을 설명하는 데 있어서 드러나는 또 하나의 근본적인 문제점은 요소들의 필연적 결합을 이끄는 근본적인 원리에 대한 설명이 결여되어 있다는 것이다. 사실상 요소들로부터 결합되어 형성된 단계적인 생성물들은 마치 '좋음'의 형상을 실현하듯이 질서적인 형태를 지니고 있는데, 그들의 결합 이론에는 이와 같은 질서의 근거가 주어져 있지 않다. 주지하다시피 엠페도클레스와 아낙사고라스는 4원소들과 종자들의 결합과 해체를 이 요소들 '밖에서' 작용하는 '사랑과 불화의 원리' 또는 '우주적 혼(nous)'으로 설명한다. 그러나 이렇게 궁극적 요소들 '밖에서' 그들에 작용하는 '원리'는 어떤 요소들이 다른 요소와 특정한 관계로, 다시 말해서 필연적인 관계로 결합한다는 것을 설명하지 못한다. 따라서 이 요소들 '밖에' 가정된 지배 원리는 이 요소들의 결합을 어떤 질서 없이 임의적으로 이루어지게 하는 것과 다를 것이 없다. '밖에서'부터 가정된 이런 원리가 요소들의 결합에는 우연적일 수밖에 없다는 인식하에 이런 원리에 대한 가정을 포기하고 요소들의 결합과 해체를 철저하게 우연 속에 놓아둠으로써, 오히려 필연적 결합의 필요성을 더욱 명확하게 의식시킨 것은 데모크리토스이다.

플라톤이 보기에 자연의 질서는 이런 우연적 결합으로는 생성될 수 없는 것이다. 그렇다면 자연의 생성의 각 단계에서 '좋음'의 상태를 실현하는 결합 속에 있기 위해서는 요소들을 적절한 수적인 비율로, 필연적으로 결합하게 하는 요인이 있어야 한다. 그런데 이 요인은 엠페도클레스나 아낙사고라스가 생각하듯이 '밖에서' 부과될 수는 없으므로, 플라톤은 이 요인이 두 가지 원인(aitia)에서 비롯될 수밖에 없다고 생각한다. 하나는 요소 자체에 그 근원을 가져야 하고, 다른 하나는 이 요소가 지닌 가능성을 좋음을 실현하는 방향으로 인도하는 원리가 존재해야 한다. 플라톤은 전자를 물리적 원인인 '보조적 원인'이라 하고, 후자를 '본질적 원인'이라고 한다. 플라톤이 제작자인 '데미우르고스'를 제작의 과정(우주 생성의 과정)에 도입시킨 것은 바로 이 후자인 '본질적 원인'을 설명할 필요성에서이다. 자연물을 생산하는 4원소와 그것의 결합 가능성은 '보조적 원인'이고, 이 4원소를 적절한 수적인 비율로 결합하게 하는 힘은 '본질적 원인'이다. 그리고 4원소의 생성에 있어서는 '이등변 삼각형'과 '부등변 삼각형'과 그것들의 결합 가능성은 '보조적 원인' ―플라톤의 용어로는 '우연적 필연'― 이고, 이것들을 '정4면체', '정6면체', '정8면체', '정20면체'로 정확한 수적인 비율로 형성하게 하는 힘이 '본질적 원인'이다. 이와 같은 '본질적 원인'은 우리 지성의 원리인 누스(nous)를 닮고 있기에 플라톤은 이 수적인 원리를 우주적 몸체에 깃든 혼으로 생각한다. 바로 이것이 실존적 세계가 드러내고 있는 질서에 대한 설명이다.

그런데 '실존적 세계'가 우리 지성이 요구한 '지적 세계(형상들의 세계)'와 구별되는 것은, 전자는 후자와 같은 질서를 내포하지만 변화(생성과 소멸) 속에 있기 때문에 후자에 대한 '유사적 존재성'만을 지닌다는 점이다. 물론 '실존(변화 속에 있는 질서)'보다 '존재(형상의 세계)'에 존재론적 우월성을 부여하는 것은 플라톤의 형이상학의 가치 기준이다. 우리는 플라톤과 대립되는 가치 기준 위에서 형이상학을 구축하는 또 다른 견해인 베르그손의 견해를 살펴보게 될 것이다. 그러나 플라톤으로서는 자신의 가치 기준하에서 '실존적 세계'의 존립 방식과 '형상의 세계'의 관계를 설명해야만 했다. 그러면 왜 실존적 세계에는 변화가 존재하는가? 그리고 질서는 어디에서 비롯되는 것인가? 플라톤에 따르면, 실존적 세계는 형상의 세계와 실제적 공간인 '코라'의 혼합이다. 다른 식으로 표현하면 형상적인 것(또는 nous적인 것)이 플라톤이 '코라'라 표현한 '흐름' 속에 놓여 있는 현실태가 실존적 세계이다. 실존적 세계의 변화의 원리인 '코라(실제적 공간)'에서 우리는 자연을 "흐르는 물"에 비유한 헤라클레이토스의 이미지를 읽을 수 있다. 피타고라스와 그에 대립한 헤라클레이토스, 그리고 이 후자를 극복하고 본질을 규정하는 방식을 제시한 파르메니데스의 대립은 이제 플라톤의 실존적 세계의 설명 속에서 다시 만나는 것처럼 보인다. 플라톤이 실존적 세계의 변화의 원리로 놓은 '코라'의 의미를 이해하기 위해 본질의 세계(형상의 세계)에 대한 파르메니데스의 규정을 다시 상기하자. 부동적인 지적 공간은 본질의 자리이다. 즉 본질의 세계란 '동일률'과 '모순율'이라는 이중적 규정으로 표현되는 '공간 표상' 위에서 세워지는 세계이다. 본질이 영원하고 자기 동일적인 것으로 간주되는 것은 그것이 바로 이 공간 위에 세워지기 때문이다. 따라서 형상의 세계에서는, 플라톤이 정확하게 알고 있듯이, 본질(형상)들과 그것의 기초인 '지적 공간'은 분리되지 않는다. 반면에 실존적 세계가 변화 속에 있는 것은 실존적 세계를 형성하는 바탕인 '코라'가 '흐름' 속에 있기 때문이다. '코라'는 영원하고 불변적인 형상들(아버지)을 받아들여 '변화하는 질서적 세계'인 실존적 세계(자식)를 잉태하는 어머니에 비유된다. 따라서 이 흐름 속에 있는 질서들은 형상들에만 적합한 고정된 상태를 지시하는 표현인 '이것(tode)' 또는 '저것(touto)'이 아니라, "언제나 유사한 것으로서 반복해서 나타나는 이와 같은 것(to toiouton aei peripheromenon homoion)"으로 불러야 한다고 말한다(*Timaios*, 49e). 그런데 실존적 세계 속의 질서(자기 동일성)에 대한 이해가 오히려 플라톤의 학문 이론으로서의 형상 이론의 적용 가능성의 폭을 확장시키고 있다. 왜냐하면 실존적 세계의 질서의 '자기 동일성'은 '반복하는 작용의 자기 동일성'인데, 형상의 자기 동일성은 바로 이 작용하는 자기 동일성을 포괄하는 본(本, paradeigma)으로 사용되기 때문이다. 어쨌든 플라톤은 실재적 공간을 '흐름'으로 파악하며, 데모크리토스가 고안하고 근대 과학자들이 다루기 시작한 '빈 공간'을 인정하지 않는다. 근대 철학자 칸트는 '빈 공간'과 동일한 내용인 '공간 표상'을 우리 인간이 외적 세계를 바라보는 감성의 형식으로 간주한다. '빈 공간'은 자신이 관찰자의 관점에 있다는 사실을 인식하지 못하고, 관찰자에 의해서 나타난 현상을 존재론적 사실인 것으로 간주하려는 자연 철학이 갖는 환상이다.

플라톤은 자신이 처한 역사적 현실 속에서 '실존의 세계'보다 '형상의 세계'에 존재론적으로 높은 가치를 부여했다. 그러나 '형상의 세계'란 '실존의 세계'를 학적으로 인식하기 위해 불가피하게 놓지 않을 수 없는 세계였을지 모른다고 해석할 수도 있다. 만일 이런 해석이 가능하다면, 우리는 본질(또는 형상)들의 자리로서의 '지적 공간'과 실존적 질서들의 자리로서의 실재적 공간인 '코라(흐름)'를 구별하여 이해하고 있는 플라톤의 통찰력을 깊이 숙고해야 한다. 학문 이론을 기초한 플라톤보다 더 부동성의 이념에 집착했던 플라톤 이후의 철학과 과학은 본질(또는 형상)들의 자리로서의 '지적 공간'에만 집착하게 된다. 바로 여기에서 서양 학문을 지배하는 자연에 관한 부동성의 신화가 비롯된다. 근대 과학과 근대 철학을 지배한 이 환상으로부터 플라톤에로 돌아가 '실존'과 '존재(학적 인식)'의 관계를 플라톤적 정신 속에서 바라보면서, 그러나 그의 가치 기준을 전도시켜, 학문성과 철학의 의미를 새롭게 묻고 있는 이가 베르그손이다.

2. 베르그손의 분할 방법

차이의 방법은 자연 또는 실재를 탐구하는 철학의 가장 주목할 만한 방법이다. '차이의 방법'을 모든 종류의 앎을 탐구하는 방법(즉 학문론)으로 최초로 깊이 있게 인식한 철인은 플라톤이다. 그리고 플라톤 이후에 '차이의 방법'을 철학의 방법으로 가장 깊이 있게 발전시킨 것은 베르그손이다. 사실 플라톤 이후 '차이의 방법'은 아리스토텔레스에 의해서 "더듬거리는, 미숙한" 방법으로 간주되어, 철학의 무대에서 오른쪽보다는 왼쪽에 서게 된다. 아리스토텔레스는 '차이의 방법'보다 더 엄밀한 형태를 띠는 것처럼 보이는 '논증의 방법'을 철학의 방법으로 권장한다. 그러나 '논증의 방법'은, 그 성격상 엄밀성을 지니고 있다 하더라도, 실재에 직접적으로 다가가는 방법이 아니다. 그것은 우리가 직관한 차이들을 보편적 개념들과 논리적 형식들에 의해서 확증하는 방법에 불과하다. 따라서 '논증의 방법'은 지적 직관에 의해서 실재의 '관절들'을 따르기보다는 오히려 '지성의 논리'에 따라 재구성하는 데 유용한 방식이다. '논증의 방법'은 근대에 이르러 그것과 유사한 정신적 태도 속에서 작업하는 근대 과학의 정신과 결합하면서 철학의 방법으로 발전한다. 논증의 가장 이상적인 형태는 수학이며, 근대 물리학은 물체들의 이동을 수학적으로 측정하는 수학적 물리학이고, 근대 철학자들은 기하학적 정신에 따라 철학(인식)의 체계를 구성하려 했다. 철학의 방법인 '논증의 방법'과 과학의 방법인 '수학적 방법'의 결합은 결국 자연을 지성의 논리에 따라 분할하고 재구성하기 위해, 자연을 동질화하고 결국에는 자연에 대한 결정론적 이해에 도달하게 된다. 결정론은 동질적 공간 위에서, 즉 '양(量)의 관점'에서 자연을 이해하는 방식이다. 이때 자연은 더 이상 생성이 존재하지 않는 차갑게 죽은 자연이 된다.

이 결정론적 견해로부터 자연의 본래의 모습을 회복하는 것은 결정론이 근거하고 있는 '동질화의 논리'에서 벗어나 자연을 '사실의 선'을 따라 질적인 차이들에 의해서 분할함으로써 이루어진다. 이러한 태도가 베르그손 철학의 근본 정신을 결정한다. 여기에서 우리는 베르그손의 플라톤주의에로의 회귀를 볼 수 있다. 플라톤이 그 이전의 자연 철학자들의 양적인 논리에 근거하는 인위적인 분할 방법에 대비하여 실재의 '관절들'에 따르는 질적인 분할 방법을 주장했듯이, 베르그손은 근대 과학의 양적인 분할 방법에 대비하여 '사실의 선'을 따르는 질적인 분할 방법을 주장한다. 그리고 플라톤이 질적인 분할 방법을 제시하기 위해, 파르메니데스가 부정(否定)을 무(無, 비존재)와 동일시했던 'einai(영어 be동사)'의 존재 술어화를 비판하고 부정(否定)과 비존재를 분리하듯이, 베르그손은 근대 과학을 비판하기 위해 근대 과학이 전제하는 '공간 표상'과 동일한 내용을 가지는 무(無)를 부정하고, 무를 비존재로 설명하며, 비존재를 부정에 의해서 설명한다.

문제점을 인식하고 해결하기 위해 제시한 방안들의 유사성에도 불구하고, 이 두 철학자는 서로 마주하는 두 극처럼 한 철학자는 정적인 철학을 정립한 철학자로, 다른 철학자는 동적인 철학을 제시한 철학자로 인식된다. 사실 플라톤 이후에 대부분의 철학자들은 그들의 생각만큼 플라톤 철학에 대립하고 있지 않다. 그 이유는 그들이 플라톤의 정신을 받아들이지 않되 실상 플라톤 철학의 틀 안에서 철학을 했기 때문이다. 그러나 베르그손은 플라톤 정신을 받아들이되, 플라톤 철학의 틀 안에서 철학을 하지는 않았다. 우리가 이 두 철학자를 대비시키는 것은 바로 이런 의미에서이다.

그러면 플라톤과 유사한 정신을 소유한 철학자가 플라톤과는 다른 체계 속에서 실재를 어떻게 분할하는지를 보자. 우선 베르그손이 실재에서 배제하는 것은 무(無) 개념이다. 베르그손에 따르면, '무'나 '우연'과 같은 개념들은 실재성에 근거하지 않는 '사이비(似而非)' 개념(les pseudoconcepts)들이다. 베르그손이 이 사이비 개념들의 정체를 드러내고자 하는 이유는 순수 공간의 전제 위에서 자연을 분할하여 설명하려고 한 근대 과학이 실재성보다는 우리 지성의 논리에 근거하고 있다는 것을 밝히기 위해서이다. 물론 그는 다른 한편으로 공간을 형상들 또는 질서들의 자리로 인식한 플라톤의 관점을 간접적으로 겨냥하고 있다. 베르그손은 제작은 공간 표상 위에서 이루어지는 작업이므로 자연을 제작적 관점에서 설명하려는 모든 지성주의 철학에 '무' 개념은 운동인으로 작용하고 있다고 말한다. 그에 따르면, 무란 존재하지 않는다. 그리고 무와 동일한 의미 내용을 갖는 순수 공간(또는 빈 공간)도 실제적으로 존재하는 것이 아니다. 그것은 사실상 제작적 지성의 환상이다. 그렇다면 이와 같은 환상은 어디에서 발생한 것인가? 그것은 우리의 행동에서 발생한 것이다. 우리가 지각하는 것은 존재이며, 비존재를 지각한다는 것은 모순이다. 왜냐하면 지각은 언제나 실재적인 것을 향하기 때문이다. 비존재란 플라톤이 올바르게 이해했듯이, 실재의 무엇인가를 지칭하는 술어가 아니다. 즉 그것은 대상 언어가 아니고 행동 언어이다. 존재를 부정(否定)하는 행위에 의해서 형성되는 것이 비존재이다. 비존재는 존재란 대상 언어를 인식하고, 그것을 부정하는 이중적 작용에 의해서 만들어진다. 따라서 비존재란 개념이 존재란 개념보다 더 많은 내용을 가지는 개념이다. 그런데 비존재가 개념으로 형성되면, 즉 그것이 명사화되면, 모든 명사는 지시 대상을 갖는 것으로 인식되기 때문에, 마치 비존재가 어떤 지시체를 가지는 것처럼 인식되고, 실체화된다. 바로 이것이 우리 사유의 개념화 작용이 갖는 운명이다.

이런 개념화 작용이 일어나면, 존재와 비존재의 부정적 대립은 존재와 무라는 모순적 대립으로 인식된다. 즉 비존재의 실체화가 '무' 개념이다. 그러나 우리가 보았듯이. 비존재는 행동 언어이지 대상 언어가 아니기에 비존재를 무로 실체화하는 것은 부당한 것이다. '무질서'의 개념도 마찬가지이다. 무질서란 실제성을 지시하는 개념이 아니라, 질서를 부정하기 위해 사용된 개념이다. 질서의 부정(否定), 그것이 무질서이다. 모든 부정의 관계가 그러하듯이, 부정이란 부정할 대상을 전제하며, 부정적 개념은 이 대상(아니면 질서)을 이차적으로 배제하는 작용(행위)에 의해서 만들어지는 개념이다. 그런데 이렇게 부정하는 추상에 의해서 개념이 형성되면, 그 개념은 실체화된다 — 마치 무질서가 지칭할 대상을 가지고 있기나 한 것처럼. 더욱이 이와 같은 사이비 개념들이 개념화되는 시점으로부터 발생의 순서는 역전된다. 마치 존재 앞에 무가 존재하며, 질서에 앞서서 무질서가 존재하기나 하듯이. 물리적 세계에는 엄밀히 말해 무질서는 존재하지 않는다. 단지 행위 차원에서 우리가 요구한 질서(즉 수학적 질서)가 나타나지 않는 경우에, 우리는 우리가 기대하지 않은 질서(즉 생명적 질서)를 무질서라고 표현한다. 그리고 우리가 질서 앞에 있는 것으로 간주하는 '혼돈(chaos)'은 바로이 무질서를 실체화한 것이다. 그러나 수학적 질서는 생명적 질서가 그 활력을 완전히 상실하면 자동으로 나타나는 현상이다. 생명적 질서는 본성상 운동성이며, 수학적 질서는 본성상 정지이다. 또한 '우연'의 경우에도 그러하다. 우연이란 우리가 기대하는 곳에서 기대하지 않은 것을, 또는 기대하지 않은 곳에서 기대하던 것을 만나게 될 때 사용하는 개념이다. 이처럼 무나 무질서 또는 우연이란 개념은 실체적 개념이 아니라 행동적 개념이다. 그런데 우리는 인간의 행동적 차원에서 만들어진 개념들을 마치 실재적 차원에 적용시킬 수 있는 것처럼 생각한다. 마치 존재에 앞서서 무가 있으며, 질서에 앞서서 무질서가 있으며, 필연에 앞서서 우연이 있는 것처럼. 그리고 전자들은 후자들을 극복하고 존재하는 것처럼 생각한다. 그것은 바로 전자들이 우리가 찾고자 하는 것, 가치를 부여하고자 하는 것, 경이롭게 생각하는 것이기 때문이다. 그러나 실제로 자연 속에는 무가 존재하지 않으며, 무질서가 존재하는 것이 아니라 우리가 찾고자 하는 질서와는 다른 질서가 존재하며, 우연이 존재하는 것이 아니라 우리가 추구하는 필연과는 다른 필연이 존재할 뿐이다.

그런데 우리가 추구하고 경이롭게 생각하는 질서나 필연은 우리가 행동하기에 가장 편하고, 쉬우며, 따라서 적응하기 쉬운 규칙성을 가진 수학적 질서, 수학적 필연이다. 행동의 필요성에서 발생한 지성은 수학적 질서, 수학적 필연을 요구하기에, 우리가 요구하는 것과 정확히 일치하는 이 질서들의 존재성 자체에 경이를 느끼는 것이다. 그것은 거울에 비친 자신의 모습에 감탄하는 나르시시즘 같은 것이 아닌가! 우리 지성이 요구하는 것이 우리 밖에 존재할 수 있다는 것이 진정으로 놀라운 일인가? 플라톤의 말처럼 "같은 것은 같은 것끼리(homoi homoios)" 공감한다면, 우리 정신의 작용이 바라는 것이 우리 밖에 존재한다는 것이 놀라운 일일까? 사실이 상응성은 우리 정신의 물질에의 적응, 더 정확히 말하면 지성은 물질적 환경에 적응해야 할 필요성에서 발생했다는 것 이상을 의미하는 것은 아니다. 실제로 생명이 진화하는 동안 지성의 물질에 대한 적응은 자연스럽게 이루어졌다. 그리고 지성의 진화 동안에 우리는 행동 차원에서 잠재적으로 이해하고 있었던 수학적 질서나 수학적 필연에 경이를 느끼진 않는다. 왜냐하면 그것은 물리적 자연에 적응하는 우리 행동 방식에 불과했기 때문이다. 그러나 우리가 자연을 제도하고 측정하기 위해서 제작적 관점에서 물리적 자연을 바라보게 되었을 때, 마치 거울에 비친 자신의 모습에 감탄하듯이, 수학적 질서나 수학적 필연이 존재하는 것이 경이롭게 느껴지는 것이다. 그리고 그것들은 무질서를 극복하고, 우연을 극복하고 존재하는 듯이 생각된다. 그러나 그것은 제작적 행위의 효과일 뿐이다. 왜냐하면 제작적 행위는, 행위의 차원에서, 항상 무를 전제하기 때문이다. 그리고 바로 여기에 파르메니데스적 환상이 있다. 모순적 대립에 의해서 본질의 세계에 대립하는 세계를 무화(無化)시키는 환상. 이 환상 속에서 본질이 무(無)와의 대립에 의해서 정의되며, 따라서 그것은 단번에 무를 극복하고 존재하는 것으로 인식된다. 바로 이것이 우리 지성이 본질을 사고하는 방식이다. 그러나 경이로움은 거울에 비친 모습에 있는 것이 아니라 비친 모습을 바라보는 사람 자체에 있듯이, 경이로운 것은 지성이 사유하는 대상이 아니라 지성 자체를 산출한 힘으로서의 생명이다.

　무, 무질서, 우연이라는 사이비 개념을 실재 자체에서 배제하고 난 후, 베르그손은 실재를 '사실의 선'을 따라 분할한다. 베르그손이 실재를 분할하는 정신은 플라톤처럼 이분법적이다. 그러나 플라톤이 정적인 관점 ─더 정확히 말하면 이념적 실재성이 실현된 목적론적 관점─ 에서 실재를 분할한다면, 베르그손은 동적인 관점에서 실재를 분할한다. 플라톤이 실재를 '형상들의 세계'와 '코라(흐름)'의 혼합으로 형성된 것이라고 말하는 것은, 역으로 그가 변화하며 질서를 이루고 있는 이 세계를 '형상들의 세계'와 '코라'로 분할한다는 의미이다. 그가 이와 같이 분할한 이유는 우리의 '지적 직관(nous)'에 의해 파악된 세계를 ―즉 형상의 세계― 그 자체적인 세계로 인식했기 때문이다. 플라톤의 관점에서는 우리가 신체를 가지고 그것을 통해 생명적 활동을 하는 존재라는 사실은 세계에 대한 '에피스테메'에 어떤 영향을 주지 못하며, 오히려 그것에 방해가 될 뿐이다. 따라서 우리가 생명적 존재라는 사실은 실재를 분할하는 데 중요한 지표로 작용하지 않는다. 그러나 데카르트 이후에 사정은 바뀌었다. 세계는 그 자체로 존재하는 것이 아니라, 우리 의식(주체)에 대해서 존재한다. 만일 의식 존재로서의 우리가 존재하지 않는다면 세계의 존재성이란 전혀 의미 없는 사실이 된다. 세계의 존재와 그것을 의식하는 존재인 '나'는 서로 상관적으로 존립하는 사실이다. 바로 이것이 데카르트의 '코기토(Cogito)'의 발견이 세계 인식에 가져온 혁명이다. 물론 이 혁명의 의미를 그가 완전히 파악하고 있었던 것은 아니다. 그러나 그의 후예들은 그의 중요한 통찰을 발전시켰으며, 그 극단에 베르그손이 위치한다. 세계 인식은 우리 의식의 기능(또는 작용)과 독립적인 것이 아니다. 그리고 의식의 기능은 우리 감관의 기능(작용)들에 의존한다. 그리고 더 나아가 우리의 감관의 기능들은 생명의 기능들에서 파생된다. 결국 우리 의식 활동으로 이루어지는 인식 이론은 그 뿌리를 생명 이론에 두고 있는 것이다. 이런 이유로 베르그손은 그의 『창조적 진화』의 서론에서 "인식에 관한 이론과 생명에 관한 이론은 서로 분리될 수 없는 것처럼 보인다"(EC., IX)고 말한다. 우리의 지적 인식이 갖는 의미를 올바로 평가하기 위해서는 인간에 이르는 생명의 진화의 계열을 역으로 거슬러 올라가, 생명성과 물질성의 기원으로부터 이 두 운동이 어떻게 서로 타협하여 생명의 종들을 산출하고, 이렇게 산출된 생명의 종들이 다시 물질에 적응하는 방식 속에서 물질에 관해 어떤 이해를 갖게 되는지를 추적하는 작업이 필요하다.

자연(실재)의 가장 근원적인 존재성에 도달하기 위해서 우선 우리(현존재)의 물질에 관한 고정화된 지각 표상으로부터 벗어나는 일종의 '환원'이 필요할지 모른다. 우리(의식 존재)에게 자연은, 플라톤이 생각한 것처럼, 우리가 거기서 수학적 질서를 대략적으로 읽어낼 수 있을 정도로 규칙적이고 안정적으로 지각된다. 그러나 '물질 자체'와 '물질에 대한 지각'은 다르며, '물질에 대한 지각'이 이와 같이 안정적이고 규칙적인 것은 '물질 자체'가 이렇게 안정적이고 질서적이고 규칙적이라는 것을 뜻하는 것은 아니다. '물질에 대한 지각'은 의식 존재인 생명체가 물질에 적응하여 획득한 삶의 방식을 반영한 것이다. 현대 과학이 시사하듯이 물질은 운동이다. 더 나아가 생명체를 포함한 자연 전체가 운동 속에 있다. 베르그손에 의하면 이 자연 전체를 관통하는 운동은 두 가지 대립된 운동으로 이루어진다. 하나는 융합하는 성격을 지닌 '상승 운동'이고, 다른 하나는 그것과 대립하여 이산(離散)하려는 경향을 가진 '하강 운동'이다. 베르그손은 이 '상승 운동'을 '정신성(la spiritualité)'(또는 생명성)이라 하고, '하강 운동'을 '물질성(la matérialité)'이라 한다. 자연, 즉 실재를 이원론적으로 나누어나가는 베르그손의 관점에서 물론 이 두 대립된 운동은 논리적 대립처럼 나누어지는 것은 아니다. 존재론적 차원에서 완전한 대립은 없기 때문이다. 베르그손에 의하면 상승하는 운동이 차단되거나 멈추었을 때, 그것은 하강 운동으로 변환된다. 그래도 자연이 이 두 대립된 운동으로 이루어져 있다는 것은 의심할 수 없는 사실이다. 물질의 하강하는 흐름을 역행하는 생명체들이 존재한다는 사실이 바로 이 상승 운동의 존재 증거이다.

그러나 '물질성'은 물질이 아니고 '생명성'은 생명체가 아니라는 사실을 주목해야 한다. 그것들은 물질이나 생명체가 존재하기 위한 근원적 차원의 존재성이다. '물질'이란 우리 의식 존재에게 '물질성'이 포착될 때 드러난 관점이고, 생명체는 우리에게 개체성을 가진 독립적인 존재로 지각되지만, 그것은 생명의 나무의 최초의 뿌리에서부터 현재까지의 생명적 운동의 담지자이며, 동시에 각 종들로 퍼져나간 생명적 운동과 연대적 관계에 있다. 따라서 생명체들의 진화는 '생명성'을 전제하지 않고는 설명될 수 없으며, 물질은 '물질성'을 전제하지 않고 말할 수 없다. 우리가 생명체의 본성적인 것으로 간주하는 유기화하고, 융합하고 통일하려는 원리는 그 근원을 생명성에서 갖는다. 각 생명체들과 생명의 종들은 '생명성'과 '물질성'의 타협으로 생겨난다. 다시 말해 유기화하고 융합하려는 추진력(la poussée)은 물질성을 가로지르면서 다양한 종들의 생명체들을 산출한다. 생명체가 영원히 존재하지 못하고, 일정한 기간 동안만 존재하는 이유가 바로 여기에 있다. 생명성은 물질성과 타협한 현실태적 존재 방식을 취하기에, 생명은 물질성을 완전히 극복하지 못하도록 운명 지어져 있다. 그러나 생명은 그것을 극복하는 방법을 강구하고 있는데, 그것은 재생산의 방식을 통해 최초의 '생명적 도약'을 이어나가는 방식이다. 즉 각 개체는 종자를 통해 자신에까지 이어져온 생명적 힘을 전달하는 역할을 한다. 이런 측면에서 성체란 종자에서 종자에로 이어지는 생명의 나무에 솟아 나온 마디(혹)와 같다. 이처럼 생명체는 개체적인 차원에서 보면 비연속적이지만, 종의 차원에서 보면 연속적이다. 물론 이 생명의 나무의 비유가 생명성의 연속적 운동을 정확히 표상하는 것은 아니다. 왜냐하면 한 개체는 그 모체로부터 독립적으로 분리되기 때문이다. 그럼에도 불구하고 우리는 이 분리가 외형적이라고 말해야 한다. 왜냐하면 생명의 최초의 상태에서부터 개체에서 개체에로 이어진 생명적 힘과 노력은 생식 세포에 전달되어 축적되기 때문이다. 따라서 종자는 생명의 진화의 전 역사의 '반복'이며, 축적이다. 유전자 부호의 고리의 복잡성은 생명의 진화의 전 역사의 표현이다. 그리고 생명의 진화가 비결정성의 증가를 의미하듯이,

유전자 고리의 수와 결합 방식은 생명의 진화와 더불어 점점 더 복잡해져 왔다. ― 마치 생명이란 물질적 필연 속에서 자유를 점점 더 많이 쟁취하려는 노력이기나 한 듯이. 따라서 생명의 진화는, 목적론적 진화론자들이 생각하듯이 어느 한 지점에로 수렴되어가는 목적론적인 것이 아니다. 최초의 생명적 운동은 한 원리(한 생명적 도약, élan vital)에서 시작되었을지 몰라도 생명은 물질의 필연의 사슬을 끊고, 비결정성을 세운 이래로 그것의 잠재성(비결정성)을 증가시키면서 발전하고 있다.

그러면 왜 생명의 연속성은 한 종을 통해 연속되지 않고, 여러 종들로 갈라져서 진화한 것인가? 즉 생명의 종으로의 변이는 어떻게 가능한 것인가? 베르그손은 외적 원인에서 그 근거를 찾는 다윈의 미소 변이나 드 프리스의 돌연변이를 거부한다. 왜냐하면 그런 견해는 변이의 원인에 있어서 생명을 수동적인 것으로 가정하기 때문이다. 사실 외적 원인(환경)은 변이의 조건이 될 수 있어도 변이의 원리는 아니다. 변이의 원리는 생명이 가지고 있는 내적인 힘 또는 가능성(잠재성)에서 온다. 외적 환경이 질문을 던지면, 생명은 그것에 자신이 잠재적으로 소유한 능력(가능성)을 통해 답변한다. 이 답변들 속에서 여러 종들이 산출되었다. 따라서 우리는 여러 종으로 생명이 이산(離散)한 것을 통해 생명성이 자신 안에 지닌 가능적 능력과 생명적 힘을 막아서는 물질성의 관계가 어떠한지를 통찰할 수 있다.

자연의 가장 근본적인 존재 방식으로 '생명성'과 '물질성'이 인정되고, 이 둘의 타협으로 생명의 종들이 생겨나며, 이 생명의 종들이 자연에 적응하는 방식 속에서 '물질에 관한 지각'이 형성된다면, 이제 생명의 종들의 발생의 역사를 추적함으로써 인간의 지적 기능의 발생 과정을 밝히고, 이 지적 기능의 발달과 더불어 획득되는 세계 인식을 설명해야 한다.

　생명의 종들은 크게 둘(식물과 동물)로 나뉜다. 왜 생명이 식물과 동물이란 존재 방식으로 나뉘었는가를 말하기 전에 생명의 존립 방식이 어떠한가를 보자. '생명체'란 무엇인가? 에너지가 흘러가는, 물질성의 하강의 방향에서 에너지 흐름을 일시적으로 차단하거나 멈추게 하거나 유지시키는 기능이 바로 생명의 존립 방식이다. 간단히 말해서 생명체란 에너지를 축적하여 자신의 행동을 위해 소비하는 기능이다. 그런데 생명체의 이 근본적인 존재론적 기능은 생명의 진화 선상에서 두 기능으로 나뉘었다. 한 방향은 "대체로" 에너지를 축적하는 기능에 종사하고, 다른 쪽은 "대체로" 에너지를 소비하는 기능에 종사한다. 전자가 식물의 방향이고, 후자가 동물의 방향이다. 이 두 방향을 구체적으로 말하면, 식물은 태양 에너지를 이용하는 광합성 작용을 통해 가용적 에너지인 유기물을 생산한다. 동물들은 결국 식물을 통해 이 가용적 에너지를 획득하고 이 에너지를 폭발시킴으로써 활동 에너지를 얻는다. 이처럼 식물은 태양에 기생하고, 동물은 식물에 기생한다. 바로 식물과 동물의 생존 방식에서 식물과 동물을 규정하는 특성들이 이끌어진다. 식물의 성격은 '고정성', '무의식', '엽록소 기능'으로 특징지어진다면, 동물성은 '운동성', '의식', '신경 체계'로 특징지어진다. 이 두 계열은 한 원리에서 분리되어 나온 것이기 때문에, 원초적이고 잠재적인 상태에서 다른 계열의 본질적 성격들을 포함하지 않는 경우란 없다. 따라서 이 두 계열의 분지는 각 계열의 본질적 성격 간의 차이점 못지않게 이 성격들을 강화하는 경향과 비율에 의해서 설명되어야 한다. 식물성과 동물성은 식물과 동물 안에 있는 지배적 경향이다. 만일 식물이 식물적 삶을 사는 데 난관에 봉착하거나 동물이 동물적 삶을 사는 데 난관에 봉착했을 때, 하나의 생명적 도약으로부터 파생된 각 계열은 그들에 잠재되어 있는 이 생명적 힘에 의해 다른 경향으로의 삶을 형성할 가능성을 갖고 있다. 예를 들어 고착된 삶이 그들의 생존을 위협하게 했던 식물의 어떤 종들은 운동적 삶을 택하면서, '의식'이 깨어나기 시작한다. 그리고 반대로 동물들에 있어서 운동성을 약화시키는 삶의 방식으로 변화된 종들은 점점 의식이 마비되어 식물적 삶에로 이행한다. 이처럼 한 생명적 도약으로부터 생명의 본성적 경향들이 분리되어 나오는 것으로 파악하는 베르그손에 있어서 분할 방식은 이분법적으로 진행되지만, 이 이분법은 기능의 관점에서 나누어지며, 이 기능들은 구체적인 현실태 속에서 "경향들"로 현시한다. 바로 이 때문에 베르그손의 분할 방식은 개연적 형태를 갖는다고 할 수 있다.

동물의 진화는 네 가지 계열로 분지되었다. 그러나 이 네 가지 분지는 외형적인 사실이고, 실상은 이 중에서 '척추동물'과 '절지동물'이 우위를 점하는 주요한 가지로 발전했다. '극피동물'과 '연체동물'은 동물 계열이 소유한 '동물성'으로부터의 이탈, 아니면 '식물성'으로의 전환을 뜻한다. 따라서 이 두 계열은 마비 또는 반수면 상태라는 막다른 골목에 이르게 된 것이다. 동물 계열이 소유한 '동물성'은 '절지동물'과 '척추동물'에서 그 본성이 가장 잘 실현되었다. 그렇다면 이 두 계열은 '동물성'의 어떤 특성을 각기 대변하고 있는 것인가? 바로 그것은 '본능'과 '지성'이다. 이제 '동물성'은 증가하면서 서로 나누어지는 생명에 내재한 두 능력인 '본능'과 '지성'으로 나누어진다. 식물과 동물에서 주 경향으로 나타나는 '식물성'과 '동물성'이 상호 보충하고, 따라서 그것들의 현실태인 식물과 동물 안에서도 비율에 의해서만 구별되듯이, '동물성'의 잠재적 능력이 진화하면서 두 능력으로 나누어진 '본능'과 '지성'도 상호 침투하며, 각 능력은 그들의 공통적 기원의 어떤 것을 보존하고 있으므로, 현시된(현실태적) 본능과 현시된(현실태적) 지성은 본능 속에 있는 '순수히 본능적 본성'과 지성 속에 있는 '순수히 지성적 본성'을 비율적으로 포함한다고 말해야 한다.

　그러면 '순수히 본능적 본성'과 '순수히 지성적 본성'은 어떻게 구별되어야 하는가? 우리는 다양한 비율로 혼합되어 있는 본능과 지성을 소유한 '절지동물'과 '척추동물'의 두 계열에서 '순수히 본능적 본성'을 가장 높은 비율로 포함하는 본능을 지닌 개미나 벌들과 '순수히 지성적 본성'을 가장 높은 비율로 포함하는 지성을 소유하고 있는 인간에서 이 두 본성의 이상적 상태를 엿볼 수 있다. 이 두 능력은 생명체가 행동과 인식의 필요성에서 발생한 능력이다. 본능은 대상을 그 내면에서 직접적으로 인식한다. 반면에 지성은 대상의 내면으로 들어가지 못하고 그 주위를 탐색한다. 따라서 지성은 대상을 이해하기 위해 현재 지각에 과거 경험을 이용한다. 이것이 추리의 시작이다. 본능이 직접적 인식이라면 지성은 간접적 인식, 추리에 의한 인식이다. 베르그손은 "추리(référence)가 있는 어디에서나 지성이 있다"고 말한다. 그런데 현재적 경험에 과거 경험을 이용하는 추리는 이미 "발명의 시작"이다. 그렇다면 본능 속에 있는 '순수히 본능적인 것'과 지성 속에 있는 '순수히 지성적인 것'은 이렇게 유추, 설명될 수 있을지 모른다. 전자는 "타고난 메커니즘을 사용하는 자연적인 경향"이고, 그렇다면 그것은 "유기화 작업 자체의 연장 또는 완성이다." — 이처럼 동물의 본능과 생명적 물질의 유기화 사이에 분명한 구획선은 없다. 반면에 지성 속에 '순수히 지성적인 것'은 "인위적인 대상들을 제작하는, 특히 연장들을 만드는 연장을 제작하는, 그리고 제작을 무한히 변양하는 기능"으로 볼 수 있다. 간단히 말해 "완성된 본능은 유기화된 도구들을 이용하거나 만들어내기 위한 기능이고, 완성된 지성은 비유기적 도구들을 제작하거나 사용하는 기능이다." 이제 동물에서 인간을 분리하는 측면을 취하면, 인간은 본능을 가장 많이 결핍하고 지성을 가장 많이 타고난 존재이다. 따라서 생명에 내재한 지성은 인간에서 그것의 순수한 본성을 가장 잘 현시하고 있다. 그렇다면 인간 지성이 이상으로 지향하는 것은 제작이다. 베르그손의 말을 빌리면, "인간 지성에 관해서 기계적인 발명이 무엇보다도 그것의 본질적 진행이었다는 것을 사람들은 충분히 주목하지 못했다." 인간에 관한 베르그손의 정의인 '공작인(Homo faber)'은 여기에서 비롯된 것이다.

인식의 관점에서 '본능'과 '지성'의 차이점을 강조한다면, 그 타고난 본성의 측면에서 본능은 생명이나 사물에 대한 '내적 인식'이고, 지성은 "관계를 세우는 경향"이다. 따라서 본능은 사물을 지향하고, 지성은 '관계들'을 지향한다. 즉 "지성은 타고난 본성에 있어서 형식에 대한 인식이고, 본능은 질료에 대한 인식이다." 따라서 본능적 인식은 '정언적 명제들'로 표현되고, 지성은 '가언적 명제들'로 형식화된다. 그러나 본능과 지성은 한 생명적 원리에서 나누어졌기 때문에 상보 작용을 한다. 베르그손은 이 두 본성의 상보 작용의 가능성을 설명하기 위해 이 둘의 차이점을 이렇게 표현하고 있다. "지성만이 찾으러 갈 수 있는 것들이 있다. 그러나 지성은 그 자체로는 결코 발견하지 못할 것이다. 본능이 이것을 발견할 수 있을지 모른다. 그러나 본능은 그것들을 결코 찾으러 가지 않을 것이다." 이 상호 작용의 접합점에서 만들어지는 것이 객관적 인식들이다. 그 자체적으로는 사물에 관한 직접적 인식이 불가능한 제작적 지성은 본능(또는 직관)의 도움으로 사물들에 대한 객관적 인식을 형성해가는 것이다. 따라서 우리의 진리 개념은 가언 명제의 형식 속에 포함된 정언 명제로 표현된다.

지성이 제작에 몰두할 때, 지성은 실재의 유동성에 관심을 갖지 않고 모든 재료들을 부동의 고체처럼 다룬다. 우리 지성은 자연의 손으로부터 나온 한에서 비유기화된 고체를 대상으로 갖는다. 그 것은 행동의 필요성의 반영이다. 우리는 행동 속에서 우리의 주의 를 '운동성' 자체에서 벗어나 사물의 전체적인 윤곽을 따르며, 이것 을 부동의 장(場) 위에 위치시킨다. 따라서 지성의 작용 속으로 들 어가는 한에서 물질은 우리에게 외재성, 가분성, 비연속성 같은 속 성들을 내포한다. 이 관점에서 물질은 우리가 마음대로 분할하고 다시 구성할 수 있는 거대한 질료처럼 나타난다. 실제적 연장 뒤에 "사물들에 대한 가능한 행동의 도식"으로 사용된 무한히 가분적이 고, 동질적인, 빈 장이 바로 『시론』에서 밝힌 자연에 관한 지성주의 적 견해가 —그것이 고대 자연 철학이나 근대 과학이든— 자연에 투사한 이상적 공간이다. 그것은 제작적 지성이 전제하는 공간이 다. 따라서 베르그손은 이렇게 말한다: "인간 지성의 제작적 경향 을 상징화한 것이 바로 이 공간 표상이다."

우리는 자연(우주)이 '물질성'과 '생명성'으로 나뉘고, 이 둘의 타 협으로부터 생명체가 생성되며, '에너지의 축적과 소비'라는 생명체의 본질적 기능으로부터 '식물성'과 '동물성'을 분리하고, 에너지의 축적이란 삶의 방식으로부터 '식물성'의 본성인 '고착성', '무의식', '엽록소 기능'을 이끌어내고, 에너지 소비라는 삶의 방식, 즉 식물에 기생하는 삶의 방식으로부터 '동물성'의 본성인 '운동성', '의식', '신경 체계'를 이끌어냈다. 그리고 '동물성'을 소유한 존재들이 사물들에 행동하는 방식으로부터 '본능성'과 '지성성'이란 두 본성을 분리하고, '지성성'의 발전의 극단에서 인간의 제작적 지성이 전제하는 이상적 공간, 즉 '공간 표상'을 만났다. 지금까지 우리는 물질과 생명의 최초의 상태로부터 인간에 이르는 길을 진화론적 관점에서 추적해보았다. 그러나 이제 그 길을 한 단면으로 잘라 그 내적인 구조 속에서 물질과 신체와 혼의 관계를 살펴보자.

베르그손에 따르면, 현대 과학이 말하는 '물질'과 우리의 '물질에 대한 지각' 사이의 차이를 만들어내는 것은 생명체의 신체성이다. 물질은 그 자체로 이해되었을 때 작용, 반작용하는 운동이다. 이 운동하는 우주 속에서 생명체가 존재한다. 생명체도 외부에서 오는 자극(작용)을 반응(반작용)으로 우주(물질) 속으로 환원한다는 점에서 외적인 관점에서 물질의 작용 방식과 차이가 없는 것처럼 보인다. 그러나 생명체의 작용은 이런 물리적 작용과는 다른 작용을 산출하고 있다. 즉 생명체는 외부에서 온 작용에 대해 자발적인 방식으로 반응을 행사한다. 그것은 물질의 작용과 반작용의 결정론적 사슬에서의 해방(즉 자유)을 의미한다. 물론 이 해방은 물질에서 독립적인 해방이 아니다. 물질의 결정론적 사슬에다 선택의 가능성을 열어놓는 사슬들을 형성하는 것이다. — 마치 여러 갈래의 회선들을 연결해주는 중앙 전화국처럼. 생명체의 존재 방식은 가장 근본적으로 "비결정성의 중심"이다. 좀 더 구체적으로 말하면, '감각 운동 기능'이다. 그리고 이 기능은 뇌를 포함한 '신경 체계' 위에 세워져 있다. 바로 이것이 우리 신체의 본질적 의미이다. 이 우주(물질) 속에 우리 신체의 존립 자체에 의해서 '물질에 대한 지각'이 형성된다. 즉 생명체는 물질의 작용들 중에서 신체의 작용에 무관한 것을 흘려보내고, 반응할 수 있는 것에 대해서만 가능한 작용을 그린다. 바로 이것이 '물질에 대한 지각'이다. 운동(파동) 자체처럼 이해되는 '물질'과 달리 '물질에 대한 지각'이 우리에게 안정적이고 질서적인 것으로 표상되는 이유가 바로 여기에 있다. 이 안정성과 질서는 생명이 물질에 적응하며 오랜 시간 축적한 노력의 결실이다. 따라서 그것은 어떤 의미에선 시간 함수로 이해해야 할 사실이다. 베르그손에 따르면, 동물 계열 속에서 생명적 존재는 신체(뇌를 포함한 신경 체계)와 혼(표상적 의식)으로 양분되는데, 이 둘은 감각 운동 기능에서 발생한 것이다. 즉 표상적 의식의 발생은 행동의 필요성에서 비롯된 것이다. 만일 신체성의 본질적 기능이 '감각 운동 기능'이라면, 다시 말해 선택 기능을 세우기 위한 것이라면 선택은 우연적으로 이루어져서는 안 되고, 이미 일어난 작용들을 기억하고 그것들을 새로운 작용들에 이용하는 방식으로 이루어져야 한다. 바로 여기에서 과거의 지각(경험)들을 보존하고, 그것을 현재적 지각에 이용할 필요성이 동시에 발생한다. 표상적 기억의 존재 이유와, 표상적 기억(의식 또는 혼)과 현재적 작용(감각 운동 기능 또는 신체)의 상호 작용의 필요성은 이렇게 도출된다.

우리의 현실적 지각은 과거 기억들이 감각 운동 체계에 투사되면서 이루어진다. 이것을 실증하는 현상이 바로 우리 지각의 특성인 '식별 작용(la reconnaissance)'이다. '식별 작용'은 두 가지 층을 갖는다. 하나는 감각 운동 체계(습관 체계)에 의해서만 이루어지는 '자동적 식별'이고, 다른 하나는 감각 운동적 과정과 표상적 기억들의 적극적 투사로 이루어지는 '주의적 식별'이다. 이 주의적 식별이 인간 지각의 작용 방식을 대변한다. 왜냐하면 주의란 본능이 결핍된 존재가 자연에 적응하며 삶을 보존하기 위한 생명적 노력을 표현하기 때문이다. 주의(l'attention)는 바로 긴장(la tension)을 의미하고, 긴장은 노력을 표현한다. 바로 이 주의 작용에 의해 우리는 과거의 표상들을 현재 속에 투입시키는 노력을 행사하며, 이 노력으로부터 식별을 위한 습관적 체계가 발전되고, 확장된다. 즉 지각의 진보란 의식(혼)에 보존된 기억들을 현재 속에 이용하는 '감각 운동 메커니즘'의 확장이다. 그리고 이 발전과 확장은 우리 '신경 체계를 포함한 뇌'에서 이루어지며, 따라서 '뇌'란 과거 기억들의 보관소가 아니라 감각 운동 습관 체계의 자리이다. 과거 기억들은 혼(의식) 자체의 삶과 동일하게 유지된다. 왜냐하면 의식에 한번 포착된 것을 의식이 망각한다는 것은 모순이기 때문이다. 과거 삶의 기억들에 대한 그 자체적 보존, 그것이 의식의 삶이다. 베르그손은 그것을 '순수 기억(le souvenir pur)'이라 한다. 베르그손에 있어서 의식의 삶, 즉 정신적 삶은 신체적 삶(감각 운동 습관 체계)보다 더 우월한 의미를 갖는다. 우리의 개체적 삶에서 과거의 기억들은 결코 망각될 수 없기 때문에, 그것은 "존재했었다"고 말하기보다는 "존재한다"고 말해야 한다. 그러나 이 "존재함"은, 물질과 매 순간 작용하는 신체성의 현실태인 '감각 운동 체계'의 배후에 있다. 따라서 그것을 "잠재적 존재태"라고 말한다. 그러면 과거 기억들을 망각하는 현상을 어떻게 설명할 것인가? 과거 기억들의 망각은 우리 존재의 이중적 구조의 관계에 의해서 설명된다. 우리에게 현실태란 원리적으로 감각 운동 체계이고, 잠재태란 과거 기억들의 총체인 '순수 기억'이다. 신체(감각 운동 체계), 즉 뇌는 잠재태인 '순수 기억'이 현실화되는 것을 억제한다. 그러나 과거의 기억들 중에서 현재적 지각을 조명하는 데 필요한 기억들은, 우리의 '삶의 주의 집중'에 의해 신체(감각 운동 체계) 속에서 일어나는 '모방 운동'에 의해, 현재적 지각 속으로 삽입된다. 이때 신체에 삽입되는 기억들은 사실상 순수 기억(과거 자체)이 아니라 과거 자체의 모사이다. 바로 이것이 혼과 신체의 이원론을 주장하면서도 이 둘을 화해시키는 베르그손의 이원론이다.

신체, 즉 '감각 운동 체계'를 그 내용적 측면에서 볼 때, 세계 속에 신체의 존립은 그것이 반응할 수 있는 한에서 물질적 작용들을 성질들로 분할하여 지각장을 형성한다는 것을 의미한다. 이 행동 체계 위에 세워진 성질들이 일반 관념들의 원초적 형태들이다. 이 원초적 형태들에서 '삶에의 주의 집중'에 의해 과거 기억들을 현재적 지각에 투사시키면서 자연에 적응하려는 노력에 의해 지각장은 점점 세분화된 성질들로 나뉜다. 이처럼 감각 운동 체계의 발달과 함께 지각장이 분할되면 될수록 우리는 점점 외재화된 세계를 지각하게 된다. 그러나 지각을 분할하는 감각 운동 체계의 발달만으로는 지각장은 완전히 외재화되지 않는다. 인류가 제작적 작업을 하게 됨에 따라, 그리고 언어를 사용하게 됨에 따라 이제 지각장을 우리 행동의 논리에 따라 임의적으로 분할하게 된다. 왜냐하면 이를 위해서 우리는 세계를 분할하는 감각 운동 체계의 발달 속에서 이미 보인 지성의 경향을 단지 극단적으로 밀고 나가기만 하면 되기 때문이다. 따라서 제작에 몰두하고 언어를 사용하는 순간부터 인류에게 '공간 표상'은 외적 세계를 바라보는 지성의 틀로서 작용한다고 말할 수 있다. 바로 이 '공간 표상' 위에 세워진 것(성질)이 본질이고, 학문이란 바로 본질들의 관계에 관한 연구이다.

IV. 지성주의 윤리학

1. 지성주의의 존재론

지성주의 윤리학은 고대의 플라톤에서 근대의 라이프니츠에 이르는 긴 철학의 역사 속에서 전개된 형이상학적 윤리학이다. 이 윤리설의 특징은 인간 행동 윤리의 근본적인 원리와 원칙들을 자연에 대한 존재론적 이념 위에 세우고 있다는 것이다. 이 태도는 인간 행동을 지배하는 원리도 자연을 지배하는 원리에 동화시킴으로써 인간을 포함한 자연 전체를 보편적 통일성 속에서 이해하려는 경향에서 비롯된다. 이 경향은 지성의 성격과 필연적인 관련이 있다. 인간이 자연을 학문적으로 이해하려고 시도하였을 때, 자연은 지성이 요구하는 실재성 위에서 이해될 수밖에 없었고, 이렇게 이해된 자연은 실재적 자연보다 높은 존재론적 가치를 갖는 것으로 이념화되었기 때문이다. 자연과 인간 행동은 동시에 이 이념에 투영된다.

고대와 근대에 나타난 지성주의 윤리학은 자연에 대한 존재론(형이상학) 위에서 정초된다. 고대 플라톤에 있어서 존재론과 도덕론을 지배하는 이념은 선(善, 좋음, agaton)의 이념이다. 근대의 데카르트에 있어서 존재론과 도덕론을 지배하는 이념은 완벽성이다. 지성주의 도덕의 특징은 '좋음' 또는 '완벽성'으로 나타나는 선을 하나의 원리, 하나의 존재처럼 간주하고, 스스로 존재하는 하나의 이

상처럼 생각한다. 이처럼 선은 존재의 원리이기 때문에, 인간에 있어서도 선은 모든 것을 거기에 관련시키는 원리가 된다. 인간 지성은 자연을 지적으로 이해하기 위해 자연의 이상적 존재 상태를 이념화하듯이, 도덕론을 형성하기 위해 자연적 인간 위에 이상적 인간을 형상화한다. 자연이든 인간이든 이상적 형태로 형상화하는 것은 지성의 성격과 관련이 있다. 이미 플라톤은 형상들의 세계를 지적으로 직관하는 능력에 대해 말하면서 이상적인 세계인 형상들의 세계와 우리의 지적 능력(nous)의 연관성을 말한다. 데카르트는 완벽한 이상적인 세계를 인식하는 능력이 우리 정신 안에 선천적으로 주어져 있다고 말한다. '같은 것은 같은 것끼리'라는 플라톤의 생각을 데카르트도 공유하고 있다. 이상적 존재론이나 선천주의는 사실 동일한 이념의 표현이다.

플라톤에 있어서 선(좋음)은 탁월한 실재이다. '좋음'은 형상들을 지배하는, 형상들 중의 형상이다. '좋음'은 모든 다른 것들이 그 실재성을 빌려오는 형상이다. 한 존재 속에서 실재적 의미로 존재하는 것은 이 존재가 '좋음'의 형상과 공통적으로 갖고 있는 것이며, 이 형상에 참여하고 있는 측면이다. 이 형상은 무엇보다도 탁월한 것, 신적인 것이다. 따라서 덕은 신적인 것을 닮는 것으로 이루어진다. 아리스토텔레스에 있어서 선은 그것의 완벽성의 인력에 의해서 모든 것을 자신에게로 움직이게 하는 것, 즉 모든 것의 목적인이다. 그것은 탁월한 존재, 부동의 운동자, 사유하는 사유이다.

모든 존재의 운동을 이끄는 '부동의 운동자'를 아리스토텔레스는 신이라 부른다. 이처럼 그는 부동성의 이상에다 운동성을 결합한다. 이것은 플라톤이 이원화한 가시계(可視界, 변화하는 감각적인 세계)와 가지계(可知界, 불변적인 형상들의 세계)를 통합하는 방식이다. 이와 같은 모순적 결합은 인간 지성이 자연의 근본적인 실재의 특징으로 인식하는 부동성과 영원성에 '활동성'을 결합하려는 요구에서 나온 불가피한 이해 방식이다. 여기서 활동성의 가정은 가능태에서 현실태로의 과정이 최후의 현실태에 귀착되는 시점, 즉 운동인이 목적인에 도달하는 시점에서 '부동성'에 흡수되며, 거기서 '부동의 운동자'라는 모순적 개념이 발생한다. 물론 이 결합 속에서 부동성의 개념이 '정신화'되는 것을 볼 수 있다. 플로티누스에 있어서 선은 존재자들보다 우월한 일자(一者)이다. 존재하는 모든 것은 그것으로부터 나오고, 그것에로 돌아가려 한다. 그의 '일자의 유출(流出)' 이론에서 일자는 모든 존재하는 것의 본질이고 원리이다. 플라톤주의자인 플로티누스에 있어서 현실의 생성 원리는 아리스토텔레스와 달리 최초의 출발점에 위치한다. 그의 견해는 아리스토텔레스의 견해에 비해서는 생성의 원리가 존재의 내부에로 전환되었고, 플라톤의 견해에 비해서는 가지계와 가시계를 연속된 생성 과정으로 전환시켜 생성을 설명하는 데 유리하다.

　근대 지성주의 철학자들에 있어서 이 경향은 더욱 극단화된다. 고대인들의 경우 '선(善, 좋음)'은 존재들이 닮거나 참여하거나 지향해야 할 이상적 존재이다. 따라서 우리가 경험하는 가시계와 우리가 지적으로 직관하는 가지계는 이원화되어 있다. 단지 우리 지성의 관점에서 가지계는 가시계보다 존재론적 우월성을 가질 뿐이다. 그러나 근대 철학자들에게는 이와 같은 이원화가 희석되는 것을 볼 수 있다. 자연은 하나의 존재론적 체계로 환원된다. 고대인들의 가시계와 가지계의 구분은 데카르트 이후 현상(자아에게 현시한 세계)과 실재(그 자체적 세계)의 구분으로 변형된다. 데카르트는 고대인들보다 지성이 요구하는 실재성을 더욱 극단적으로 밀고 간다. 자연은 그 자체로 완벽성 위에서 세워진다. 이 세계는 인간 지성이 요구하는 기계론적 세계이다. 이 세계는 변화나 생성이 존재하지 않는, 완성된 세계이다. 데카르트에 있어서 완전성은 존재의 원리이다. 완전하다는 것은 그 자체로 존재 이유를 갖는다. 데카르트가 신존재 증명에 의해 완전한 세계를 연역하는 방식이 그러하다. 기계론적 세계를 형성하는 관념들은 필연적이고 완전한 관념들로, 그것들은 감관에 의해서도, 지성에 의해서도, 상상력에 의해서도 주어지거나 만들어진 관념들이 아니다. 그것들은 우리가 선천적으로 타고난 '본유 관념들'이다. 우리는 세계에 대해 우리 감관을 통해 관계할 수밖에 없는데, 그러면 감관을 통해 드러나는 현상 너머에 세계가 우리가 소유한 본유 관념대로 필연적이고 완전한 형태로 존재한다는 것을 어떻게 알 수 있을까? 데카르트는 신존재 증명이라는 우회적 방법으로 자연이 우리가 소유한 본유 관념의 형태로 존재한다는 것을 증명한다. 이 우회적 방법에 의한 증명의 근거는 사실 완전성은 그 자체로 존재 근거를 갖는다는 것이다. 그것은 가장 우월한 존재 원리이기 때문이다. 고대인들에 있어서 형상의 세계와 신적인 것이 동화되듯이, 데카르트에 있어서 과학과 신학의 일치는 이렇게 이루어진다. 데카르트가 생각한 자연은 기계론적 자연이다. 그것은 신에 의해 만들어진 세계이다. 완전한 세계나 신에 의해 만들어진 세계는 동일한 의미 내용을 갖는다. 그것들은 모두 자발적인 생성의 불필요성, 극단적으로 말해 생성의 결핍을 뜻하기 때문이다. 더 나아가 완전성이라는 이념의 원리인 신 자체도 생성의 결핍이다. 신 자신은 불변적이고 영원하고 완전한 존재이기 때문이다. 그러나 생성의 결핍에 생성의 원리를 부여하는 것, 즉 부동성에다 활동성을 부여하는 것이 지성주의적 관점의 자기모순적 운명이다. 여기서도 신은 스스로를 창조할 수 없는 존재이면서 창조의 능력이 부여된 아리스토텔레스의 '부동의 운동자'와 같은 존재가 되기 때문이다. 물론 여기서 신은 정신적 실체의 극단적인 형태가 된다.

말브랑슈는 존재성과 완전성의 일치를 더욱 심화시킨다. 그에게 있어서 모든 것은 단지 신 안에서만 존재한다. 완전성의 이념에 의해 실재가 신과 동일시되거나 신에 포섭됨으로써, 데카르트가 '코기토'의 발견으로 제기한 현상과 실재의 문제는 말브랑슈에 있어서는 신과 기회 원인의 문제로 변형된다. 자연은 신 안에 존재하며,

우리 자아에 나타나는 현상은 기회 원인에 불과하다. 기회 원인론은 데카르트의 현상과 실재라는 외견상의 이중성조차 없애버리고 완전성과 필연성이 지배하는 일원론적 세계, 즉 신이 지배하는 세계만을 남겨놓는다. 라이프니츠의 존재론은 신의 관점에서 서술된 존재론이다. 그에 있어서 신은 '완전성' 이념의 극단적인 표상을 대변한다. 이 이념을 형상화한 전지전능한 신이 이성의 원리에 따라 창조한 세계가 바로 자연이다. 이 세계는 지성과 의지의 가장 기본적인 성격인 '지각'과 '욕구'를 본질적 속성으로 갖는 유한 실체들인 '모나드'들의 조화로운 결합이다. 따라서 '완전성'의 이상인 신과 신이 창조한 유한 실체들의 관계가 '완전성' 이념하에서 계열화된다. 라이프니츠의 모나드론은 지성주의의 근본적인 태도를 유지하면서 플라톤에서 아리스토텔레스를 거쳐 발전한 스콜라 철학의 전통을 수용한다. 이것을 잘 보여주는 것이 모나드에 대한 규정이다. 모나드는 '단순성', '개체성', '활동성'의 성격을 갖는다. 모나드의 활동성은 아리스토텔레스의 활동성과 달리 모나드에 내재하며, 시간과 역사를 통해 전개되는 활동성이다. 현실의 모든 가능성은 신이 창조한 모나드의 최초의 상태에 가능태로 내재한다. 따라서 그가 사실의 진리의 근거로 말한 '충족 이유율'은 결국 '동일률'로 환원될 수밖에 없다. 플라톤이 형상에다 부여한 성격인 '자기 동일성'과 '타자성'은 모나드에도 그대로 적용된다. 모나드들은 서로 간에 어떤 영향을 주고받지 않는데, 라이프니츠는 그것을 "모나드는 창이 없다"고 표현한다. 라이프니츠에 있어서도 완전성은 현실적 존재의 근거이며, 가능태는 완전성이란 이유로 현실화된다.

2. 지성주의 윤리관의 특성

지성주의는 선(善, 그것이 좋음이든 완전성이든)을 실재의 원리 자체로 또는 모든 유한한 존재들이 지향하는 최종적 목적으로 삼는 견해이다. 그러나 이 존재론적 입장이 윤리적 원리로 작용하기 위해서는 그것을 어떻게 알며, 어떻게 실천할 것인가를 설명해야 한다. 지성주의 철학자들은 대체로 우리에게는 존재들과 사물의 가치를 분별하게 하는 내적인 빛이 있다고 말한다. 플라톤은 훌륭한 삶이란 훌륭한 삶의 본이 되는 좋음의 이데아를 파악할 수 있는 능력인 지혜 또는 지성(nous)에 의해서 실현된다고 말한다. 그리고 지혜를 가짐으로써 실현되는 내적인 훌륭한 상태가 사람됨이며, 이 사람됨이 훌륭한 삶 또는 행복을 수반한다고 말한다. 근대 철학자인 말브랑슈는 우리는 탁월함과 완전성의 관계를 아는 능력이 있다고 말한다. 또한 신의 예지의 빛 아래서 존재의 완전성을 구축하는 라이프니츠에 있어서 우월한 실체와 열등한 실체의 차이는 각 모나드가 지닌 지각의 판명성에 의해서 구별된다.

존재들과 사물들의 가치를 평가하는 내적인 빛 또는 정신이 있다 하더라도, 이 정신은 무엇에 근거하여 탁월성과 완전성의 정도를 말할 것인가? 지성의 관점하에서 존재를 규정하는 지성주의에서는 탁월함(또는 완전성)의 정도도 가지성(可知性)의 정도에 의해서 표현된다. 즉 탁월함이나 완전성의 단계를 말한다는 것은 질적(質的)인 것에 양적(量的)인 것을 개입시킴으로써 가능하게 된다. 우선 선은 그것이 나타내는 힘 또는 활동성의 정도에 따라, 그리고 그것이 포함하는 요소들의 수의 풍부함에 의해서 정의될 수 있다. 두 번째는 부분들 사이의 일치와 조화의 정도이다. 요컨대 지성주의 도덕은 선 자체를 도덕의 원리로 삼은 후, 이 가치를 평가하기 위한 두 가지 실천 기준을 제시한다. 하나는 활동성과 요소들의 풍부함의 정도이고, 다른 하나는 질서와 조화의 정도이다. 그리고 이 기준이 놓이면 실천적 덕을 연역할 수 있다.

지성주의 관점에서 자연은 완전성 위에서 구축된다. 좋음 또는 탁월한 것은 신적인 것이고, 좋은 것을 따르는 것은 개인에 있어서 행복이다. 따라서 덕과 행복은 동일시된다. 만일 도덕성의 원리가 절대선이라는 의미에서 이해된 완전성을 향한 길이라면, 그리고 선이 활동성에 의해서 정의된다면, 그때 도덕적 탁월함의 가장 높은 단계는 가장 완전한 활동성의 가장 확장된 발전과 일치한다고 말할 수 있다. 따라서 행복은 인간 본성의 가장 완전한 활동성의 가장 확장된 발전으로 정의될 수 있다. 플라톤은 『국가』에서 혼의 최선의 능력인 '누스'에 의해서 실현되는 내적인 훌륭한 상태와 삶은 자연적으로 행복을 수반한다고 말한다. 아리스토텔레스는 『니코마쿠스 윤리학』에서 "행복이라는 것이 덕을 따른 활동이라면,

당연히 그것은 최고의 덕을 따르는 것이 아니어서는 안 된다. 그런데 최고의 덕은 우리들 속에 있는 최선의 부분의 덕이 아닐 수 없다. (…) 이 부분이 이성적이건 신적인 것이건, (…) 이것의 활동이 행복이 아닐 수 없다. 이 활동은 관상(觀想)이다"(10권 7장, 1177a)고 말한다. 이처럼 최고의 덕을 관상에 이르게 한 후, "완전한 행복은 관상적 활동"이라고 말한다(8장, 1178b). 그 이유는 이 활동이, 첫째 우리 혼의 최선의 활동이며, 둘째 가장 연속적인 것이며, 셋째 가장 자족적인 것이기 때문이다. 이 사유는 플로티누스에 있어서 더욱 신비적인 의미를 취한다. 일자는 모든 현실태적 존재들이 거기서부터 산출되고, 거기로 돌아가는 신적인 존재이다. 우리에게 최고의 덕은 이 일자인 신과 하나가 되는 것이며, 거기에 진정한 행복이 있다. 이처럼 플로티누스는 관조적 활동을 더욱 깊이 있고 신비스러운 것으로 만든다.

　지성주의 윤리관은 낙관주의적이며, 개인주의적 윤리관이다. 그러나 사실 윤리의 문제는 개인적인 덕의 연역보다 사회적 덕을 어떻게 연역할 것인가에 있다. 개인에 있어서는 도덕적 이상이나 절대적 선을 놓고, 지성의 요구에 따라 나 자신에게 엄격한 규율을 적용하는 것으로 덕의 실천이 이루어진다. 그러나 자신을 완성할 덕으로부터 모든 사람들이 따라야 할 사회적 의무를 연역할 수는 없다.

V. 지성주의의 내적인 정당화 — 칸트의 윤리학

1. 칸트의 인간 존재론

칸트 철학은 이른바 지성주의 철학에 속하지 않는다. 그가 코페르니쿠스의 전회에 비유한 그의 철학은 사실 그가 바라는 대로 지성주의 철학에 대한 비판이 되기보다는 오히려 지성주의 철학을 정당화하는 측면이 있다. 선험주의 관념론이라는 사상적 흐름을 정립한 철학자에게 우리는 왜 이런 평가를 해야 하는 것인가? 데카르트의 '코기토'의 발견 이후에 세계의 중심축이 변화된 세계관 속에서 실재를 '사실의 선에 따라' 올바로 분할하는 작업을 하기보다는 지성주의에서 '분할한 작업'을 중심축만 이전한 채 정당화하려 했기 때문이다. 인간 존재론 위에 구축한 칸트의 윤리학을 생명 존재론 위에서 정립한 베르그손의 윤리학에 앞서 다루는 이유가 여기 있다. 칸트의 비판 철학에서도 '인식론'은 '도덕론'과 짝을 이루고 있다.

칸트의 도덕론은 그의 비판 철학을 존재론적으로 완성하는 본질적 측면이다. 이 말은 그가 『윤리 형이상학 정초』와 『실천 이성 비판』에서 다룬 도덕론이 그가 『순수 이성 비판』에서 도해한 인간 존재의 실존적 구조의 심층적인 측면을 정당화하고 있다는 것을 뜻한다. 칸트의 비판 철학은 이성의 빛 아래서 인간 존재의 존재론적 구조를 해명하는 작업이라고 말할 수 있다. 그러면 칸트에 있어서 인간 존재란 어떤 존재인가? 칸트의 선험주의 철학은 철학의 역사에서 데카르트가 문을 연 세계의 중심축의 전환으로 발생한, 인식과 행동의 원리를 '자아'에서 찾는 주체 철학이다. 주지하다시피 데카르트의 'cogito ergo sum'의 혁명적 의미는 세계가 '그 자체적으로' 존재하는 것이 아니라, '자아에 대해' 존재한다는 것을 예시한 것이다. 물론 이 이념하에서 칸트는 인식의 원리가 우리 자아 안에 선천적으로 본유한다는 데카르트의 선천주의를 거부하고, 인식의 원리가 세계를 향해 있는 인간 존재의 기능들 —감성과 오성— 의 선험적 구조에서 비롯된다는 선험주의를 주장한다. 그렇더라도 칸트 철학은 인식의 원리가 자아 속에서 비롯된다는 주체 철학의 전통에 속한다. 그리고 도덕론의 원리도 이 선상에서 이해된다. 따라서 인간의 존재론적 구조에 대한 칸트의 분석의 가치를 올바르게 평가하기 위해 그가 선천주의(이른바 독단적 형이상학)로부터 어떻게 선험주의로 이행하게 되었는지를 추적할 필요가 있다.

주지하다시피 칸트가 선천주의의 독단의 잠에서 깨어난 것은 그가 1748년 흄(D. Hume)의 『오성론』 7장에서 전개한 '인과성'에 대한 비판을 읽고 나서이다. 칸트의 시각에 당대의 자연학의 존립 기반을 붕괴시킬 위험처럼 나타났던 흄의 '인과성' 비판은 자연학뿐만 아니라 도덕학의 존립 근거를 위협하는 것이었다. 따라서 '인과성' 문제에 대한 칸트의 해결은 『순수 이성 비판』뿐만 아니라 『실천 이성 비판』에서 행한 칸트의 인간 존재론 해석을 평가하는 단초가 된다. 칸트가 보기에 흄의 '인과성' 비판의 골자는 '인과성'에 대한 판단이 원인에서부터 결과가 이끌어지는 분석 판단이 아니라, 이질적인 원인과 결과 사이에 '필연적 연결'을 주장하는 종합 판단이라는 것이다. 이 연결은 a priori(선천적)하게 연역될 수 없을 뿐만 아니라, a posteriori(후천적)하게 이끌어지지도 않는다. 그렇다면 학(學)의 근거를 어떻게 확립할 것인가? 칸트는 이 필연적 연결의 근거를 인간 존재의 주관의 기능들에서 찾는다. 칸트에 따르면 세계와 관계하는 인간 주체의 기능은 세 단계로 구조화되어 있는데, 그는 그 단계를 각각 '선험적 감성론', '선험적 분석론', '선험적 변증법'에서 다루고 있다. 인간 주체가 세계와 관계하는 가장 외적인 층을 형성하는 것은 감성의 수용적 형식인 시간과 공간의 형식이다. 두 번째 단계는 순수 오성의 범주들(또는 선천적 개념들)과 원리들(또는 선천적 판단들)이다. 이 범주들과 원리들이 지각과 학(學)의 대상들을 형성하는 a priori한 구성적 형식들이다. 인간 존재의 인식 구조를 발견하기 위한 환원적 분석에서는 분리되어 설명되지만 이 두 층은 서로 내밀하게 연관된 층이다. 감성적 직관들은 순수 오성 범주들에 연결되고, 역으로 오성의 범주들은 감성적 직관들에 참여하고, 포섭한다. 이 두 층(감성의 형식과 오성의 형식)이 세계와 관계하는 '자아'의 현상적 측면을 형성한다. 그러나 인간 존재의 자아에는 세계와 현상적으로 관계하는 층 너머에 우리 인식을 통일하는 이상적인 층이 있는데, 거기에 규제적 관념들인 이성의 a priori한 선험적 관념들이 —세계, 혼, 신— 있다. 이 관념들은 현상적 자아에는 초월적이지만, 우리 인식이 존립하기 위한 궁극적인 존재 근거로서 전제되는 관념들이다. 우리는 시공적 경험을 초월하는 대상들을 인식할 능력을 가지지 않지만, 이 사실이 초월적 대상들에 형이상학적으로 접근하는 것이 가능하지 않다는 것을 뜻하지는 않는다. 칸트는 오히려 이 대상들에, 특히 주체 자체인 영혼과 신의 관념에 형이상학적으로 접근이 가능할 뿐만 아니라 그것이 도덕 형이상학의 원리가 된다고 주장한다. 칸트에 따르면, 우리 이성은 한편으론 감성적 직관들에다 형식들을 부여하면서 현상적 세계를 구성하고, 다른 한편으론 현상적 경험 위로 초월적인 규제적인 관념들을 생산하면서 "자유의 인과성"의 선험적 가능성을 정당화한다는 것이다. 현상적 세계 속에서 "자연의 인과성"은 우리 주관의 형식들에 의해 부여되지만, 예지적 세계 속에서 우리 주관은 "자유의 인과성"의 선험적 가능성을 정당화한다. 이런 의미에서 『순수 이성 비판』은 도덕론에 기초를 제공하고, 도덕론은 『순수 이성 비판』이 제공한 자아의 초월성을 확인한다.

요컨대 칸트의 인식론은 '자연의 인과성(인과적 필연성)'을 해명하기 위한 것이고, 칸트의 도덕론은 '자유의 인과성'을 해명하기 위한 것이라고 요약할 수 있다. 그가 구성한 선험 철학을 평가하기 위해 우선 '인과적 필연성'에 대해 언급하자. 우리가 앞에서 지적했듯이 고대에서부터 시작된 지성주의 관점의 근본적인 문제점은 자연을 공간 표상 위에서 이해하는 것이다. 이 관점하에서 자연은 불변적이고, 부동이고, 영원한, 결정론적 자연이 된다. 데카르트가 세계의 중심축을 자아로 전환한 후에 칸트는 지성주의 관점에 새로운 변화를 가져왔는가? 칸트는 세계를 인식하는 감성의 형식으로 '공간'을 전제함으로써 자연을 결정론적으로 이해하는 것을 개선하기보다는 오히려 결정론적 견해를 강화하고 있다. 칸트의 입장은 지성주의 관점에서 학문 이론을 세운 플라톤의 견해보다 후퇴한 것이다. 플라톤에 있어서 '공간 표상'이란 학(學)이 성립하기 위한 본질들의 자리이지 실제적 공간이 아니다. 플라톤에 있어서 실재적 공간은 '흐름'으로 표현되는 '코라'이다. 비록 칸트가 '물자체'는 알 수 없다고 했다 하더라도, 우리는 자연을 '공간 표상'이란 감성적 형식 속에서 지각할 수밖에 없다고 함으로써 자연에 대한 결정론적 견해로부터 더욱더 벗어날 수 없게 만든 것이다. 둘째, 칸트는 '인과적 필연성'의 문제를 자연학의 존립 근거가 되는 문제로 인식하고, 자아가 세계를 인식하는 오성의 판단 형식으로 '인과적 필연성'이 부과된다고 말한다. 이로써 그는 자연학의 존립 근거가 확보된 것으로 생각한다. 자신을 독단의 잠에서 깨어나게 했다는 칸트의 평가와는 달리, 흄이 제기한 '인과적 필연성'은 자연학의 원리가 되는 문제가 아니다. 학문이란 본질들 간의 필연적 관계를 다루는 것이지, 인과적 관계를 다루는 것이 아니다. '인과적 필연성'이란 사실상 순수한 관념이 아니라 혼합된 불순한 관념이다. 그것은 서로 결합될 수 없는 '시간적인 것(현상을 원인과 결과로 인식하는 의식 사실)'과 '공간적인 것(필연적 관계)'을 결합하여 금을 만들려는 연금술과 같은 것이다. 그러나 이런 혼합으로 만들어진 것은 의식의 영역에서도, 물질의 영역에서도 올바로 적용될 수 없는 개념이다. 즉 이 개념은 '의식의 영역'에만 적용되는 원리를 '물질의 영역'에 적용할 수 있다고 생각하거나, 아니면 '물질의 영역'에만 적용되는 원리를 '의식의 영역'에 적용될 수 있다고 주장하는 것과 다를 바가 없다.

2. 칸트의 도덕론

칸트의 도덕론의 특징은 도덕적 행동의 법칙은 선험적 이성으로부터 그것의 자연적 합법성의 형식을 부여받는다는 것이다. 도덕을 기초하기 위해 도덕의 순수한 형식을 이끌어내는 것이 인간에게 도덕을 적용하기 전에 우선하는 일이다. 도덕의 순수한 형식이란 그것이 모든 이성적 존재에게 보편적으로 기초되어야 한다는 것을 함의한다. 따라서 그것은 순수 이성 위에 세워질 수밖에 없다. 요컨대 도덕 형이상학이란 모든 이성적 존재를 지배하는 법칙이고, 이성이란 법칙들을 생산하고, 합법성을 세우는 능력이다.

칸트는 공통 의식의 도덕적 판단들로부터 거기에 참여하고 있는 순수한 형식적 요소를 분리하기 위해 환원적 분석을 시행하기 전에, 도덕성에 관한 건전한 이성의 성향을 형식화한다. 그것은 선의지와 의무에 대한 복종과 존중의 정서이다. 우선 선의지는 도덕적으로 제한 없이 선하다고 간주되는 의지이다. 즉 그 자체로 선한 의지이다. 그리고 이 선의지는 그것을 함의하는 한 개념과 연관되는데, 그것은 의무의 개념이다. 따라서 선의지는 의무에 따라 행동하는 의지라고 규정할 수 있다. 사실 의무에 따르는 행위는 실천 속에서 경향들과 혼합되어 있거나 대립하고 있다. 전자의 경우에 칸트는 경향에 의한 행위와 의무에 따른 행위를 구별할 것을 강조한다. 특히 이웃을 사랑하고 적조차 사랑하라는 기독교의 교훈은 성향과 의무의 구별에 의해서만 올바르게 이해될 수 있다고 말한다. 후자의 경우에 칸트의 엄격주의는 더 잘 드러난다. 왜냐하면 선의지란 의무에 따른 의지라는 칸트의 주장은 의무와 경향이 대립하는 경우에 더욱 분명하게 의식되기 때문이다. 그러나 엄격주의의 핵심은 선의지의 본질이 의무에 대한 복종이지 경향과의 대립이 아니라는 점이다. 즉 칸트의 주장의 본질적 측면은 도덕이 정의적 감정에 대립한다는 측면이 아니라, 도덕은 정의적 감정 위에서 세워질 수 없다는 점이다. 선의지는 결국 의무에 복종하려는 의지이다. 또한 선의지는 운동인을 갖는데, 그것은 존중의 정서이다. 존중의 정서는 법칙의 유일한 표상에 의해 생산되는 이성의 자발적인 발현이다. 선의지는 객관적으로는 도덕적 의무에 의해서 결정되고, 주관적으로는 존중의 정서에 의해 결정된다.

사실 선의지와 의무의 관련성에 대한 칸트의 분석은 우리가 앞에서 언급한 지성주의 도덕을 정당화하는 내적인 분석이라 할 수 있다. 플라톤이 "지식이 덕이다"라는 소크라테스의 가르침을 발전시켜 지성주의 도덕을 정립한 이래, 지행합일은 이 도덕론의 기본 원리가 되었다. 즉 지식과 행동 사이에는 간격이 존재하지 않는다. 지행합일은 사실 실제적인 인간이 아니라 이상적인 인간에게 가정된 사실일 뿐이다. 왜냐하면 이 도덕론에서는 지식과 행동이 동일한 차원에 위치하며, 따라서 실제적인 의미에서의 행동은 고려 대상에서 배제되고 있기 때문이다. 칸트의 선의지와 의무의 관계에 대한 주장에도 사실 이상적인 인간에 대한 가정이 숨겨져 있다. 칸트는 도덕론은 인간 행동 윤리에 관한 것이어야 한다는 점을 알고 있기에, 지식과 행동 사이에 선의지와 의무를 개입시켜 연결점을 만들고 있을 뿐이다. 사실 의지가 어떤 본성인지를 안다면, 의무에 복종하는 의지는 선의지(善意志)가 아니라 무의지(無意志)라고 해야 하며, 의무가 어떤 성격인지를 안다면, 선의지는 의무에 복종하지 않는 의지이어야 한다. 이웃을 사랑하고 적조차 사랑하라는 기독교의 교훈은 그것의 의미가 순수 이성에 의해서 파악되지만, 그것이 행동 원리가 되는 것은 감수성에 의해 깊은 감동을 받았을 때이지, 의무적이기 때문인 것은 아니다. 사실적인 의지와 사실적인 의무가 교차하는 최소점에서 선의지는 의무에 복종하는 의지일 수 있는데, 이 최소점이 지식과 행동 사이에 간격이 존재하지 않는 지행합일의 이상적인 인간의 지점인 것이다. 그리고 플라톤의 형상

이론에서는 모든 개체들이 형상을 닮음으로써 그 존재론적 가치를 부여받으므로 모든 인간의 평등한 가치는 형상을 매개로 하여 이루어진다. 즉 존중(존엄)은 개체적 인간들이 형상에 참여한다는 사실로써 확보되는 것이다.

칸트는 공통 의식을 환원적으로 분석한 후, 도덕 형이상학을 이끄는 선험적 귀납을 실행한다. 도덕 법칙은 모든 합리적인 존재들에게 있어서 이성의 a priori한 법칙이다. 그것은 도덕 법칙이 당위(있어야만 하는 것)로 표현된다는 사실에서 드러난다. '있는 것'은 경험을 기술하거나 경험으로부터 파생되지만, '있어야만 하는 것'은 경험으로부터 논리적으로 앞서거나 우월하다. 즉 도덕 법칙이 당위로 표현된다는 것은 그것이 우리 의식에 a priori하게 새겨져 있다는 것을 뜻한다. 그런데 우리는 합리적이고 감성적인 존재, 즉 우리의 주관성이 이성 법칙의 보편적 객관성과 완전히 일치하지 않는 존재이기에, 도덕 법칙은 우리에게 '명령법'의 형태로 나타난다. 칸트에 따르면 명령법은 가설적 명령법과 정언적 명령법의 두 가지로 나뉜다. 문제가 되는 것은 정언적 명령법인데 이유는 정언적 명령법이 법칙 요구적이기 때문이다. 정언적 명령법은 필연적인 행위를 그 자체로 한 목적에 관련 없이 선언한다. 어떻게 이런 명령법이 가능한가? 정언적 명령법은 선천적이고 종합적인 명제를 구성한다. 그것은 경험에 논리적으로 선행하고, 우월하고, 경험을 판단하기에 선천적이고, 의지를 이성의 법칙에 연결하기에 종합적이다. 따라서 칸트의 도덕론은 이중적인 목적을 갖는다. 하나는 정언 명법이 되는 실천 이성의 명령을 분명하게 형식화하는 일이고, 다른 하나는 선천적이고 종합적인 실천 명제의 가능성을 밝히는 일이다.

칸트는 정언 명법의 순수한 모태적 형식인 형식적 원리와 그것이 인간 행위 속에 구현된 파생 형식들을 기술하고 있다. 정언 명법의 모태적 형식은 이성 법칙이 행위의 준칙으로 보편 가능하다는 것을 명령한다. "너의 의지의 준칙이 항상 동시에 보편적 법칙 수립의 원리로서 타당할 수 있도록, 그렇게 행동하라." 이 모태적 형식은 질료적 내용 없는 형식적인 것이다. 칸트는 이 모태적 형식으로부터 세 가지 파생된 형식들을 연역한다. 첫째 형식은 "너의 행위의 준칙이 너의 의지에 의해서 보편적 자연법칙으로 되어야만 하는 듯이 행동하라." 두 번째 형식은 "너는 너의 인격에서도, 타인의 인격에서도 인간성을 결코 단순히 수단이 아니라 항상 목적으로 사용하도록 행동하라." 세 번째 형식은 "이성적 존재자는 그가 그의 준칙들을 통해서 마치 목적의 보편적 왕국에서 입법의 일원인 것처럼 행동하라." 요컨대 합리적인 존재는 보편 가능한 준칙에 따라 행동하고, 인간성을 목적 자체처럼 다루고, 보편 법칙의 봉사자이며 입법자인 것처럼 다루어야 한다는 것이다. 칸트에 있어서 보편 법칙의 입법자가 되는 것은 인간이 진정으로 자율적인 존재가 되는 것을 뜻한다.

그렇다면 이제 문제는 정언 명법과 자율권의 가능성을 설명하는 것이다. 정언 명법은 선천적이고 종합적인 실천 명제이다. 어떻게 그런 명제가 가능한가? 다른 말로 해서 이성과 의지를 종합하는 a priori한 선천적 개념은 무엇인가? 자율권과 정언 명법의 설명 열쇠는 자유의 개념이다. 자유의 개념의 해명에 의해 칸트는 『순수 이성 비판』에서 그려진 인간 존재의 구조를 그의 도덕론에서 완성한다. 칸트의 시각에서 자연법칙을 근거 짓는 핵심 개념이 '인과성'이었듯이, 인간 존재의 절대적 자율권을 기초 짓는 것도 '인과성' 개념이다. 왜냐하면 '의지' 또한 '인과성'의 유에 속하기 때문이다. 『순수 이성 비판』은 '자연의 인과성(필연의 인과성)'을 오성의 형식으로 규정함으로써 자연법칙의 가능 근거를 확립했다. 이제 『실천 이성 비판』은 자유의 인과성을 말한다. 자유의 인과성은 필연의 인과성과 달리 외적 원인에 의해 작용하지 않는 자율적인 인과성이다. 어떻게 자유의 개념이 이성과 의지를 종합적으로 연결하는 개념인가? 이성은 모든 외적 영향으로부터 독립적으로 그의 고유한 원리의 저자가 되는 것으로 간주되어야 하고, 합리적 존재의 의지는 자유처럼 간주되어야 하기에, 자유는 이성의 개념과 의지의 개념을 포괄한다.

그리고 이성의 원리에 따른 의지의 행함에 최고선은 동반된다. 즉 최고선은 행위의 목적은 아니나 이성의 법칙에 따른 의지의 행함 속에 최고선은 동반된다. 그것이 칸트 윤리학의 특징인데, 그는 도덕 체계가 행복의 체계와 분리될 수 없게 연결되어 있다는 것을 이성의 원리에 따라 이끌어내려 한다. 칸트에 따르면 최고선은 도덕성의 완벽한 수행과 이 수행에 따른 행복의 동반이라는 이중적 요소를 내포하는데, 첫 번째 요소는 '혼의 불멸성'을 전제하고, 두 번째 요소는 '신의 실존'을 요구한다. 이성의 보편적 원리와 의지의 완벽한 일치인 신성은 시공적 조건 속의 실존적 인간에게는 도달할 수 없는 이상이다. 따라서 실존적 인간에게 도덕성은 무한히 존속하고 불멸인 한 인격성을 지향하는 무한한 진보 속에서만 완성될 수 있다. 사변 이성에서 객관적으로 인식 불가능한 '혼의 불멸성'은 실천 이성에 의해 필연적으로 가정되고 내포된다. 또한 최고선은 행복이 도덕성과 하나가 되고, 행복은 신성에 도달한다는 조건에서만 이성에 의해 완벽한 것으로 간주된다. 신성과 행복의 필연적 연결은 자연의 본성을 넘어서는 최고의 원인인 신을 요구한다. 사변 철학에서 허용된 가능한 가정들인 '의지의 자유', '혼의 불멸성', '신'은 실천 이성에서 필연적인 가정들, '실천 이성의 전제들'이 된다.

칸트는 자연법칙을 근거 지우는 것이 '인과적 필연성'이라면, 인간 존재의 절대적 자율권을 기초 지우는 것은 '자유의 인과성'이라 생각한다. 이것이 『순수 이성 비판』과 『실천 이성 비판』의 핵심 개념이다. 그러나 '인과적 필연성'은 우리가 앞에서 말했듯이 자연법칙의 근거와는 관련이 없는 것으로 우리의 행동 체계에서 형성되는 습관적 필연성이다. 그리고 그가 다룬 '자유의 인과성'은 인간 존재의 절대적 자율권을 기초 지우는 개념일 수 있으나 윤리나 도덕과는 관련이 없는 개념이다. 사실 칸트의 비판 철학이 출간된 직후에 독일 베를린 학사원은 칸트 철학이 일으킨 파장과 문제점들을 해결하기 위해 "원리들의 학을 기초하고, 또한 이성의 작업에 기초로 사용될 수 있는 내밀한 감관의 원초적 사실들을" 밝히는 문제를 공모했고, 이 공모에 당선됨으로써 유럽 학계에 철학자로서의 입지를 다진 것은 맨 드 비랑(Maine de Biran)이다. 지각이나 인식이 신체성의 본래적인 의미인 '운동성(감각 운동 체계)' 위에 세워진다는 것을 발견함으로써 맨 드 비랑은 인식 이론을 단순히 사변적으로가 아니라 신체성에 근거하여 실증적으로 탐구하는 길을 개척한다. 비랑이 칸트에 의해서 인식의 원리로 간주된 범주들의 실증적 근거를 제시하기 위해 착안한 것은 '본래적 신체성(즉 감각 운동성)'의 존재론적 의미이다. 이른바 실증적 범주라고 말할 수 있는 원본적 관념들(즉 '실체', '단일성', '동일성', '인과성', '힘', '자유', '필연성')은 일반 관념들과 달리 경험적으로 형성되는 것이 아니고, 그렇다고 칸트가 생각했듯이 권리적으로 연역되는 것도 아니다. 칸트의 견해는 인식을 형성하는 근원적인 존재 기반에 대한 통찰이나 분석을 포기하는 것이다. 비랑은 인식을 형성하는 데 작용하는 인간 존재의 이중적인 존재 구조를 밝혀낸다. 우리의 본래적 신체성인 '감각 운동성'이 외적 세계와 작용하는 '지향적 노력' 속에서 '일반 관념들'이 형성되며, 이 본래적 신체성의 존립을 가능하게 하는 '존재론적 노력'에 의해서 '원본적 관념들'이 연역된다. 바로 이것이 의식 주체와 의식 대상성이란 상관성의 근원적 핵을 형성하는 인간 존재의 본래적 신체성에 대한 통찰을 통해 밝혀낸 실증적 결과이다.

비랑의 정신에 따르면, 칸트가 말한 현상계의 근본 원리인 '인과적 필연성'은 감관에 관련된 운동 체계에서 형성되는 '습관적 필연성'일 뿐이다. 그리고 칸트가 예지계의 근본 원리라고 생각한 '자유의 인과성'은 원본적 관념들로 인간 존재(본래적 신체성)의 보다 내밀한 존재 방식에서 형성되는 것이다. 그런데 더욱이 이 원본적 관념들은 인간 존재의 보다 내밀한 존재층에 관련되지만 윤리와 도덕과는 관련이 없는 것이다. 칸트가 말한 윤리나 도덕을 기초하는 절대적 자율권은 인간 존재의 이 내밀한 존재층이 아니라, 생활 세계의 영역에서 그 근거를 찾아야 한다. 그렇다면 칸트의 비판 철학의 존재론적 구성 방식은 잘못된 것이라는 것을 뜻한다. 문제점은 어디에 있는 것인가? 그것은 우리가 밝혔듯이 비록 칸트가 데카르트 이후에 세계의 중심축이 전환된 세계관 속에서 세계 인식에 관한 선험적 구성론적 체계를 형성했다 하더라도, 그는 플라톤이 정립한 지성주의 철학의 틀 안에서 철학을 했기 때문이다. 플라톤에 있어서 지행합일이 행복이 되는 이치는 칸트에 있어서 이성과 의지의 일치에서 행복이 되는 이치와 같은 것이다. 우리가 플라톤의 행복론에 대해 이상주의적이고 낙관론적이라고 말할 수 있듯이, 칸트에 대해서도 동일하게 말할 수 있다. 인간이 '누스'나 '이성'의 탁월한 우월성을 포기하지 않는 한, 인간 중심주의 또는 개체 중심주의에서 벗어날 수 없다. 인식론에서도 그러하지만, 더욱이 윤리론에서는 개체적인 관점이 아니라 종적인 관점(생명적 관점)에 위치하는 것이 문제의 해명에 훨씬 접근할 수 있다.

베르그손이 자신의 철학을 서구 지성주의에 대한 거시적인 비판이기를 바랐던 이유가 여기에 있다. 베르그손은 '관절에 따른 분절'을 강조하는 플라톤의 정신을 이어받으면서도, '누스(nous)'의 관점에 위치하는 플라톤과는 달리, 생명의 관점에서 '사실의 선을 따르는' 분할을 하고 있다. 윤리의 영역에 있어서도 '사실의 선을 따르는' 분할이 문제를 어떻게 해명하는지 베르그손을 통해서 보기로 하자.

VI. 생명론에 근거한 윤리학

1. 윤리의 원리들의 사실적 분할

베르그손의 『도덕과 종교의 두 원천』은 도덕과 종교라는 인간의 행동 윤리에 관한 중요한 영역을 다루지만, 우리가 전통적이라고 말하는 윤리 이론들에 관해 자세히 분석하지는 않는다. 그가 관심을 가지는 것은 윤리 행위의 현상적 분석이 아니라, 인간 윤리적 행위를 지배하는 진정한 힘의 근원을 밝히는 것이기 때문이다. 그는 이 힘의 근원을 생명의 원리에서 찾아내고자 한다. 따라서 그는 생명적 원리로부터 도덕과 종교가 어떻게 분리되어 발생했으며, 이렇게 분리된 도덕과 종교에서 '닫힘'과 '열림'을 이끄는 생명적 기능이 무엇인가를 설명한다.

윤리 이론에서 가장 본질적인 개념들에 속하는 것이 '의무'와 '정의'이다. 이 두 요소는 서로 연관되어 있지만, '정의'란 개념은 인류의 정신과 사회가 진보함에 따라 그 내용이 보편적 평등 개념으로 발전해가고, '의무'는 사회의 진보와 상관없이 사회가 존재하는 한 그것의 명령법적 형식을 그대로 유지하고 있다는 점에서 서로 구별된다. 칸트의 용어법을 빌려 표현한다면, '의무'는 윤리의 형식적 측면이고, '정의'는 윤리의 질료적 측면이라고 말할 수 있으며, 이 점에서는 '의무'가 '정의'보다 윤리의 더 본원적 요소라고 할 수 있을 것이다. 그렇다면 우리는 도덕적 행위에 대해 왜 의무란 의식을 가지며, 그것은 왜 정의의 실현을 목적으로 하는가? 의무와 정의의 근원을 밝히는 베르그손의 설명은 생물학적이다. 물론 그의 생물학은 『창조적 진화』에서 전개한 진화론적 생물학이다. 베르그손의 생물학은 생명의 유기화에서 발생한 모든 종류의 기능들은 생명의 근원적인 원리가 자연에 적응하는 방식에 따라 분화되어 발생한다는 것을 주장한다. 즉 생명체들과 생명의 종들이 세계 속에서 세계와 관계하면서 발현되는 모든 작용 방식들의 원리가 생명

안에 '가능적으로' 내재한다는 것이다.

 그렇다면 '의무'와 '정의'의 근원은 무엇인가? 왜 의무와 정의를 설명하는 데 그것의 발생적 근원을 밝히는 일이 필요한 것인가? 그것은 서구 사상사를 지성주의라는 거시적인 안목으로 통찰했던 베르그손의 독창성에서 기인한다. 서구 사상사는 윤리의 세계도 자연에 관한 존재론적 관점과 동일한 지평 위에서 구축한다. 고대 플라톤에서 근대의 라이프니츠에 이르는 형이상학적 윤리관을 지배하는 이념은 자연에 대한 형이상학적 이념처럼 '선(좋음)' 또는 '완벽성'이다. 칸트의 법칙주의 윤리관에서도 실천 이성 명법으로서의 의무의 세계는 인간 본성을 초월한 이성에 의해 부과되는 필연의 세계이다. 이처럼 서구의 윤리설들은 목적주의이든 법칙주의이든 불변적인 정적인 이상(理想)을 지향한다. 이런 정적인 이상을 지향하는 태도에는 인간 지성의 이념화하는 작용이 놓여 있다는 것이 베르그손의 생각이다. 자연에 관한 정적인 형이상학을 대치할 수 있는 동적인 형이상학을 제시했던 철학자가 윤리의 세계, 당위의 세계, 따라서 정적인 이념이 필연적인 것처럼 보이는 세계에 대해서 어떻게 동적인 이념을 제시할 것인가? 우리는『물질과 기억』과『창조적 진화』를 통해 지성의 발생학적 설명이 완성된 지성의 이념으로 구축된 정적인 자연을 대치하는 동적인 자연을 어떻게 이끌어내는지를 알고 있다. 거기서 베르그손이 사용한 방법은 인간 본성(기능)들의 혼합을 '사실의 선'을 따라 분할하고, 각 기능을 올바로 규정하는 것이다. 그가 이런 방법을 사용한 이유는 인간 지성에 대한 지나친 신뢰와 믿음이 야기했던 지성적 관점 일변도로 채색된 세계관을 논파하고 문제를 올바로 정립하는 데 이 방법이 필요했기 때문이다. 윤리의 세계에 관해서도 그러하다. 이상적 인간 위에 구축된 보편적 선이나 초월적 이성에 연결된 '존엄의 세계'에는 인간 지성(이성)의 지나친 이상화나 과도한 분출이 있다. 이 이상적 세계에서 윤리의 문제는 이성의 고양 속에 함몰된다.

인간의 타고난 가장 탁월한 능력인 이성을 통한 인격성의 고양, 그것이 왜 충분한 것이 아닌가? 지성의 진보의 표현인 과학 문명의 발달은 인간 도덕성에도 진보를 가져왔는가? 원시 시대부터 전쟁은 인간의 피할 수 없는 운명이었고, 과학의 진보는 세계 대전이라는 파국적 비극을 오히려 산출한 것이 아닌가? 인간의 폭력적 본성은 지성의 진보에도 불구하고 그 원시적 야만성을 간직한 채, 오히려 지성의 진보로 나타난 상상력과 결합하여 자연적 한계를 뛰어넘는 공격성으로 나타난 것이 아닌가? 전쟁이란 거울에 비친 서구인의 모습은 베르그손이 보기에 문명의 탈을 쓴 야만인이다. 그렇다면 인간의 도덕성의 조건은 무엇이며, 인격성의 고양은 어디에서 찾아야 하는가? 베르그손은 윤리(도덕과 종교)의 조건과 이상을 서구 문명인의 시각을 넘어 인류사적인 거시적인 통찰 속에서 찾고자 하며, 여기서 그의 윤리 이론은 그의 생명 이론과 만나게 된다.

베르그손이 윤리에 관한 지성주의 태도를 극복하고 윤리의 근원적인 원리들을 찾는 방식은 자연에 관한 인식론적 방법처럼 발생론적 방법이다. 생명적 원리로부터 도덕과 종교가 어떻게 분리되며, 이렇게 분리된 도덕과 종교에서 '닫힘'과 '열림'을 이끄는 생명적 기능이 무엇인가를 찾고자 한다. 의무의 근원은 무엇인가? 인간 사회에서 '의무'라는 정서는 지성의 방향으로 진화하면서, 사회를 형성한 인간 종의 개체가 갖는 필연적 의식이다. 인간 사회에서 의무의 형태를 가지는 것에는 법이나 제도로 발전하는 관습들과 종교적 율법들이 있다. 즉 도덕과 종교를 유지시키는 제도들의 근본에는 금지를 요구하는 명령법이 자리 잡고 있다. 베르그손은 사회적 의무의 근원인 '금지'에 대한 의식이 개인적 의식의 차원을 넘어 인류의 시원에까지 이르는 근원적 의식이란 의미에서『두 원천』을 이렇게 시작하고 있다. "금단의 열매에 대한 기억은 인류의 기억 속에서 가장 오래된 것이듯이 우리들 각자의 기억 속에서도 가장 오래된 것이다." 인류학적 연구가 드러내듯이 인류 사회가 진화할수록 관습과 종교는 분리되며, 반대로 원시 사회로 올라갈수록 도덕(관습)과 종교는 하나의 형태로 수렴되는 경향이 있다. 베르그손은 이와 같은 현상 속에서 인간 사회의 유기화의 원리를 통찰한다. 그에 따르면 관습과 종교는, 본능의 방향으로 진화한 종(種)들의 유기적 사회와 대조적으로 지성의 방향으로 진화한 인간 사회의 사회 유지 기능으로부터 나타나고 분화되는 현상이다. 즉 제작적 지성을 타고난 인류가 사회 유지를 위해 형성해놓은 관습과 제도들이 사회의 통일과 안정을 완벽하게 유지하지 못할 때, 이러한 지성을 보충하기 위해 지성의 기능 아래 잠재된 본능 속에서 출현하는 '우화적 기능(fabulation)'의 발현이 '종교' 현상이다. 따라서 베르그손은 종교는 사회적 명령법과 자연법칙 사이의 간격을 메우는 것이라고 말한다. 베르그손은 현세적 도덕과 현세적 종교가 '닫힘'과 '열림'의 도정에 있는 혼합된 것으로 이해한다. 따라서 이 혼합된 것을 분리하여 '닫힘'과 '열림'의 극단적인 구분을 가능하게 하는 원리를 도출했을 때, 그것이 도덕과 종교를 이끄는 순수한 두 원리가 될 것이다. 그것들 중 하나는 앞에서 언급했듯이 의무(또는 강압)이고, 다른 것은 사랑(또는 열망)이다. 따라서 베르그손의 관점에서는 도덕과 종교를 이끄는 원리는 서구 합리주의 전통이 생각하는 지성적인 것과는 거리가 멀다. 하나는 "지성 이하의" 것이고, 다른 하나는 "지성 이상의" 것이다. 즉 하나는 생명의 현실태적 유기화 방식에서 비롯되는 생물학적인 것이고, 다른 하나는 유기화된 생명의 종들을 산출하는 생명적 힘의 표현이다.

2. 닫힌 도덕의 생명적 근원

그렇다면 우리에게 있어서 명령법적 형태를 취하는 의무가 존재하는 이유를 설명해보자. 도덕이나 종교의 근본 요소를 이루는 의무는 물론 칸트적인 의미의 의무는 아니다. 칸트가 말하는 명령법적 의무는 닫힘과 열림의 혼합된 상태의 지성적인 의무에 속한다. 칸트의 '의무'에 대한 설명은 인간적 도덕에 대한 현상적 설명일 뿐, 의무의 근원에 대한 설명이 아니다. 베르그손에 따르면, 인간에 있어서 의무의 근원은 사회를 형성하는 생명적 원리에 있다. 생명의 단위는 개체라기보다는 종(種)이다. 개체성은 생명이 물질성을 유기화하는 방식에 의해 필연적으로 나타나는 경향이지만, 생명이 물질성을 극복하고 생명적 힘을 전달하는 측면(생식)에서 보면 생명의 단위란 본래적으로 종을 유지하기 위한 방식이라고 말할 수 있다. 생명체란 종적 본성이 개체를 통해 전달되는 이중성—지성의 논리로는 모순적이라고 할 수밖에 없는— 을 지닌다. 따라서 생명체에 관해서는 그것을 어떤 단계에서 고려하든 간에 현실태와 잠재태란 이중성을 고려해야 한다.

이처럼 유기화 현상을 가시적 현상을 넘어서 조망할 때, 사회는 하나의 생명적 단위라고 말할 수 있을지 모른다. 또한 이런 측면에서 사회는 가시적인 생명적 단위인 유기체에 비교될 수 있다. 물론 생명적 원리에 따라 전체에 종속되어 있는 세포들로 구성된 유기체와 자유 의지를 가진 개체들로 구성된 사회는 다르다. 그러나 베르그손이 지적하듯이, "이런 자유 의지들이 유기화되는 순간부터 의지들은 하나의 유기체를 닮게 된다." 즉 사회를 응집시키는 전체적 기능 속에서 보았을 때, 사회와 유기체는 생명의 유기화 현상의 동일한 표현이다. 인간 사회에서 질서와 안정성을 보장하며 사회를 응집시키는 역할을 하는 것은 사회적 습관인 관습이다. 그리고 '습관'은 자연의 작품인 유기체에서 필연성이 수행하는 것과 같은 역할을 한다. 베르그손의 표현법을 빌리면, 물론 우리는 자유 의지를 가진 존재들이기에 습관으로부터 벗어날 수도 있지만, "수직 상태를 벗어난 시계추처럼 이 습관들에 이끌려 다시 되돌아오게 된다." ─ 어떤 질서가 파괴되었다면 곧 복구되어야 하듯이. 따라서 우리가 의무 일반에 대해 갖는 의식은 이렇게 정의된다. "필연성에서 빠져나올 수 있다는 의식을 수반한 필연성에 대한 감정이 의무라고 불리는 것이다."

의무가 이렇게 정의된다면, 의무는 사회의 유기적 통일성에 귀속되려는 생물학적 본성이 지성의 방향으로 진화한 인간에게 나타난 의식 이외에 다른 것이 아니다. 사실 의무에 대한 이 설명은 그가 『물질과 기억』과 『창조적 진화』에서 제시한 인간 인식 기능의 발생론적 설명과 연장 선상에 위치한다. 『창조적 진화』에 따르면, 생명의 진화 선상에서 볼 때 인간에 이르는 길을 이끈 지성은 동물성의 다른 본성인 본능을 대신하기 위해, 또는 본능의 결핍을 보충하기 위해 발생한 기능이다. 본능은 적응할 자연(물질)에 대한 직접적이고 내적인 인식이며 또한 본능을 삶의 방식으로 택한 유기체는 이 인식을 사용할 도구를 신체 속에 유기화하고 있는 데 반해, 지성은 본능적 인식을 대신하기 위해 간접적 표상들의 '관계'들을 형성하는 기능이며, 이 기능을 삶의 주요한 방식으로 취한 인류는 자연적(유기화된) 도구를 대신할 수 있는 인위적인 도구를 만들어내고 있다. 베르그손이 강조하는 인간 본성인 '공작인(Homo faber)'은 지성의 방향으로 진화한 인간의 이런 특성을 표현한 것이다. 그런데 지성적 인식은 본성상 학습된 인식이다. 본능적 인식은 적응할 물질에 대해 선천적으로 타고난 인식으로 그것은 학습을 필요로 하지 않는다. 그것은 내재화된 자동 메커니즘이다. 그러나 본능적 인식의 결핍 때문에 그것을 대신하는 (물질에 대한)외적 표상들의 관계들을 설정하는 지성적 인식이 유용한 인식이 되기 위해서는 반복적으로 학습하여 습관적 메커니즘을 형성해야 한다. 마치 습관이 본능의 자동성에 도달하여 제2의 천성이 되는 것처럼, 인식의 측면에서도 지성적 인식과 본능적 인식은 습관과 필연성의 관계와 같다. 더욱이 『물질과 기억』에 따르면, 지적 인식을 형성하는 습관 메커니즘인 '감각 운동 체계'는 세계 속에 우리 신체의 본질적 기능이다. 즉 습관 체계란 —그것이 지적 인식이건 사회적 관습이건— 세계 속에서 인간 존재의 실존적 의미를 뜻한다.

앞서 언급했듯이, 사회는 보다 높은 차원의 유기화 현상에서 보면 생명적 단위이다. 따라서 유기체로서의 인간은 개인적 차원에서 습관적 체계와 더불어 사회적 차원에서 관습적 체계를 실존적 의미로 갖는다. 이런 이유로 베르그손이 거듭 강조하듯이 인간 사회에서 사회적 습관으로서의 관습이 개인에게 어떤 의식을 부과하는지를 알기 위해서는 진화 선상에서 지성을 삶의 주요 기능으로 취한 인간의 관습적 사회를 본능을 주요 기능으로 취한 유기화된 사회와 비교할 필요가 있다. 진화 선상에서 삶의 방식으로 본능에 가장 많이 의존하고 있는 막시류(개미나 벌)와 지성에 가장 많이 의존하고 있는 인간에게 있어서 사회는 상당히 완전한 상태로 출현했고, 지성과 본능을 다른 비율로 나누어 가진 다른 종들에 있어서는 중간 형태의 사회가 만들어졌다. 본능에 극단적으로 의존한 계열에서 발생한 사회를 유기화된 사회라 하고, 지성에 의존하는 인류에서 발생한 사회를 관습적 사회라 한다. 유기화된 사회에서는 사회 전체의 질서와 통일성을 유지하는 기능은 선천적으로 주어진다. 사실 이 사회는 개체성을 형성하는 다양한 기능들이 외재화된 형태와 다를 것이 없기 때문이다. 반면에 인간의 관습적 사회에서는 사회의 질서와 통일성을 유지해야 한다는 필연성(형식)만이 주어져 있을 뿐, 사회의 통일성을 유지하는 구체적인 내용(질료)은 없다. 그것은 마치 인류가 본능적 인식을 대신하여 습관적 인식을 형성하듯이, 각 사회 구성원들에 의해 만들어지는 것이다. 이것이 사회적 관습이다. 그러나 이렇게 만들어진 관습들의 전체는 유기화된 사회에서 사회의 질서와 통일성을 유지하는 필연성을 닮게 된다. 바로 이것이 의무의 기초이다.

의무란 정서의 근원이 이렇게 분석된다면, 의무를 지적인 개념으로 설명하려는 철학자들의 노력은 무익한 것이다. 의무의 본질은 지적이거나 이성적 질서에 속하는 것이 아니라 "지성 이하의"

생물학적이며 본성적인 것이기 때문이다. 즉 사회를 형성하고 살아야 하는 본성이 의무의 근원인 것이다. 베르그손의 칸트 비판은 여기에서 비롯된다. 인간 존엄성에서 의무의 성격을 이끌어낸 칸트의 도덕론이 어떠하건 간에, 그것은 우리가 갖는 의무란 의식의 근원적 실존적 의미를 정확히 설명한 것은 아니기 때문이다. 우리가 베르그손의 정신에 따라 도덕적 의무의 정서를 분석한다면, 이 의식에는 '개인적 자아'와 '사회적 자아'의 갈등과 밀착, 반성과 이성이라는 요소들이 혼합된 정서이다. 반성적 의식하에 이성이 개입하여 전개되는 '개인적 자아'와 '사회적 자아'의 갈등과 밀착의 변증법적 관계를 올바로 분석하지 못한 데 칸트의 이성주의 윤리학의 불충분성과 오류가 있다. 반성적 의식이 출현한 인류에게 있어서 인간 자아의 이중적 실존 방식인 '개인적 자아'와 '사회적 자아' 사이에는 간격과 알력이 존재한다. 그리고 이 두 자아 사이에 간격(갈등)이 발생할 때, '개인적 자아'를 '사회적 자아'에 밀착시키는 역할을 하는 것이 바로 이성이다. 개인적 자아의 욕망이나 열정이 사회적 자아가 요구하는 정상적인 길에서 이탈을 요구할 때, 그것을 정상적인 길로 되돌리기 위해 이성이 개입한다. 그러나 이런 이탈의 순간은 예외적인 것이고 대체로 '개인적 자아'는 '사회적 자아'에 동화된다. 왜냐하면 '개인적 자아'는 '사회적 자아'에 동화됨으로써 사회라는 보다 완전한 생명적 단위에 밀착할 수 있기 때문이다. 따라서 베르그손은 의무 전체에 따르는 것을 "자연스러운 일", "습관적인 일", 더 극단적으로 말해 "자유방임"이라고 표현한다. 이 두 자아 간에 갈등이 존재하는 순간에 개입하는 이성이 마치 의무의 근원인 것처럼 설명하는 이성주의 윤리설의 오류를 베르그손은 류머티즘의 예를 통해 간명하게 드러내고 있다. 근육의 경직을 극복하려는 노력으로 자연적 운동을 설명할 수 없듯이, 의무에서 벗어나는 것을 억제하기 위한 노력을 의무의 정서라 할 수는 없다는 것이다. 즉 이성이란 의무를 산출하는 기능이 아니고, 개인적인 욕망이나 열정이 사회적 의무와 갈등할 때, 사회의 요구를 따르는 행위들에다 더 많은 논리적 일관성을 부여함으로써 '개인적 자아'를 '사회적 자아'에 통합시키는 기능을 한다. 따라서 베르그손은 의무를 이성적으로 설명하려는 철학자들의 노력에 대해 "의무로 되돌아가는 것이 이성적 방법에 의해 이루어진다고 해서, 이러한 사실로부터 의무가 이성적 질서에 속한다는 것이 도출되지는 않는다"고 단호히 말한다. 의무의 근원은 '개인적 자아'뿐만 아니라 '사회적 자아'를 실존적 의미로 갖는다는 데 있다. '당위(해야 한다)'는 칸트의 관점에서는 사실의 세계가 아니라 이성의 세계에 속하지만, 베르그손의 관점에서는 사실의 세계에 속한다. '개인적 자아'와 '사회적 자아'는 삶에 몰입된 자아, 『시론』의 표현법을 사용하면 인간의 표층 자아의 두 측면이다.

3. 닫힌 종교의 생명적 근원

지성의 방향으로 진화한 인류에게 사회는 생물학적 종적인 단위에 비교될 수 있을 것이며, 인류가 형성한 관습(또는 제도)은 이 사회의 통일과 질서를 유지하는 기능을 한다. 그러나 인류가 형성한 제도나 관습들은 유기화된 사회가 갖는 질서와 통일성의 수준에 도달하지 못한다. 후천적인 습관이 선천적인 본능을 닮으려 하지만, 본능을 완벽하게 대신할 수 없는 것과 같다. 지성의 방향으로 진화는 개체에게 반성적 의식을 일깨웠으며, 이 의식은 자의식과 사회적 의식을 분화시켰기 때문이다. 따라서 인류에게 관습에 대한 절대적이고 맹목적인 복종은 불가능한 것이 되었다. 그러나 인간 안에 내재되어 있는 유기적 통일성을 유지하려는 본성은 자의식과 사회적 의식의 갈등을 완화하기 위한 보충적 기능, 즉 '우화적 기능'을 산출하는데, 바로 이것이 인류에게 종교가 존재하는 이유를 설명해준다.

베르그손이 종교적 성향의 존재론적 근거를 밝히려고 시도한 것은 종교적 성향(즉 미신)이 인간에게 보편적 사실이라는 것을 통찰하는 데서 비롯된다. 이 통찰 위에서 그는, 인간 지능은 끊임없이 진화해왔고 이 진화와 더불어 문명인의 정신이 원시인의 정신을 대치했다는 레비브륄의 주장을 거부할 뿐만 아니라, "종교가 제공하는 표상이 개인적 이성들의 작품이 아니라 집단적 정신의 작품이다"는 뒤르켐의 주장도 거부한다. 종교적 성향의 존재는 과거 원시인의 심리에만 관련되는 것이 아니라 현대인의 심리에도 관련된 것이기도 하고, 그것은 '집단적 표상'에 관련되는 것이 아니라 개인 심리에 관련되는 것이기도 하기 때문이다. 따라서 종교적 성향 (미신)이 인간에게 존재한다는 것은 보편적 사실로서 단순히 인간 지성의 '상상적 표상'으로 설명될 수 없으며, 보다 근원적인 존재론적 근거를 갖는다. 즉 그것은 지성의 방향으로의 진화 속에서 제작 기능(fabrication)과 더불어 필연적으로 발생하게 된 '우화 기능(fabulation)'의 산물이다.

『물질과 기억』과 『창조적 진화』에 따르면, 상상력은 지성의 기능과 함께 발현되는 것이다. 본능적 인식과 달리 지성적 인식은 관계들을 형성해내는 인식이다. 관계를 형성하는 것은 '추리(inférence)' 작용의 결과이고, '추리'란 근원적으로 '과거 기억을 현재 속에 투입시키는' 것이다. 따라서 추리 작용이란 상상력이 피어날 여백을 이미 함축한다. 그러나 『두 원천』에서 '우화 작용'이란 인간의 인식 기능과 관련되는 '상상력'과 달리 개인 안에 내재하는 사회적 기능과 관련하여 나타나는 기능이다. 물론 한 근원적인 생명적 원리에서 모든 기능들이 분화되어 나오는 것으로 설명하는 베르그손의 관점에서 '상상력'과 '우화 작용'은 발생 근거를 같이하고, 상호 관련되어 있다. 즉 '상상력'과 '우화 작용'은 생명의 진화에서 지성의 방향 속에서 나타나며, '상상력'이 개인의 인식 기능과 관련하여 작용한다면, '우화 기능'은 개인 안의 사회적 단위에 대한 종적인 본성과 관련하여 발현된다. 더욱이 상상력이 지성의 활동을 고무하기 위해 발현된 기능이라면, 우화 기능은 지성의 해체적 활동을 저지하기 위해 잠재적 본능에서 발현된 기능이다.

물론 이 기능은 상상 작용과 혼합되어 신화나 소설, 드라마, 시 등을 만들어낸다. 그러나 베르그손은 어느 때나 소설가나 극작가가 항상 있었던 것은 아니나, 인류에게 종교가 없었던 적은 없다는 사실을 지적하면서, "종교는 우화 기능의 존재 이유이다"고 말한다. 이처럼 우리가 베르그손의 발생론적 관점을 받아들인다면, 다양한 정적 종교의 현상들은 ―예를 들어 동물숭배, 정령숭배, 마법, 신들에 대한 찬양, 신화 등 모든 종류의 미신들― 전체적으로 보면 단순한 원리로 설명될 수 있다. 즉 그것들은 '우화 기능'이 산출한 다양한 모습일 뿐이다. 이 '우화 기능'은 근본적으로 지성의 해체적 능력, 죽음의 불가피성, 미래의 불가 예측성에 대항하는 세 가지 목적을 지향한다. 따라서 이 기능에서 발현되는 종교는 이렇게 정의될 수 있다. 첫째, "종교는 지성의 해체적 능력에 대항하는 자연의 방어적 반작용이다." 둘째, "종교는 죽음의 불가피성에 대한 지성의 표상에 대항하는 자연의 방어적 반작용이다." 셋째, "종교 표상이란 취한 시도와 바라던 결과 사이에 예측 불가능한 것이란 용기를 꺾는 여백에 대항하는 자연의 방어적 반작용이다." 요컨대 베르그손은 종교를 단적으로 이렇게 정의한다. "지성적 활동에는 개인을 의기소침하게 하는 것이나 사회를 해체시켜버리는 것이 있을 수 있는데, 종교는 이러한 것에 대항하는 자연의 방어적 반작용이다."

요컨대 인간에게 지성을 부여하며, 사회적 동물로 만들었던 자연이, 질서가 지성에 의해서 파괴되려는 순간 자동적으로 복구하려는 데서 '우화 기능'이 발생하며, 이 기능이 베르그손이 "정태적"이라고 부르는 자연적 종교를 만들어내는 것이다. 따라서 종교가 갖는 '강압'과 '억압'의 요소, 더 사변적 형태로는 신성한 명령법으로 표현되는 명령법은 종교의 본질적인 요소가 아니다. 그것은 보다 완전한 생명적 단위인 사회에 개인적 삶을 밀착시키는 원시적 본능의 표현이다. 그것은 사회적 자아를 보완하는 기능이 나타내는 효과일 뿐이다.

4. 열린도덕과 열린 종교의 생명적 근원

닫힌사회는 닫힌도덕과 닫힌 종교가 지배하는 사회이고, 열린사회란 열린도덕과 열린 종교가 지배하는 사회이다. 닫힌도덕과 닫힌 종교가 사회 유지를 위해 발현되는 원시적이고 생물학적인 본능의 소산이라면, 열린도덕과 열린 종교는 인류애를 향해 인간의 생존 조건을 넘어서 도약하는 생명적 노력의 표현이다. 현실적으로 볼 때 순수한 닫힌사회도, 순수한 열린사회도 존재하지 않는다. '닫힘'과 '열림'의 구분은 현실적 사회의 도덕과 종교를 지배하는 근본적인 두 원리를 이끌어내기 위한 구분이다. 우리가 인류의 역사에서 관찰할 수 있는 것은 인간 사회는 열림의 방향으로 진보해가고 있다는 것이다. 이런 진보를 확인할 수 있는 윤리적 개념이 '정의(正義)'이다. 정의 개념은 평등과 비례와 보상의 관념을 함축한다. 이 세 가지 관념은 그 사회가 닫힘과 열림 사이의 어느 수준에 위치하는가에 따라 내용을 갖는다. 물론 이 개념은 교환이라는 상업적 행위에서 발생했지만 인간의 보편적 의식의 발달과 함께 사람들 사이의 관계에로, 더 나아가 사회적 규율 속으로 침투한다. 따라서 문제는 닫힌사회의 특성인 세습적 우월권 속에 침투한 정의 개념이 어떻게 자연이 요구했던 규율들을 개선하는 데 기여하게 되었는가 하는 점이다. 베르그손의 표현을 빌리면, 상업적인 근원을 가지는 정의 개념으로부터 "침해될 수 없는 권리에 대한 순수하고 단순한 긍정이며, 어떤 가치와도 비교될 수 없는 인간의 가치인 정의 개념으로 어떻게 나아갔는가?"

사실 인간 사회의 발전의 역사를 보면 이중적인 측면에서 생물학적 현상을 보인다. 하나는 사회의 내적인 측면으로, 사회를 유지하는 질서(즉 계급의 불평등)가 존재한다는 것이고, 다른 하나는 사회의 외적인 측면으로, 자연이 원했던 작은 사회는 점점 더 거대해지는 경향을 갖는다는 것이다. 이 두 가지 측면은 하나의 목적으로 수렴된다고 말할 수 있을 정도로 서로 밀접하게 연관되어 있는데, 그것은 전쟁이다. 우리가 원시 사회로 역행해갈수록 더욱 선명하게 나타나듯이, 한 사회를 유지하는 규율(질서)들은 다른 사회의 침입으로부터 그 사회를 보호하기 위한 것이거나, 아니면 다른 사회를 정복하기 위한 체계이다. 한 유기체에서 생명력의 확충이 내적으로 질서와 외적으로 적응을 조화하듯이, 사회의 진화가 갖는 이 현상은 생물학적인 것에 비유될 수 있다. 베르그손은 유기적 사회에서 사회 질서(계급 구조)는 물리적·심리적으로 결정화된 '동종 다형 현상(polymorphisme)'을 보이는 데 반해, 인간 사회는 잠재적이고 선택적인 정신적 성향으로서의 지배자 계급과 피지배자 계급으로 표현되는 '동종 이형 현상(dimorphisme)'을 보이는 차이점이 있다는 것을 지적한다. 이 사회 구조는 전쟁의 본능을 표현하고 있으며, 이 자연 발생적 본성을 실현하고 있는 정치 체제가 귀족 정치(과두 정치)이다. 따라서 베르그손은 "과두 정치의 근원이 전쟁이었다면, 과두제는 그들의 선천적이고 유전적으로 전승된다고 하는 전쟁의 덕을 믿고 또 믿게 할 것이다"고 말한다.

그렇다면 귀족주의가 고취하는 존경심은 자연적인 것, 즉 생명적 현상에 그 근원을 갖는다. 그리고 작은 국가에서 큰 국가로의 발전 속에서 종족 이기주의와 같은 뿌리 깊은 감정을 극복하기 위해 고취시켰던 애국심은 또한 신비 상태를 모방한 고양된 감정, 즉 생명적 현상의 고양된 형태이다. 그렇다면 자연적 사회가 원했던 계급적 구조(존경심)와 국가주의(애국심)로부터 어떻게 각 개인에게 침범할 수 없는 권리를 인정하는 민주주의와, 그리고 국가주의를 넘어서는 인류애로 나아갈 수 있는가? 즉 닫힌사회에서 열린사회로의 이행이 어떻게 가능한 것인가? 베르그손은 여기서 영웅주의와 신비주의에 대해 말한다. 영웅주의와 신비주의는 동일한 내용이 도덕적으로 표현되느냐, 종교적으로 표현되느냐의 차이를 가질 뿐이다.

베르그손에 의하면 신비주의는 "생명을 나타나게 한 창조적 노력과의 접촉, 따라서 그것과의 부분적인 일치"를 말한다. 신비가는 보이지 않는 생명적 힘의 약동에서 비롯하는 정신의 고양된 상태를 체험하며, 무엇보다도 그것으로 인해 위대한 행위를 산출하는 사람이다. 비록 현실적 종교에서 신비주의가 정적인 종교의 미신적 요소와 혼합되어 있다 하더라도, 신비주의는 정적인 종교가 갖는 미신적 요소와 구별된다. 그것은 잠재적 본능이 아니라 깨어난 직관에서 유래하는 것이다. 잠재적 본능이 삶에 봉사하는 도구로서의 지성을 보충하여 출현한 삶의 현실적 기능이라면, 깨어난 직관은 이러한 현실적 기능을 초월하여 생명의 원초적 통일성에로 회귀하는 기능이거나 생명의 분화하는 진화 속에서도 항상 내재하는 생명적 통일성을 각성하는 기능이다. 이 생명적 통일성은 현실화될 가능성이 있다는 의미에서의 잠재태가 아니라, 모든 생명의 종들은 그들을 산출한 근원적 원리인 '생명적 도약'을 나누어 가지고 있다는 의미에서의 잠재성이다. 잠재적 본능에서 발현된 '우화적 기능'에서 출현한 정적인 종교가 개인의 사회적 자아의 측면에 종사하여 안정과 평온을 주는 기능이라면, 깨어난 직관에서 유래하는 동적인 종교는 개인의 심층적 자아를 현실적 삶의 조건으로서의 사회적 자아를 초월해 인류애적 자아(생명적 전체성)에 통합시킨다. 따라서 정적인 종교에서 극복할 수 없었던 개인적 자아와 사회적 자아의 갈등을 동적인 종교는 단번에 극복하여 개인의 영혼에 진정한 안정과 평화를 준다. 여기서 베르그손 철학의 핵심 개념인 잠재태 —개인에 있어서는 '심층 자아', 생명의 유기화에 있어서는 '생명적 도약'— 는 도덕과 종교를 열린 방향으로 이끄는 원리인 '사랑의 도약'으로 전환된다. 이제 그의 존재론의 역동성은 도덕과 종교의 영역에서 '특권적 인격'에 의해 표현된다.

그렇다면 '생명적 도약'의 인격적 표현인 '사랑의 도약'을 실현하는 '특권적 인격'의 출현을 어떻게 실증할 수 있는가? 베르그손은 서구 합리주의 정신 이면에 흐르는 신비주의적 요소를 거시적으로 통찰함으로써 그 실증적 근거를 찾아낸다. 동적 종교의 기초를 이루는 신비주의는 인류의 모든 정신적 고양 속에 원동력으로 작용한다. 그리스 합리주의 철학의 이면에도 그것을 생성하게 한 초지성적인 노력이 있으며, 이 노력은 플로티누스에 있어서 초월적 존재에의 접촉으로 나타난다. 불교 이론의 철학적 특성과 인생에 대한 현명한 가르침은 지성적인 것으로 볼 수 있으나 일종의 계시처럼 나타나는 깨달음의 상태는 지성을 초월하여 창조적 도약과 일치하려는 노력 자체이다. 게다가 불교는 거기에 머물지 않고 가장 고양된 형태의 자비를 설파한다. 그러나 베르그손의 관점에서는 그리스 신비주의나 불교의 신비주의는 완벽한 신비주의가 되지 못한다. 완벽한 신비주의는 단지 생명의 근원에 대한 관상(觀想)에 머무는 것이 아니라 행동으로 표현되는 것이기 때문이다. 플로티누스는 신의 존재의 현존을 관상하는 데 이르렀으나 신의 의지가 인간의 의지와 일치하는 지점에까지 도달하지 못했으며, 불교의 신비주의는 자비를 설파하지만 보편적 사랑 속에서 인간 조건을 개혁하려는 의지가 부족하다. 베르그손에 의하면 완벽한 신비주의는 기독교 문명에서 나타났다. 그것은 기독교 신비주의가 행동으로 표현되는 생명적 노력을 대변하고 있기 때문이다. 생명적 노력은 그 자체가 창조적 운동이기에 생명의 원천 자체와의 일치는 본성상 활동성으로 나타난다. 진정한 신비주의는 본성상 사변의 영역이 아니라 의지의 영역에 속한다. 또한 생명적 노력(약동)은 생명의 모든 종들의 차별적 한계를 넘어서 그것들을 통일시키는 원리이기에 이 약동에 동화하려는 신비주의는 사랑으로 표현된다. 이처럼 베르그손에 있어서 완전한 신비주의는 행위와 창조와 사랑이 하나의 의미 내용을 갖는다. 따라서 신비가는 영혼의 모든 기능이 고양됨으로써 세계를 새롭고 단순하게, 그리고 광대한 것으로 바라보며 무한한 에너지로 활동하게 된다. 생명의 원천 자체에서 흘러나오는 무한한 에너지의 활동은 인류에 대한 사랑을 넘어 생명 전체에 대한 사랑, 자연 전체에 대한 동화에 이르게 된다. 이런 이유로 인류애는 인간 종 전체에 대한 사랑에 한정되는 것이 아니라 생명 전체에 대한 사랑, 나아가 자연 전체에 대한 사랑 위에서 기초된다. 여기서 베르그손은 그가 추구하는 신비주의는 기독교 신비주의를 넘어서거나, 아니면 기독교 신비주의의 정당한 의미는 생명 이론에 기초하여 확보될 수 있다고 주장하고 있는지 모른다.

베르그손에 있어서 순수 지속은 잠재태적 존재 방식이다. 그것은 현실태의 배면에 존재하는 지속하는 존재성이다. 『시론』에서 심층 자아, 『물질과 기억』에서 순수 기억(영혼), 『창조적 진화』에서는 물질성과 타협함으로써 생명체들을 유기화하는 창조적 에너지인 정신성 혹은 생명적 약동 등이 존재층을 달리하여 표현된 순수 지속의 모습이다. 베르그손은 『두 원천』에서 신비 체험과 순수 지속의 연관성을 시사한다. 신비 체험 속에서 생명체들을 유기화하는 창조적 에너지인 생명적 약동은 사랑의 약동이 되며, 창조적 에너지인 하느님은 인격적 모습이 된다. 그리고 개체적인 차원에서 우리 신체(뇌를 포함한 신경 체계)의 배면에 존재하는 순수 기억인 영혼은 순수 지속의 본성으로 인해 우리 신체의 사멸 후에도 존속할 가능성을 지니고 있다. 이런 이유로 베르그손은 신비 체험을 긍정적 사실로 받아들이며, 또한 신비 체험이 심령 과학에 의해 실증적으로 탐구되기를 기원하고 있다.

역자 후기

이 책은 베르그손의 『도덕과 종교의 두 원천』(1932)을 완역한 것이다. 번역은 직역을 택했는데, 가능하면 수식어나 감탄사 하나도 놓치지 않으려 하였다. 이 책에는 그의 다른 주저들과는 달리 논의를 주고받는 듯하는 독특한 호흡이 있기 때문이다.

『두 원천』은 윤리에 관한 서구 지성주의 관점을 비판하고 도덕과 종교의 근원을 밝히고자 하는 야심찬 저작이다. 이 저작은 서구 지성주의에 대한 가장 치열한 비판이며, 종교와 도덕의 실체에 대한 가장 신랄한 폭로이다. 이런 저술들로 인해 서구는 사회도덕(규율)과 종교의 착종으로 비롯되는 이데올로기(의무처럼 느껴지는 신성한 명령법)로부터 완전히 자유롭게 되었다. 베르그손의 닫힌도덕과 열린도덕의 구분과 닫힌 종교와 열린 종교의 구분은 이런 중요한 의미를 담고 있다.

닫힌사회는 닫힌도덕과 닫힌 종교가 지배하는 사회이고, 열린사회란 열린도덕과 열린 종교가 지배하는 사회이다. 닫힌도덕과 닫힌 종교가 사회 질서를 유지하거나 사회 안정성을 보존하기 위해 발현되는 원시적이고 생물학적 본능의 소산이라면, 열린도덕과 열린 종교는 인류애를 향해 인간의 생존 조건을 넘어서 도약하는 생명적 노력의 표현이다. 인간 사회의 발전의 역사를 보면, 사회는 내적인 측면에서 사회를 유지하는 질서(계급)가 존재하고, 외적인 측면에서는 사회는 점점 더 거대해지는 경향을 갖는다. 인간 사회는 벌이나 개미처럼 '동종 다형 현상(polymorphisme)'을 보이는 유기적 사회와 달리, 잠재적이고 선택적인 정신적 성향으로서의 지배자 계급과 피지배자 계급으로 표현되는 '동종 이형 현상(dimorphisme)'을 보이고 있는데, 이 사회 구조는 전쟁 본능을 표현하고 있으며, 이 자연 발생적 본성을 실현하고 있는 정치 체제가 과두 정치이다. 베르그손은 "과두 정치의 근원이 전쟁이었다면, 과두제는 그들의 선천적이고 유전적으로 전승된다고 하는 전쟁의 덕을 믿고 또 믿게 할 것이다"고 말한다.

이 원시적이고 생물학적 본성을 극복하고 사회 질서를 개혁하기 위해 인류의 성인들이 출현했다. 소크라테스의 정신을 이어받은 플라톤은 타고난 신분과는 관련 없이 타고난 능력에 따라 사회 직능을 부여하는 이상적인 국가 형태를 제시하고, 부처의 가르침("천

상천하 유아독존")은 신분 제도의 필연적 굴레를 인정하는 힌두 사상으로부터 탈피하는 깨달음을 표현하고, 사회가 고취시키는 욕망으로부터도 자유롭기를 요구한다. 특히 인류 역사에서 신분 제도(계급)로부터 벗어난 민주주의 이념을 가장 적극적으로 실행한 성인은 예수이다. 유대 인들의 '종족의 신'을 인류를 사랑하는 '사랑의 신'으로 대치함으로써 예수는 한 국가 안에서의 신분 계급을 배척할 뿐만 아니라, 종족 간의 배타주의도 배격하고 있다.

인류 역사에서 전쟁이 없었던 적이 없었듯이 신분 제도가 없었던 적도 없었다. 그러나 인류는 한편으로 인류의 영웅(성인)들이 출현하고, 다른 한편으로 상상을 초월하는 처참한 전쟁을 겪으면서 민주주의를 점진적으로 실현해가고 있다. 왕정이나 봉건 사회에서 지배권력 관계를 표현하는 귀족과 서민, 양반과 상놈, 자본주의 사회에서는 자본가와 노동자, 자본주의가 대중화된 우리 사회에서 갑과 을의 관계. 사실 인간 지성은 이 권력 관계를 개선하는 데 무력하며, 오히려 개인 이기주의나 종족 이기주의를 위해 이 원시적이고 자연적인 본성을 정당화하거나 변호하는 데 유용하게 사용될 뿐이다. 서구 문명이 ― 자본주의와 정치 제도와 종교 ― 우리 사회에 들어온 이래로 그들의 반성의 역사도 우리가 함께 공유하는지 의심스럽다. 이것이 이 책의 번역의 이유이다.

이 번역의 원본은 카드리지(Quadrige)판(1984, P.U.F.)을 사용했고, 1959년에 로비네(Robinet)가 편집한 『전집(œuvres)』에서 주석을 참조하였다.

이 책에는 흠결 있는 원고를 정성스레 교정해 주신 김일수, 이경열 씨의 보이지 않는 노력이 함께하고 있다.

■ 찾아보기

박종원

성균관대학교 철학과와 동 대학원을 졸업하고, 파리 제1대학(팡테옹 소르본)에서 「내재성과 외재성: 불란서 정신주의에 있어서 인식의 기원과 발생에 대한 연구」라는 논문으로 철학박사 학위를 받았다. 저서로는 *INTERIORITE ET EXTERIORITE*(1995), 『서양철학의 이해』(2000) 등이 있고, 역서로는 『물질과 기억』(2005)이 있다. 논문으로는 「지성주의적 자연 해석과 비판을 위한 소고」, 「인과율에 관한 믿음의 근거」, 「불란서 정신주의에서 꽁디약 철학의 의미」, 「내재성의 탐구」, 「인식의 근원적 원리들의 실증적 연역」, 「베르그손의 근대과학 해석에 있어서 Elea학파의 이미지」, 「베르그손 철학에 있어서 의식의 의미」, 「세계 인식에 있어서의 신체성의 의미」, 「생명이론에 근거한 윤리학」, 「플라톤과 베르그손의 나눔의 방법」, 「사르트르의 현실태적 존재론과 실존적 심리분석」, 「본질과 학문이론」, 「지성주의 윤리학의 존재론적 기초에 대한 연구」, 「공리주의 윤리설의 존재론적 기초에 대한 연구」, 「칸트와 베르그손의 윤리학의 존재론적 기초에 대한 연구」 등이 있다

도덕과 종교의 두 원천

....

대우고전총서 040

1판 1쇄 펴냄 | 2015년 10월 20일
1판 4쇄 펴냄 | 2023년 9월 21일

지은이 | 앙리 베르그손
옮긴이 | 박종원
펴낸이 | 김정호
펴낸곳 | 아카넷

출판등록 2000년 1월 24일(제406-2000-000012호)
10881 경기도 파주시 회동길 445-3
전화 031-955-9510(편집) · 031-955-9514(주문) | 팩스 031-955-9519
책임편집 | 이경열
www.acanet.co.kr

Printed in Paju, Korea

ISBN 978-89-5733-463-8 94160
ISBN 978-89-89103-56-1 (세트)

이 도서의 국립중앙도서관 출판예정도서목록(CIP)은
서지정보유통지원시스템 홈페이지(http://seoji.nl.go.kr)와
국가자료공동목록시스템(http://www.nl.go.kr/kolisnet)에서 이용하실 수 있습니다.
(CIP제어번호: CIP2015026702)